ISBN: 9781314667912

Published by:
HardPress Publishing
8345 NW 66TH ST #2561
MIAMI FL 33166-2626

Email: info@hardpress.net
Web: http://www.hardpress.net

II

MALEBRANCHE

ENTRETIENS

SUR LA

MÉTAPHYSIQUE

I

LIBRAIRIE ARMAND COLIN

LES CLASSIQUES DE LA PHILOSOPHIE

Publiés sous la direction de MM.

Victor Delbos †, André Lalande, Xavier Léon

LES CLASSIQUES DE LA PHILOSOPHIE

Publiés sous la direction de MM.
VICTOR DELBOS †, ANDRÉ LALANDE, XAVIER LÉON

II

MALEBRANCHE

ENTRETIENS

SUR LA

MÉTAPHYSIQUE

ET SUR LA RELIGION

SUIVIS D'EXTRAITS DES

ENTRETIENS SUR LA MORT

Publiés
par
PAUL FONTANA
Bibliothécaire honoraire à la Bibliothèque Nationale,
Secrétaire général de la Bibliothèque
et du Musée de la Guerre.

.I

LIBRAIRIE ARMAND COLIN
103, BOULEVARD SAINT-MICHEL, PARIS
1922

NOTICE SUR LA VIE ET LA PENSÉE

de

N. MALEBRANCHE

Nicolas MALEBRANCHE naquit à Paris, le 6 août 1638. Son père était, sous le ministère du Cardinal de Richelieu, trésorier des cinq grosses fermes; le frère de sa mère, Catherine de Lauzon, fut vice-roi du Canada, intendant de Bordeaux et conseiller d'État.

Malebranche, dernier-né d'une nombreuse famille, était de constitution maladive; selon le P. Adry, il avait commencé dès l'âge de trois ans à souffrir de la maladie de la pierre. Aussi fut-il d'abord élevé et instruit à la maison; c'est seulement à l'âge de seize ans que, sa santé s'étant un peu raffermie, il put suivre les cours du Collège de la Marche, près la place Maubert. Il y passa maître ès arts, puis étudia, pendant trois ans, la théologie en Sorbonne. — On lui offrit alors un canonicat à Notre-Dame, situation fort recherchée qu'il refusa pourtant, parce que ses goûts le portaient vers la retraite et la méditation; en 1660 il entra à l'Oratoire et résida, dès lors, à la maison professe de la rue Saint-Honoré, qu'il ne quittait guère que pour aller faire des séjours à la campagne, à Raray (près de Senlis), au château de Roucy, à Perseigne (abbaye cistercienne du diocèse du Mans), ou dans les terres du marquis d'Allemans. — A vingt-six ans (1664) il fut ordonné prêtre. C'est cette même année que, ayant pris contact avec le cartésianisme, sa pensée trouva sa voie, qu'elle avait, jusqu'alors, vainement cherchée. — Après quatre années d'études et de méditations, il commença, en 1668, à écrire la *Recherche de la Vérité*, dont les trois premiers livres parurent le 2 mai 1674, après quelques difficultés avec la censure. Le succès fut considérable, ainsi que celui du deuxième volume publié en 1675.

Mais aussitôt commencèrent des critiques et de très vives polémiques, qui durèrent jusqu'à la mort de Malebranche, occupèrent tout le temps que lui laissait la publication de ses autres ouvrages.

Le *Traité de la Nature et de la Grâce*, publié en 1680, eut un immense retentissement, mais lui fit beaucoup d'ennemis, parmi lesquels, outre le grand Arnauld, avec qui il était déjà en lutte depuis plusieurs années, le propre supérieur de son Ordre, et Bossuet. Au reste, après une âpre lutte d'intrigues en cour de Rome, le parti d'Arnauld l'emporta, et l'ouvrage fut mis à l'index en 1690.

Après une grave maladie, Malebranche écrit les *Entretiens sur la Mort*, qui furent publiés à la suite de l'édition de 1696 des *Entretiens sur la Métaphysique*.

En 1699, Malebranche, géomètre, mathématicien et physicien, entre à l'Académie des Sciences. A cette époque sa renommée était immense; tous ses ouvrages avaient un grand succès, et sa doctrine était enseignée, — non sans que cela fît parfois quelque bruit, — dans les principales villes de France, en Espagne, en Italie, en Allemagne, en Angleterre, en Suède, en Hollande, dans les Pays-Bas. Les femmes même voulaient le lire; « et il s'en trouva quelques-unes, dit le P. André, assez pénétrantes pour l'entendre sans maître : ce qui me paraîtrait un paradoxe, ajoute-t-il assez ingénument, si je n'en avais vu des exemples, même en province ».

Il était à la campagne à Villeneuve-Saint-Georges, près Paris, lorsque, le 20 juin 1715, il fut atteint de la maladie dont il mourut. Pendant qu'il célébrait la messe, une défaillance l'obligea de s'arrêter. Il fut transporté à Paris trois jours après, et fit une maladie de quatre mois qui fut souvent fort douloureuse. Durant toute cette période il ne fut préoccupé que de se préparer pieusement à la mort et de rechercher les fautes qu'il avait pu commettre durant sa vie, pour s'en accuser et en demander pardon à Dieu.

Il s'éteignit doucement dans la nuit du 13 octobre 1715.

« Cet homme si profond et si élevé dans ses écrits, dit le P. André, était, dans sa conversation, d'une *simplicité d'enfant*, ouvert, *ingénu*, modeste, humble, familier, ne s'apercevant ni de son mérite ni de sa réputation. » Il est frappant de noter que le P. Adry parle aussi de sa *simplicité d'enfant*, et l'on doit signaler, comme un trait intéressant de sa nature morale, que ce puissant métaphysicien aimait s'amuser avec les enfants : « Cet amusement, disait-il, ne laisse dans l'esprit aucune trace désagréable et rien qui puisse troubler dans le travail qui lui succède. »

Il était généreux et désintéressé, et abandonna, soit à de bonnes œuvres, soit à ses parents, presque tout ce qui lui appartenait, ne conservant que ce qui lui était strictement nécessaire pour vivre modestement.

Au physique, voici ce que nous en savons, d'après le P. Adry et le P. Lelong : il avait près de six pieds de haut, était très maigre, avait l'épine dorsale déviée, la poitrine étroite, les poumons faibles et la respiration facilement gênée; sa voix était grêle, ce qui, dit le P. Lelong, « l'obligeait d'élever la voix dans la dispute, surtout lorsqu'il avait affaire à des personnes qui avaient de bons poumons. Il paraissait même, quelquefois, en colère à cause de sa voix. — Il était fort agile et fort adroit de son corps; il a été, de son temps, un des meilleurs joueurs de billard... Il avait la tête grosse, le visage long et étroit..., le front fort découvert, le nez long, les yeux assez petits et un peu enfoncés, de couleur bleue tirant un peu sur le gris, fort vifs : c'était la partie de son visage qui marquait le

plus d'esprit. Il avait la bouche grande et fort fendue, le menton
un peu pointu, le cou haut et long. La couleur du visage avait été
de blanc pâle pendant la jeunesse, mais il était devenu fort rouge...
Il avait la démarche grande; mais elle n'était pas majestueuse, à
cause qu'il paraissait tout d'une venue, tant il était maigre. »

* *
*

Quelles indications trouve-t-on, dans l'histoire de la vie de Malebranche, touchant sa formation intellectuelle et morale?

Malebranche a commencé par recevoir, au Collège de la Marche,
l'enseignement d'un péripatétisme rigoureux. Cet enseignement
n'eut aucune prise sur lui, pour deux motifs : c'était une scolastique
confuse, creuse et vide; de plus, elle n'avait rien de chrétien. Ainsi
se manifestent, dès le début, les deux traits qui caractérisent le
mieux son tempérament et sa doctrine : prédilection pour les idées
claires, substantielles comme des réalités, et instinct religieux très
profond.

Aussi ne fut-il pas moins déçu par les études théologiques qu'il
fit en Sorbonne : là où il cherchait la vérité, il ne trouvait que des
mots, des obscurités, des discussions puériles et confuses.

Les travaux vers lesquels le poussèrent ensuite ses maîtres de
l'Oratoire ne lui parurent ni moins fastidieux, ni moins décevants;
l'histoire ecclésiastique demandait trop à la mémoire et ne laissait
pas de place au travail constructeur de l'esprit; l'étude des écrits
hébraïques ne pouvait donner satisfaction aux besoins d'une intelligence impatiente de déployer sa puissance créatrice, mais qui
n'avait pas encore trouvé sa voie.

On peut croire, toutefois, que, à travers les découragements
successifs qui, de 1654 à 1664, le poussèrent tour à tour d'une dis-
cipline à l'autre, il prenait contact avec ses propres facultés et qu'il
se découvrait peu à peu lui-même en tâtonnant.

C'est ainsi que s'explique l'événement tant de fois raconté, l'illu-
mination soudaine, la violente commotion qu'il éprouva en lisant,
un jour, chez un libraire, le *Traité de l'Homme* de Descartes, que
venait de publier Clerselier : l'émotion et la joie qu'il ressentit
furent telles, il en eut « des palpitations si violentes qu'il était
obligé de quitter son livre à toute heure et d'en interrompre la
lecture pour respirer à son aise ». (Le P. André.) Dès lors il voulut
connaître le *Discours de la Méthode*, les *Méditations*, les *Principes*;
il se pénétra de l'admirable pensée cartésienne si large, si lumineuse, si solide qu'il faut un effort pour la soumettre à la critique
de l'esprit en quête de vérités complètes et définitives. Malebranche,
— et nous voyons reparaître ici l'autre tendance que nous avons
vue se manifester en lui dès le début, — très préoccupé de religion,
très imprégné, aussi, de la pensée de saint Augustin, se proposa
de compléter Descartes par saint Augustin, l'un ayant, à son sens,
mieux compris la nature des choses matérielles, l'autre, celle des
choses spirituelles.

Cet effort aboutit à la création d'une doctrine très puissante et très originale, dans laquelle le philosophe maintient les droits de la Raison en présence du dogme religieux, qui est intangible à ses yeux, et s'efforce d'accorder l'une à l'autre, en même temps qu'il oriente la théorie cartésienne de la connaissance dans le sens de cet idéalisme qui devait bientôt trouver en Berkeley son expression la plus connue.

Ce n'est pas ici le lieu de déterminer dans quelle mesure il a réussi. Mais ce qui apparaît, sans contestation possible, c'est qu'il a cherché la solution du problème avec une admirable bonne foi, avec une franchise qui dédaigne les habiletés et les faux-fuyants, avec une simplicité et une fécondité de moyens qui portent la marque du génie.

Il a été servi, enfin, par des dons d'écrivain, non seulement merveilleusement clair et précis, mais encore imaginatif, éloquent et, chaque fois que la matière s'y prête, émouvant, poétique et d'un charme exquis.

Déjà, dès la première édition de la *Recherche de la Vérité*, Fontenelle expliquait en partie l'immense succès de l'ouvrage par le talent d'exposition, la qualité du style, la vivacité de l'imagination. — Et, de son côté, Leibniz, qui voit juste à son ordinaire, écrit à Malebranche : « Vous avez trouvé le secret de rendre les choses les plus abstraites non seulement sensibles, mais touchantes. »

Et c'est là peut-être l'un des traits les plus originaux de ce philosophe qui, sans jamais affaiblir la force des principes abstraits, sait à chaque instant les revêtir de charme, de poésie et de grâce, et les imprégner si naturellement de sentiment, de vie morale et d'ardeur religieuse, qu'au lieu d'être un fait de pure spéculation, sa doctrine apparaît comme la production d'une âme qui agit avec toutes les facultés à la fois, — σύν ὅλῃ τῇ ψύχῃ, — et trouve, en ses démarches, en même temps que la vérité, son apaisement définitif et son bonheur.

PAUL FONTANA.

NOTE BIBLIOGRAPHIQUE

Il n'existe pas de bibliographie exacte des œuvres de Malebranche et de leurs éditions successives. Celle que l'on trouvera ci-après est la plus complète qui ait été publiée jusqu'ici.

Elle contient des lacunes et peut-être des erreurs; mais les recherches et les travaux critiques qu'elle a exigés ont permis d'arriver à des résultats utiles : on suit le développement historique de la pensée du philosophe; on voit dans quel ordre il a abordé les différents problèmes; on se fait une idée suffisamment précise de la diffusion de sa doctrine, soit de son vivant, soit après sa mort.

L'intérêt que présentent de tels renseignements nous paraît justifier le développement que nous avons cru devoir donner à cette partie de notre travail [1].

I. — Œuvres et Éditions publiées du vivant de Malebranche.

1674. — De la Recherche de la Vérité où l'on traite de la nature de l'esprit de l'homme et de l'usage qu'il en doit faire pour éviter l'erreur dans les sciences. [Les 3 premiers livres; — ouvrage publié sans nom d'auteur.] — Paris, A. Pralard, in-12.

1675. — *Recherche de la Vérité....* [2° vol., avec réédition du précédent.] — Paris, A. Pralard, 2 vol. in-12.

— — Conversations chrétiennes, dans lesquelles on justifie la vérité de la Religion et de la Morale de Jésus-Christ, *par l'Auteur de la « Recherche de la Vérité ».* — Paris.

1677. — Petites Méditations chrétiennes, *suivies de l'Adoration en esprit et en vérité.* — Paris, Roulland.

— — *Recherche de la Vérité.* — Strasbourg, 3 vol.

---

1. Les titres des ouvrages sont mis en **caractères gras** pour la première édition et *en italiques* pour les éditions suivantes.

1677. *Conversations chrétiennes...* — Bruxelles, H. de Fricx, in-12. [La même année, un autre tirage, différant du précédent dans l'Errata.]

— — *Conversations chrétiennes....* — Mons, G. Migeot, in-12.

— — **Petites méditations pour se disposer à l'Humilité et à la Pénitence,** *avec quelques considérations de piété pour tous les jours de la semaine.* — Paris, in-24.

1678. — *Recherche de la Vérité....* — Paris, A. Pralard, in-4°.

— — *Recherche de la Vérité....* — Rotterdam, 2 vol. in-12.

— — *Recherche de la Vérité....* — Paris, A. Pralard, 3 vol. in-12.

— — *Recherche de la Vérité....* — Strasbourg, André, in-12. [L'édition de Strasbourg, qui est une simple reproduction de l'édition de Pralard, in-12, 1678, est datée de 1677. C'est, très vraisemblablement, une contrefaçon.]

1680. — **Traité de la Nature et de la Grâce.** — Amsterdam, Elzevier, in-12.

1681. — **Éclaircissement, ou la suite du Traité de la Nature et de la Grâce....** — Amsterdam, Elzevier, in-12.

— — *Recherche de la Vérité....* [Le tome IV contient le *Traité de la Nature et de la Grâce.*] — Bruxelles, H. Fricx, 4 vol. in-12.

— — *Recherche de la Vérité....* Trad. hollandaise. — Rotterdam.

1682. — **Défense de l'auteur de la Recherche de la Vérité contre l'accusation de M. Louis de la Ville,** *où l'on fait voir que, s'il était permis à un particulier de rendre suspecte la Foi des autres sur des conséquences bien ou mal tirées de leur principe, il n'y aurait personne qui pût se mettre à couvert du reproche d'hérésie.* [Titre donné par le P. André.]

— — **Des lois de la communication des mouvements....** — Paris, A. Pralard, in-12.

— — **Mémoire pour expliquer la possibilité de la Transsubstantiation.** [Publié à Paris, sans indication d'auteur, d'éditeur, ni de date.]

1683. — *Recherche de la Vérité....* — Paris, A Pralard, in-12.

— — *Traité de la Nature et de la Grâce, avec des Éclaircissements qui n'ont point encore paru...* — Cologne, P. du Marteau, in-12.

— — **Méditations chrétiennes.** — Cologne, B. d'Egmond, in-12. [Une autre édition, la même année, à Lyon.]

— — **Traité de morale.** — Cologne, B. d'Egmond, in-12.

1684. — **Réponse de l'auteur de la « Recherche de la Vérité » au livre de M. Arnauld des vraies et des fausses idées.** — Rotterdam, Reinier Leers, in-12.

— — *Traité de la Nature et de la Grâce, par l'auteur de la « Recherche de la Vérité »,... augmenté de plusieurs Éclaircissements...,*

suivi de « Défense... contre l'accusation de M. de la Ville » [46 p.]. —
Rotterdam, Reinier Leers, in-12.

1684. — *Traité de la Nature et de la Grâce.* Trad. espagnole par
Lopez.

— — *Traité de Morale....* — Rotterdam, Reinier Leers, 2 vol.
in-12.

1685. — *Conversations chrétiennes....* — Rotterdam, Reinier Leers,
in-12. [Contient également les *Méditations sur l'Humilité et la Pénitence,* p. 275 et suiv.]

— — *Réponse de l'Auteur de la « Recherche de la Vérité » au
livre de M. Arnauld des Vraies et des Fausses idées.* — Rotterdam,
Reinier Leers, in-12.

— — **Trois Lettres... touchant la Défense de M. Arnauld
contre la Réponse au livre des vraies et fausses idées.** — Rotterdam, Reinier Leers, in-12.

— — **Réponse à une dissertation de M. Arnauld, contre
un Éclaircissement du « Traité de la Nature et de la Grâce »,**
*dans laquelle on établit les principes nécessaires à l'intelligence de ce
même Traité.* — Rotterdam, Reinier Leers, in-12.

— — *De inquirenda veritate....* Trad. Jacob Lenfant. — Genève,
Dufour, in-4°.

1686. — **Lettres du P. Malebranche à un de ses amis,** *dans
lesquelles il répond aux « Réflexions philosophiques et théologiques »
de M. Arnauld sur le « Traité de la Nature et de la Grâce », suivi de
Défense... contre l'accusation de M. de la Ville.* — Rotterdam, Reinier
Leers, in-12.

1687. — **Lettres du P. Malebranche touchant celles de
M. Arnauld.** — Rotterdam, Reinier Leers, in-12. [Réponse aux
2ᵉ et 3ᵉ vol. des *Réflexions philosophiques et théologiques* d'Arnauld.]

1688. — **Entretiens sur la Métaphysique et sur la Religion.**
— Rotterdam, Reinier Leers, in-12, III-604 p.

— — *Recherche de la Vérité....* — Amsterdam, Desbordes,
2 vol. in-12.

1690. — *Entretiens sur la Métaphysique et sur la Religion.* —
Rotterdam, Reinier Leers, in-12, III-379 p.

1691. — *De inquirenda Veritate....* Trad. Jacob Lenfant. — Genève,
Typis et Sumptibus Societatis, in-4°.

1692. — *Des lois de la communication des mouvements.* — Paris,
A. Pralard, in-12.

— — *Recherche de la Vérité....* — Londres, trad. anglaise par
Rich. Sault.

1693. — **Des diverses apparences de grandeur du Soleil
et de la Lune dans l'horizon et dans le méridien.** [Réponse à
M. Régis; — réimprimé à partir de 1700 à la suite de la *Recherche*

de la Vérité.] — Paris, A. Pralard, in-12. [Une autre édition, publiée sans lieu, ni date.]

1693. — *Conversations chrétiennes....* — Cologne, B. d'Egmond, in-12.

1694. — *Treatise concerning the search after truth*, translated by T. Taylor. — Oxford, 2 vol. in-4°.

1695. — *Conversations chrétiennes....* — Rouen, Vve L. Behourt et G. Behourt, in-12.

— — *Conversations chrétiennes.* — Londres.

1696. — *Entretiens sur la Métaphysique et la Religion*, nouvelle édition augmentée de plusieurs **Entretiens sur la Mort.** — Paris, Jean de Nully, 2 vol. in-12.

1697. — *Traité de morale, nouvelle édition augmentée dans le corps de l'ouvrage, et d'un* « **Traité de l'Amour de Dieu, en quel sens il doit être désintéressé** ». — Lyon, Plaignard, 2 vol. in-12.

1699–1700. — **Trois Lettres de Réponse au P. Lamy et une Réponse générale suivie d'un supplément** [Le P. André].

— — *Des lois de la communication des mouvements.* — [Cette réédition contient de très importants changements.]

— — **Réflexions sur la lumière et les couleurs et la génération du feu.** — *Mémoires de l'Académie des Sciences*, 4 avril 1699. [Résumé dans l'*Histoire de l'Académie*, même année, p. 17-19.]

— — *Méditations chrétiennes et métaphysiques....* — Lyon, L. Plaignard, 2 vol. in-12.

1700. — *Recherche de la Vérité....* 2ᵉ édit. de la traduction anglaise de 1694, revue, complétée et augmentée d'un *Discours sur la lumière et les couleurs.* — Oxford, 2 vol. in-4°.

— — *Recherche de la Vérité....* — Paris, Michel David, 3 vol. in-12.

1701. — *Recherche de la Vérité....* [Trad. espagnole mentionnée par le P. André, qui déclare ne l'avoir jamais eue entre les mains.]

— — *Traité de la Nature et de la Grâce....* — Rotterdam, Reinier Leers, in-12, pièces limin., 400 p.

1702. — *Conversations chrétiennes dans lesquelles on justifie la vérité de la Religion et de la Morale de Jésus-Christ*, suivies de *Méditations sur l'Humilité et la Pénitence.* — Paris, Anisson, in-12, XII-449 p.

1703. — *Traité de la Nature et de la Grâce....* — Rotterdam, Reinier Leers, in-12.

— — *Entretiens sur la Métaphysique, sur la Religion et sur la Mort.* — Paris, Michel David, 2 vol. in-12.

1704. — **Réponse du P. Malebranche à la 3ᵉ lettre de M. Arnauld....** — Amsterdam, Henry Wetstein, 400 + 43 pages in-12. [Contient aussi les lettres d'Arnauld.]

1707. — *Traité de morale....* — Lyon, Plaignard, 2 vol. in-12.

— — *Méditations chrétiennes et métaphysiques...* — Lyon, Plaignard, in-12, XVI-504 p.

— — *Traité de l'Amour de Dieu, en quel sens il doit être désintéressé...; Trois lettres au P. Lamy..., et une quatrième ou Réponse générale à celles de ce même Père.* — Lyon, Plaignard, in-12.

— — *Traité de l'Amour de Dieu....* — Paris, M.-E. David, in-12.

1708. — **Entretien d'un philosophe chrétien avec un philosophe chinois sur l'existence et la nature de Dieu.** — Paris, Michel David, in-12, 71 p.

— — **Avis touchant l'Entretien d'un philosophe chrétien avec un philosophe chinois...** *pour servir de Réponse à la Critique de cet Entretien insérée dans les « Mémoires de Trévoux » du mois de juillet 1708.* — Paris, Michel David, in-12, 36 p.

1709. — *Recueil de toutes les Réponses du P. Malebranche, prêtre de l'Oratoire, à M. Arnauld, docteur de Sorbonne.* — Paris, Michel David, in-12, 4 vol.

1711. — *Entretiens sur la Métaphysique, sur la Religion et sur la Mort, nouvelle édition revue, corrigée et augmentée, par le R. P. Malebranche, prêtre de l'Oratoire.* — Paris, Michel David, in-12, 2 vol. de LVIII-383 p. et 422 p. [Les trois *Entretiens sur la Mort* occupent les pages 267-422 du second volume. — Cette édition est recommandée comme la meilleure par Malebranche dans la Préface de l'édition de 1712 de la *Recherche de la Vérité,* laquelle est la dernière de celles qui ont été publiées du vivant du Philosophe.]

1712. — *Recherche de la Vérité...* — Paris, Michel David, 2 vol. in-4°.

— — *Recherche de la Vérité... augmentée de deux Éclaircissements....* — Paris, Michel David, 4 vol. in-12.

— — *Recherche de la Vérité....* Trad. anglaise par Taylor. — Londres, 2 vol.

— — *Traité de la Nature et de la Grâce....* — Rotterdam, Reinier Leers, in-12, 44 p.

— — *Des lois de la communication des mouvements....* — Paris, A. Pralard, in-12, 44 p.

1715. — **Réflexions sur la Prémotion physique.** — Paris, Michel David, in-12, 351 p.

— — *Méditations pour se disposer à l'Humilité et à la Pénitence, avec quelques considérations de piété pour tous les jours de la semaine.* — Paris, Michel David, in-12.

II. — Œuvres et Éditions
publiées après la mort de Malebranche.

1720. — *Recherche de la Vérité....* Trad. anglaise de Taylor [3 éditions].

1721. — *Recherche de la Vérité....* — Paris, Christophe David, 4 vol. in-12.

— — *Recherche de la Vérité....* — Paris, Christophe David, 2 vol. in-4°.

— — *Recherche de la Vérité....* — Paris, Michel David, 4 vol in-12.

1732. — *Entretiens sur la Métaphysique....* — Paris, Michel David, 2 vol. in-12.

1733. — *Conversations chrétiennes....* — Paris, Michel David, in-12.

1736. — *Recherche de la Vérité....* — Paris, Michel David, 4 vol. in-12.

— — *Recherche de la Vérité....* — Paris, Christophe David, in-12.

1749. — *Recherche de la Vérité....* — Paris, David l'Aîné, 4 vol. in-12.

— — *Recherche de la Vérité....* — Paris, Savoye.

— — *Recherche de la Vérité....* — Paris, Bordelet.

— — *Recherche de la Vérité....* Paris, Durand, 2 vol. in-12.

1753. — *Recherche de la Vérité....* Trad. latine par Lenfant. — Genève.

1762. — *Recherche de la Vérité....* — Paris, Durand, 2 vol. in-12.

1769. — **Traité de l'Infini créé**, *avec l'explication de la possibilité de la Transsubstantiation.* — **Traité de la Confession et de la Communion....** — Amsterdam, M. M. Rey, in-8°. [Précédé d'une vie de Malebranche.]

1772. — *Recherche de la Vérité....* — Paris, Libr. associés.

1776, 1777, 1780. — *Von der Wahrheit, oder von der Natur des menschlichen Geistes (übersetzt und mit Anmerkungen herausgegeben von einem Liebhaber der Weltweisheit).* Trad. de Paalzor et Müller. — Halle.

1781. — *Von der Wahrheit....* Trad. de Paalzor et Müller. — La Haye.

1818-1819. — *Recherche de la Vérité....* Trad. italienne. — Pavie, 3 vol.

1829. — *Recherche de la Vérité....* — Lyon, Rivière, 4 vol. in-12.

1831. — *Traité de l'Amour de Dieu....* Trad. allemande par Reibel. — Heidelberg.

1841. — *Méditations métaphysiques et* **Correspondance avec Dortous de Mairan**, publiée pour la première fois... par Feuillet de Conches. — Paris, H. Delloye, in-8°.

1842. — *Christliche metaphysische Betrachtungen....* Trad. allemande. — Munster, Thiessing.

1882. — *Traité de morale*, édit. Henri Joly. — Paris, Ernest Thorin, in-12, XXIV-272 p.

1886. — *Recherche de la Vérité...*, livre II, publié par Ollé-Laprune.

— — *Recherche de la Vérité...*, livre II, nouvelle édition publiée par P Janet.

III. — ÉDITIONS DES *ŒUVRES CHOISIES* DE MALEBRANCHE.

1829. — Édition Rivoire, à Lyon.

1837. — Édition de Genoude et de Lourdoueix. (Sous le titre inexact d'*Œuvres complètes*.) — Paris, Sapia, 2 vol. in-4°.

1842, 2 vol.; **1853**; **1871**, 4 vol. — Édition Jules Simon. — Paris, Charpentier, in-16.

1879. — Édition Berche et Tralin, à Paris.

1880. — Édition Francisque Bouillier. — Paris, Garnier, in-12.

Les éditions des « Œuvres choisies » de Malebranche sont incomplètes et mutilées; le texte en est souvent altéré.

Les notes et références qui figurent au bas des pages sont de Malebranche, à l'exception des indications bibliographiques données à la page 1, et des variantes.

Lorsque les variantes font suite à une note de Malebranche, elles sont mises entre crochets.

ENTRETIENS
SUR LA MÉTAPHYSIQUE

SUR LA RELIGION ET SUR LA MORT [1]

PRÉFACE DE L'AUTEUR

On a déjà vu plusieurs éditions de cet ouvrage; mais outre que celle-ci est la plus exacte, l'on y a ajouté trois Entretiens sur la mort et l'éternité qui la suit. Ce sujet est pour nous de la dernière conséquence, s'il est vrai que nous serons éternellement, s'il est vrai que maintenant notre âme est en épreuve dans notre corps et que le jour viendra où Dieu rendra à chacun selon ses œuvres. Le temps, comparé à l'éternité, n'est qu'un instant. Tous les biens de la vie présente, — richesses, honneurs, plaisirs; joignez-y une santé parfaite, et que rien ne manque de ce que met Aristote dans la définition du souverain bonheur, — cet assemblage est imaginaire; mais fût-il très réel, tout ce qui passe approche si fort du néant quand on le compare avec l'éternité bienheureuse que nous espérons, qu'il n'est pas possible que l'homme soit content de sa conduite, lorsqu'il donne toute son application et tous ses soins pour obtenir si peu de chose. Nous voulons tous invinciblement être heureux; je dis :

---

1. Titre de la première édition (1688) : *Entretiens sur la Métaphysique et sur la Religion.* — Les trois *Entretiens sur la Mort* n'apparaissent qu'avec la troisième édition (Paris, J. de Nully, 1696, 2 vol. in-12), dont la publication fut surveillée par l'abbé de Cordemoy, fils du célèbre cartésien qui donna une esquisse de l'occasionnalisme.

solidement heureux, éternellement heureux. Mais la mort
est inévitable. Elle rompt tous nos desseins. Elle doit donc
changer aussi toutes nos vues; elle doit nous forcer de chercher des biens qu'elle ne puisse nous enlever.

Il est bien juste que la mort nous traverse dans nos desseins, car ils sont bizarres et mal réglés quand nous ne suivons pas ses avis. Bien loin qu'elle s'oppose à notre véritable
bonheur, c'est elle qui nous y conduit. La pensée de la mort
ne nous fait mépriser que ce qui est méprisable; elle lève le
voile et les apparences trompeuses des biens sensibles, mais
elle laisse aux vrais biens toute leur réalité et tout leur prix.
Et elle nous les approche de si près, ces vrais biens, elle nous
les fait considérer si attentivement, que tout le reste dis-
paraît. C'est même cet effet ordinaire de la pensée de la mort
qui la rend désagréable; de sorte que bien des gens voudraient n'y penser jamais.

Le sage, en tout temps, veut être détrompé. Mais l'homme
charnel et insensé se plaît dans l'illusion. S'il dort d'un sommeil doux et agréable, s'il n'a que de plaisants songes, la
mort, qui le délivre de son assoupissement, est une impor-
tune; il faut que la douceur de son sommeil soit troublée
par quelque fantôme terrible, afin qu'il se réveille avec
plaisir. Cependant, ce temps que nous passons dans l'assoupissement nous est donné pour nous faire un établissement
éternel; l'alternative des récompenses et des peines futures
est inévitable. Nous sommes immortels, et ce néant prétendu
qui succède aux derniers moments est, de toutes les chimères,
la plus extravagante et la plus folle. Ce n'est pas ici le lieu
de le prouver [1]. Le doute seul me suffit : car le doute le plus
léger touchant l'éternité de notre être suffit à tout homme
raisonnable pour suspendre la plupart de ses desseins jusqu'à
ce qu'il ait bien reconnu ce qui en est. Quelque désagréable
que paraisse l'examen de cette importante question, celui
qui la néglige est un insensé, du moins s'il règle sa conduite
indépendamment du futur. Mais celui qui s'y applique et
qui s'y trompe est bien malheureux; je pourrais dire aussi :
bien stupide et bien aveugle; mais sa stupidité n'est pas si
visible ni si excusable que celle que je crois commune à une

1. *Premier Entretien sur la Mort.*

infinité de gens. Car combien y en a-t-il qui doutent de l'immortalité de l'âme ou qui même en sont convaincus, qui cependant font choix d'un état de vie sans penser à ce qui la suit! Entre leurs différents motifs l'éternité n'y entre point, ou on la compte pour rien. Quelle étrange stupidité! Et comment l'accorder avec notre amour-propre, avec cette impression invincible que nous avons pour la félicité?

Ce qui nous touche, ce qui nous frappe actuellement, c'est là ce qui nous ébranle; c'est là ce qui détermine naturellement nos mouvements. Les enfants comptent pour rien les objets éloignés, quelque grands qu'ils soient en eux-mêmes; ils ne s'intéressent point dans le cours des astres. Si une épine les pique, si un insecte les mord, les voilà plus alarmés que si toute la nature s'allait renverser. Tel est le jugement des sens lorsque la raison n'y a point de part, lorsqu'elle est faible, cette raison, et assujettie aux impressions du corps. Mais à mesure qu'elle se fortifie, l'esprit s'étend; du présent il passe au futur, et de ce qui l'environne, il pousse jusque dans les objets les plus éloignés. Par la comparaison qu'il fait des choses entre elles et avec lui, il devient de plus en plus susceptible de crainte et d'espérance; le futur et l'éloigné l'ébranlent aussi bien que le présent. De sorte qu'on ne craint point de souffrir actuellement des douleurs très vives, d'essuyer mille et mille fatigues pour se mettre en repos sur la fin de ses jours. Mais toutes les vues qu'ont les hommes pour leur félicité se bornent d'ordinaire à leur vie présente : ils ne s'arrêtent qu'au sensible. S'ils se fatiguent à trente ans pour se reposer dans leur vieillesse, c'est qu'ils voient souvent des vieillards, et qu'ils sont jeunes. Ce sentiment les frappe et les persuade qu'un jour ils seront comme eux. Mais ce sont des enfants par rapport aux vrais biens; l'éternité leur paraît comme ces espaces imaginaires qu'on croit au-dessus des cieux; ils n'y trouvent rien de solide, rien qui les touche, rien, par conséquent, qu'ils veulent préférer au présent dont ils jouissent avec plaisir. Voilà pourquoi l'éternité n'entre point en compte parmi les motifs de nos déterminations; éternité, cependant, qui seule peut empêcher toutes nos fausses démarches, et régler nos pas pour arriver sûrement à la félicité que nous désirons.

Je tâche, dans quelques-uns de ces *Entretiens*, de bien

convaincre Ariste, l'un des interlocuteurs, que les objets
sensibles ont bien moins de réalité qu'on ne s'imagine et
qu'ils n'ont sur nous aucune action; que toutes les sensations que nous en avons viennent uniquement de l'efficace
des causes divines; que l'âme n'est directement, immédiatement unie qu'à Dieu, qu'à la souveraine Raison en qui se
trouve, dit saint Augustin [1], la puissance qui nous donne
l'être, la lumière qui nous éclaire et la règle immuable de
notre conduite : « Causa subsistendi, ratio intelligendi et
ordo vivendi. » En un mot, je tâche de délivrer l'esprit des
préjugés des sens et de l'imagination. Et, dans les trois derniers, je joins aux principes de la philosophie naturelle ceux
de la Religion, pour guérir le même Ariste de la crainte de
la mort. Je tâche de diminuer en lui cette horreur que nous
en avons naturellement, afin qu'il y pense plus sérieusement
qu'il n'avait fait, qu'il se familiarise, pour ainsi dire, avec
elle, qu'il prenne volontiers ses avis, et qu'il suive les chemins
qui conduisent à la félicité que nous espérons par Jésus-
Christ : « Si enim homo ita creatus est ut per id quod in eo
præcellit, attingat illud quod cuncta præcellit, id est unum
verum optimum Deum, sine quo nulla creatura subsistit,
nulla doctrina instruit, nullus usus expedit : ipse quæratur
ubi nobis secura sunt omnia; ipse cernatur ubi nobis certa
sunt omnia; ipse diligatur ubi nobis recta sunt omnia. »
(Saint Augustin, *De Civitate Dei*, l. VIII, ch. iv.)

Je n'explique point ici le détail de ces *Entretiens*, la table
des chapitres suffit pour le reconnaître; et je ne crois pas
non plus devoir rendre raison du choix des matières que j'ai
traitées; il me semble que ce choix est à la liberté des auteurs.
Cependant, j'ai été obligé d'en user comme j'ai fait; presque
toutes les vérités que j'expose sont celles qu'on m'a con-
testées. Je n'en dis pas davantage. Mais comme je soutiens
dans cet ouvrage ce paradoxe qui révolte l'esprit, ou plutôt
l'imagination, de bien des gens, *que c'est en Dieu que nous voyons
toutes choses*, je crois le devoir prouver encore une fois par
l'autorité de saint Augustin, quoique je l'aie déjà fait ailleurs [2]. Un si grand nom tiendra peut-être les esprits en

---

1. *De Civitate Dei*, l. VIII, ch. iv.
2. *Réponse au Livre des Vraies et Fausses Idées*, ch. vii et xxi.

respect et les disposera à examiner sans prévention une vérité de la dernière conséquence, et que je crois avoir évidemment démontrée.

DIVERS PASSAGES
DE SAINT AUGUSTIN TOUCHANT LES IDÉES,
ET RÉFLEXIONS SUR CES PASSAGES.

Saint Augustin, *Livre des* 83 *Questions* (*Question* 46), parle ainsi des idées :

« *Ideas* Plato primus appellasse perhibetur, non tamen si hoc nomen antequam ipse institueret non erat, ideo vel res ipsæ non erant, quas ideas vocavit, vel a nullo erant intellectæ. Nam non est verisimile sapientes aut nullos fuisse ante Platonem aut istas quas Plato ideas vocat, quæcumque res sint, non intellexisse. Si quidem in eis tanta vis constituitur, ut nisi his intellectis, sapiens esse nemo possit... Sed rem videamus quæ maxime consideranda est atque noscenda... Sunt ideæ principales formæ quædam vel rationes rerum stabiles atque incommutabiles, quæ ipsæ formatæ non sunt, ac per hoc eternæ ac semper eodem modo sese habentes, quæ in Divina Intelligentia continentur. Et cum ipsæ neque oriantur neque intereant, secundum eas tamen formari dicitur omne quod oriri vel interire potest.... Quod si recte dici vel credi non potest Deum irrationabiliter omnia condidisse, restat ut omnia ratione sint condita. Nec eadem ratione homo quâ equus; hoc enim absurdum est existimare. Singula igitur propriis sunt creata rationibus. Has autem rationes ubi arbitrandum est esse, nisi in ipsa mente Creatoris? Non enim extra se quidquam positum intuebatur, ut secundum id constitueret quod constituebat; nam hoc opinari sacrilegum est. Quod si hæ rerum omnium creandarum creatarumve rationes in divina mente continentur, neque in divina mente quidquam nisi æternum atque incommutabile potest esse; atque has rationes principales appellat Plato; non solum sunt ideæ, sed ipsæ veræ sunt quia æternæ sunt, et ejusmodi atque incommutabiles manent; quarum participatione fit ut sit quidquid est quomodo est. »

Il est clair que saint Augustin a cru : 1º Que la question

des idées était de la dernière conséquence : *maxime conside-*
randa atque noscenda. Il n'y a point, en effet, de sentiment
de philosophie qu'il ait eu plus à cœur et dont il ait tiré
plus de conséquences avantageuses à la Religion, que celui
qu'il a eu sur leur nature. Aussi n'y a-t-il point de principe
plus fécond : on le verra bien dans la suite de cet ouvrage.
Les idées, dit-il, ont tant de force que sans elles on ne peut
être sage : *In eis tanta vis constituitur, ut nisi his intellectis,*
sapiens esse nemo possit.

2º Selon ce saint docteur, les idées sont éternelles et
immuables : *Æternæ et semper eodem modo sese habentes.*

3º Elles sont les exemplaires ou les archétypes des créatures : *Sunt Ideæ principales formæ quædam vel rationes*
rerum, stabiles atque incommutabiles, etc... *Ideæ* et *rationes,*
dans saint Augustin, sont synonymes. Cela est clair par ce
passage seul; et on n'en doutera pas si on lit entièrement
cette *Question* 46. Quand saint Augustin dit : *Omnia ratione*
sunt condita, nec eadem ratione quâ homo equus, il veut dire
que toutes les créatures ont leurs idées ou leurs archétypes.

4º Les idées sont en Dieu; car c'est une impiété de croire
qu'en créant le monde, il regardât hors de lui-même le modèle
sur lequel il l'a formé : *In ipsa mente Creatoris; non enim*
extra se quidquam intuebatur, etc... Et si Platon n'avait
point cru que les idées étaient séparées de l'essence divine,
comme on l'en accuse [1], saint Augustin, en cela, serait plato-
nicien. Au reste, la multiplicité infinie des idées qui sont en
Dieu n'est nullement contraire à la simplicité de son essence :
« Cæterum dictus est in Scripturis sanctis (*Sap.* 7, 22) Spiritus
sapientiæ multiplex, eo quod multa in se habeat; sed quæ
habet, hæc et est, et ea omnia unus est. Neque enim multæ,
sed una sapientia est, in quâ sunt immensi quidam atque
infiniti thesauri rerum intelligibilium in quibus sunt omnes
invisibiles atque incommutabiles rationes rerum, etiam visi-
bilium et mutabilium, quæ per ipsum factæ sunt. » (*De Civi-*
tate Dei, l. II, ch. x.)

Tout cela s'accorde avec ce que dit saint Thomas (l. p.,
Question 15, article 2) : « Deus essentiam suam perfecte
cognoscit. Unde cognoscit eam secundum omnem modum

1. ARISTOTE, *Métaphysique,* E. 3.

quo cognoscibilis est. Potest autem cognosci non solum secundum quod in se est, sed secundum quod est participabilis secundum aliquem modum similitudinis, a creaturis. Unaquæque autem creatura habet propriam speciem, secundum quod aliquo modo participat divinæ essentiæ similitudinem. Sic igitur in quantum Deus cognoscit suam essentiam ut sic imitabilem a tali creatura, cognoscit eam ut propriam rationem et ideam hujus creaturæ, et similiter de aliis. Et sic patet quod Deus intelligit plures rationes proprias plurium rerum, quæ sunt plures ideæ. » Et dans la *Question* précédente, article 6 : « Cum essentia Dei habeat in se quidquid perfectionis, habet essentia cujuscumque rei alterius, et adhuc amplius, Deus in se ipso potest omnia propria cognitione cognoscere ; propria enim natura uniuscujusque consistit secundum quod per aliquem modum naturam divinam participat. »

On voit par ce passage de saint Thomas, que les idées divines ne sont que l'essence divine en tant que les créatures peuvent l'imiter ou y participer, et que ces deux mots *ideæ* et *rationes* sont synonymes : *Deus intelligit plures rationes proprias plurium rerum quæ sunt plures ideæ.* Presque tous les théologiens conviennent de ce que disent ces passages. Mais voici ce qui révolte l'imagination de bien des gens :

« De universis quæ intelligimus non loquentem qui personat foris, sed intus ipsi menti præsidentem consulimus veritatem, verbis fortasse ut consulamus admoniti. Ille autem qui consulitur, docet *qui in interiore homine habitare dictus est Christus id est immutabilis Dei virtus, atque sempiterna sapientia*; quam quidem omnis anima rationalis consulit, sed tantum cuique panditur, quantum capere propter propriam sive malam, sive bonam voluntatem potest. Et si quando fallitur, non fit vitio consultæ veritatis, ut neque hujus quæ foris est, lucis vitium est, quod corporei oculi sæpe falluntur » (saint Augustin, *De Magistro*, ch. II); et plus bas (ch. XIII) : « Quis tam stulte curiosus est qui filium suum mittat in scholam ut quid magister cogitet discat? At *istas omnes disciplinas* quas se docere profitentur, ipsius virtutis atque sapientiæ cum verbis explicaverint, tum illi qui discipuli vocantur, utrum vera dicta sint, apud semetipsos considerant, interiorem illam veritatem pro viribus intuentes.

Tunc ergo discunt; et cum vera dicta esse intus invenerint laudant, nescientes non se doctores potius laudare quam doctos, si tamen et illi quod loquuntur sciunt. Falluntur autem homines, ut eos qui non sunt, magistros vocent. Quia plerumque inter tempus locutionis et tempus cognitionis nulla mora interponitur; et quoniam post admonitionem sermocinantis cito intus discunt, foris se ab eo qui admonuit, didicisse arbitrantur. »

Il est donc clair que les hommes que nous appelons nos *maîtres* ne sont en effet que des *moniteurs*; que s'ils comprennent ce qu'ils nous disent, en cela ils sont *doctes*, mais ils ne sont pas véritablement nos *docteurs*; qu'enfin nous n'avons point d'autre *maître* dans les sciences, philosophie, mathématique, — qu'on en raille tant qu'on voudra, — que la *Sagesse éternelle qui habite en nous* et que tous les esprits consultent par leur attention : *At omnes istas disciplinas quas docere profitentur*, et le reste. C'est là le dessein du livre *De Magistro* : « Ut jam non crederemus tantum, dit saint Augustin, sed etiam intelligere inciperemus, quam vere scriptum sit auctoritate divina, ne nobis quemquam *magistrum* dicamus in terris, quod unus omnium magister in cœlis sit » (ch. dernier). — Et dans ses *Rétractations* (l. II, ch. xii) : « Scripsi librum, cujus est titulus *De Magistro*, in quo disputatur *et invenitur* (remarquez ce mot : *et invenitur*) magistrum non esse qui docet hominem scientiam, nisi Deum, secundum illud etiam quod in Evangelio scriptum est : *unus est magister* vere Christus. » On a maintenant de la peine à comprendre ce que saint Augustin assure que le jeune Adeodatus savait à seize ans : « Ipse (Adeodatus in libro *De Magistro*) mecum loquitur : « Tu scis illius esse sensa omnia, quæ inseruntur ibi ex persona collocutoris mei, cum esset annis sexdecim. » (*Confessions*, l. IX, ch. vi.)

Voici encore quelques passages pour expliquer plus en détail la doctrine de saint Augustin :

« Quæ propter nullo modo negaveris esse incommutabilem veritatem, hæc omnia quæ incommutabiliter vera sunt continentem, quam non possis dicere tuam vel meam, vel cujusquam hominis, sed omnibus incommutabilia vera cernentibus, tanquam miris modis secretum et publicum lumen præsto esse ac se præbere communiter. *Omne autem quod communiter omnibus ratiocinantibus aique intelligentibus præsto est, ad ullius eorum proprie naturam pertinere quis dixerit?* Meministi enim, ut opinor, quid de sensibus corporis paulo tractavimus ; ea scilicet quæ oculorum vel aurium sensu communiter tangimus, sicuti sunt colores et soni, quos ego et tu simul videmus, vel simul audimus, non pertinere ad oculorum nostrorum vel aurium naturam, sed ad sentiendum nobis esse communia. Sic ergo illa quæ ego et tu communiter *propriâ quisque mente conspicimus, nequaquam dixeris ad mentis alicujus nostrum pertinere naturam.* Duorum enim oculi quod simul vident, nec hujus nec illius oculos esse poteris dicere, sed aliquid tertium in quod utriusque conferatur aspectus. » (*De Libero Arbitrio*, l. II, ch. xii.)

On voit clairement par ce seul passage : 1º Que, selon saint Augustin, les *idées* sont bien différentes des *perceptions* que nous en avons, bien différentes de nos propres modalités ; car les idées sont immuables, et communes à tous les esprits ; 2º Que ces idées qui nous éclairent ne se peuvent trouver qu'en Dieu, dans la souveraine et immuable vérité : « Dic quia tu tibi lumen non es, dit-il ailleurs, ut multum oculus es ; lumen non es. Quid prodest patens et sanus oculus, si lumen desit? Ergo dic a te tibi lumen non esse, et clama quod scriptum est : *Tu illuminabis lucernam meam, Domine* ; *lumine tuo illuminabis tenebras meas.* Meæ autem nihil nisi tenebræ ; tu, autem, lumen fugans tenebras, illuminans me. Non a me mihi lumen existens, sed lumen non participans *nisi in te* (remarquez ces paroles : *nisi in te* ; il ne dit pas : *nisi a te*). Sic et Joannes amicus sponsi Christus putabatur, lumen putabatur : *Non* [1] *erat ille lumen, sed ut testimonium perhiberet* de lumine. Quod autem erat lumen? *Erat lumen verum.* Quid est verum? *Quod illuminat omnem hominem.* » (*Serm.* 67, selon l'ordre nouveau.)

Si l'on était bien persuadé de ce que dit saint Jean, que le *Verbe qui s'est fait chair est la vie, la lumière commune des intelligences*, ou que ce ὁ λόγος est cette *Raison* qui éclaire intérieurement tous les hommes, que deviendrait le socinianisme? Car rien n'est plus évident que toutes les créatures sont des êtres particuliers et que la Raison est universelle

---

1. *Joan.*, I, 8, 9.

et commune à tous les esprits : « Ubique veritas præsides omnibus consulentibus te, simulque respondes omnibus etiam diversa consulentibus. Liquide tu respondes, sed non liquide omnes audiunt. Omnes unde volunt consulunt; sed non semper quod volunt audiunt. » (*Confessions*, l. X, ch. XXVI.)

Il ne faut pas s'imaginer que saint Augustin soit le premier qui ait cru que Jésus-Christ, selon sa divinité, était notre lumière, notre Maître intérieur. Entre les Pères qui l'ont précédé il y en a plusieurs [1] qui se sont déclarés pour ce sentiment; et je ne crois pas qu'il s'en trouve un seul qui l'ait combattu. Ils l'avaient appris, ce sentiment, ou, comme saint Augustin l'avoue de lui-même [2], dans les livres des platoniciens estimés alors, ou dans ceux de Philon et des autres Juifs [3]; et ils s'en étaient convaincus par le huitième chapitre des *Proverbes de Salomon*, et surtout par l'*Évangile* de saint Jean qui dit positivement [4] que le Verbe de Dieu, la Sagesse éternelle, la Raison était *la vie et la lumière des hommes, cette vraie lumière qui éclaire tout homme qui vient en ce monde*. Il était assurément notre lumière intérieure, avant qu'il se fût fait homme pour être notre conducteur et notre modèle; mais on peut dire qu'alors la lumière *luisait dans les ténèbres*. Car si Jésus-Christ n'était que simple *moniteur*, comment serait vrai ce qu'il dit de lui, qu'il est *notre unique maître*, qu'il est *la voie, la vérité et la vie*, qu'il est *la lumière du monde*? N'est-ce pas la Raison universelle, qui est cette vraie lumière qui éclaire tous les hommes, quoique tous les hommes n'en soient pas également éclairés? Et lorsque les législateurs établissent des lois justes, peut-on dire que la souveraine Raison n'y ait point de part? « Ego sapientia habito in consilio, et eruditis intersum cogitationibus; per me reges regnant et legum conditores justa decernunt [5]. » Ces paroles ne sont-elles pas décisives?

On croit ordinairement que les idées purement intelli-

1. S. Just. Mart., 2; Apol. Clément. Alex. in *Pedag.*
2. Voy. les *Confessions* de saint Augustin, l. VII, ch. IX; *De Civitate Dei*, l. VIII, ch. VII.
3. Selon les anciens Pères, c'est des Juifs que Platon avait tiré ce qu'il y a dans ses ouvrages, qui se rapporte à ce que nous croyons. Ce n'est pas ici le lieu de le prouver.
4. Ch. I.
5. *Prov.*, ch. VIII.

gibles ne sont rien et que tout ce qui est dans l'esprit y est
entré par les sens. Saint Augustin n'est pas de ce sentiment :
« Ea quæ intelligit animus cum se avertit a corpore, non sunt
profecto corporea : et tamen sunt, *maximeque sunt*; nam
eodem modo semper sese habent; nam nihil absurdius dici
potest quam ea esse quæ oculis videmus, ea non esse quæ
intelligentia cernimus, cum dubitare dementis sit intelli-
gentiam incomparabiliter oculis anteferri. » *(De Immort.
Animæ*, ch. x.) Et dans ses *Confessions* (l. XVIII, ch. XII) :
« Continet memoria numerorum dimensionumque rationes
et leges innumerabiles, quarum nullam corporis sensus impres-
sit; quia nec ipsæ coloratæ sunt, aut sonant, aut olent, aut
gustatæ, aut contrectatæ sunt. Audivi sonos verborum
quibus significantur cum de his differitur : sed illi alii, istæ
autem aliæ sunt. Nam illi aliter græce, aliter latine
sonant; istæ vero nec græcæ nec latinæ sunt, nec aliud elo-
quiorum genus. Vidi lineas fabrorum, vel etiam tenuissimas
sicut filum araneæ : sed illæ aliæ sunt; non sunt imagines
earum quas mihi nuntiavit oculus carnis; novit eas quisquis
sine ulla cogitatione qualiscumque corporis intus agnovit
eas. Sensi etiam omnibus corporis sensibus quos numeramus :
sed illi alii sunt quibus numeramus nec imagines istorum
sunt, *et ideo valde sunt. Rideat me ista dicentem qui eos non
videt; et ego doleam ridentem me.* »

Saint Augustin croyait donc que c'est en Dieu que nous
voyons les nombres nombrants, qu'il appelle ailleurs [1] *éternels
et divins, divinos ac sempiternos,* et que ces nombres sont
bien plus réels que les choses nombrées. Il avait le même
sentiment des figures géométriques : « Quis mente tam cæcus
est, dit-il, qui non videat istas figuras quæ in geometria
docentur, habitare un ipsa veritate? » *(Solil.,* l. II.) Lorsque
nous les découvrons, ces idées, nous ne les formons pas de
notre substance, nous ne les produisons pas : « Neque id est
invenire, quod facere aut gignere; alioquin *æterna gigneret
animus inventione temporali,* nam æterna sæpe invenit : quid
enim tam æternum quam ratio circuli? » *(De Immort. animæ,*
ch. IV.) « Non enim sic fuerunt ut esse desinerent, aut sic
futura sunt quasi non sint; sed idipsum esse semper habue-

1. *De Ord.,* l. II, ch. XIV.

runi, semper habitura sunt. Manent autem non tanquam
in spatiis locorum fixa veluti corpora, sed in natura incorpo-
rali sic intelligibilia præsto sunt mentis aspectibus, sicut
ista in locis visibilia vel contrectabilia corporis sensibus... Ad
quas mentis acie pervenire paucorum est; et cum pervenitur
fit rei non transitoriæ transitoria cogitatio. » (*De Trinitat.*,
l. XII, ch. xiv.)

Nous ne voyons pas seulement en Dieu les nombres, les
figures, toutes les vérités spéculatives, mais encore les vérités
de pratique, les lois éternelles, les règles immuables de la
morale : « In Deo conspicimus incommutabilem formam jus-
titiæ, secundum quam hominem vivere judicamus » (*De Trinitat.*, l. VIII, ch. ix); et plus bas (l. XIV, ch. xv) : « Sed com-
memoratur, ut convertatur ad Dominum, tanquam ad eam
lucem, quâ etiam cum ab illo averteretur quodammodo tan-
gebatur. Nam hinc est quod etiam impii cogitant æterni-
tatem, et multa recte reprehendunt, recteque laudant in
hominum moribus. Quibus ea tandem regulis judicant nisi
in quibus vident quemadmodum quisque vivere debeat,
etiamsi nec ipsi eodem modo vivant? Ubi eas vident [1]?
Neque enim in sua natura, cum procul mente ista videan-
tur, eorumque mentes constet esse mutabiles, has vero
regulas immutabiles videat quisquis in eis, et hoc videre
potuerit, nec in habitu suæ mentis, cum illæ regulæ sint jus-
titiæ, mentes vero eorum constet esse injustas. Ubinam
sunt istæ regulæ scriptæ, ubi quid sit justum et injustus
agnoscit, ubi cernit habendum esse quod ipse non habet?
Ubi ergo scriptæ sunt, nisi in libro lucis illius quæ Veritas
dicitur, unde omnis lex justa describitur ? »

Il serait inutile de transcrire un plus grand nombre de passages pour prouver que saint Augustin a cru que la Sagesse
éternelle est la lumière des intelligences, et que c'est par la manifestation de sa substance, en tant qu'archétype de tous les
ouvrages possibles, en tant qu'art immuable, que Dieu nous
éclaire intérieurement, et *sans l'entremise d'aucune créature* [2].

---

1. J'ai expliqué en plusieurs endroits ce que c'est que l'ordre immuable
de la justice, et comment on le voit en Dieu : premier chapitre du *Traité de
Morale*, et ailleurs.

2. « Humanis mentibus nulla natura interposita præsidet. » (*De Musica*,
l. VI, ch. i, et *De Utilitate credendi*, ch. xv.)

Mais il est à propos que je prouve ici que, suivant la doctrine du même saint docteur, il faut dire nécessairement *que c'est aussi en Dieu que nous voyons les corps*; car la proposition que je soutiens, *qu'on voit en Dieu toutes choses* est générale.

Je suppose pour cela deux vérités prouvées dans cet ouvrage, dans la *Recherche de la Vérité*, et ailleurs. La première, que les couleurs ne sont point répandues sur la surface des objets, et que ce ne sont que des modifications ou des perceptions de l'âme produites en elle par l'idée de l'étendue à l'occasion des ébranlements du cerveau. C'est une vérité dont je ne crois pas que puissent douter ceux qui ont examiné cette matière. Aussi passe-t-elle pour incontestable dans l'esprit de bien des gens.

La seconde, que nous ne voyons point les objets en eux-mêmes, et que nul corps ne peut, par lui-même, agir sur l'esprit, ni lui donner la modification de couleur, ou la perception de son idée. Je suppose que, quand tous les corps qui nous environnent seraient anéantis, nous pourrions les voir; et que nous les verrions effectivement comme nous les voyons, si leurs idées nous affectaient comme elles nous affectent à leur présence. Et cela ne manquerait pas d'arriver si notre cerveau était ébranlé par le cours des esprits animaux ou par quelque autre cause, de la même manière qu'il l'est par la réflexion de la lumière. Ce qui se passe dans le sommeil et dans les fièvres chaudes, est une preuve suffisante de cette vérité. Cela supposé, examinons ce que c'est que *voir les corps*.

Lorsque nous fermons les yeux, nous avons présente à l'esprit une étendue qui n'a point de bornes. Et dans cette étendue immatérielle et qui n'occupe aucun lieu non plus que l'esprit qui la voit, — comme je l'ai prouvé ailleurs[1], — nous pouvons y découvrir toutes sortes de figures, de même qu'on peut former une sphère ou un cube, d'un bloc de matière. Cette étendue et ces figures sont *intelligibles*, parce qu'elles ne se font nullement sentir. Mais lorsqu'on ouvre les yeux, cette même étendue devient sensible à notre égard, par cela seul qu'elle nous touche plus vivement et

---

1. *Lettre touchant la Défense de M. A.* [Arnauld].

qu'elle produit dans notre âme une infinité de perceptions
toutes différentes que nous appelons couleurs. J'expose
mon sentiment sans le prouver; ce n'en est pas ici le lieu.
Il me suffit que, dans la vue que nous avons des objets, de
ce papier, par exemple, on n'y trouve que de l'étendue et de
la blancheur; encore un coup cela me suffit. Lorsque l'on
ouvre les yeux au milieu d'une campagne, toute cette variété
d'objets que la vue découvre ne vient certainement que de la
distribution des couleurs différentes qui semblent répandues
sur diverses parties de l'étendue. Car il est évident que ce
n'est que par la variété des couleurs que nous jugeons de la
différence des corps que nous voyons. Or, selon saint Augustin, c'est en Dieu que nous voyons l'étendue intelligible.
Car elle est éternelle, cette étendue, elle est immuable, infinie,
efficace, capable de modifier l'esprit et de l'éclairer, qualités,
certainement, qui ne peuvent convenir aux créatures. Selon
lui, c'est en Dieu que nous voyons les figures géométriques;
et il est clair que, comme on ne peut former une sphère
matérielle, par exemple, sans étendue matérielle, l'esprit ne
peut concevoir de sphère sans étendue intelligible, c'est-à-
dire sans l'idée de la longueur, de la largeur et de la profondeur. Donc, selon la doctrine de ce saint docteur, c'est en Dieu
que nous voyons les corps. Car nous ne les voyons, autant que
nous sommes capables de les voir, que parce que l'étendue
intelligible devient visible à notre égard, lorsqu'elle cause
en nous la perception de couleur; et nous ne les sentons que
parce qu'elle devient sensible à notre égard, lorsqu'elle
cause en nous un sentiment plus vif, tel qu'est la douleur.
Car la douleur, par exemple, que sent un manchot comme
répandue dans son bras, n'est point certainement dans le
bras qui n'est plus; ce n'est point ce bras-là qui lui fait mal;
il ne lui en fit même jamais, s'il est vrai que les corps ne
puissent agir sur les esprits et les rendre malheureux, s'il
est vrai qu'il n'y a que l'intelligible, que les idées divines
qui puissent affecter les intelligences. On verra les preuves
de tout ceci dans les deux premiers *Entretiens,* et dans le
second sur la *Mort.*

J'avoue que saint Augustin n'a jamais dit que l'on voyait
les corps en Dieu. Il n'avait garde de le dire, lui qui croyait
qu'on voyait les objets en eux-mêmes ou par des images

corporelles, et que les couleurs qui les rendent visibles étaient répandues sur leur surface. Assurément, si l'on voit les corps en eux-mêmes, ce n'est pas en Dieu qu'on les voit; cela est clair. Mais s'il est démontré, comme je le crois, qu'on ne les voit point en eux-mêmes, et que les traces qu'ils impriment dans le cerveau ne leur ressemblent nullement, comme le savent tous ceux qui ont étudié l'optique; s'il est certain, de plus, que la couleur n'est que la perception par laquelle l'âme les voit, je soutiens que suivant le principe de saint Augustin on est obligé de dire que c'est en Dieu qu'on voit les corps.

En effet, je reconnais et je proteste que c'est à saint Augustin que je dois le sentiment que j'ai avancé sur la nature des idées. J'avais appris d'ailleurs que les qualités sensibles n'étaient que dans l'âme, et que l'on ne voyait point les objets en eux-mêmes, ni par des images qui leur ressemblent. Mais j'en étais demeuré là jusqu'à ce que je tombai heureusement sur quelques endroits de saint Augustin, qui servirent à m'ouvrir l'esprit sur les idées. Et comparant ce qu'il nous enseignait sur cela avec ce que je savais d'ailleurs, je demeurai tellement convaincu *que c'est en Dieu que nous voyons toutes choses*, que je ne craignis point d'exposer au public ce sentiment, quelque étrange qu'il paraisse à l'imagination, et quelque persuadé que je fusse que cela ne me ferait pas d'honneur dans l'esprit de bien des gens. Cette vérité me parut si propre à faire comprendre aux esprits attentifs que l'âme n'est unie directement qu'à Dieu, que lui seul est notre bien et notre lumière, que toutes les créatures ne sont rien par rapport à nous, ne peuvent rien sur nous, en un mot, cette vérité me parut de si grande conséquence par rapport à la religion et à la morale, que je me crus alors obligé de la publier et que j'ai cru, dans la suite, devoir la soutenir.

Cependant je ne prétends pas être toujours dans l'obligation de répondre à ceux qui attaqueront mes sentiments, surtout s'ils les prennent mal et s'ils me font des objections dont la résolution dépende de ce que j'ai déjà écrit. J'aime mieux me taire, que de dire incessamment aux gens qu'ils n'entendent pas ce qu'ils critiquent et de répéter pour eux ce que j'ai déjà expliqué. Mais je prie les lecteurs de ne point regarder comme mes véritables sentiments ceux

que l'on m'attribue, quoique l'on cite les endroits de mes
livres dont on prétend qu'ils sont extraits, et que l'on observe
même le changement de caractère pour faire croire qu'on
ne change rien dans mes expressions. Et, afin qu'on me
rende plus volontiers cette justice, voici quelques preuves
qui justifient la demande que je fais ici et que j'ai souvent
faite ailleurs pour de semblables raisons.

Un auteur, que je ne crois pas devoir nommer [1] parce
qu'il ne s'est pas nommé lui-même dans son ouvrage, a fait,
depuis peu, des *Éclaircissements sur la doctrine et sur l'Histoire
Ecclésiastique*, où il a tâché de justifier les anciens hérétiques
à mes dépens. Il ne parle point du Père Malebranche dans le
premier chapitre de son livre; mais voici ce qu'il en dit
dans le second :

« Selon Tertullien, une des erreurs principales des Marcio-
nites, et Appelletiens, et Valentiniens, était de croire que
Jésus-Christ était beau avant sa Passion. Le Père Malebranche, qui les suit quelquefois comme nous verrons plus
bas, s'est entièrement déclaré pour eux sur ce point. Mais
comme il enchérit toujours beaucoup sur ceux dont il dérobe
quelque chose, il prouve que Jésus-Christ était beau sur
terre, par des preuves métaphysiques, et par des raisons qu'il
a puisées dans le Livre de la Sagesse universelle et dans
l'idée de l'Être parfait (*Traité de la Nature et de la Grâce*, l. I,
ch. XXVIII et XXIX); sur quoi on ne peut s'empêcher de
rire un peu de ce bon Père, qui a recours aux idées platoniciennes et à la dévotion, sur un pur fait qui n'intéresse en
aucune manière la Religion, *laquelle ne connaît point Jésus-
Christ selon la chair*, mais selon l'esprit, comme dit saint
Paul (2. *Cor.*, 5, 16). Car s'agissant de savoir comment était
fait le corps de Jésus-Christ sur terre, et de quelle figure, de
quelle taille, de quelle couleur était cette portion de matière
ou ce corps auquel le Verbe s'est uni dans son Incarnation,
ce qui est une question de pur fait, le bon sens devait lui
faire chercher dans les médailles de Jésus-Christ, ou dans les
auteurs qui ont connu et pratiqué des millions de gens qui

---

1. M. Faydit. On le nomme aujourd'hui parce qu'outre que cet auteur
s'est fait assez connaître depuis l'édition précédente de cet ouvrage, on jugera
peut-être, d'après la lecture des pages qui suivent, que j'ai dû laisser sans
réponse ses nouveaux libelles, d'ailleurs si généralement condamnés.

avaient vu des tableaux de lui tirés d'après nature, la décision de cette question, et non pas dans les raisonnements d'une métaphysique creuse et alambiquée. »

Réponse : ne croirait-on pas, après la lecture de ce passage, que dans l'endroit que cite l'auteur, ou du moins quelque part ailleurs, j'ai traité la question *de la taille, de la figure, de la couleur de Jésus-Christ*; que j'ai décidé *qu'il était beau de visage*; que j'ai tiré mes preuves *d'une métaphysique creuse et alambiquée*; et que les raisons que j'ai prétendu *puiser dans la sagesse éternelle,* sont si impertinentes *que l'on ne peut s'empêcher d'en rire*? Cependant, le fait est que je n'ai jamais parlé de cette question, ni dans le *Traité de la Nature et de la Grâce,* ni dans aucun de mes livres. Dans l'endroit qu'il cite, je prétends que c'est à cause de Jésus-Christ que le monde subsiste et qu'il n'y a rien de beau, rien qui soit agréable aux yeux de Dieu, que ce qui a quelque rapport à son Fils bien-aimé. Il ne s'agissait point du tout *de la taille, de la figure, de la couleur* du corps du Sauveur, comme le prétend l'auteur; c'est à quoi je ne pensais seulement pas, bien loin d'avoir *eu recours aux idées platoniciennes pour décider cette question.*

Dans le chapitre suivant le même auteur m'attribue de croire que la matière est éternelle. Il avait déjà avancé cette calomnie dans sa critique des *Mémoires* de M. de Tillemont, il y a environ deux ans. Apparemment quelqu'un l'a détrompé; mais il ne paraît pas disposé à me rendre justice, car voici comment il parle :

« On sera peut-être surpris que, sur le fait de l'éternité de la matière, j'aie cité le Père Malebranche, qui non seulement ne la croit pas comme M. Régis, mais même la réfute, livre II du *Traité de la Nature et de la Grâce,* nombre 53, et *Méditation* IX, nombres 3, 4, 5 et 6. » (Il devait plutôt citer les nombres 10, 11 et 12.) « Mais il est bon d'observer qu'il ne la réfute que parce qu'il suppose que ceux qui la font éternelle la font aussi incréée et indépendante de Dieu et immobile. D'ailleurs il ne nie que l'éternité du monde tel qu'il est, c'est-à-dire de cette portion de la matière universelle qui compose les corps enfermés dans notre tourbillon, la terre, la lune, le soleil, les étoiles et les planètes, que tout le monde convient avoir reçu leurs formes au jour de la créa-

tion. Mais il ne nie pas que la matière en général, ou
l'étendue subsistante n'ait été créée de toute éternité, et ne
soit une émanation libre et volontaire de Dieu et comme
le premier fruit de son action interne. C'est uniquement ce
que voulait dire Platon, etc... »

Tout ce discours est faux. Il suffit de lire la *Méditation* IX
et l'endroit même du *Traité de la Nature et de la Grâce* cités
par l'auteur pour s'en convaincre. Dans le nombre 53 de la
seconde partie du *Traité*, je me fais cette objection : ou le
monde est digne de Dieu, ou il en est indigne. S'il est digne
de Dieu, il doit être éternel; et s'il en est indigne, il ne devait
donc point être tiré du néant. Donc, etc... Et j'y réponds
ainsi : « Il est mieux que le monde soit, que de n'être pas;
mais il serait mieux qu'il ne fût point du tout que d'être
éternel. Il faut que la créature porte le caractère essentiel
de la dépendance, etc... » L'auteur ne devait donc pas s'opi-
niâtrer à soutenir que je ne nie pas *que la matière n'ait été
créée de toute éternité*, puisque, dans l'endroit même qu'il
cite, non seulement je le nie, mais que j'en rends cette
raison, *que la créature doit porter le caractère essentiel de la
dépendance*.

Dans la neuvième *Méditation*, nombres 10 et 12, je réfute
plus au long ceux qui concluent que la matière est éternelle,
immense, nécessaire, de ce que l'idée de l'étendue a ces
qualités. Je fais voir qu'en un sens il est faux de dire qu'on
doit juger des choses par leurs idées. L'étendue intelligible,
ou l'idée de l'étendue, est éternelle, infinie, nécessaire; mais
ce n'est point une créature. Elle a toujours été en Dieu,
comme je viens de le prouver par saint Augustin et par
saint Thomas. Ce n'est que la substance de Dieu en tant
que représentative de la matière et participable par les
corps. Car Dieu contient éminemment tous les êtres; c'est
en lui-même qu'il les voit et qu'il nous les fait voir. Quoi
qu'il en soit, je dis positivement tout le contraire de ce que
l'auteur m'attribue, et cela dans l'article même du *Traité*
et dans la neuvième *Méditation* qu'il cite; et je l'avais dit
souvent ailleurs. Mais quand je n'en aurais jamais parlé,
sur quel fondement pourrait-on m'attribuer un sentiment
aussi odieux qu'est l'éternité de la matière, et aussi généralement condamné? « Tous les livres du Père Malebranche,

dit-il encore dans le même chapitre, sont remplis de con-
tinuels parallèles de la matière avec Dieu. » Cela est fort
général et fort significatif. Cependant si on lit exactement
tous mes livres on ne trouvera nulle part que j'aie fait
aucun parallèle entre deux choses si opposées.

Mais il est permis à cet auteur de dire tout ce qui lui vient
dans l'esprit; et je ne dois pas trouver mauvais qu'il me
range avec les anciens hérétiques, les Valentiniens, les Mar-
cionites [1], etc. Car « le Père Malebranche est très incapable
d'impiété [2]... et sauf le respect », dit ce respectueux personnage, « qui est dû à saint Justin, saint Irénée, saint
Clément d'Alexandrie, Origène, Tertullien et Eusèbe, le
sentiment de Valentin sur ses *Eons*, qu'ils nous dépeignent
comme le comble de l'impiété et de la folie, *était très catho-
lique... le sens qu'il entendait était très élevé et très orthodoxe...*
Mais [3] Baronius, à l'exemple de plusieurs anciens Pères de
l'Église et de tous les historiens modernes, n'a pas rendu
assez de justice aux premiers ennemis de l'Église. Ils ont
tous mis en usage à leur égard ce premier précepte de l'élo-
quence qu'Isocrate et les rhéteurs donnent aux historiens
et aux orateurs, à savoir : de dire tout le plus de mal qu'on
pourra, sans garder aucune mesure, de ceux qu'on voudra
décrier... » Voilà le précepte *qu'ont mis en usage tous ceux*
qui ont combattu les sentiments de Valentin sur la Divinité.
Car l'auteur a entrepris de prouver [4] *clairement qu'ils
étaient très orthodoxes*; il est bien mieux instruit des sentiments de ces premiers hérétiques que les anciens Pères. Il
veut rendre justice à ces esprits sublimes qu'on a condamnés
injustement. En effet, il les justifie pleinement dans le quatrième chapitre dont le titre est : « Que tout ce que dit le
Révérend Père Malebranche sur le Verbe éternel, consulté
comme Sagesse notionelle par le Père Éternel, et sur Jésus-
Christ, cause occasionnelle et déterminative de l'efficace de
Dieu, n'est qu'un 'réchauffé de vieilles opinions des Mar-
cionites, Valentiniens et Encratites; et qu'on ne peut condamner ceux-ci sans anathématiser l'autre. » Le Père Male-

1. P. 76.
2. P. 11.
3. P. 10.
4. P. 11.

branche, est, dit-il, *incapable d'impiété*. Donc, on a eu tort
de les condamner. Cela est clair.

Mais parlons sérieusement : cet auteur ne craint-il point
qu'on l'accuse d'observer bien plus exactement que les Pères
le précepte d'Isocrate, de ne garder aucune mesure, et de
dire tout le mal qu'on peut de ceux qu'on veut décrier?
Dans le deuxième et troisième chapitre de son livre il n'a
rien avancé que de faux touchant mes sentiments; et j'ai
rapporté tout ce qu'il en dit. Mais dans le quatrième il
paraît, même par le titre que l'on vient de voir, qu'il n'y
garde nulle mesure. En effet c'est un tissu si étranger de
faussetés et de brouilleries, qu'une préface n'est pas un lieu
propre pour le démêler; et après ce que je viens de dire je
puis bien me dispenser d'en parler jamais. Il y a des ouvrages
qu'on peut mépriser, et des auteurs qu'on doit plaindre.
Mais en général l'auteur des *Éclaircissements* confond étrangement les faits qu'il rapporte. Il déguise les sentiments des
hérétiques, mais en leur faveur; il corrompt les miens. Dans
quel dessein? Dieu le sait. Il ne craint point de mettre en
italiques, comme mes propres paroles, ce que je n'ai jamais
dit. En un mot, s'il est de bonne foi, ce qu'il faut s'efforcer
de croire, il n'entend ni mes sentiments, ni ceux des hérétiques; si ce n'est peut-être qu'il sait mieux que moi ce que
je pense, et ce que pensaient les anciens hérétiques, que les
Pères qui les ont condamnés.

Je prie donc mes lecteurs, ou de laisser là mes livres pour
ce qu'ils valent, ou de n'en point juger sur le rapport de qui
que ce soit, quelque estime qu'ils aient pour ceux qui les
attaquent. Cette loi indispensable qu'il ne faut condamner
personne avant de l'avoir entendu, justifie la demande que
je fais. Les critiques sont des accusateurs; il ne faut donc
pas les considérer comme des juges. J'ai souvent été obligé
de faire des livres pour prouver, ou que ceux qui me criti-
quaient ne m'entendaient pas, ou qu'ils n'agissaient pas de
bonne foi. Je voudrais bien n'en plus composer de pareils;
et j'en serai dispensé si l'on veut enfin m'accorder la justice
que je demande, de ne point juger de mes opinions avant
que de les avoir sérieusement examinées dans mes livres.
Je crois qu'on les y trouvera suffisamment expliquées, surtout si l'on joint mes derniers ouvrages avec les premiers.

C'est principalement dans les dernières productions d'un auteur qu'on doit s'instruire à fond de ses sentiments. Car à cinquante ans on est moins ignorant qu'à trente, ou l'on aurait bien mal employé son temps. « Fateor me ex eorum numero esse, qui proficiendo scribunt, et scribendo proficiunt. » (Aug., *Ep.* 143 *ad Marcellinum.*)

ENTRETIENS
SUR LA MÉTAPHYSIQUE
ET SUR LA RELIGION

PREMIER ENTRETIEN

De l'âme, et qu'elle est distinguée du corps. De la nature des idées. Que le monde où nos corps habitent et que nous regardons, est bien différent de celui que nous voyons.

THÉODORE. — Bien donc, mon cher Ariste, puisque vous le voulez, il faut que je vous entretienne de mes visions métaphysiques. Mais pour cela il est nécessaire que je quitte ces lieux enchantés qui charment nos sens, et qui, par leur variété, partagent trop un esprit tel que le mien. Comme j'appréhende extrêmement de prendre pour les réponses immédiates de la vérité intérieure quelques-uns de mes préjugés, ou de ces principes obscurs [1] qui doivent leur naissance aux lois de l'union de l'âme et du corps, et que dans ces lieux je ne puis pas, comme vous le pouvez peut-être, faire taire un certain bruit confus qui jette la confusion et le trouble dans toutes mes idées, sortons d'ici, je vous prie ; allons nous renfermer dans votre cabinet, afin de rentrer plus facilement en nous-mêmes ; tâchons que rien ne nous empêche de consulter l'un et l'autre notre maître commun, la Raison universelle. Car c'est la vérité intérieure qui doit présider à nos entretiens. C'est elle qui doit me dicter ce que je dois vous dire, et ce que vous voulez apprendre par mon entremise. En un mot, c'est à elle à qui appartient uniquement de juger et de prononcer sur nos différends.

1. 1re édition : « confus ».

Car nous ne pensons aujourd'hui qu'à philosopher ; et quoique vous soyez parfaitement soumis à l'autorité de l'Église, vous voulez que je vous parle d'abord comme si vous refusiez de recevoir les vérités de la Foi pour principes de nos, connaissances. En effet, la Foi doit régler les démarches de notre esprit, mais il n'y a que la souveraine Raison qui le remplisse d'intelligence.

ARISTE. — Allons, Théodore, partout où vous voudrez. Je suis dégoûté de tout ce que je vois dans ce monde matériel et sensible, depuis que je vous entends parler d'un autre monde tout rempli de beautés intelligibles. Enlevez-moi dans cette région heureuse et enchantée. Faites-m'en contempler toutes ces merveilles dont vous me parliez l'autre jour d'une manière si magnifique et d'un air si content. Allons, je suis prêt de vous suivre dans ce pays, que vous croyez inaccessible à ceux qui n'écoutent que leurs sens.

THÉODORE. — Vous vous réjouissez, Ariste, et je n'en suis pas fâché. Vous me raillez d'une manière si délicate et si honnête, que je sens bien que vous voulez vous divertir, mais que vous ne voulez pas m'offenser. Je vous le pardonne. Vous suivez les inspirations secrètes de votre imagination toujours enjouée. Mais, souffrez que je vous le dise, vous parlez de ce que vous n'entendez pas. Non, je ne vous conduirai point dans une terre étrangère ; mais je vous apprendrai peut-être que vous êtes étranger vous-même dans votre propre pays. Je vous apprendrai que ce monde que vous habitez n'est point tel que vous le croyez, parce qu'effectivement il n'est point tel que vous le voyez ou que vous le sentez. Vous jugez, sur le rapport de vos sens, de tous les objets qui vous environnent ; et vos sens vous séduisent infiniment plus que vous ne pouvez vous l'imaginer. Ce ne sont de fidèles témoins que pour ce qui regarde le bien du corps et la conservation de la vie. A l'égard de tout le reste, il n'y a nulle exactitude, nulle vérité dans leur déposition. Vous le verrez, Ariste, sans sortir de vous-même, sans que je vous *enlève dans cette région enchantée* que votre imagination vous représente. L'imagination est une folie qui se plaît à la folie. Ses saillies, ses mouvements imprévus vous divertissent, et moi aussi. Mais il faut, s'il vous plaît, que dans nos entretiens la Raison soit toujours la supérieure.

Il faut qu'elle décide et qu'elle prononce. Or elle se tait et nous échappe toujours lorsque l'imagination vient à la traverse, et qu'au lieu de lui imposer silence, nous écoutons ses plaisanteries et que nous nous arrêtons aux divers fantômes qu'elle nous présente. Tenez-la donc dans le respect en présence de la Raison ; faites-la taire, si vous voulez entendre clairement et distinctement les réponses de la vérité intérieure.

ARISTE. — Vous prenez, Théodore, bien sérieusement ce que je vous ai dit sans beaucoup de réflexion. Je vous demande pardon de ma petite liberté. Je vous proteste que....

THÉODORE. — Vous ne m'avez point fâché, Ariste ; vous m'avez réjoui. Car, encore un coup, vous avez l'imagination si vive et si agréable, et je suis si assuré de votre cœur, que vous ne me fâcherez jamais et que vous me réjouirez toujours, du moins quand vous ne me raillerez que tête à tête ; et ce que je viens de vous dire n'est que pour vous faire entendre que vous avez une terrible opposition à la vérité. Cette qualité qui vous rend tout éclatant aux yeux des hommes, qui vous gagne les cœurs, qui vous attire l'estime, qui fait que tous ceux qui vous connaissent veulent vous posséder, est l'ennemie la plus irréconciliable de la Raison. Je vous avance un paradoxe dont je ne puis vous démontrer présentement [1] la vérité. Mais vous le reconnaîtrez bientôt par votre propre expérience, et vous en verrez peut-être les raisons dans la suite de nos entretiens. Il y a encore pour cela bien du chemin à faire. Mais croyez-moi, le stupide et le bel esprit sont également fermés à la vérité. Il y a seulement cette différence, qu'ordinairement le stupide la respecte, et que le bel esprit la méprise. Néanmoins, si vous êtes bien résolu de gourmander votre imagination, vous entrerez sans aucun obstacle dans le lieu où la Raison rend ses réponses ; et quand vous l'aurez entendue quelque temps, vous n'aurez que du mépris pour tout ce qui vous a charmé jusques ici ; et si Dieu vous touche le cœur, vous n'en aurez que du dégoût.

ARISTE. — Allons donc promptement, Théodore. Vos promesses me donnent une ardeur que je ne puis vous exprimer. Assurément je vais faire tout ce que vous m'or-

---

1. *Traité de morale*, ch. XII.

donnez. Doublons le pas.... Grâce à Dieu, nous voici enfin arrivés au lieu destiné à nos entretiens. Entrons... Asseyez-vous... Qu'y a-t-il ici qui puisse nous empêcher de rentrer en nous-mêmes pour consulter la Raison? Voulez-vous que je ferme tous les passages de la lumière, afin que les ténèbres fassent éclipser tout ce qu'il y a de visible dans cette chambre et qui peut frapper nos sens?

Théodore. — Non, mon cher. Les ténèbres frappent nos sens aussi bien que la lumière. Elles effacent l'éclat des couleurs. Mais à l'heure qu'il est, elles pourraient jeter quelque trouble ou quelque petite frayeur dans notre imagination. Tirez seulement les rideaux. Ce grand jour nous incommoderait un peu, et donnerait peut-être trop d'éclat à certains objets.... Cela est fort bien; asseyez-vous.

Rejetez, Ariste, tout ce qui vous est entré dans l'esprit par les sens. Faites taire votre imagination. Que tout soit chez vous dans un parfait silence. Oubliez même, si vous le pouvez, que vous avez un corps, et ne pensez qu'à ce que je vais vous dire. En un mot, soyez attentif et ne chicanez point sur mon préambule. L'attention est la seule chose que je vous demande. Sans ce travail ou ce combat de l'esprit contre les impressions du corps, on ne fait point de conquêtes dans le pays de la vérité.

Ariste. — Je le crois ainsi, Théodore; parlez. Mais permettez-moi de vous arrêter lorsque je ne pourrai pas vous suivre.

Théodore. — Cela est juste. Écoutez.

I. Le néant n'a point de propriétés. Je pense, donc je suis. Mais que suis-je, moi qui pense, dans le temps que je pense? Suis-je un corps, un esprit, un homme? Je ne sais encore rien de tout cela. Je sais seulement que, dans le temps que je pense, je suis quelque chose qui pense. Mais voyons : un corps peut-il penser? Une étendue en longueur, largeur et profondeur peut-elle raisonner, désirer, sentir? Non sans doute; car toutes les manières d'être d'une telle étendue ne consistent que dans des rapports de distance; et il est évident que ces rapports ne sont point des perceptions, des raisonnements, des plaisirs, des désirs, des sentiments, en un mot des pensées. Donc ce *moi* qui pense, ma propre substance, n'est point un corps, puisque mes perceptions, qui, assurément, m'appartiennent, sont autre chose que des rapports de distance.

Ariste. — Il me paraît clair que toutes les modifications de l'étendue ne peuvent être que des rapports de distance; et qu'ainsi de l'étendue ne peut pas connaître, vouloir, sentir. Mais mon corps est peut-être quelque autre chose que de l'étendue. Car il me semble que c'est mon doigt qui sent la douleur de la piqûre, que c'est mon cœur qui désire, que c'est mon cerveau qui raisonne. Le sentiment intérieur que j'ai de ce qui se passe en moi, m'apprend ce que je vous dis. Prouvez-moi que mon corps n'est que de l'étendue, et je vous avouerai que mon esprit, ou ce qui est en moi qui pense, qui veut, qui raisonne, n'est point matériel ou corporel.

II. Théodore. — Quoi! Ariste, vous croyez que votre corps est composé de quelque autre substance que de l'étendue? Est-ce que vous ne comprenez pas qu'il suffit d'avoir de l'étendue, pour en former par l'esprit un cerveau, un cœur, des bras et des mains, et toutes les veines, les artères, les nerfs, et le reste dont votre corps est composé? Si Dieu détruisait l'étendue de votre corps, est-ce que vous auriez encore un cerveau, des artères, des veines et le reste? Concevez-vous bien qu'un corps puisse être réduit en un point mathématique? Car que Dieu puisse former tout ce qu'il y a dans l'univers avec l'étendue d'un grain de sable, c'est de quoi je ne doute pas. Assurément, où il n'y a nulle étendue, je dis nulle, il n'y a point de substance corporelle. Pensez-y sérieusement; et pour vous en convaincre, prenez garde à ceci.

Tout ce qui est, on peut le concevoir seul, ou on ne le peut pas. Il n'y a point de milieu, car ces deux propositions sont contradictoires. Or tout ce qu'on peut concevoir seul, et sans penser à autre chose, qu'on peut, dis-je, concevoir seul comme existant indépendamment de quelque autre chose, ou sans que l'idée qu'on en a représente quelque autre chose, c'est assurément un être ou une substance; et tout ce qu'on ne peut concevoir seul, ou sans penser à quelque autre chose, c'est une manière d'être, ou une modification de substance.

Par exemple : on ne peut penser à la rondeur sans penser à l'étendue. La rondeur n'est donc point un être ou une substance, mais une manière d'être. On peut penser à l'étendue

sans penser en particulier à quelque autre chose. Donc
l'étendue n'est point une manière d'être; elle est elle-même
un être. Comme la modification d'une substance n'est que
la substance même de telle ou telle façon, il est évident que
l'idée d'une modification renferme nécessairement l'idée de
la substance dont elle est la modification. Et comme la
substance, c'est un être qui subsiste en lui-même, l'idée
d'une substance ne renferme point nécessairement l'idée
d'un autre être. Nous n'avons point d'autre voie pour distinguer les substances ou les êtres, des modifications ou des
façons d'être, que par les diverses manières dont nous apercevons ces choses.

Or rentrez en vous-même; n'est-il pas vrai que vous
pouvez penser à de l'étendue, sans penser à autre chose?
N'est-il pas vrai que vous pouvez apercevoir de l'étendue
toute seule? Donc l'étendue est une substance, et nullement
une façon ou une manière d'être. Donc l'étendue et la matière
ne sont qu'une même substance. Or je puis apercevoir ma
pensée, mon désir, ma joie, ma tristesse[1], sans penser à
l'étendue, et même en supposant qu'il n'y ait point d'étendue.
Donc toutes ces choses ne sont point des modifications de
l'étendue, mais des modifications d'une substance qui pense,
qui sent, qui désire, et qui est bien différente de l'étendue.

Toutes les modifications de l'étendue ne consistent que
dans des rapports de distance. Or il est évident que mon
plaisir, mon désir et toutes mes pensées, ne sont point des
rapports de distance. Car tous les rapports de distance se
peuvent comparer, mesurer, déterminer exactement par les
principes de la géométrie; et l'on ne peut ni comparer, ni
mesurer de cette manière nos perceptions et nos sentiments.
Donc mon âme n'est point matérielle. Elle n'est point la
modification de mon corps. C'est une substance qui pense,
et qui n'a nulle ressemblance avec la substance étendue dont
mon corps est composé.

ARISTE. — Cela me paraît démontré. Mais qu'en pouvez-
vous conclure?

III. THÉODORE. — J'en puis conclure une infinité de
vérités. Car la distinction de l'âme et du corps est le fonde-

1. 1re édition : au lieu de « ma joie, ma tristesse », « mon plaisir ».

ment des principaux dogmes de la philosophie, et entre autres de l'immortalité de notre être[1]; car, pour le dire en passant, si l'âme est une substance distinguée du corps, si elle n'en est point la modification, il est évident que quand même la mort anéantirait la substance dont notre corps est composé[2], ce qu'elle ne fait pas, il ne s'ensuivrait pas de là que notre âme fût anéantie. Mais il n'est pas encore temps de traiter à fond cette importante question. Il faut que je vous prouve auparavant beaucoup d'autres vérités. Tâchez de vous rendre attentif à ce que je vais vous dire.

ARISTE. — Continuez. Je vous suivrai avec toute l'application dont je suis capable.

IV. THÉODORE. — Je pense à quantité de choses, à un nombre, à un cercle, à une maison, à tels et tels êtres, à l'être. Donc tout cela est, du moins dans le temps que j'y pense. Assurément, quand je pense à un cercle, à un nombre, à l'être ou à l'infini, à tel être fini, j'aperçois des réalités; car si le cercle que j'aperçois n'était rien, en y pensant je ne penserais à rien. Ainsi dans le même temps je penserais et je ne penserais point[3]. Or le cercle que j'aperçois[4] a des propriétés que n'a pas telle autre figure. Donc ce cercle existe dans le temps que j'y pense, puisque le néant n'a point de propriétés, et qu'un néant ne peut être différent d'un autre néant.

ARISTE. — Quoi, Théodore! tout ce à quoi vous pensez existe? Est-ce que votre esprit donne l'être à ce cabinet, à ce bureau, à ces chaises, parce que vous y pensez?

THÉODORE. — Doucement. Je vous dis que tout ce à quoi je pense est, ou, si vous voulez, existe. Le cabinet, le bureau, les chaises que je vois, tout cela est, du moins dans le temps que je le vois. Mais vous confondez ce que je vois avec un meuble que je ne vois point. Il y a plus de différence entre le bureau que je vois et celui que vous croyez voir, qu'il n'y en a entre votre esprit et votre corps.

1. Voy. la *Recherche de la Vérité*, l. IV, ch.11. — Ci-dessous, *Entretien III*, §§ 11 et 12. La distinction de l'âme et du corps est le fondement de toutes les connaissances qui ont rapport à l'homme.

2. 1re édition : « anéantirait notre corps ».

3. 1re édition : les mots : « Ainsi dans le même temps... et je ne penserais point », manquent.

4. 1re édition : « que je pense ».

ARISTE. — Je vous entends en partie, Théodore, et j'ai
honte de vous avoir interrompu. Je suis convaincu que tout
ce que nous voyons, ou tout ce à quoi nous pensons, contient
quelque réalité. Vous ne parlez pas des objets, mais de leurs
idées. Oui, sans doute, les idées que nous avons des objets
existent dans le temps qu'elles sont présentes à notre esprit.
Mais je croyais que vous parliez des objets mêmes.

V. THÉODORE. — *Des objets mêmes*, oh! que nous n'y
sommes pas! Je tâche de conduire par ordre mes réflexions.
Il faut bien plus de principes que vous ne pensez pour
démontrer ce dont personne ne doute; car où sont ceux qui
doutent qu'ils aient un corps, qu'ils marchent sur une terre
solide, qu'ils vivent dans un monde matériel? Mais vous
saurez bientôt ce que peu de gens comprennent bien, savoir,
que si notre corps se promène dans un monde corporel, notre
esprit, de son côté, se transporte sans cesse dans un monde
intelligible qui le touche, et qui, par là, lui devient sensible.

Comme les hommes comptent pour rien les idées qu'ils
ont des choses, ils donnent au monde créé beaucoup plus
de réalité qu'il n'en a. Ils ne doutent point de l'existence
des objets, et ils leur attribuent beaucoup de qualités qu'ils
n'ont point. Mais ils ne pensent seulement pas à la réalité
de leurs idées. C'est qu'ils écoutent leurs sens, et qu'ils ne
consultent point assez la vérité intérieure; car, encore un
coup, il est bien plus facile de démontrer la réalité des idées,
ou, pour me servir de vos termes, la réalité de *cet autre monde
tout rempli de beautés intelligibles*, que de démontrer l'existence de ce monde matériel. En voici la raison.

C'est que les idées ont une existence éternelle et nécessaire, et que le monde corporel n'existe que parce qu'il a
plu à Dieu de le créer. Ainsi, pour voir le monde intelligible,
il suffit de consulter la Raison qui renferme les idées[1]
intelligibles, éternelles et nécessaires, l'archétype du monde
visible[2], ce que peuvent faire tous les esprits raisonnables,
ou unis à la Raison. Mais pour voir le monde matériel, ou
plutôt pour juger que ce monde existe, — car ce monde est
invisible par lui-même, — il faut par nécessité que Dieu nous

1. 1re édition : « les idées ou les essences ».
2. 1re édition : les mots : « l'archétype du monde visible », manquent.

le révèle, parce que nous ne pouvons pas voir ses volontés arbitraires dans la Raison nécessaire.

Or Dieu nous révèle l'existence de ses créatures en deux manières : par l'autorité des Livres Sacrés, et par l'entremise de nos sens. La première autorité supposée, et on ne peut la rejeter, on démontre [1] en rigueur l'existence des corps. Par la seconde, on s'assure suffisamment de l'existence de tels et tels corps. Mais cette seconde n'est pas maintenant infaillible; car tel croit voir devant lui son ennemi, lorsqu'il en est fort éloigné; tel croit avoir quatre pattes, qui n'a que deux jambes; tel sent de la douleur dans un bras qu'on lui a coupé il y a longtemps. Ainsi la révélation naturelle, qui est en conséquence des lois générales de l'union de l'âme et du corps, est maintenant sujette à l'erreur; je vous en dirai les raisons [2]. Mais la révélation particulière ne peut jamais conduire directement à l'erreur, parce que Dieu ne peut pas vouloir nous tromper. Voilà un petit écart pour vous faire entrevoir quelques vérités que je vous prouverai dans la suite, pour vous en donner de la curiosité et réveiller un peu votre attention. Je reviens; écoutez-moi.

Je pense à un nombre, à un cercle, à un cabinet, à vos chaises, en un mot à tels et tels êtres. Je pense aussi à l'être ou à l'infini, à l'être indéterminé. Toutes ces idées ont quelque réalité dans le temps que j'y pense. Vous n'en doutez pas, puisque le néant n'a point de propriétés, et qu'elles en ont; car elles éclairent l'esprit, ou se font connaître à lui; quelques-unes même le frappent et se font sentir à lui, et cela en mille manières différentes. Du moins est-il certain que les propriétés des unes sont bien différentes de celles des autres. Si donc la réalité de nos idées est véritable, et à plus forte raison si elle est nécessaire, éternelle, immuable, il est clair que nous voilà tous deux enlevés dans un autre monde que celui où habite notre corps : nous voilà *dans un monde tout rempli de beautés intelligibles.*

Supposons, Ariste, que Dieu anéantisse tous les êtres qu'il a créés, excepté vous et moi, votre corps et le mien. (Je vous parle comme à un homme qui croit et qui sait déjà beaucoup

1. Ci-dessous, *Entretien VI.*
2. *Entretiens IV* et *VI.*

de choses, et je suis certain qu'en cela je ne me trompe pas.
Je vous ennuierais si je vous parlais avec une exactitude
trop scrupuleuse, et comme à un homme qui ne sait encore
rien du tout.) Supposons, de plus, que Dieu imprime dans
notre cerveau toutes les mêmes traces, ou plutôt qu'il présente à [1] notre esprit toutes les mêmes idées que nous devons
y avoir aujourd'hui. Cela supposé, Ariste, dans quel monde
passerions-nous la journée? Ne serait-ce pas dans un monde
intelligible? Or, prenez-y garde, c'est dans ce monde-là
que nous sommes et que nous vivons, quoique le corps que
nous animons vive dans un autre, et se promène dans un
autre. C'est ce monde-là que nous contemplons, que nous
admirons, que nous sentons. Mais le monde que nous regardons, ou que nous considérons en tournant la tête de tous
côtés, n'est que de la matière invisible par elle-même, et
qui n'a rien de toutes ces beautés que nous admirons et que
nous sentons en le regardant. Car, je vous prie, faites bien
réflexion sur ceci : le néant n'a point de propriétés. Donc, si le
monde était détruit, il n'aurait nulle beauté. Or dans la supposition que le monde fût anéanti, et que Dieu néanmoins
produisît dans notre cerveau les mêmes traces, ou plutôt qu'il
présentât à notre esprit les mêmes idées qui s'y produisent
à la présence des objets, nous verrions les mêmes beautés.
Donc les beautés que nous voyons ne sont point des beautés
matérielles, mais des beautés intelligibles, rendues sensibles en conséquence de lois de l'union de l'âme et du
corps, puisque l'anéantissement supposé de la matière
n'emporte point avec lui l'anéantissement de ces beautés que
nous voyons en regardant les objets qui nous environnent [3].

ARISTE. — Je crains, Théodore, que vous ne supposiez
une fausseté. Car si Dieu avait détruit cette chambre, certainement elle ne serait plus visible; car le néant n'a point
de propriétés.

VI. THÉODORE. — Vous ne me suivez pas, Ariste. Votre
chambre est, par elle-même, absolument invisible. Si Dieu
l'avait détruite, dites-vous, elle ne serait plus visible, puisque

1. 1ʳᵉ édition : au lieu de « qu'il présente à », « qu'il produise dans ».
2. 1ʳᵉ édition : au lieu de « ou plutôt qu'il présentât à notre esprit », « ou plutôt dans notre esprit ».
3. 1ʳᵉ édition : « que nous voyons en les regardant ».

le néant n'a point de propriétés. Cela serait vrai, si la visibilité de votre chambre était une propriété qui lui appartînt. Si elle était détruite, elle ne serait plus visible. Je le veux, car cela est vrai en un sens. Mais ce que je vois en regardant votre chambre, je veux dire en tournant mes yeux de tous côtés pour la considérer, sera toujours visible, quand même votre chambre serait détruite; que dis-je! quand même elle n'aurait jamais été bâtie. Je vous soutiens qu'un Chinois qui n'est jamais entré ici, peut voir en son pays tout ce que je vois lorsque je regarde votre chambre, supposé, ce qui n'est nullement impossible, qu'il ait le cerveau ébranlé de la même manière que je l'ai maintenant que je la considère. Ceux qui ont la fièvre chaude, ceux qui dorment, ne voient-ils pas des chimères de toutes façons qui ne furent jamais? Ce qu'ils voient est, du moins dans le temps qu'ils le voient. Mais ce qu'ils croient voir n'est pas; ce à quoi ils rapportent ce qu'ils voient, n'est rien de réel.

Je vous le répète, Ariste : à parler exactement, votre chambre n'est point visible. Ce n'est point proprement votre chambre que je vois lorsque je la regarde, puisque je pourrais bien voir tout ce que je vois maintenant, quand même Dieu l'aurait détruite. Les dimensions que je vois sont immuables, éternelles, nécessaires. Ces dimensions intelligibles qui me représentent tous ces espaces, n'occupent aucun lieu. Les dimensions de votre chambre sont, au contraire, changeantes et corruptibles; elles remplissent un certain espace. Mais en vous disant trop de vérités, je crains maintenant de multiplier vos difficultés. Car vous me paraissez assez embarrassé à distinguer les idées, qui seules sont visibles par elles-mêmes, des objets qu'elles représentent, qui sont invisibles à l'esprit, parce qu'ils ne peuvent agir sur lui, ni se représenter à lui.

Ariste. — Il est vrai que je suis un peu interdit. C'est que j'ai de la peine à vous suivre dans ce pays des idées, auxquelles vous attribuez une réalité véritable. Je ne trouve point de prise dans tout ce qui n'a point de corps. Et cette réalité de vos idées, que je ne puis m'empêcher de croire véritables par les raisons que vous venez de me dire, me paraît n'avoir guère de solidité. Car, je vous prie, que deviennent nos idées dès que nous n'y pensons plus? Pour moi, il me semble qu'elles rentrent dans le néant. Et si cela est, voilà votre monde intelligible détruit. Si, en fermant les yeux, j'anéantis la chambre intelligible que je vois maintenant, certes la réalité de cette chambre est bien mince, c'est bien peu de chose. S'il suffit que j'ouvre les yeux pour créer un monde intelligible, assurément ce monde-là ne vaut pas celui dans lequel nos corps habitent.

VII. THÉODORE. — Cela est vrai, Ariste. Si vous donnez l'être à vos idées, s'il ne dépend que d'un clin d'œil pour les anéantir, c'est bien peu de chose. Mais si elles sont éternelles, immuables, nécessaires, divines en un mot, — j'entends l'étendue [1] intelligible dont elles sont formées, — assurément elles seront plus considérables que cette matière inefficace et, par elle-même, absolument invisible. Quoi, Ariste! pourriez-vous croire qu'en voulant penser à un cercle, par exemple, vous donniez l'être à la substance, pour ainsi dire, dont votre idée est formée, et que, dès que vous cessez de vouloir y penser, vous l'anéantissiez? Prenez garde. Si c'est vous qui donnez l'être à vos idées, c'est en voulant y penser. Or, je vous prie, comment pouvez-vous vouloir penser à un cercle, si vous n'en avez déjà quelque idée, et de quoi la former et l'achever? Peut-on rien vouloir sans le connaître? Pouvez-vous faire quelque chose de rien? Certainement vous ne pouvez pas vouloir penser à un cercle, si vous n'en avez déjà l'idée, ou du moins l'idée de l'étendue, dont vous puissiez considérer certaines parties sans penser aux autres. Vous ne pouvez vouloir le voir de près, le voir distinctement, si vous ne le voyez déjà confusément et comme de loin. Votre attention vous en approche, elle vous le rend présent, elle le forme même; je le veux. Mais il est clair qu'elle ne le produit pas de rien. Votre distraction vous en éloigne, mais elle ne l'anéantit pas tout à fait. Car si elle l'anéantissait, comment pourriez-vous former le désir de le produire, et sur quel modèle le feriez-vous de nouveau si semblable à lui-même? N'est-il pas clair que cela serait impossible?

ARISTE. — Pas trop clair encore pour moi, Théodore. Vous me convainquez, mais vous ne me persuadez pas. Cette terre est réelle. Je le sens bien. Quand je frappe du pied, elle me résiste. Voilà qui est solide, cela. Mais que mes idées

---

1. 1re édition : au lieu de « l'étendue », « la réalité ».

aient quelque réalité indépendamment de ma pensée, qu'elles soient dans le temps même que je n'y pense point, c'est ce que je ne puis me persuader.

VIII. THÉODORE. — C'est que vous ne sauriez rentrer en vous-même pour interroger la Raison, et que, fatigué du travail de l'attention, vous écoutez votre imagination et vos sens, qui vous parlent sans que vous ayez la peine de les consulter. Vous n'avez pas fait assez de réflexions sur les preuves que je vous ai données, que leur témoignage est trompeur. Il n'y a pas longtemps qu'il y avait un homme, fort sage d'ailleurs, qui croyait toujours avoir de l'eau jusqu'au milieu du corps, et qui appréhendait sans cesse qu'elle ne s'augmentât et ne le noyât. Il la sentait, comme vous votre terre; il la trouvait froide, et il se promenait toujours fort lentement, parce que l'eau, disait-il, l'empê-chait d'aller plus vite. Quand on lui parlait néanmoins, et qu'il écoutait attentivement [1], on le détrompait. Mais il retombait aussitôt dans son erreur. Quand un homme se croit transformé en coq, en lièvre, en loup ou en bœuf, comme Nabuchodonosor, il sent en lui, au lieu de ses jambes, les pieds d'un coq; au lieu de ses bras, les jarrets d'un bœuf, et au lieu de ses cheveux, une crête ou des cornes. Comment ne voyez-vous pas que la résistance que vous sentez en pressant du pied votre plancher, n'est qu'un sentiment qui frappe l'âme, et qu'absolument parlant nous pouvons avoir tous nos sentiments indépendamment des objets? Est-ce qu'en dormant vous n'avez jamais senti sur la poitrine un corps fort pesant qui vous empêchait de respirer, ou que vous n'avez jamais cru être frappé, et même blessé, ou frapper vous-même les autres, vous promener, danser, sauter sur une terre solide?

Vous croyez que ce plancher existe, parce que vous sentez qu'il vous résiste. Quoi donc! est-ce que l'air n'a pas autant de réalité que votre plancher, à cause qu'il a moins de solidité? Est-ce que la glace a plus de réalité que l'eau, à cause qu'elle a plus de dureté? Mais, de plus, vous vous trompez : nul corps [2] ne peut résister à un esprit. Ce plancher résiste à votre pied : je le veux. Mais c'est tout autre chose

1. « Attentivement » manque dans la première édition.
2. « Corps » manque dans la première édition.

que votre plancher ou que votre corps, qui résiste à votre
esprit, ou qui lui donne le sentiment que vous avez de résistance ou de solidité.

Néanmoins je vous accorde encore que votre plancher vous
résiste. Mais pensez-vous que vos idées ne vous résistent
point? Trouvez-moi donc dans un cercle deux diamètres
inégaux, ou dans une ellipse trois égaux; trouvez-moi la
racine carrée de 8, et la cubique de 9: faites qu'il soit juste
de faire à autrui ce qu'on ne veut pas qu'on nous fasse à
nous-mêmes; ou, pour prendre un exemple qui revienne au
vôtre, faites que deux pieds d'étendue intelligible n'en fassent
plus qu'un. Certainement la nature de cette étendue ne
peut le souffrir. Elle résiste à votre esprit. Ne doutez donc
point de sa réalité. Votre plancher est impénétrable à votre
pied; c'est ce que vous apprennent vos sens d'une manière
confuse et trompeuse. L'étendue intelligible est aussi impénétrable à sa façon; c'est ce qu'elle vous fait voir clairement par son évidence et par sa propre lumière.

Écoutez-moi, Ariste. Vous avez l'idée de l'espace ou de
l'étendue, d'un espace, dis-je, qui n'a point de bornes. Cette
idée est nécessaire, éternelle, immuable, commune à tous
les esprits, aux hommes, aux anges, à Dieu même. Cette
idée, prenez-y garde, est ineffaçable de votre esprit, comme
celle de l'être ou de l'infini, de l'être indéterminé. Elle lui
est toujours présente. Vous ne pouvez vous en séparer, ou
la perdre entièrement de vue. Or c'est de cette vaste idée
que se forme en nous non seulement l'idée du cercle et de
toutes les figures purement intelligibles, mais aussi celle de
toutes les figures sensibles que nous voyons en regardant
le monde créé; tout cela selon les diverses applications des
parties intelligibles de cette étendue idéale, immatérielle,
intelligible, à notre esprit; tantôt en conséquence de
notre attention, et alors nous connaissons ces figures; et
tantôt en conséquence des traces et des ébranlements de
notre cerveau, et alors nous les imaginons ou nous les sentons.
Je ne dois pas maintenant vous expliquer tout ceci plus
exactement [1]. Considérez seulement qu'il faut bien que cette

---

1. Voy. les *Conversations chrétiennes*, p. 123, etc., de l'édition de 1702,
ou la *Réponse à M. Régis*, p. 27 et les suivantes, ou ci-dessous, 2e *Entretien
sur la Mort*, vers la fin. — [Cette note manque dans la première édition.]

idée d'une étendue infinie ait beaucoup de réalité, puisque
vous ne pouvez la comprendre, et que, quelque mouvement
que vous donniez à votre esprit, vous ne pouvez la parcourir.
Considérez qu'il n'est pas possible qu'elle n'en soit qu'une
modification, puisque l'infini ne peut être actuellement la
modification de quelque chose de fini. Dites-vous à vous-
même : mon esprit ne peut comprendre cette vaste idée ;
il ne peut la mesurer. C'est donc qu'elle le passe infiniment.
Et si elle le passe, il est clair qu'elle n'en est point la modification ; car les modifications des êtres ne peuvent pas
s'étendre au delà de ces mêmes êtres, puisque les modifications des êtres ne sont que ces mêmes êtres de telle et telle
façon. Mon esprit ne peut mesurer cette idée ; c'est donc qu'il
est fini, et qu'elle est infinie. Car le fini, quelque grand qu'il
soit, appliqué ou répété tant qu'on voudra, ne peut jamais
égaler l'infini.

ARISTE. — Que vous êtes subtil et prompt! Doucement,
s'il vous plaît. Je vous nie que l'esprit aperçoive l'infini.
L'esprit, je le veux, aperçoit de l'étendue dont il ne voit pas
le bout, mais il ne voit pas une étendue infinie ; un esprit
fini ne peut rien voir d'infini.

IX. THÉODORE. — Non, Ariste, l'esprit ne voit pas une
étendue infinie, en ce sens que sa pensée ou sa perfection
égale une étendue infinie. Si cela était, il la comprendrait,
et il serait infini lui-même. Car il faut une pensée infinie
pour mesurer une idée infinie, pour se joindre actuellement
à tout ce que comprend l'infini. Mais l'esprit voit actuellement que son objet immédiat est infini ; il voit actuellement
que l'étendue intelligible est infinie. Et ce n'est pas, comme
vous le pensez, parce qu'il n'en voit pas le bout ; car si cela
était, il pourrait espérer de le trouver, ou du moins il pourrait douter si elle en a, ou si elle n'en a point ; mais c'est
parce qu'il voit clairement qu'elle n'en a point.

Supposons qu'un homme tombé des nues marche sur la
terre toujours en droite ligne, — je veux dire sur un des grands
cercles par lesquels [1] les géographes la divisent, — et que rien
ne l'empêche de voyager : pourrait-il décider, après quelques
journées de chemin, que la terre serait infinie, à cause qu'il

1. 1ʳᵉ édition : « dont ».

n'en trouverait point le bout? S'il était sage et retenu dans ses jugements, il la croirait fort grande, mais il ne la jugerait pas infinie. Et à force de marcher, se retrouvant au même lieu d'où[1] il serait parti, il reconnaîtrait qu'effectivement il en aurait fait le tour. Mais lorsque l'esprit pense à l'étendue intelligible, lorsqu'il veut mesurer l'idée de l'espace, il voit clairement qu'elle est infinie. Il ne peut douter que cette idée ne soit inépuisable. Qu'il en prenne de quoi se représenter le lieu de cent mille mondes, et à chaque instant encore cent mille fois davantage, jamais cette idée ne cessera de lui fournir tout ce qu'il faudra. L'esprit le voit et n'en peut douter. Mais ce n'est point par là qu'il découvre qu'elle est infinie. C'est au contraire parce qu'il la voit actuellement infinie, qu'il sait bien qu'il ne l'épuisera jamais.

Les géomètres sont les plus exacts de ceux qui se mêlent de raisonner. Or tous conviennent qu'il n'y a point de fraction qui, multipliée une fois[2] par elle-même, donne huit pour produit, quoique en augmentant les termes de la fraction, on puisse approcher à l'infini de ce nombre. Tous conviennent que l'hyperbole et ses asymptotes, et plusieurs autres semblables lignes, continuées à l'infini, s'approcheront toujours sans jamais se joindre. Pensez-vous qu'ils découvrent ces vérités en tâtonnant, et qu'ils jugent de ce qu'ils ne voient point, par quelque peu de chose qu'ils auraient découvert? Non, Ariste. C'est ainsi que jugent l'imagination et les sens, ou ceux qui suivent leur témoignage. Mais les vrais philosophes ne jugent précisément que de ce qu'ils voient. Et cependant, ils ne craignent point d'assurer, sans jamais l'avoir éprouvé, que nulle partie de la diagonale d'un carré, fût-elle un million de fois plus petite que le plus petit grain de poussière, ne peut mesurer exactement et sans reste cette diagonale d'un carré et quelqu'un de ses côtés. Tant il est vrai que l'esprit voit l'infini aussi bien dans le petit que dans le grand, non par la division ou la multiplication réitérée de ses idées finies, qui ne pourraient jamais atteindre à l'infini, mais par l'infinité même qu'il découvre dans ses idées et qui leur appartient, lesquelles lui apprennent

---

1. 1re édition : « dont ».
2. « Une fois » manque dans la première édition.

tout d'un coup, d'une part, qu'il n'y a point d'unité, et de l'autre, point de bornes dans l'étendue intelligible.

ARISTE. — Je me rends, Théodore. Les idées ont plus de réalité que je ne pensais, et leur réalité est immuable, nécessaire, éternelle, commune à toutes les intelligences, et nullement des modifications de leur être propre, qui, étant fini, ne peut recevoir actuellement des modifications infinies. La perception que j'ai de l'étendue intelligible m'appartient à moi ; c'est une modification de mon esprit. C'est moi qui aperçois cette étendue. Mais cette étendue que j'aperçois n'est point une modification de mon esprit. Car je sens bien que ce n'est point moi-même que je vois lorsque je pense à des espaces infinis, à un cercle, à un carré, à un cube, lorsque je regarde cette chambre, lorsque je tourne les yeux vers le ciel. La perception de l'étendue est de moi. Mais cette étendue, et toutes les figures que j'y découvre, je voudrais bien savoir comment[1] tout cela n'est[2] point à moi. La perception que j'ai de l'étendue ne peut être sans moi. C'est donc une modification de mon esprit. Mais l'étendue que je vois subsiste sans moi. Car vous la pouvez contempler sans que j'y pense, vous et tous les autres hommes.

X. THÉODORE. — Vous pourriez sans crainte ajouter : *et Dieu même*. Car toutes nos idées claires sont en Dieu, quant à leur réalité intelligible. Ce n'est qu'en lui que nous les voyons[3]. Ne vous imaginez pas que ce que je vous dis soit nouveau. C'est le sentiment de saint Augustin[4]. Si nos idées sont éternelles, immuables, nécessaires, vous voyez bien qu'elles ne peuvent se trouver que dans une nature immuable. Oui, Ariste, Dieu voit en lui-même l'étendue intelligible, l'archétype de la matière dont le monde est formé, et où habitent nos corps ; et, encore un coup, ce n'est qu'en lui que nous la voyons. Car nos esprits n'habitent que dans la Raison universelle, dans cette substance intelligible qui renferme les idées de toutes les vérités que nous décou-

1. La première édition donne la ponctuation ci-après : « je voudrais bien savoir comment, » — avec une virgule après « comment ».
2. 1re édition : « ne sont point à moi ».
3. Au lieu de « Ne vous imaginez pas... saint Augustin », la première édition donne : « Ce n'est que dans la Raison universelle, qui éclaire par elle toutes les intelligences ».
4. Voy. la *Réponse au Livre des Vraies et des Fausses Idées*, ch. VII et XXI.

vrons [1], soit en conséquence des lois générales de l'union de notre esprit avec cette même Raison, soit en conséquence des lois générales de l'union de notre âme avec notre corps, dont la cause occasionnelle ou naturelle n'est que les traces qui s'impriment dans le cerveau par l'action des objets, ou par le cours des esprits animaux.

L'ordre ne permet pas présentement que je vous explique tout ceci en particulier. Mais pour satisfaire en partie le désir que vous avez de savoir comment l'esprit peut découvrir toutes sortes de figures, et voir ce monde sensible dans l'étendue intelligible, prenez garde que vous apercevez un cercle, par exemple, en trois manières. Vous le concevez, vous l'imaginez, vous le sentez ou le voyez. Lorsque vous le concevez, c'est que l'étendue intelligible s'applique à votre esprit avec des bornes indéterminées quant à leur grandeur, mais également distantes d'un point déterminé, et toutes dans un même plan ; et alors vous concevez un cercle en général. Lorsque vous l'imaginez, c'est qu'une partie déterminée de cette étendue, dont les bornes sont également distantes d'un point, touche légèrement votre esprit. Et lorsque vous le sentez ou le voyez, c'est qu'une partie déterminée de cette étendue touche sensiblement votre âme, et la modifie par le sentiment de quelque couleur ; car l'étendue intelligible ne devient visible et ne représente tel corps en particulier que par la couleur, puisque ce n'est que par la diversité des couleurs que nous jugeons de la différence des objets que nous voyons. Toutes les parties intelligibles de l'étendue intelligible sont de même nature en qualité d'idées [2], aussi bien que toutes les parties de l'étendue locale ou matérielle en qualité de substance. Mais les sentiments de couleur étant essentiellement différents, nous jugeons par eux de la variété des corps. Si je distingue votre main de votre habit, et l'un et l'autre de l'air qui les environne, c'est que j'en ai des sentiments de couleur ou de lumière fort différents. Cela est évident. Car si j'avais, de tout ce qui est dans votre chambre, le même sentiment de couleur, je n'y verrais, par le sens de la vue, nulle diversité d'objets. Ainsi vous jugez bien que l'étendue intelligible diversement appliquée à

1. Ci-dessous, *Entretien XII.*
2. 1re édition : « sont en qualité d'idées de même nature ».

noire esprit¹, peut nous donner toutes les idées que nous
avons des figures mathématiques, comme aussi de tous les
objets que nous admirons dans l'univers, et enfin de tout
ce que notre imagination nous représente. Car de même que
l'on peut par l'action du ciseau former d'un bloc de marbre
toutes sortes de figures, Dieu peut nous représenter tous
les êtres matériels par les diverses applications de l'étendue
intelligible à notre esprit. Or, comment cela se fait et pourquoi Dieu le fait ainsi, c'est ce que nous pourrons examiner
dans la suite.

Cela suffit, Ariste, pour un premier entretien. Tâchez de
vous accoutumer aux idées métaphysiques et de vous élever
au-dessus de vos sens. Vous voilà, si je ne me trompe, transporté dans un monde intelligible. Contemplez-en les beautés.
Repassez dans votre esprit tout ce que je viens de vous dire;
nourrissez-vous de la substance de la vérité, et préparez-
vous à entrer plus avant dans ce pays inconnu où vous ne
faites encore qu'aborder. Je tâcherai demain de vous conduire jusqu'au Trône de la Majesté souveraine à qui appartient de toute éternité cette terre heureuse et immobile où
habitent nos esprits.

ARISTE. — Je suis encore tout surpris et tout chancelant.
Mon corps appesantit mon esprit, et j'ai peine à me tenir
ferme dans les vérités que vous m'avez découvertes; et
cependant vous prétendez m'élever encore plus haut. La tête
me tournera, Théodore; et si je me sens demain comme je me
trouve aujourd'hui, je n'aurai pas l'assurance de vous suivre.

THÉODORE. — Méditez, Ariste, ce que je viens de vous
dire, et demain je vous promets que vous serez prêt à tout.
La méditation vous affermira l'esprit, et vous donnera de
l'ardeur et des ailes pour passer les créatures et vous élever
jusqu'à la présence du Créateur. Adieu, mon cher. Ayez
bon courage.

ARISTE. — Adieu, Théodore; je vais faire ce que vous
venez de m'ordonner.

1. Voy. la *Recherche de la Vérité*, l. III, seconde partie, et l'*Éclaircissement*
sur cette matière. Voy. aussi ma *Réponse au Livre des Vraies et des Fausses Idées*
de M. Arnauld, et ma *Première Lettre* touchant sa *Défense*, ou ma *Réponse*
à la troisième lettre posthume de M. Arnauld. [Les derniers mots : « ou ma
Réponse », etc., manquent dans la première édition.]

DEUXIÈME ENTRETIEN

DE L'EXISTENCE DE DIEU

Que nous pouvons voir en lui toutes choses, et que rien de fini ne peut le représenter. De sorte qu'il suffit de penser à lui pour savoir ce qu'il est [1].

THÉODORE. — Hé bien, Ariste, que pensez-vous de ce
monde intelligible où je vous conduisis hier? Votre imagination n'en est-elle plus effrayée? Votre esprit marche-t-il
d'un pas ferme et assuré dans ce pays des esprits méditatifs,
dans cette région inaccessible à ceux qui n'écoutent que leurs
sens?

ARISTE. — Le beau spectacle, Théodore, que l'Archétype
de l'univers! Je l'ai contemplé avec une extrême satisfaction. Que la surprise est agréable lorsque, sans souffrir la
mort, l'âme se trouve transportée dans le pays de la vérité,
où elle rencontre abondamment de quoi se nourrir! Je ne
suis pas, il est vrai, encore bien accoutumé à cette manne
céleste, à cette nourriture toute spirituelle. Elle me paraît,
dans certains moments, bien creuse et bien légère. Mais
quand je la goûte avec attention, j'y trouve tant de saveur
et de solidité, que je ne puis plus me résoudre à venir paître
avec les brutes sur une terre matérielle.

THÉODORE. — Oh! oh! mon cher Ariste, que me dites-
vous là? Parlez-vous sérieusement?

ARISTE. — Fort sérieusement. Non, je ne veux plus
écouter mes sens. Je veux toujours rentrer dans le plus
secret de moi-même, et vivre de l'abondance que j'y trouve.
Mes sens sont propres à conduire mon corps à sa pâture ordinaire; je consens qu'il les suive. Mais que je les suive, moi?
c'est ce que je ne ferai plus. Je veux suivre uniquement la

1. 1re édition : « pour savoir qu'il est ».

Raison, et marcher, par mon attention, dans ce pays de la vérité, où je trouve des mets délicieux et qui seuls peuvent nourrir des intelligences.

THÉODORE. — C'est donc, à ce coup, que vous avez oublié que vous avez un corps. Mais vous ne serez pas longtemps sans penser à lui, ou plutôt sans penser par rapport à lui. Ce corps que vous négligez présentement, vous obligera bientôt à le mener paître vous-même, et à vous occuper de ses besoins. Car maintenant l'esprit ne se dégage pas si facilement de la matière. Mais pendant que vous voilà pur esprit, dites-moi, je vous prie, qu'avez-vous découvert dans le pays des idées? Savez-vous bien présentement ce que c'est que cette Raison dont on parle tant dans ce monde matériel et terrestre, et que l'on y connaît si peu? Je vous promis hier de vous élever au-dessus de toutes les créatures, et de vous conduire jusqu'en présence du Créateur. N'y auriez-vous point volé de vous-même, et sans penser à Théodore?

I. ARISTE. — Je vous l'avoue; j'ai cru que, sans manquer au respect que je vous dois, je pouvais aller seul dans le chemin que vous m'avez montré. Je l'ai suivi, et j'ai, ce me semble, connu clairement ce que vous me dîtes hier, savoir, que la Raison universelle est une nature immuable, et qu'elle ne se trouve qu'en Dieu. Voici en peu de mots toutes mes démarches; jugez-en, et dites-moi si je me suis égaré. Après que vous m'eûtes quitté, je demeurai quelque temps tout chancelant et tout interdit. Mais une secrète ardeur me pressant, il me sembla que je me dis à moi-même, je ne sais comment : *La Raison m'est commune avec Théodore; pourquoi donc ne puis-je, sans lui, la consulter et la suivre?* Je la consultai, et je la suivis; et elle me conduisit, si je ne me trompe, jusqu'à celui qui la possède en propre, et par la nécessité de son être; car il me semble qu'elle y conduit tout naturellement. Voici donc tout simplement et sans figure le raisonnement que je fis :

L'étendue intelligible infinie n'est point une modification de mon esprit; elle est immuable, éternelle, nécessaire. Je ne puis douter de sa réalité et de son immensité. Or tout ce qui est immuable, éternel, nécessaire, et surtout infini, n'est point une créature, et ne peut appartenir à la créature. Donc elle appartient au Créateur, et ne peut se trouver qu'en

Dieu. Donc il y a un Dieu, et une Raison; un Dieu dans
lequel se trouve l'archétype que je contemple du monde
créé que j'habite; un Dieu dans lequel se trouve la Raison
qui m'éclaire par les idées purement intelligibles qu'elle
fournit abondamment à mon esprit et à celui de tous les
hommes. Car je suis sûr que tous les hommes sont unis à la
même Raison que moi, puisque je suis certain qu'ils voient
ou peuvent voir ce que je vois quand je rentre en moi-même,
et que j'y découvre les vérités ou les rapports nécessaires
que renferme la substance intelligible de la Raison universelle qui habite en moi, ou plutôt dans laquelle habitent
toutes les intelligences.

II. THÉODORE. — Vous ne vous êtes point égaré, mon
cher Ariste. Vous avez suivi la Raison et elle vous a conduit
à celui qui l'engendre de sa propre substance et qui la possède éternellement. Mais ne vous imaginez pas qu'elle vous
ait découvert la nature de l'Être suprême auquel elle vous
a conduit. Lorsque vous contemplez l'étendue intelligible,
vous ne voyez encore que l'archétype du monde matériel
que nous habitons, et celui d'une infinité d'autres possibles.
A la vérité, vous voyez alors la substance divine, car il n'y
a qu'elle qui soit visible, ou qui puisse éclairer l'esprit.
Mais vous ne la voyez pas en elle-même, ou selon ce qu'elle
est. Vous ne la voyez que selon le rapport qu'elle a aux créatures matérielles, que selon qu'elle est participable par elles,
ou qu'elle en est représentative. Et par conséquent, ce n'est
point Dieu, à proprement parler, que vous voyez, mais seulement la matière qu'il peut produire.

Vous voyez certainement par l'étendue intelligible infinie
que Dieu est; car il n'y a que lui qui renferme ce que vous
voyez, puisque rien de fini ne peut contenir une réalité
infinie. Mais vous ne voyez pas ce que Dieu est; car la Divinité n'a point de bornes dans ses perfections; et ce que vous
voyez, quand vous pensez à des espaces immenses, est privé
d'une infinité de perfections. Je dis ce que vous voyez, et
non la substance qui vous représente ce que vous voyez;
car cette substance que vous ne voyez pas en elle-même a
des perfections infinies.

Assurément, la substance qui renferme l'étendue intelligible est toute puissante. Elle est infiniment sage. Elle ren-

ferme une infinité de perfections et de réalités. Elle renferme, par exemple, une infinité de nombres intelligibles. Mais cette étendue intelligible n'a rien de commun avec toutes ces choses. Il n'y a nulle sagesse, nulle puissance[1], dans cette étendue que vous contemplez ; car vous savez que tous les nombres sont commensurables entre eux, parce qu'ils ont l'unité pour commune mesure. Si donc les parties de cette étendue divisées et subdivisées par l'esprit pouvaient se réduire à l'unité, elles seraient toujours, par cette unité, commensurables entre elles, ce que vous savez certainement être faux. Ainsi la substance divine dans sa simplicité, où nous ne pouvons atteindre, renferme une infinité de perfections intelligibles toutes différentes, par lesquelles Dieu nous éclaire sans se faire voir à nous tel qu'il est, ou selon sa réalité particulière et absolue, mais selon sa réalité générale et relative à des ouvrages possibles. Cependant, tâchez de me suivre ; je vais vous conduire le plus près de la Divinité qu'il me sera possible.

III. L'étendue intelligible infinie n'est l'archétype que d'une infinité de mondes possibles semblables au nôtre. Je ne vois par elle que tels et tels êtres, que des êtres matériels. Quand je pense à cette étendue, je ne vois la substance divine qu'en tant qu'elle est représentative des corps et participable par eux. Mais prenez garde : quand je pense à l'être, et non à tels et tels êtres, quand je pense à l'infini, et non à tel ou tel infini, il est certain, premièrement, que je ne vois point une si vaste réalité dans les modifications de mon esprit ; car si je ne puis trouver en elles assez de réalité pour me représenter l'infini en étendue, à plus forte raison n'y en trouverai-je point assez pour me représenter l'infini en toutes manières. Ainsi il n'y a que Dieu, que l'infini, que l'être indéterminé, ou que l'infini infiniment infini, qui puisse contenir la réalité infiniment infinie que je vois quand je pense à l'être, et non à tels ou tels êtres, ou à tels et tels infinis.

IV. En second lieu, il est certain que l'idée de l'être, de la réalité, de la perfection indéterminée, ou de l'infini en toutes manières, n'est point la substance divine en tant que

---

1. 1re édition : « nulle puissance, aucune unité... »

représentative de telle créature, ou participable par telle créature ; car toute créature est nécessairement un tel être. Il y a contradiction que Dieu fasse ou engendre un être en général ou infini en toutes manières, qui ne soit Dieu lui-même, ou égal à son principe. Le Fils et le Saint-Esprit ne participent point à l'être divin ; ils le reçoivent tout entier ou, pour parler de choses plus proportionnées à notre esprit, il est évident que l'idée du cercle en général n'est point l'étendue intelligible en tant que représentative de tel cercle, ou participable par tel cercle. Car l'idée du cercle en général, ou l'essence du cercle, représente des cercles infinis, convient à des cercles infinis. Cette idée renferme celle de l'infini ; car penser à un cercle en général, c'est apercevoir, comme un seul cercle, des cercles infinis. Je ne sais si vous concevez ce que je veux vous faire comprendre. Le voici en deux mots : c'est que l'idée de l'être sans restriction, de l'infini, de la généralité, n'est point l'idée des créatures, ou l'essence qui leur convient, mais l'idée qui représente la Divinité, ou l'essence qui lui convient. Tous les êtres particuliers participent à l'être ; mais nul être particulier ne l'égale. L'être renferme toutes choses ; mais tous les êtres et créés et possibles, avec toute leur multiplicité, ne peuvent remplir la vaste étendue de l'être.

ARISTE. — Il me semble que je vois bien votre pensée. Vous définissez Dieu comme il s'est défini lui-même en parlant à Moïse : *Dieu, c'est celui qui est*[1]. L'étendue intelligible est l'idée ou l'archétype des corps. Mais l'être sans restriction, en un mot l'*Être*, c'est l'idée de Dieu ; c'est ce qui le représente à notre esprit tel que nous le voyons en cette vie.

V. THÉODORE. — Fort bien. Mais surtout prenez garde que Dieu ou l'infini n'est pas visible par une idée qui le représente. L'infini est à lui-même son idée. Il n'a point d'archétype. Il peut être connu, mais il ne peut être fait. Il n'y a que les créatures, que tels et tels êtres qui soient faisables, qui soient visibles par des idées qui les représentent, avant même qu'elles soient faites. On peut voir un cercle, une maison, un soleil, sans qu'il y en ait ; car tout ce qui est fini se peut voir dans l'infini qui en renferme les

1. *Exode*, III. 14.

idées intelligibles. Mais l'infini ne se peut voir qu'en lui-même; car rien de fini ne peut représenter l'infini. Si on pense à Dieu, il faut qu'il soit. Tel être, quoique connu, peut n'exister point. On peut voir son essence sans son existence, son idée sans lui. Mais on ne peut voir l'essence de l'infini sans son existence, l'idée de l'Être sans l'être; car l'Être n'a point d'idée qui le représente. Il n'a point d'archétype qui contienne toute sa réalité intelligible. Il est à lui-même son archétype, et il renferme en lui l'archétype de tous les êtres.

Ainsi vous voyez bien que cette proposition : *Il y a un Dieu*, est, par elle-même, la plus claire de toutes les propositions qui affirment l'existence de quelque chose, et qu'elle est même aussi certaine que celle-ci : *Je pense, donc je suis.* Vous voyez, de plus, ce que c'est que Dieu, puisque Dieu, et l'Être, ou l'infini, ne sont qu'une même chose.

VI. Mais, encore un coup, ne vous y trompez pas. Vous ne voyez que fort confusément, et comme de loin, ce que c'est que Dieu. Vous ne le voyez point tel qu'il est, parce que quoique vous voyiez l'infini, ou l'Être sans restriction, vous ne le voyez que d'une manière fort imparfaite. Vous ne le voyez point comme un être simple. Vous voyez la multiplicité des créatures dans l'infinité de l'Être incréé, mais vous n'y voyez pas distinctement son unité. C'est que vous ne le voyez pas tant selon sa réalité absolue, que selon ce qu'il est par rapport aux créatures possibles, dont il peut augmenter le nombre à l'infini, sans qu'elles égalent jamais la réalité qui les représente. C'est que vous le voyez comme Raison universelle qui éclaire les intelligences selon la mesure de lumière qui leur est nécessaire maintenant pour se conduire, et pour découvrir ses perfections en tant que participables par des êtres limités. Mais vous ne découvrez pas cette propriété qui est essentielle à l'infini, d'être en même temps un et toutes choses, composé, pour ainsi dire, d'une infinité de perfections différentes, et tellement simple qu'en lui, chaque perfection renferme toutes les autres sans aucune distinction réelle [1].

Dieu ne communique pas sa substance aux créatures, il

---

1. Voy. la *Première Lettre touchant la défense de M. Arnauld,* Remarq. 18e.

ne leur communique que ses perfections; non telles qu'elles
sont dans sa substance, mais telles que sa substance les
représente et que la limitation des créatures le peut porter.
L'étendue intelligible, par exemple, représente les corps :
c'est leur archétype ou leur idée. Mais quoique cette étendue
n'occupe aucun lieu, les corps sont étendus localement; et
ils ne peuvent être que localement étendus, à cause de la
limitation essentielle aux créatures, et que toute substance
finie ne peut avoir cette propriété incompréhensible à
l'esprit humain, d'être en même temps un et toutes choses,
parfaitement simple, et posséder toutes sortes de perfections.

Ainsi l'étendue intelligible représente des espaces infinis,
mais elle n'en remplit aucun; et quoiqu'elle remplisse, pour
ainsi dire, tous les esprits et se découvre à eux, il ne s'ensuit
nullement que notre esprit soit spacieux. Il faudrait qu'il
le fût infiniment pour voir des espaces infinis, s'il les voyait
par une union locale à des espaces localement étendus [1].

La substance divine est partout sans extension locale.
Elle n'a point de bornes. Elle n'est point renfermée dans
l'univers. Mais ce n'est point [2] cette substance, en tant que
répandue partout, que nous voyons lorsque nous pensons
à des espaces; car si cela était, notre esprit étant fini, nous
ne pourrions jamais penser à des espaces infinis. Mais
l'étendue intelligible que nous voyons dans la substance
divine qui la renferme, n'est que cette même substance en
tant que représentative des êtres matériels, et participable
par eux. Voilà tout ce que je puis vous dire. Mais remarquez
bien que l'Être sans restriction, ou l'infini en toutes manières
que nous apercevons, n'est point seulement la substance
divine en tant que représentative de tous les êtres possibles.
Car quoique nous n'ayons point des idées particulières de
tous ces êtres, nous sommes assurés qu'ils ne peuvent égaler
la réalité intelligible de l'infini. C'est donc, en un sens, la
substance même de Dieu que nous voyons. Mais nous ne la
voyons en cette vie que d'une manière si confuse et si
éloignée, que nous voyons plutôt qu'elle est que ce qu'elle
est; que nous voyons plutôt qu'elle est la source et l'exem-

1. Voy. la même *Lettre*, seconde remarque, n° 11 et les suivants.
2. *Ibid.* et ci-dessous *Entretien VIII*.

plaire de tous les êtres, que sa propre nature ou ses perfections en elles-mêmes.

ARISTE. — N'y a-t-il point quelque contradiction dans ce que vous me dites? Si rien de fini ne peut avoir assez de réalité pour représenter l'infini, ce qui me paraît évident, n'est-ce pas une nécessité qu'on voie la substance de Dieu en elle-même?

VII. THÉODORE. — Je ne vous nie pas qu'on ne voie la substance de Dieu en elle-même. On la voit en elle-même, en ce sens que l'on ne la voit point par quelque chose de fini qui la représente. Mais on ne la voit point en elle-même, en ce sens qu'on atteigne à sa simplicité, et que l'on y découvre ses perfections.

Puisque vous demeurez d'accord que rien de fini ne peut représenter la réalité infinie, il est clair que si vous voyez l'infini, vous ne le voyez qu'en lui-même. Or il est certain que vous le voyez; car autrement, quand vous me demandez s'il y a un Dieu, ou un être infini, vous me feriez une demande ridicule, par une proposition dont vous n'entendriez pas les termes. C'est comme si vous me demandiez s'il y a un *Blictri* [1], c'est-à-dire une telle chose, sans savoir quoi.

Assurément tous les hommes ont l'idée de Dieu, ou pensent à l'infini, lorsqu'ils demandent s'il y en a un. Mais ils croient pouvoir y penser sans qu'il y en ait, parce qu'ils ne font pas réflexion que rien de fini ne peut le représenter. Comme ils peuvent penser à bien des choses qui ne sont point, à cause que les créatures peuvent être vues sans qu'elles soient, car on ne les voit point en elles-mêmes, mais dans les idées qui les représentent, ils s'imaginent qu'il en est de même de l'infini, et qu'on peut y penser sans qu'il soit. Voilà ce qui fait qu'ils cherchent, sans le reconnaître, celui qu'ils rencontrent à tous moments, et qu'ils reconnaîtraient bientôt s'ils rentraient en eux-mêmes, et faisaient réflexion sur leurs idées.

ARISTE. — Vous me convainquez, Théodore, mais il me reste encore quelque doute. C'est qu'il me semble que l'idée que j'ai de l'Être en général, ou de l'infini, est une idée de ma façon. Il me semble que l'esprit peut se faire des idées

---

1. C'est un terme qui ne réveille aucune idée.

générales, de plusieurs idées particulières. Quand on a vu plusieurs arbres, un pommier, un poirier, un prunier, etc., on s'en fait une idée générale d'arbre. De même quand on a vu plusieurs êtres, on s'en forme l'idée générale de l'être. Ainsi cette idée générale de l'être n'est peut-être qu'un assemblage confus de tous les autres. C'est ainsi qu'on me l'a appris, et que je l'ai toujours entendu.

VIII. Théodore. — Votre esprit, Ariste, est un merveilleux ouvrier. Il sait tirer l'infini du fini, l'idée de l'être sans restriction, des idées de tels et tels êtres. C'est peut-être qu'il trouve dans son propre fonds assez de réalité pour donner à des idées finies ce qui leur manque pour être infinies. Je ne sais si c'est ainsi qu'on vous l'a appris, mais je crois savoir que vous ne l'avez jamais bien compris.

Ariste. — Si nos idées étaient infinies, assurément elles ne seraient point notre ouvrage, ni des modifications de notre esprit. Cela ne se peut contester. Mais peut-être sont-elles finies, quoique par elles nous puissions apercevoir l'infini; ou bien l'infini que nous voyons n'est point tel dans le fond. Ce n'est, comme je viens de vous dire, que l'assemblage confus de plusieurs choses finies. L'idée générale de l'être n'est peut-être qu'un amas confus des idées de tels et tels êtres. J'ai de la peine à m'ôter cette pensée de l'esprit.

IX. Théodore. — Oui, Ariste, nos idées sont finies, si par nos idées vous entendez nos perceptions ou les modifications de notre esprit. Mais si vous entendez par l'idée de l'infini ce que l'esprit voit quand il y pense, ou ce qui est alors l'objet immédiat de l'esprit, assurément cela est infini; car on le voit tel. Prenez-y garde, vous dis-je, on le voit tel. L'impression que l'infini fait sur l'esprit est finie. Il y a même plus de perception dans l'esprit, plus d'impression d'idée, en un mot plus de pensée, lorsqu'on connaît clairement et distinctement un petit objet, que lorsqu'on pense confusément à un grand, ou même à l'infini. Mais quoique l'esprit soit presque toujours plus touché, plus pénétré, plus modifié par une idée finie que par une infinie, néanmoins il y a bien plus de réalité dans l'idée infinie que dans la finie, dans l'Être sans restriction que dans tels et tels êtres.

Vous ne sauriez vous ôter de l'esprit que les idées générales

ne sont qu'un assemblage confus de quelques idées particulières, ou du moins que vous avez le pouvoir de les former
de cet assemblage. Voyons ce qu'il y a de vrai et de faux
dans cette pensée dont vous êtes si fort prévenu. Vous
pensez, Ariste, à un cercle d'un pied de diamètre, ensuite à
un de deux pieds, à un de trois, à un de quatre, etc., et enfin
vous ne déterminez point la grandeur du diamètre, et vous
pensez à un cercle en général. L'idée de ce cercle en général,
direz-vous, n'est donc que l'assemblage confus des cercles
auxquels j'ai pensé. Certainement cette conséquence est
fausse : car l'idée du cercle en général représente des cercles
infinis, et leur convient à tous; et vous n'avez pensé qu'à
un nombre fini de cercles.

C'est donc plutôt que vous avez trouvé le secret de former
l'idée de cercle en général, de cinq ou six que vous avez vus.
Et cela est vrai en un sens, et faux en un autre. Cela est
faux en ce sens, qu'il y ait assez de réalité dans l'idée de
cinq ou six cercles, pour en former l'idée de cercle en général.
Mais cela est vrai en ce sens, qu'après avoir reconnu que
la grandeur des cercles n'en change point les propriétés,
vous avez peut-être cessé de les considérer l'un après l'autre
selon leur grandeur déterminée, pour les considérer en général
selon une grandeur indéterminée. Ainsi vous avez, pour ainsi
dire, formé l'idée de cercle en général, en répandant l'idée
de la généralité sur les idées confuses des cercles que vous
avez imaginés. Mais je vous soutiens que vous ne sauriez
former des idées générales que parce que vous trouvez, dans
l'idée de l'infini, assez de réalité pour donner de la généralité
à vos idées. Vous ne pouvez penser à un diamètre indéterminé, que parce que vous voyez l'infini dans l'étendue, et
que vous pouvez l'augmenter ou la diminuer à l'infini. Je
vous soutiens que vous ne pourriez jamais penser à ces
formes abstraites de genres et d'espèces, si l'idée de l'infini,
qui est inséparable de votre esprit, ne se joignait tout naturellement aux idées particulières que vous apercevez. Vous
pourriez penser à tel cercle, mais jamais au cercle; vous
pourriez apercevoir telle égalité de rayons, mais jamais une
égalité générale entre des rayons indéterminés. La raison
est que toute idée finie et déterminée ne peut jamais représenter rien d'infini et d'indéterminé. Mais l'esprit joint, sans

réflexion, à ses idées finies l'idée de la généralité qu'il trouve dans l'infini ; car de même que l'esprit répand sur l'idée de telle étendue, quoique divisible à l'infini, l'idée de l'unité indivisible, il répand aussi sur quelques idées particulières l'idée générale d'une parfaite égalité ; et c'est ce qui le jette dans une infinité d'erreurs, car toute la fausseté de nos idées vient de ce que nous les confondons entre elles, et que nous les mêlons encore avec nos propres modifications. Mais c'est de quoi nous parlerons une autre fois.

ARISTE. — Tout cela est fort bien, Théodore. Mais n'est-ce point que vous regardez nos idées comme distinguées de nos perceptions ? Il me semble que l'idée du cercle en général n'est qu'une perception confuse de plusieurs cercles de diverses grandeurs, c'est-à-dire un amas de diverses modifications de mon esprit presque effacées, dont chacune est l'idée ou la perception de tel cercle.

X. THÉODORE. — Oui, sans doute [1], je mets bien de la différence entre nos idées et nos perceptions, entre nous qui apercevons, et ce que nous apercevons. C'est que je sais que le fini ne peut trouver en lui de quoi se représenter l'infini. C'est que je sais, Ariste, que je ne renferme en moi aucune réalité intelligible ; et que bien loin de trouver en ma substance les idées de toutes choses, je n'y touve pas même l'idée [2] de mon être propre ; car je suis entièrement inintelligible à moi-même, et je ne verrai jamais ce que je suis, que lorsqu'il plaira à Dieu de me découvrir l'idée, ou l'archétype des esprits que renferme la Raison universelle. Mais c'est de quoi nous nous entretiendrons une autre fois.

Assurément, Ariste, si vos idées n'étaient que des modifications de votre esprit, l'assemblage confus de mille et mille idées ne ferait jamais qu'un composé confus, incapable d'aucune généralité. Prenez vingt couleurs différentes, mêlez-les ensemble pour exciter en vous une couleur en général ; produisez en vous, dans un même temps, plusieurs

1. Voy. la *Réponse au livre des Vraies et des Fausses Idées* ou ma *Réponse à la troisième lettre de M. Arnauld*. [Les derniers mots : « ou ma *Réponse à la troisième lettre* », etc., manquent dans la première édition.]
2. Voy. la seconde partie du livre III, de la *Recherche de la Vérité*, ch. VII, nº 4, et l'*Éclaircissement* qui répond à ce chapitre.

sentiments différents pour en former un sentiment en général ; vous verrez bientôt que cela n'est pas possible ; car en mêlant diverses couleurs, vous ferez du vert, du gris, du bleu, toujours quelque couleur particulière. L'étourdissement est produit par une infinité d'ébranlements des diverses fibres du cerveau et des esprits animaux[1] : mais ce n'est néanmoins qu'un sentiment particulier. C'est que toute modification d'un être particulier, tel qu'est notre esprit, ne peut être que particulière. Elle ne peut jamais s'élever à la généralité qui se trouve dans les idées. Il est vrai que vous pouvez penser à la douleur en général ; mais vous ne sauriez jamais être modifié que par une douleur particulière. Et si vous pouvez penser à la douleur en général, c'est que vous pouvez joindre la généralité à toutes choses. Mais, encore un coup, vous ne sauriez tirer de votre fonds cette idée de la généralité. Elle a trop de réalité : il faut que l'infini vous la fournisse de son abondance.

ARISTE. — Je n'ai rien à vous répondre. Tout ce que vous me dites me paraît évident. Mais je suis surpris que ces idées générales, qui ont infiniment plus de réalité que les idées particulières, me frappent moins qu'elles, et me paraissent avoir beaucoup moins de solidité.

XI. THÉODORE. — C'est qu'elles se font moins sentir, ou plutôt, c'est qu'elles ne se font nullement sentir. Ne jugez pas, Ariste, de la réalité des idées, comme les enfants jugent de la réalité des corps. Les enfants croient que tous ces espaces qui sont entre la terre et le ciel ne sont rien de réel, parce qu'ils ne se font point sentir. Et il y a même peu de gens qui sachent qu'il y a autant de matière dans un pied cube d'air, que dans un pied cube de plomb, parce que le plomb est plus dur, plus pesant, plus sensible, en un mot, que l'air. Ne les imitez pas. Jugez de la réalité des idées non par le sentiment que vous en avez, qui vous marque confusément leur action, mais par la lumière intelligible qui vous découvre leur nature. Autrement, vous croirez que les idées sensibles et qui vous frappent, telles qu'est celle que vous avez de ce plancher que vous pressez du pied, ont plus de réalité que

---

1. Au lieu de « est produit par... et des esprits animaux », la première édition donne : « n'est qu'un assemblage confus d'une infinité de sentiments ou de modifications de l'âme ».

les idées purement intelligibles, quoique, dans le fond, il n'y ait aucune différence.

ARISTE. — *Aucune différence*, Théodore! Quoi! l'idée de l'étendue à laquelle je pense n'est pas différente de celle de cette étendue que je vois, que je presse du pied, et qui me résiste?

XII. THÉODORE. — Non, Ariste, il n'y a point de deux sortes d'étendues, ni de deux sortes d'idées qui les représentent. Et si cette étendue à laquelle vous pensez vous touchait, ou modifiait votre âme par quelque sentiment, d'intelligible qu'elle est, elle vous paraîtrait sensible. Elle vous paraîtrait dure, froide, colorée, et peut-être douloureuse; car vous lui attribueriez peut-être tous les sentiments que vous auriez. Encore un coup, il ne faut pas juger des choses par le sentiment que nous en avons. Il ne faut pas croire que la glace ait plus de réalité que l'eau, à cause qu'elle nous résiste davantage.

Si vous croyiez que le feu a plus de force ou d'efficace que la terre, votre erreur aurait quelque fondement; car il y a quelque raison de juger de la grandeur des puissances par celle de leurs effets. Mais de croire que l'idée de l'étendue, qui vous touche par quelque sentiment, est d'une autre nature, ou a plus de réalité que celle à laquelle vous pensez sans en recevoir aucune impression sensible, c'est prendre l'absolu pour le relatif, c'est juger de ce que les choses sont en elles-mêmes, par le rapport qu'elles ont avec vous. C'est le moyen de donner à la pointe d'une épine plus de réalité qu'à tout le reste de l'univers, et même qu'à l'être infini. Mais quand vous serez accoutumé à distinguer vos sentiments de vos idées, vous reconnaîtrez que la même idée de l'étendue peut se faire connaître [1], se faire imaginer, et se faire sentir, selon que la substance divine qui la renferme l'applique diversement à notre esprit. Ainsi ne croyez pas que l'infini, ou l'être en général, ait moins de réalité que l'idée de tel objet qui vous touche actuellement d'une manière fort vive et fort sensible. Jugez des choses par les idées qui les représentent, et ne leur attribuez rien de semblable aux senti-

---

1. Voy. le 2e *Entretien sur la Mort*. [Cette note manque dans la première édition.]

ments dont vous êtes frappé. Vous comprendrez plus distinctement dans la suite du temps ce que je vous insinue présentement.

ARISTE. — Tout ce que vous venez de me dire, Théodore, est furieusement abstrait, et j'ai bien de la peine à le fixer devant moi. Mon esprit travaille étrangement; un peu de repos, s'il vous plaît. Il faut que je pense à loisir sur toutes ces grandes et sublimes vérités. Je tâcherai de me les rendre familières par les efforts pénibles d'une attention toute pure. Mais présentement je n'en suis pas capable. Il faut que je me délasse pour reprendre de nouvelles forces.

THÉODORE. — Je le savais bien, Ariste, que vous ne seriez pas longtemps esprit pur. Allez, menez paître vous-même votre corps. Délassez votre imagination par la variété des objets qui peuvent la rassurer et la réjouir. Mais tâchez néanmoins de conserver quelque goût pour la vérité; et dès que vous vous sentirez capable de vous en nourrir et de la méditer, quittez tout pour elle. Oubliez même ce que vous êtes, autant que vous le pourrez. C'est une nécessité que vous pensiez aux besoins du corps; mais c'est un grand dérèglement que de vous occuper de ses plaisirs.

TROISIÈME ENTRETIEN

De la différence qu'il y a entre nos sentiments et nos idées. Qu'il ne faut juger des choses que par les idées qui les représentent, et nullement par les sentiments dont on est touché en leur présence ou à leur occasion.

THÉODORE. — Holà! oh! Ariste, que vous voilà rêveur! A quoi pensez-vous si profondément?

ARISTE. — Qui est là? Ah! Théodore, vous m'avez surpris. Je reviens de cet autre monde où vous m'avez transporté ces jours-ci. J'y vais maintenant tout seul, et sans craindre les fantômes qui en empêchent l'entrée. Mais lorsque j'y suis, j'y trouve tant de lieux obscurs, que je crains de m'égarer et de me perdre.

I. THÉODORE. — C'est beaucoup, Ariste, que de savoir quitter son corps quand on le veut, et s'élever, en esprit, dans le pays des intelligences. Mais cela ne suffit pas. Il faut savoir un peu la carte de ce pays, quels sont les lieux inaccessibles aux pauvres mortels, et quels sont ceux où ils peuvent aller librement sans craindre les illusions. C'est, ce me semble, pour n'avoir pas bien pris garde à ce que je m'en vais vous faire remarquer, que la plupart des voyageurs de ces dangereuses contrées ont été séduits par certains spectres engageants, qui nous attirent dans des précipices dont le retour est moralement impossible. Écoutez-moi bien sérieusement; je vais vous dire aujourd'hui ce que vous ne devez jamais oublier.

Ne prenez jamais, Ariste, vos propres sentiments pour nos idées, les modifications qui touchent votre âme pour les idées qui éclairent tous les esprits. Voilà le plus grand de tous les préceptes pour éviter l'égarement. Jamais vous ne contemplerez les idées sans découvrir quelque vérité; mais quelque attention que vous ayez à vos propres modifications, vous n'en serez jamais éclairé. Vous ne pouvez pas bien comprendre ce que je vous dis; il faut que je m'explique davantage.

II. Vous savez, Ariste, que le Verbe divin, en tant que Raison universelle, renferme dans sa substance les idées primordiales de tous les êtres et créés et possibles. Vous savez que toutes les intelligences qui sont unies à cette souveraine Raison découvrent en elle quelques-unes de ces idées, selon qu'il plaît à Dieu de les leur manifester. Cela se fait en conséquence des lois générales qu'il a établies pour nous rendre raisonnables, et former entre nous et avec lui une espèce de société. Je vous développerai quelque jour tout ce mystère. Vous ne doutez pas que l'étendue intelligible, par exemple, qui est l'idée primordiale, ou l'archétype des corps, est contenue dans la Raison universelle, qui éclaire tous les esprits, et celui-là même à qui cette raison est consubstantielle. Mais vous n'avez peut-être pas fait assez de réflexion sur la différence qu'il y a entre les idées intelligibles qu'elle renferme, et nos propres sentiments, ou les modifications de notre âme; et vous croyez peut-être qu'il est inutile de la remarquer exactement.

III. Qu'il y a de différence, mon cher Ariste, entre la lumière de nos idées, et l'obscurité de nos sentiments, entre connaître et sentir; et qu'il est nécessaire de s'accoutumer à la distinguer sans peine! Celui qui n'a point fait assez de réflexion sur cette différence, croyant sans cesse connaître fort clairement ce qu'il sent le plus vivement, ne peut faire qu'il ne s'égare dans les ténèbres de ses propres modifications. Car enfin, comprenez bien cette importante vérité : l'homme n'est point à lui-même sa propre lumière; sa substance, bien loin de l'éclairer, lui est inintelligible elle-même; il ne connaît rien que par la lumière de la Raison [1] universelle qui éclaire tous les esprits, que par les idées intelligibles qu'elle leur découvre dans sa substance toute lumineuse.

IV. La Raison créée, notre âme, l'esprit humain, les intelligences les plus pures et les plus sublimes peuvent bien voir la lumière; mais ils ne peuvent la produire ou la tirer

---

1. 1re édition : «...de la Raison. J'entends toujours de cette Raison universelle qui éclaire tous les esprits par les idées.... »

de leur propre fonds; ils ne peuvent l'engendrer de leur
substance. Ils peuvent découvrir les vérités éternelles,
immuables, nécessaires dans le Verbe divin, dans la Sagesse
éternelle, immuable, nécessaire; mais ils ne peuvent trouver
en eux que des sentiments souvent fort vifs, mais toujours
obscurs et confus, que des modalités pleines de ténèbres.
En un mot, ils ne peuvent, en se contemplant, découvrir la
vérité. Ils ne peuvent se nourrir de leur propre substance.
Ils ne peuvent trouver la vie des intelligences que dans la
Raison universelle qui anime tous les esprits. Car c'est elle
qui console intérieurement ceux qui la suivent; c'est elle
qui rappelle ceux qui la quittent; c'est elle enfin qui, par des
reproches et des menaces terribles, remplit de confusion, d'in-
quiétude et de désespoir ceux qui sont résolus de l'abandonner[1].

ARISTE. — Je suis bien persuadé, Théodore, par les réflexions que j'ai faites sur ce que vous m'avez dit ces jours-ci,
que c'est uniquement le Verbe divin qui nous éclaire par les
idées intelligibles qu'il renferme. Car il n'y a point deux ou
plusieurs Sagesses, deux ou plusieurs Raisons universelles.
La vérité est immuable, nécessaire, éternelle, la même dans
le temps et dans l'éternité, la même parmi nous et les étran-
gers, la même dans le ciel et dans les enfers. Le Verbe
éternel parle à toutes les nations le même langage, aux
Chinois et aux Tartares, comme aux Français et aux Espagnols; et s'ils ne sont pas également éclairés, c'est qu'ils
sont inégalement attentifs; c'est qu'ils mêlent les uns plus,
les autres moins, leurs modalités avec les idées [2], les
inspirations particulières de leur amour propre, avec les
réponses générales de la vérité intérieure. Deux fois deux
font quatre chez tous les peuples. Tous entendent la voix
de la vérité, qui nous ordonne de ne point faire aux autres
ce que nous ne voulons pas qu'on nous fasse. Et ceux qui
n'obéissent point à cette voix, sentent des reproches intérieurs qui les menacent et qui les punissent de leur désobéissance, pourvu qu'ils rentrent en eux-mêmes, et qu'ils
écoutent la Raison [3]. Je suis maintenant bien convaincu

---

1. 1re édition : les mots: « Car c'est elle qui console... résolus de l'abandonner »,
manquent.
2. 1re édition : les mots : « leurs modalités avec les idées », manquent.
3. 1re édition : au lieu de « écoutent la Raison », « entendent raison ».

de ces principes. Mais je ne comprends pas encore trop bien cette différence entre connaître et sentir, que vous jugez si nécessaire pour éviter l'erreur. Je vous prie de me la faire remarquer.

V. Théodore. — Si vous aviez bien médité sur les principes dont vous dites que vous êtes convaincu, vous verriez clairement ce que vous me demandez. Mais sans vous engager dans un chemin trop pénible, répondez-moi. Pensez-vous que Dieu sente la douleur que nous souffrons?

Ariste. — Non, sans doute; car le sentiment de la douleur rend malheureux.

Théodore. — Fort bien. Mais croyez-vous qu'il la connaisse?

Ariste. — Oui, je le crois; car il connaît tout ce qui arrive à ses créatures. La connaissance de Dieu n'a point de bornes, et connaître ma douleur ne le rend ni malheureux ni imparfait. Au contraire....

Théodore. — Oh! oh, Ariste! Dieu connaît la douleur, le plaisir, la chaleur et le reste, et il ne sent point ces choses! Il connaît la douleur, puisqu'il sait quelle est cette modification de l'âme en quoi la douleur consiste. Il la connaît, puisque c'est lui seul qui la cause en nous, ainsi que je vous prouverai dans la suite, et qu'il sait bien ce qu'il fait. En un mot, il la connaît, puisque sa connaissance n'a point de bornes. Mais il ne la sent pas, car il serait malheureux. Connaître la douleur, ce n'est donc pas la sentir.

Ariste. — Il est vrai. Mais sentir la douleur n'est-ce pas la connaître?

VI. Théodore. — Non, sans doute, puisque Dieu ne la sent nullement, et qu'il la connaît parfaitement. Mais pour ne point nous arrêter à l'équivoque des termes, si vous voulez que sentir la douleur ce soit la connaître, du moins demeurez d'accord que ce n'est point la connaître clairement, que ce n'est point la connaître par lumière et par évidence, en un mot, que ce n'est point en connaître la nature, et qu'ainsi, à parler exactement, ce n'est point la connaître. Sentir la douleur, par exemple, c'est se sentir malheureux, sans savoir bien ni ce qu'on est, ni quelle est cette modalité de notre être qui nous rend malheureux. Mais connaître, c'est avoir une idée claire de la nature de son

objet, et en découvrir tels et tels rapports par lumière et
par évidence.

Je connais clairement les parties de l'étendue, parce que
j'en puis voir évidemment les rapports. Je vois clairement
que les triangles semblables ont leurs côtés proportionnels,
qu'il n'y a point de triangle plan dont les trois angles ne
soient égaux à deux droits. Je vois clairement ces vérités
ou ces rapports dans l'idée ou l'archétype de l'étendue. Car
cette idée est si lumineuse, que c'est en la contemplant que
les géomètres et les bons physiciens se forment; et elle est
si féconde en vérités, que tous les esprits ensemble ne l'épui-
seront jamais.

VII. Il n'en est pas de même de mon être. Je n'en ai point
d'idée ; je n'en vois point l'archétype. Je ne puis découvrir les
rapports des modifications qui affectent mon esprit. Je ne
puis, en me tournant vers moi-même, reconnaître aucune de
mes facultés ou de mes capacités. Le sentiment intérieur
que j'ai de moi-même m'apprend que je suis, que je pense,
que je veux, que je sens, que je souffre, etc.; mais il ne me
fait point connaître ce que je suis, la nature de ma pensée,
de ma volonté, de mes sentiments, de mes passions, de ma
douleur, ni les rapports que toutes ces choses ont entre elles,
parce qu'encore un coup, n'ayant point d'idée de mon âme,
n'en voyant point l'archétype dans le Verbe divin, je ne
puis découvrir en la contemplant ni ce qu'elle est, ni les
modalités dont elle est capable, ni enfin les rapports qui
sont entre ses modalités, rapports que je sens vivement sans
les connaître : mais rapports que Dieu connaît clairement
sans les sentir [1]. Tout cela, mon cher Ariste, parce que,
comme je vous ai déjà dit, je ne suis point ma lumière à moi-
même, que ma substance et mes modalités ne sont que
ténèbres, et que Dieu n'a pas trouvé à propos, pour bien des
raisons, de me découvrir l'idée ou l'archétype qui représente la nature des êtres spirituels. Car si ma substance était
intelligible par elle-même ou en elle-même, si elle était lumineuse, si elle pouvait m'éclairer, comme je ne suis pas séparé
de moi-même, certainement je pourrais voir en me contemplant que je suis capable d'être touché de tels et tels senti-

---

1. 1re édition : les mots : « mais rapports... sans les sentir », manquent.

ments que je n'ai jamais éprouvés, et dont je n'aurai peut-être jamais aucune connaissance. Je n'aurais pas eu besoin d'un concert pour savoir quelle est la douceur de l'harmonie; et quoique je n'eusse jamais goûté d'un tel fruit, j'aurais pu, je ne dis pas sentir, mais connaître avec évidence, la nature du sentiment qu'il excite en moi. Mais, comme on ne peut connaître la nature des êtres que dans la Raison qui les renferme d'une manière intelligible, quoique je ne me puisse sentir qu'en moi-même, ce n'est qu'en elle que je puis découvrir ce que je suis et les modalités dont ma nature est susceptible; et à plus forte raison ce n'est qu'en elle que je puis découvrir les principes des sciences et toutes les vérités capables d'éclairer l'esprit.

ARISTE. — Avançons un peu, Théodore. Je crois qu'il y a des différences essentielles entre connaître et sentir; entre les idées qui éclairent l'esprit, et les sentiments qui le touchent; et je demeure d'accord que bien que je ne me sente qu'en moi-même, je ne puis connaître ce que je suis que dans la Raison, qui renferme l'archétype de mon être, et les idées intelligibles de toutes choses.

VIII. THÉODORE. — Bien donc, Ariste. Vous voilà prêt à faire mille et mille découvertes dans le pays de la vérité. Distinguez nos idées de vos sentiments, mais distinguez-les bien. Encore un coup, distinguez-les bien; et tous ces fantômes caressants dont je vous ai parlé, ne vous engageront point dans l'erreur. Élevez-vous toujours au-dessus de vous-même. Vos modalités ne sont que ténèbres : souvenez-vous-en. Montez plus haut jusqu'à la Raison, et vous verrez la lumière. Faites taire vos sens, votre imagination et vos passions, et vous entendrez la voix pure de la vérité intérieure, les réponses claires et évidentes de notre Maître commun. Ne confondez jamais l'évidence, qui résulte de la comparaison des idées, avec la vivacité des sentiments qui vous touchent et qui vous ébranlent. Plus nos sentiments sont vifs, plus répandent-ils de ténèbres. Plus nos fantômes sont terribles ou agréables, plus ils paraissent avoir de corps et de réalité, plus sont-ils dangereux et propres à nous séduire. Dissipez-les, ou entrez en défiance. Fuyez, en un mot, tout ce qui vous touche, et courez et attachez-vous à tout ce qui vous éclaire. Il faut suivre la Raison malgré les

caresses, les menaces, les insultes du corps auquel nous
sommes unis, malgré l'action des objets qui nous environnent. Concevez-vous bien distinctement tout ceci? en
êtes-vous bien convaincu par les raisons que je vous ai
données, et par vos propres réflexions?

ARISTE. — Votre exhortation, Théodore, me paraît bien
vive pour un entretien de métaphysique. Il me semble que
vous excitez en moi des sentiments, au lieu d'y faire naître
des idées claires. Je me sers de votre langage. De bonne foi,
je ne comprends pas trop ce que vous me dites. Je le vois,
et un moment après je ne le vois plus. C'est que je ne fais
encore que l'entrevoir. Il me semble que vous avez raison,
mais je ne vous entends pas très bien.

IX. THÉODORE. — Ah! mon cher Ariste, votre réponse
est encore une preuve de ce que nous venons de dire. Il n'y
a point de mal que vous y fassiez réflexion. Je vous dis ce
que je vois, et vous ne le voyez pas. C'est une preuve que
l'homme n'instruit pas l'homme; c'est que je ne suis point
votre maître ou votre docteur; c'est que je ne suis qu'un
moniteur, véhément peut-être, mais peu exact et peu
entendu. Je parle à vos oreilles. Apparemment je n'y fais
que trop de bruit. Mais notre unique Maître ne parle point
encore assez clairement à votre esprit, ou plutôt la Raison
lui parle sans cesse fort nettement; mais, faute d'attention,
vous n'entendez point assez ce qu'elle vous répond. Je
croyais pourtant, par les choses que vous venez de me dire,
et par celles que je vous avais dites moi-même, que vous
compreniez suffisamment mon principe et les conséquences
qu'il en faut tirer. Mais je vois bien qu'il ne suffit pas que
je vous donne des avis généraux appuyés sur des idées
abstraites et métaphysiques; il faut encore que je vous
apporte quelques preuves particulières de la nécessité de
ces avis.

Je vous ai exhorté à vous accoutumer à reconnaître sans
peine la différence qu'il y a entre connaître et sentir, entre
nos idées claires et nos sentiments toujours obscurs et confus;
et je vous soutiens que cela seul suffit pour découvrir une
infinité de vérités. Je vous le soutiens, dis-je, sur ce fondement, qu'il n'y a que la Raison qui nous éclaire, que nous ne
sommes point notre lumière à nous-mêmes, ni nulle intel-

ligence à aucune autre. Vous verrez clairement si ce fondement est solide, lorsque vous cesserez de m'entendre, moi,
et que dans votre cabinet vous consulterez attentivement
la vérité intérieure. Mais pour vous faciliter l'intelligence de
mon principe, et vous en faire mieux connaître la nécessité
et les conséquences, répondez-moi, je vous prie. Vous savez
bien la musique, car je vous vois souvent toucher les instruments d'une manière fort savante et fort hardie.

ARISTE. — J'en sais assez pour charmer mon chagrin et
chasser ma mélancolie.

X. THÉODORE. — Bien donc. Expliquez-moi un peu la
nature de ces divers sons que vous alliez d'une manière si
juste et si agréable. Qu'est-ce qu'une octave, une quinte,
une quarte? D'où vient que, deux cordes étant dans l'unisson, on ne peut en toucher l'une sans ébranler l'autre? Vous
avez l'oreille très fine, et très délicate : consultez-la, afin
qu'elle vous réponde ce que je souhaite d'apprendre de vous.

ARISTE. — Je pense que vous vous moquez de moi. C'est
la Raison, et non les sens, qu'il faut consulter.

THÉODORE. — Cela est vrai. Il ne faut consulter les sens
que sur des faits. Leur pouvoir est fort borné, mais la Raison
s'étend à tout. Consultez-la donc, et prenez garde de confondre ses réponses avec le témoignage de vos sens. Eh bien,
que vous répond-elle?

ARISTE. — Vous me pressez trop. Néanmoins il me semble
que le son est une qualité répandue dans l'air, laquelle ne
peut affecter que le sens de l'ouïe. Car chaque sens a son
objet propre.

THÉODORE. — Appelez-vous cela consulter la Raison?

ARISTE. — Que voulez-vous que je vous dise? Tenez, voici
une octave, *la-la*; voici une quinte, *ut-sol*; voici une quarte,
ut-fa.

THÉODORE. — Vous chantez bien, mais que vous raisonnez mal! Je comprends que c'est que vous voulez vous réjouir.

ARISTE. — Assurément, Théodore. Mais, pour votre autre
question, je vous réponds que c'est par sympathie que les
cordes de même son s'ébranlent les unes les autres. N'ai-je
pas bien rencontré?

THÉODORE. — Parlons sérieusement, Ariste. Si vous
voulez maintenant me réjouir, tâchez de m'instruire.

ARISTE. — Je n'en ferai rien, s'il vous plaît. Faites votre personnage, et laissez-moi faire le mien. C'est à moi à écouter.

THÉODORE. — Que vos manières sont honnêtes et agréables ! Çà donc, prêtez-moi ce monocorde, et prenez garde à ce que je vais faire et à ce que je vais vous dire. En pinçant ou en tirant à moi cette corde, je la mets hors de l'état où le bandement l'oblige d'être; et lorsque je la quitte, vous voyez bien, sans qu'il soit nécessaire de vous le prouver, qu'elle se remue quelque temps deçà et delà, et qu'ainsi elle fait un grand nombre de vibrations, et par conséquent beaucoup d'autres petites secousses imperceptibles à nos sens. Car la ligne droite étant plus courte que la courbe, une corde ne peut pas faire ses vibrations, ou devenir alternativement droite et courbe, sans que les parties qui la composent s'allongent et se raccourcissent fort promptement. Or, je vous prie, un corps mû n'est-il pas capable de mouvoir celui qu'il rencontre? Cette corde peut donc ébranler l'air qui l'environne, et même le subtil qui en pénètre les pores, et celui-ci un autre, jusqu'à votre oreille et à la mienne?

ARISTE. — Il est vrai. Mais c'est un son que j'entends, un son répandu dans l'air, une qualité qui est bien différente des vibrations d'une corde, ou des secousses d'un air ébranlé.

THÉODORE. — Doucement, Ariste. Ne consultez point vos sens, et ne jugez point sur leur témoignage. Il est vrai que le son est tout autre chose qu'un air ébranlé. Mais c'est justement pour cela que vous dites sans fondement que le son se répand dans l'air. Car, prenez-y garde, en touchant cette corde je ne fais que l'ébranler, et une corde ébranlée ne fait qu'agiter l'air qui l'environne.

ARISTE. — *Une corde ébranlée ne fait qu'agiter l'air qui l'environne!* Quoi, n'entendez-vous pas qu'elle produit un son dans l'air?

THÉODORE. — Apparemment, j'entends ce que vous entendez. Mais lorsque je veux m'instruire de quelque vérité, je ne consulte pas mes oreilles, et vous consultez les vôtres, nonobstant toutes les bonnes résolutions que vous aviez prises. Rentrez donc en vous-même, et consultez les idées claires que renferme la Raison. Concevez-vous bien que de l'air, que des petits corps de telle figure qu'il vous plaira, et agités de telle et telle manière, soient capables de contenir ce son que vous entendez, et qu'une corde le puisse produire? Encore un coup, ne consultez point vos oreilles; et, pour plus de sûreté, imaginez-vous que vous êtes sourd. Considérez avec attention l'idée claire de l'étendue : c'est l'archétype des corps; elle en représente la nature et les propriétés. N'est-il pas évident que toutes les propriétés possibles de l'étendue ne peuvent être que des rapports de distance? Pensez-y sérieusement.

ARISTE. — Cela est évident. Toutes les propriétés de l'étendue ne peuvent consister que dans ses diverses manières d'être. Ce ne sont que des rapports de distance.

THÉODORE. — Donc toutes les propriétés ou modalités possibles de l'étendue ne sont que des figures, ou des rapports de distance stables et permanents, et des mouvements ou des rapports de distance successifs et toujours changeants. Donc, Ariste, le son, que vous conveniez être autre chose que du mouvement, n'est point répandu dans l'air, et une corde ne l'y peut produire. Ce ne sera donc qu'un sentiment ou une modalité de l'âme.

ARISTE. — Je vois bien qu'il faut se rendre, ou nier ce principe, que l'idée de l'étendue représente la nature des corps. Peut-être ne représente-t-elle qu'une de ses propriétés. En effet, qui vous a dit que les corps ne sont que de l'étendue? L'essence de la matière consiste peut-être dans quelque autre chose; et cette autre chose sera capable de contenir les sons, et même de les produire. Prouvez-moi le contraire.

THÉODORE. — Mais prouvez-moi vous-même que cette autre chose, en quoi vous faites consister l'essence de la matière, ne sera pas capable de penser, de vouloir, de raisonner. Je vous soutiens que les cordes de votre luth pensent aussi juste que vous, ou du moins qu'elles se plaignent de ce que vous troublez leur repos. Prouvez-moi le contraire, et je vous convaincrai qu'elles ne répandent aucun son.

ARISTE. — Il est vrai que si la nature du corps consiste dans quelque autre chose que de l'étendue, n'ayant nulle idée de cette chose, je ne puis pas vous prouver qu'elle ne pense point. Mais, je vous prie, prouvez-moi que la matière n'est rien autre chose que de l'étendue, et qu'ainsi elle est incapable de penser. Car cela me paraît nécessaire pour faire

taire les libertins, qui confondent l'âme avec le corps, et qui
soutiennent qu'elle est mortelle aussi bien que lui, à cause
que selon eux toutes nos pensées ne sont que des modalités
de cette chose inconnue qu'on appelle corps, et que toutes
les modalités peuvent cesser d'être.

XI. THÉODORE. — J'ai déjà répondu à la question que
vous me faites [1]; mais elle est si importante que, bien qu'elle
soit hors de propos, je suis bien aise de vous faire remarquer
que sa résolution dépend, aussi bien que toutes les autres
vérités, de ce grand principe, que la Raison universelle renferme les idées qui nous éclairent, et que les ouvrages de
Dieu ayant été formés sur ces idées, on ne peut mieux faire
que de les contempler pour découvrir la nature et les propriétés des êtres créés. Prenez donc garde : nous pouvons
penser à de l'étendue sans penser à autre chose. C'est donc
un être ou une substance, et non une manière d'être; car on
ne peut penser à une manière d'être, sans penser à l'être
qu'elle modifie, puisque les manières d'être ne sont que
l'être même de telle et telle façon. On ne peut penser à des
figures et à des mouvements sans penser à l'étendue, parce
que les figures et les mouvements ne sont que des manières
d'être de l'étendue. Cela est clair, si je ne me trompe; et si
cela ne vous paraît pas tel, je vous soutiens que vous n'avez
plus aucun moyen de distinguer les modalités des substances,
d'avec les substances mêmes. Si cela ne vous paraît pas
évident, ne philosophons pas davantage. Car...

ARISTE. — Philosophons, je vous prie.

THÉODORE. — Philosophons. L'idée ou l'archétype de
l'étendue est éternelle et nécessaire. Nous voyons cette idée,
comme je vous l'ai déjà prouvé; et Dieu la voit aussi,
puisqu'il n'y a rien en lui qu'il ne découvre. Nous la voyons,
dis-je, clairement et distinctement, sans penser à autre
chose. Nous pouvons l'apercevoir seule, ou plutôt nous ne
pouvons pas l'apercevoir comme la manière d'être de quelque
autre chose, car elle ne renferme aucun rapport nécessaire
aux autres idées. Or Dieu peut faire ce qu'il voit, et ce qu'il
nous fait voir dans sa lumière clairement et distinctement.
Il peut faire tout ce qui ne renferme point de contradiction,

1. *Entretien I*, 2.

car il est tout puissant. Donc il peut faire de l'étendue toute
seule. Cette étendue sera donc un être ou une substance; et
l'idée que nous en avons nous représentera sa nature. Supposé
donc que Dieu ait créé de cette étendue, assurément il y aura
de la matière. Car quel genre d'être serait-ce que cette
étendue? Or, je crois que vous voyez bien que cette
matière est incapable de penser, de sentir, de raisonner.

ARISTE. — Je vous avoue que nos idées étant nécessaires
et éternelles, et les mêmes que Dieu consulte, s'il agit, il fera
ce que ces idées représentent; et que nous ne nous tromperons
point, si nous n'attribuons à la matière que ce que nous
voyons dans son archétype. Mais nous ne voyons peut-être
pas cet archétype tout entier. Les modalités de l'étendue ne
pouvant être que des rapports de distance, l'étendue est
incapable de penser. J'en conviens. Mais le sujet de l'étendue,
cette autre chose qui est peut-être renfermée dans l'archétype
de la matière, et qui nous est inconnue, cela pourra bien
penser.

XII. THÉODORE. — Cela pourra bien davantage. Car cela
pourra tout ce que vous voudrez, sans que personne vous le
puisse contester. Cela pourra avoir mille et mille facultés,
vertus, propriétés admirables. Cela pourra agir dans votre
âme, l'éclairer, la rendre heureuse et malheureuse; en un
mot, il y aura autant de puissances, et, si vous poussez la
chose, autant de divinités, qu'il y a de différents corps. Car, en
effet, que sais-je si cette autre chose, que vous prenez pour
l'essence de la matière, n'a point toutes les qualités qu'il
vous plaira de lui attribuer, puisque je n'en ai nulle connaissance? Vous voyez peut-être par là que, pour connaître les
ouvrages de Dieu, il faut consulter les idées qu'il nous en
donne, celles qui sont claires, celles sur lesquelles il les a
formés, et qu'on court de très grands dangers, si on suit
une autre voie. Car si nous consultons nos sens, si nous nous
rendons aveuglément à leur témoignage, ils nous persuaderont
qu'il y a du moins certains corps dont la puissance et l'intelligence sont merveilleuses.

Nos sens nous disent que le feu répand la chaleur et la
lumière. Ils nous persuadent que les animaux et les plantes
travaillent à la conservation de leur être et de leur espèce

avec beaucoup d'adresse, et [1] avec une espèce d'intelligence.
Or nous voyons bien que ces facultés sont autre chose que
des figures et des mouvements. Nous jugeons donc, sur ces
témoignages obscurs et confus de nos sens, qu'il faut qu'il
y ait dans les corps quelque autre chose que de l'étendue,
puisque toutes les modalités de l'étendue ne peuvent être
que des mouvements et des figures. Mais consultons attentivement la Raison. Arrêtons-nous à l'idée claire que nous
avons des corps. Ne les confondons pas avec notre être
propre, et nous découvrirons peut-être que nous leur attribuons des qualités et des propriétés qu'ils n'ont pas, et qui
nous appartiennent uniquement.

Il se peut faire, dites-vous, que nous ne voyions pas tout
entier l'archétype ou l'idée de la matière. Quand cela serait
ainsi, nous ne devrions lui attribuer que ce que cette idée
nous en représente; car il ne faut point juger de ce qu'on
ne connaît pas. Assurément, si les libertins croient qu'il leur
est permis de raisonner sur des chimères dont ils n'ont aucune
idée, ils doivent souffrir qu'on raisonne des choses par les
idées qu'on en a. Mais, pour leur ôter tout sujet de chute et
de confiance dans leurs étranges erreurs, encore un coup,
prenez garde que nous pouvons penser à l'étendue sans
penser à autre chose. Car c'est là le principe. Donc Dieu
peut faire de l'étendue sans faire autre chose. Donc cette
étendue subsistera sans cette chose inconnue qu'ils attribuent à la matière. Cette étendue sera donc une substance,
et non une modalité de substance. Et voilà ce que je crois
devoir appeler corps ou matière, pour bien des raisons : non
seulement parce qu'on ne peut penser aux modalités des
êtres sans penser aux êtres mêmes dont elles sont des modalités, et qu'il n'y a point d'autre voie pour distinguer les êtres
de leurs modalités, que de voir si on peut penser à ceux-là
sans penser à celles-ci ; mais encore parce que, par l'étendue
toute seule et par les propriétés que tout le monde lui attribue,
on peut expliquer suffisamment tous les effets naturels, je
veux dire qu'on ne remarque aucun effet de la matière
dont on ne puisse découvrir la cause naturelle dans l'idée
de l'étendue, pourvu que cet effet soit clairement connu [2].

1. 1ʳᵉ édition : les mots : « avec beaucoup d'adresse, et », manquent.
2. 1ʳᵉ édition : les mots : « pourvu que... connu », manquent.

ARISTE. — Ce que vous dites là me paraît convaincant. Je comprends plus clairement que jamais que, pour connaître les ouvrages de Dieu, il faut consulter attentivement les idées qu'il renferme dans sa sagesse, et faire taire nos sens, et surtout notre imagination. Mais cette voie de découvrir la vérité est si rude et si pénible, qu'il n'y a presque personne qui la suive. Pour voir que le soleil est tout éclatant de lumière, il ne faut qu'ouvrir les yeux; pour juger si le son est dans l'air, il suffit de faire du bruit. Rien n'est plus commode. Mais l'esprit travaille furieusement dans l'attention qu'il donne aux idées qui ne frappent point les sens. On se lasse bientôt; je le sais par expérience. Que vous êtes heureux de pouvoir méditer sur les matières métaphysiques!

THÉODORE. — Je suis fait comme les autres, mon cher Ariste. Jugez de moi par vous-même, et vous me ferez honneur; vous ne vous tromperez qu'à mon avantage. Que voulez-vous? Cette difficulté que nous trouvons tous à nous unir à la Raison est une peine et une preuve du péché, et la rébellion du corps en est le principe. Nous sommes condamnés à gagner notre vie à la sueur de notre front. Il faut maintenant que l'esprit travaille pour se nourrir de la vérité. Cela est commun à tous les hommes. Mais croyez-moi, cette viande des esprits est si délicieuse et donne à l'âme tant d'ardeur lorsqu'on en a goûté, que, quoiqu'on se lasse de la rechercher, on ne se lasse jamais de la désirer et de recommencer ses recherches; car c'est pour elle que nous sommes faits. Mais si je vous ai trop fatigué, donnez-moi cet instrument, afin que je soulage votre attention, et que je rende sensibles, autant que cela se peut, les vérités que je veux vous faire comprendre.

ARISTE. — Que voulez-vous faire? Je comprends clairement que le son n'est point répandu dans l'air, et qu'une corde ne peut le produire. Les raisons que vous venez de me dire me paraissent convaincantes; car enfin le son, ni le pouvoir de le produire, n'est point renfermé dans l'idée de la matière, puisque toutes les modalités des corps ne consistent que dans des rapports de distance. Cela me suffit. Néanmoins, voici encore une preuve qui me frappe et qui me convainc : c'est que, dans une fièvre que j'eus il y a quelque temps, j'entendais sans cesse le hurlement d'un animal qui

sans doute ne hurlait plus, car il était mort. Je pense aussi
que dans le sommeil il vous arrive comme à moi d'entendre
un concert, ou du moins le son de la trompette ou du tambour, quoique alors tout soit dans un grand silence. J'entendais donc, étant malade, des cris et des hurlements; car
je me souviens encore aujourd'hui qu'ils me faisaient beaucoup de peine. Or ces sons désagréables n'étaient point
dans l'air, quoique je les y entendisse aussi bien que celui
que fait cet instrument. Donc, quoiqu'on entende les sons
comme répandus dans l'air, il ne s'ensuit pas qu'ils y soient.
Ils ne se trouvent effectivement que dans l'âme, car ce ne
sont que des sentiments qui la touchent, que des modalités
qui lui appartiennent. Je pousse même les choses plus loin;
car tout ce que vous m'avez dit jusqu'ici me porte à croire
qu'il n'y a rien dans les objets de nos sens qui soit semblable
aux sentiments que nous en avons. Ces objets ont rapport
avec leurs idées, mais il me semble qu'ils n'ont nul rapport
avec nos sentiments. Les corps ne sont que l'étendue capable
de mouvement et de diverses figures. Cela est évident lorsque
l'on consulte l'idée qui les représente.

THÉODORE. — Les corps, dites-vous, n'ont rien de semblable aux sentiments que nous avons; et pour en connaître
les propriétés il ne faut pas consulter les sens, mais l'idée
claire de l'étendue qui représente leur nature. Retenez bien
cette importante vérité.

ARISTE. — Cela est évident, et je ne l'oublierai
jamais.

XIII. THÉODORE. — Jamais! Bien donc, dites-moi, je
vous prie, ce que c'est qu'une octave et une quinte; ou plutôt
enseignez-moi ce qu'il faut faire pour entendre ces consonances.

ARISTE. — Cela est bien facile. Touchez cette corde entière,
et ensuite mettez là votre doigt, et touchez l'une ou l'autre
partie de la corde, et vous entendrez l'octave.

THÉODORE. — Pourquoi là mon doigt, et non pas ici?

ARISTE. — C'est qu'ici vous feriez une quinte, et non une
octave. Regardez, regardez. Voilà tous les tons marqués....
Vous riez?

THÉODORE. — Me voilà bien savant, Ariste. Je puis vous
faire entendre tous les tons que je voudrai. Mais si nous

avions brisé notre instrument, toute notre science serait en
morceaux.

ARISTE. — Point du tout. J'en referais bien un autre.
Ce n'est qu'une corde sur un ais. Tout le monde en peut faire
autant.

THÉODORE. — Oui ; mais cela ne suffit pas. Il faut marquer
exactement les consonances sur cet ais. Comment le divi-
seriez-vous donc pour marquer où il faut mettre le doigt,
afin d'entendre l'octave, la quinte, et les autres consonances?

ARISTE. — Je toucherais la corde entière, et en glissant
le doigt je prendrais le ton que je voudrais marquer. Car je
sais même assez la musique pour accorder les instruments.

THÉODORE. — Votre méthode n'est guère exacte, puisque
ce n'est qu'en tâtonnant que vous trouvez ce que vous cherchez. Mais si vous deveniez sourd, ou plutôt si le petit nerf
qui bande le tambour de votre oreille et qui l'accorde avec
votre instrument venait à se relâcher, que deviendrait votre
science? Ne pourriez-vous plus marquer exactement les
différents tons? Est-ce qu'on ne peut devenir sourd sans
oublier la musique? Si cela est, votre science n'est point
fondée sur des idées claires. La Raison n'y a point de part,
car la Raison est immuable et nécessaire

ARISTE. — Ah! Théodore! j'avais déjà oublié ce que je
viens de vous dire que je n'oublierais jamais. A quoi est-ce
que je pense? Je vous ai fait de plaisantes réponses. Vous
aviez sujet d'en rire. C'est que naturellement j'écoute plus
mes sens que ma Raison. Je suis si accoutumé à consulter
mes oreilles, que je ne pensais pas bien à ce que vous me
demandiez. Voici une autre réponse dont vous serez plus
content : pour marquer l'octave sur cet instrument, il faut
diviser en deux parties égales l'espace qui répond à la
corde. Car si, l'ayant touchée entière, on touche ensuite l'une
ou l'autre de ses parties, on aura l'octave. Si on la touche
entière, et ensuite les deux tiers, on aura la quinte. Et enfin,
si on la touche entière, et ensuite les trois quarts, on aura
la quarte, et ces deux dernières consonances monteront à
l'octave.

XIV. THÉODORE. — Cette réponse m'instruit. Je la comprends distinctement. Je vois bien par là que l'octave, ou
plutôt la cause naturelle qui la produit, est comme 2 à 1,

la quinte comme 3 à 2, la quarte comme 4 à 3. Ces rapports des nombres sont clairs. Et puisque vous me dites qu'une corde divisée et touchée selon la grandeur qu'expriment ces nombres rend ces consonances, quand je deviendrais sourd, je pourrais les marquer sur le monocorde. Voilà ce que c'est que de raisonner sur des idées claires; on instruit solidement les gens. Mais pourquoi une quinte et une quarte valent-elles une octave?

ARISTE. — C'est que le son est au son comme la corde à la corde. Ainsi, puisque l'octave se fait entendre lorsqu'on touche une corde et ensuite sa moitié, l'octave est comme 2 à 1, ou, ce qui est la même chose, comme 4 à 2. Or, le rapport de 4 à 2 est composé du rapport de 4 à 3, qui est la quarte, et de 3 à 2, qui est la quinte. Car vous savez bien que le rapport d'un nombre à un autre, est composé de tous les rapports qui sont entre tous les nombres que ces deux nombres renferment. Le rapport de 3 à 6, par exemple, qui est celui de 1 à 2, est composé des rapports de 3 à 4, de 4 à 5, et de 5 à 6. Par là, vous voyez que le diton et la tierce mineure valent une quinte, car la raison ou le rapport de 4 à 6, qui est égal à celui de 2 à 3, est composé de ceux de 4 à 5, qui fait le diton, et de 5 à 6, qui est la tierce mineure.

THÉODORE. — Je conçois clairement tout ceci, en supposant que le son soit au son comme la corde à la corde. Mais je ne comprends pas bien ce principe. Pensez-vous qu'il soit appuyé sur des idées claires?

ARISTE. — Oui, je le crois. Car la corde ou ses divers tremblements sont la cause de divers sons [1]. Or la cause entière est à sa moitié comme 2 à 1, et les effets répondent exactement à leurs causes. Donc l'effet de la cause entière est double de l'effet de sa moitié. Donc le son de la corde entière est au son de sa moitié comme 2 à 1.

THÉODORE. — Concevez-vous distinctement ce que vous me dites? Pour moi, j'y trouve de l'obscurité, et autant que je le puis, je ne me rends qu'à l'évidence qui accompagne les idées claires.

ARISTE. — Que trouvez-vous à redire dans mon raisonnement?

---

1. 1re édition : « ... des divers sons ».

XV. THÉODORE. — Il y a beaucoup d'esprit ; car vous ne manquez pas de ce côté-là. Mais le principe en est obscur ; il n'est point appuyé sur des idées claires. Prenez-y garde. Vous croyez connaître ce que vous ne faites que sentir ; et vous prenez pour principe un préjugé dont vous aviez reconnu la fausseté auparavant. Mais pour vous faire sentir la fausseté de votre preuve, souffrez que je fasse sur vous une petite expérience. Donnez-moi votre main : je ne vous ferai pas grand mal. Présentement que je vous frotte le creux de la main avec le bout de ma manche, ne sentez-vous rien?

ARISTE. — Je sens un peu de chaleur, ou une espèce de chatouillement assez agréable.

THÉODORE. — Et maintenant?

ARISTE. — Ah! Théodore! vous me faites mal. Vous me frottez trop rudement. Je sens une douleur qui m'incommode.

THÉODORE. — Vous vous trompez, Ariste. Laissez-moi faire. Vous sentez un plaisir deux ou trois fois plus grand que celui que vous sentiez tout à l'heure. Je m'en vais vous le prouver par votre même raisonnement. Prenez garde : *le frottement que je fais dans votre main est la cause de ce que vous y sentez. Or la cause entière est à sa moitié comme 2 à 1, et les effets répondent exactement à l'action de leurs causes. Donc l'effet de la cause entière ou de l'action entière de la cause est double de l'effet de sa moitié*[1]. Donc, en frottant une fois plus fort ou plus vite, ce mouvement redoublé doit produire une fois plus de plaisir. Donc je ne vous ai point fait de douleur, si ce n'est que vous prétendiez que la douleur soit au plaisir comme 2 à 1.

ARISTE. — Me voilà bien puni d'avoir raisonné sur un principe obscur. Vous m'avez fait du mal; et pour toute excuse vous me prouvez que vous m'avez fait un double plaisir. Cela n'est point agréable.

THÉODORE. — Vous en êtes quitte à bon marché, car si nous eussions été auprès du feu, j'eusse peut-être fait bien pis.

ARISTE. — Que m'eussiez-vous fait?

THÉODORE. — Apparemment j'eusse pris un charbon ardent, et je l'eusse d'abord approché un peu de votre main;

---

1. 1re édition : ces lignes ne sont pas en italiques.

et si vous m'eussiez dit que cela vous faisait plaisir, je l'y aurais appliqué, afin de vous en donner davantage; et puis je vous aurais prouvé par votre raisonnement que vous auriez tort de vous plaindre.

ARISTE. — Vraiment, je l'ai échappé belle! Est-ce ainsi que vous instruisez les gens?

THÉODORE. — Comment voulez-vous que je fasse? Quand je vous donne des preuves métaphysiques, vous les oubliez incontinent. Il faut bien que je les rende sensibles, afin que vous les compreniez sans peine, et que vous vous en souveniez toujours. Pourquoi avez-vous oublié sitôt qu'il ne faut raisonner que sur des idées claires, qu'une corde ébranlée ne peut au plus qu'agiter l'air qui l'environne, et qu'elle ne peut produire les divers sons que vous entendez?

ARISTE. — C'est que dès que je touche la corde j'entends le son.

THÉODORE. — Je le vois bien. Mais vous ne concevez pas clairement que les vibrations d'une corde puissent répandre ou produire le son. Vous en êtes demeuré d'accord; car le son n'est point renfermé dans l'idée de la matière, encore moins le pouvoir d'agir dans l'âme et de le lui faire entendre. De ce que les tremblements d'une corde ou de l'air sont suivis d'un son et de tel son, jugez-en que, les choses étant comme elles sont, cela est nécessaire afin qu'on l'entende. Mais ne vous imaginez pas qu'il y ait un rapport nécessaire entre ces choses. Apparemment, je n'entends pas les mêmes sons que vous, quoique j'entende peut-être les mêmes tons ou les mêmes consonances; car si le tambour de mon oreille est plus petit ou moins épais que le vôtre d'une certaine quantité qui fasse qu'il s'accorde plus facilement en prenant un autre ton qu'en prenant le même, — ce qui est fort vraisemblable, — assurément, tout le reste étant égal, j'entends un son plus haut que vous lorsqu'on touche cette corde. Enfin je ne vois nul rapport de grandeur entre les consonances. Il n'est point clair que la différence des sons qui les composent soit du plus au moins, comme les cordes qui les rendent. Cela me paraît évident.

ARISTE. — Cela me paraît tel. Mais puisque les tremblements d'une corde ne sont point la cause du son, d'où vient que j'entends le son lorsqu'on touche la corde?

THÉODORE. — Il n'est pas temps, Ariste, de résoudre cette question. Lorsque nous aurons traité de l'efficace des causes, ou des lois de l'union de l'âme et du corps [1], elle se résoudra sans peine. Je ne pense présentement qu'à vous faire remarquer la différence qu'il y a entre connaître clairement et sentir confusément. Je ne pense qu'à vous bien convaincre de cette importante vérité, que pour connaître les ouvrages de Dieu il ne faut pas s'arrêter aux sentiments qu'on en a, mais aux idées qui les représentent. Car je ne puis trop vous le répéter : il ne faut pas consulter ses sens, ses propres modalités, qui ne sont que ténèbres, mais la Raison qui nous éclaire par ses divines idées, par des idées immuables, nécessaires, éternelles.

ARISTE. — J'en demeure d'accord. J'en suis pleinement convaincu. Passons outre, car je me lasse de vous entendre incessamment redire les mêmes choses.

XVI. THÉODORE. — Nous passerons à ce qu'il vous plaira. Mais, croyez-moi, il ne suffit pas de voir un principe, il faut le bien voir. Car entre voir et voir il y a des différences infinies, et le principe que je vous inculque est si nécessaire et d'un si grand usage, qu'il faut l'avoir toujours présent à l'esprit, et ne pas l'oublier comme vous faites. Mais voyons si vous en êtes bien convaincu, et si vous savez bien vous en servir. Dites-moi pourquoi deux cordes étant en unisson, on ne peut en toucher une sans ébranler l'autre.

ARISTE. — Cette question me paraît bien difficile; car j'en ai lu dans certains auteurs beaucoup d'explications qui ne me satisfont guère. J'appréhende que ma réponse ne m'attire encore quelque petite raillerie, ou que vous ne fassiez quelque expérience à mes dépens.

THÉODORE. — Non, non, Ariste, ne craignez rien. Mais n'oubliez pas le principe des *idées claires*. Je ne devrais pas vous en avertir si souvent. Mais j'ai peur que la *sympathie*, ou quelque autre chimère, ne vous empêche de le suivre.

ARISTE. — Voyons un peu. Lorsque je touche cette corde, elle ébranle l'air par ses vibrations. Or cet air agité peut communiquer quelque mouvement aux autres cordes qu'il rencontre.

1. Les mots : « ou des lois de l'union de l'âme et du corps », manquent dans la première édition.

THÉODORE. — Fort bien! mais les dissonantes, aussi bien que celles qui rendent le même son, seront ébranlées.

ARISTE. — C'est à quoi je pensais. Un peu de sympathie viendrait assez bien ici, mais vous n'en voulez pas.

THÉODORE. — Je reçois volontiers ce mot pour ce qu'il vaut. Il y a sympathie entre les cordes de même son. Cela est certain, puisqu'elles agissent les unes sur les autres; car c'est ce que ce mot signifie. Mais d'où vient cette sympathie? C'est ce qui fait la difficulté.

ARISTE. — Ce n'est point à cause de leur longueur ou de leur grosseur; car il y a sympathie entre des cordes inégales, et il n'y a point de sympathie entre des cordes égales si elles ne rendent le même son. Il faut donc que tout dépende du son. Mais, à propos, le son n'est point une modalité de la corde, et elle ne peut le produire. D'où viendra donc cette sympathie? Me voici bien embarrassé.

THÉODORE. — Vous vous embarrassez de peu de chose. Il y a sympathie entre les cordes de même son. Voilà le fait que vous voulez expliquer. Voyez donc ce qui fait que deux cordes rendent un même son, et vous aurez tout ce qui est nécessaire pour découvrir ce que vous cherchez.

ARISTE. — Si deux cordes sont égales en longueur et en grosseur, ce sera l'égalité de leur tension qui fera qu'elles rendront le même son; et si elles sont inégales seulement en longueur, si l'une est, par exemple, double de l'autre, il faudra qu'elle soit tendue par une force quadruple [1].

THÉODORE. — Que fait donc, dans des cordes égales, une tension plus ou moins grande?

ARISTE. — Elle les rend capables d'un son plus ou moins aigu.

THÉODORE. — Oui, mais ce n'est pas là ce qu'il nous faut. Nous n'avons que faire de la différence des sons; nul son ne peut ébranler cette corde; car le son est plutôt l'effet que la cause du mouvement. Dites-moi donc comment la tension fait-elle que le son devient plus aigu?

ARISTE. — C'est apparemment parce qu'elle fait que la corde a des tremblements plus prompts.

1. Au lieu des mots : « seulement en longueur... force quadruple », la première édition donne : « cela dépendra de la proportion réciproque de leur longueur et de leur grosseur avec leur tension ».

THÉODORE. — Bon, voilà tout ce qu'il nous faut; car le tremblement, et non le son de ma corde, pourra faire trembler la vôtre. Deux cordes égales en longueur et en grosseur, et également tendues rendent un même son, par cette raison qu'elles ont des tremblements également prompts; et si l'une monte plus haut que l'autre, c'est une marque qu'elle est plus tendue, et qu'elle fait plus promptement chacune de ses vibrations. Or une corde n'en ébranle une autre que par le moyen de ses vibrations. Car un corps n'en meut un autre que par le moyen de son mouvement. Cela étant, dites-moi maintenant pourquoi les cordes de même son se communiquent leur tremblement, et pourquoi les dissonantes ne le font point, du moins d'une manière qui soit sensible.

XVII. ARISTE. — J'en vois clairement la raison. Voici deux cordes de même son. Voilà la vôtre, voici la mienne. Quand je lâche ma corde, elle pousse l'air vers vous, et cet air poussé ébranle quelque peu votre corde. La mienne fait encore en fort peu de temps quantité de semblables vibrations, dont chacune ébranle l'air, et pousse votre corde comme a fait la première secousse. Voilà ce qui la fait trembler; car plusieurs petites secousses données à propos peuvent produire un ébranlement sensible. Mais lorsque ces petites secousses viennent à contre-temps, elles se nuisent les unes aux autres. Ainsi, lorsque deux cordes sont dissonantes, ou ne peuvent faire leurs vibrations en temps égal ou multiple, ou du moins commensurable [1], à cause qu'elles sont inégalement bandées, ou de longueur et grosseur inégales et incommensurables, elles ne peuvent s'ébranler l'une l'autre; car si la première se meut, et pousse l'air et la seconde corde [2] vers vous dans le temps que cette seconde revient vers moi, alors elle en diminuera le mouvement au lieu de l'augmenter [3]. Il faut donc que les vibrations des cordes se fassent en temps égal ou multiple, afin qu'elles se communiquent mutuellement un mouvement assez grand pour être sensible; et leur mouvement est d'autant plus sensible, que la consonance

1. 1re édition : « ou du moins commensurable », manquent.
2. 1re édition : les mots : « et la seconde corde », manquent.
3. Au lieu des mots : « dans le temps... de l'augmenter », la première édition donne : « la seconde ayant un mouvement contraire », et revenant vers moi, son mouvement sera empêché au lieu d'être augmenté ».

qu'elles rendent approche plus de l'unisson. C'est pourquoi dans l'octave elles s'ébranlent davantage que dans la quinte, et dans la quinte plus que dans la quarte, parce que les deux cordes recommencent plus souvent leurs vibrations dans le même instant. Êtes-vous satisfait de cette raison?

THÉODORE. — Tout à fait, Ariste; car vous avez suivi le principe des idées claires. Je comprends fort bien que les cordes de même son s'ébranlent mutuellement, non par la sympathie de leur son, — car le son ne peut être la cause du mouvement, — mais par l'accord de leurs vibrations, qui ébranlent ou secouent l'air dans lequel elles sont tendues. Tant que vous raisonnerez des propriétés des corps sur les idées des figures et des mouvements, je serai content de vous. Car vous avez l'esprit si juste, qu'il est difficile que vous fassiez un méchant raisonnement en suivant un principe clair. En effet, si nous tombons si souvent dans l'erreur, cela vient plutôt de la fausseté ou de l'obscurité de nos idées, que de la faiblesse de notre esprit. Les géomètres se trompent rarement, et les physiciens presque toujours. Pourquoi cela? C'est que ceux-ci raisonnent ordinairement sur des idées confuses, et ceux-là sur les plus claires que nous ayons.

ARISTE. — Je vois mieux que jamais la nécessité de votre principe. Vous avez bien fait de me le répéter souvent, et de me le rendre sensible. Je tâcherai de m'en souvenir. Il ne faut point juger des objets sensibles sur les sentiments dont il nous frappent, mais sur les idées qui les représentent. Nos sentiments sont confus. Ce ne sont que des modalités de notre âme qui ne peuvent nous éclairer. Mais les idées que la Raison nous découvre sont lumineuses; l'évidence les accompagne. Il suffit de les considérer avec attention, pour en découvrir les rapports et s'instruire solidement de la vérité. N'est-ce pas là, Théodore, ce que vous voulez que je me mette bien dans l'esprit?

THÉODORE. — Oui, Ariste; et si vous le faites, vous voyagerez sans crainte dans le pays des intelligences. Vous en éviterez prudemment les lieux inaccessibles ou trop dangereux, et vous n'appréhenderez plus ces fantômes caressants qui engagent insensiblement dans l'erreur les nouveaux voyageurs de ces contrées. Mais ne vous imaginez pas de bien savoir ce que je viens de vous dire, et ce que vous avez répété vous-même. Vous ne le saurez exactement que lorsque vous y aurez médité souvent; car on n'apprend jamais bien ce qu'on entend dire aux hommes, si la vérité intérieure ne nous le répète dans le silence de toutes les créatures. Adieu donc, Ariste. Je vous laisse seul avec la Raison. Consultez-la sérieusement, et oubliez tout le reste.

QUATRIÈME ENTRETIEN

En général de la nature et des propriétés des sens. De la sagesse des lois de l'union de l'âme et du corps. Cette union changée en dépendance par le péché du premier homme.

ARISTE. — D'où venez-vous, Théodore? J'étais dans l'impatience de ne point vous rencontrer.

I. THÉODORE. — Quoi donc! Est-ce que la Raison ne vous suffit pas, et que vous ne pouvez passer agréablement le temps avec elle si Théodore n'est de la partie? La Raison suffit pour une éternité aux bienheureuses intelligences; et quoique je ne vous aie laissé avec elle que quelques heures, l'impatience vous prend de ne me point voir. A quoi pensez-vous? Prétendez-vous que je souffre que vous ayez pour moi un attachement aveugle et déréglé? Aimez la Raison, consultez-la, suivez-la. Car je vous déclare que je renonce à l'amitié de ceux qui la négligent et qui refusent de se soumettre à ses lois.

ARISTE. — Doucement, Théodore. Écoutez un peu.

II. THÉODORE. — Il ne peut y avoir d'amitié durable et sincère, si elle n'est appuyée sur la Raison, sur un bien immuable, sur un bien que tous puissent posséder sans le diviser. Car les amitiés fondées sur les biens qui se partagent et qui se dissipent par l'usage, ont toujours de fâcheuses suites et ne durent que peu de temps; fausses et dangereuses amitiés!

ARISTE. — D'accord. Tout cela est vrai, rien n'est plus certain. Ah! Théodore!

THÉODORE. — Que voulez-vous dire?

III. ARISTE. — Qu'il y a de différence entre voir et voir; entre savoir ce que nous disent les hommes, dans le temps qu'ils nous le disent, et savoir ce que nous dit la Raison, dans le temps qu'elle nous répond! Qu'il y a de différence entre connaître et sentir, entre les idées qui nous éclairent, et les sentiments confus qui nous agitent et qui nous troublent! Que ce principe est fécond, qu'il répand de lumières! Que d'erreurs, que de préjugés il dissipe! J'ai médité, Théodore, sur ce principe. J'en ai suivi les conséquences, et j'étais dans l'impatience de vous voir, pour vous remercier de me l'avoir appris. Souffrez que je vous dise ce que les Fidèles de Samarie disaient à la Samaritaine, après qu'ils eurent aussi bien qu'elle écouté notre maître commun : *Jam non propter tuam loquelam credimus,* disaient-ils à cette femme ; *ipsi enim audivimus et scimus* [1]. Oui, maintenant je suis convaincu, non par la force dé vos discours, mais par les réponses évidentes de la vérité intérieure. Je comprends ce que vous m'avez dit; mais que j'ai compris bien d'autres choses dont vous ne m'aviez point parlé! Je les ai clairement comprises; et ce qui m'en reste de plus profondément gravé dans la mémoire, c'est que j'ai vécu toute ma vie dans l'illusion, toujours séduit par le témoignage de mes sens, toujours corrompu par leurs attraits. Que les biens sensibles sont méprisables! Que les corps me paraissent impuissants! Non, ce soleil, quelque éclatant qu'il paraisse à mes yeux, il ne possède ni ne répand point cette lumière qui m'éclaire. Toutes ces couleurs qui me réjouissent par leur variété et par leur vivacité, toutes ces beautés qui me charment lorsque je tourne les yeux sur tout ce qui m'environne, m'appartiennent à moi. Tout cela ne vient point des corps, n'est point dans les corps, car rien de cela n'est renfermé dans l'idée de la matière. Et je suis persuadé qu'il ne faut point juger des ouvrages de Dieu par les divers sentiments qu'on en a, mais par les idées immuables, nécessaires, éternelles qui les représentent, par l'archétype sur lequel ils ont tous été formés.

THÉODORE. — Que je sens de plaisir à vous entendre! Je vois bien que vous avez consulté la Raison dans le silence des créatures; car vous en êtes encore tout éclairé, tout animé, tout pénétré. Ah! que nous serons bons amis, si la Raison est toujours notre bien commun, et le lien de notre société! Nous jouirons l'un et l'autre des mêmes plaisirs, nous posséderons les mêmes richesses; car la vérité se donne tout

---

1. 1re édition, en note : « *Joann.*, IV, 42 ».

entière à tous, et tout entière à chacun de nous. Tous les
esprits s'en nourrissent, sans rien diminuer de son abondance. Que j'ai de joie, encore un coup, de vous voir tout
pénétré des vérités que vous me dites!

IV. ARISTE. — Je suis aussi tout pénétré de reconnais-
sance de l'obligation que je vous ai. C'était là le sujet de
mon impatience. Oui, vous m'avez enseigné cet arbre du
Paradis terrestre, qui donne aux esprits la vie et l'immortalité. Vous m'avez montré la manne céleste dont je dois me
nourrir dans le désert de la vie présente. Vous m'avez conduit
insensiblement au Maître intérieur qui seul éclaire toutes les
intelligences. Un quart d'heure d'attention sérieuse aux
idées claires et lumineuses qu'il présente à l'esprit [1], m'a
plus appris de vérités, m'a délivré de plus de préjugés, que
tout ce que j'avais lu dans les livres des philosophes, que
tout ce que j'avais ouï dire à mes maîtres, et à vous-même,
Théodore; car quelque justes que soient vos expressions
quand vous me parlez et que je consulte la Raison, il se fait
en même temps un bruit confus de deux réponses différentes,
l'une sensible, et l'autre intelligible. Et le moindre inconvé-
nient qui en arrive, c'est que la réponse qui me frappe l'oreille
partage la capacité de mon esprit, et en diminue la vivacité
et la pénétration; car il vous faut du temps pour prononcer
vos paroles. Mais toutes les réponses de la Raison sont éternelles et immuables. Elles ont toujours été dites, ou plutôt,
elles se disent toujours, sans aucune succession de temps;
et quoiqu'il nous faille quelques moments pour les entendre,
il ne lui en faut point pour les faire, parce qu'effectivement
elles ne sont point faites. Elles sont éternelles, immuables,
nécessaires. Souffrez que j'aie le plaisir de vous déclarer une
partie de ce que je crois avoir appris de notre Maître commun,
chez qui vous avez eu la charité de m'introduire.

V. Dès que vous m'eûtes quitté, Théodore, je rentrai en
moi-même pour consulter la Raison, et je reconnus tout d'une
autre manière que lorsque vous me parliez, et que je me
rendais à vos preuves, que les idées des créatures sont éternelles; que Dieu a formé les corps sur celle de l'étendue; que

---

1. Au lieu de « qu'il présente à l'esprit », la première édition donne : « qu'il
répand dans l'esprit ».

cette idée doit donc représenter leur nature; et qu'ainsi je devais la considérer attentivement pour découvrir leurs propriétés. Je compris clairement que de consulter mes sens et chercher la vérité dans mes propres modalités, c'était préférer les ténèbres à la lumière et renoncer à la Raison. D'abord mes sens s'opposèrent à mes conclusions, comme s'ils eussent été jaloux contre les idées de se voir exclus par elles d'une prérogative qu'ils possèdent depuis longtemps dans mon esprit. Mais je trouvai tant de faussetés et de contradictions dans l'opposition qu'ils avaient formée, que je les condamnai comme des trompeurs et des faux témoins. En effet, je ne voyais nulle évidence dans leur témoignage, et je remarquais au contraire une clarté merveilleuse dans les idées qu'ils tâchaient d'obscurcir. Ainsi, quoiqu'ils me parlassent encore avec confiance, avec hauteur, avec la dernière importunité, je les obligeai au silence, et je rappelai les idées qui me quittaient, à cause qu'elles ne peuvent souffrir ce bruit confus et ce tumulte des sens révoltés.

Il faut, Théodore, que je vous avoue que les preuves sensibles que vous veniez de me donner contre l'autorité des sens m'ont été d'un merveilleux usage, car c'est par elles que je faisais taire ces importuns. Je les convainquais de fausseté par leur propre témoignage. Ils se coupaient à tous moments; car, outre qu'ils ne disaient rien qui ne fût incompréhensible et tout à fait incroyable, ils me faisaient les mêmes rapports de choses toutes différentes, et des rapports tout opposés des mêmes choses, selon l'intérêt qu'ils y prenaient. Je les fis donc taire, bien résolu de ne plus juger des ouvrages de Dieu sur leur témoignage, mais sur les idées qui représentent ces ouvrages et sur lesquelles ils ont été formés.

C'est en suivant ce principe, que j'ai compris que la lumière n'était ni dans le soleil, ni dans l'air où nous la voyons, ni les couleurs sur la surface des corps; que le soleil pouvait peut-être remuer les parties subtiles de l'air, et celles-ci faire la même impression de mouvement sur le nerf optique, et de là jusqu'à la partie du cerveau où l'âme réside; et que ces petits corps agités, en rencontrant de solides, pouvaient réfléchir différemment selon la diversité des surfaces qui les faisaient rejaillir. Voilà leur lumière et la variété de leurs couleurs prétendues.

VI. J'ai compris de même, que la chaleur que je sens n'était nullement dans le feu, ni le froid dans la glace, que dis-je! ni la douleur même dans mon propre corps, où j'en ai senti souvent de si vives et de si cruelles; ni la douceur dans le sucre, ni l'amertume dans l'aloès, ni l'acidité dans le verjus, ni l'aigreur dans le vinaigre, ni dans le vin cette douceur et cette force qui trompe et qui abrutit tant d'ivrognes. Tout cela par la même raison que le son n'est point dans l'air, et qu'il y a une différence infinie entre les tremblements des cordes et le bruit qu'elles rendent, entre les proportions de ces tremblements, et la variété des consonances.

Je serais trop long [1], Théodore, si j'entrais dans le détail des preuves qui m'ont convaincu que les corps n'ont point d'autres qualités que celles qui résultent de leurs figures, ni d'autre action que leurs mouvements divers. Mais je ne puis vous celer une difficulté que je n'ai pu vaincre, quelque effort d'esprit que j'aie fait pour m'en délivrer. Je suis sans peine l'action du soleil, par exemple, par tous les espaces qu'il y a entre lui et moi. Car, supposé que tout soit plein, je conçois bien qu'il ne peut faire d'impression où il est, qu'elle ne se communique jusqu'au lieu où je suis, jusque sur mes yeux, et par mes yeux jusqu'à mon cerveau. Mais en suivant l'idée claire du mouvement, je n'ai pu comprendre d'où me venait le sentiment de la lumière. Je voyais bien que le seul mouvement du nerf optique me la faisait sentir; car en me pressant avec le doigt le coin de l'œil sur l'endroit où je sais que s'étend ce nerf, je voyais une grande lumière dans un lieu obscur, du côté opposé à celui où mon œil était pressé. Mais ce changement de mouvement en lumière me paraissait et me paraît encore tout à fait incompréhensible. Quelle étrange métamorphose d'un ébranlement ou d'une pression de mon œil, en un éclat de lumière! Éclat, de plus, que je ne vois point dans mon âme dont il est la modalité, ni dans mon cerveau où l'ébranlement se termine, ni dans mon œil où se fait la pression, ni du côté où je presse mon œil, mais dans l'air; dans l'air, dis-je, qui est incapable d'une telle modalité, et vers le côté opposé à celui de l'œil que je comprime. Quelle merveille!

1. Voy. le livre I de la *Recherche de la vérité*, ch. vi et ceux qui le suivent.

VII. Je croyais d'abord que mon âme, étant avertie de l'ébranlement qui se faisait dans mon corps, était la cause du sentiment qu'elle avait de ceux qui l'environnent. Mais un peu de réflexion m'a détrompé de cette pensée; car il n'est pas vrai, ce me semble, que l'âme soit avertie que le soleil ébranle les fibres du cerveau. Je voyais la lumière avant que je susse rien de cet ébranlement. Car les enfants, qui ne savent pas même s'ils ont un cerveau, sont frappés de l'éclat de la lumière, aussi bien que les philosophes. De plus, quel rapport entre les ébranlements d'un corps, et les divers sentiments qui les suivent? Comment puis-je voir la lumière dans les corps, puisqu'elle est une modalité de mon esprit; et la voir dans des corps qui m'environnent, puisque l'ébranlement n'est que dans le mien? Je me presse le coin de l'œil du côté droit, pourquoi vois-je la lumière du côté gauche, nonobstant la connaissance certaine que j'ai, que ce n'est pas de ce côté-là qu'il est pressé?

J'ai reconnu de tout cela, et de quantité d'autres choses que je serais trop long à vous dire, que les sentiments étaient en moi malgré moi [1], que je n'en étais donc nullement la cause; et que si les corps étaient capables d'agir en moi, et de se faire sentir de la manière que je les sens, il fallait qu'ils fussent d'une nature plus excellente que la mienne, doués d'une puissance terrible, et même quelques-uns d'une sagesse merveilleuse, toujours uniformes dans leur conduite, toujours efficaces dans leur action, toujours incompréhensibles dans les effets surprenants de leur puissance, ce qui me paraissait monstrueux et horrible à penser, quoique mes sens appuyassent cette folie et qu'ils s'en accommodassent tout à fait. Mais je vous prie, Théodore, de m'éclaircir cette matière.

THÉODORE. — Il n'est pas temps, Ariste, de résoudre vos difficultés, si vous ne voulez que nous quittions les vérités générales de la métaphysique pour entrer dans l'explication des principes de la physique et des lois de l'union de l'âme et du corps.

ARISTE. — Deux mots, je vous prie, là-dessus. Je me plais beaucoup à méditer sur cette matière. Mon esprit maintenant [2] y est tout préparé.

1. 1re édition : les mots : « malgré moi », manquent.
2. 1re édition : « maintenant » manque.

VIII. Théodore. — Écoutez donc; mais souvenez-vous de méditer ce que je m'en vais vous dire. Lorsqu'on cherche la raison de quelques effets, et qu'en remontant des effets aux causes on vient enfin à une cause générale, ou à une cause qu'on voit bien qu'il n'y a nul rapport entre elle et l'effet qu'elle produit, ou plutôt qu'elle paraît produire, alors, au lieu de se former des chimères, il faut avoir recours à l'auteur des lois de la nature. Par exemple, si vous me demandiez la cause de la douleur qu'on sent lorsqu'on est piqué, j'aurais tort de vous répondre d'abord que c'est une des lois de l'auteur de la nature, que la piqûre soit suivie de la douleur. Je dois vous dire que la piqûre ne peut séparer les fibres de ma chair sans ébranler les nerfs qui répondent au cerveau, et sans l'ébranler lui-même. Mais si vous vouliez savoir d'où vient que certaine partie de mon cerveau étant ébranlée de telle manière, je sens la douleur de la piqûre, comme cette question regarde un effet général, et qu'on ne peut plus en remontant trouver quelque cause naturelle ou particulière, il faut avoir recours à la cause générale. Car c'est comme si vous demandiez qui est l'auteur des lois générales de l'union de l'âme et du corps. Puisque vous voyez clairement qu'il ne peut y avoir de rapport ou de liaison nécessaire entre les ébranlements du cerveau et tels et tels sentiments de l'âme, il est évident qu'il faut avoir recours à une puissance qui ne se rencontre point dans ces deux êtres. Il ne suffit pas de dire que c'est que la piqûre blessant le corps, il faut que l'âme en soit avertie par la douleur, afin qu'elle s'applique à le conserver. Ce serait apporter la cause finale pour la cause efficiente, et la difficulté subsisterait toujours, car elle consiste à savoir la cause qui fait que, le corps étant blessé, l'âme en souffre, et souffre telle et telle douleur de telle et telle blessure.

IX. De dire aussi, comme quelques philosophes, que l'âme est la cause de sa douleur, parce que, disent-ils, la douleur n'est que la tristesse que l'âme conçoit de ce qu'il arrive dans le corps qu'elle aime, quelque dérèglement dont elle est avertie par la difficulté qu'elle trouve dans l'exercice de ses fonctions, c'est assurément ne pas faire attention au sentiment intérieur qu'on a de ce qui se passe en soi-même. Car chacun sent bien quand on le saigne, par exemple,

ou quand il se brûle, qu'il n'est point la cause de sa douleur.
Il la sent malgré qu'il en ait, et il ne peut douter qu'elle ne
lui vienne d'une cause étrangère. De plus, l'âme n'attend
point à sentir la douleur et telle douleur, qu'elle ait appris
qu'il y a dans le cerveau quelque ébranlement et tel ébranlement. Rien n'est plus certain. Enfin la douleur et la tristesse sont bien différentes. La douleur précède la connaissance du mal, et la tristesse la suit. La douleur n'a rien
d'agréable, et la tristesse nous plaît si fort, que ceux qui
veulent la chasser de notre esprit, sans nous délivrer en
même temps du mal qui la cause, se rendent aussi fâcheux
et aussi incommodes que s'ils troublaient notre joie, parce
qu'effectivement la tristesse est l'état de l'âme qui nous
est le plus convenable lorsque nous souffrons actuellement
quelque mal, ou que nous sommes privés du bien; et le sentiment qui accompagne cette passion est le plus doux que
nous puissions goûter dans la disposition où nous nous
trouvons. La douleur est donc bien différente de la tristesse.
Mais de plus, je prétends que ce n'est point l'âme qui est
la cause de sa tristesse, et que la pensée que nous avons
de la perte de quelque bien, ne produit cette passion qu'en
conséquence du mouvement naturel et nécessaire que Dieu
seul nous imprime sans cesse pour le bien. Mais revenons
aux difficultés que vous avez sur l'action et les qualités de
la lumière.

X. 1. Il n'y a nulle métamorphose. L'ébranlement du
cerveau ne peut se changer en lumière ni en couleur; car
les modalités des corps n'étant que les corps mêmes de telle
et telle façon, elles ne peuvent se transformer en celles des
esprits. Cela est évident.

2. Vous vous pressez le coin de l'œil, et vous avez un certain sentiment. C'est que celui qui seul peut agir sur les
esprits, a établi certaines lois [1] par l'efficace desquelles
l'âme et le corps agissent et souffrent réciproquement.

3. En vous pressant l'œil, vous voyez de la lumière, quoiqu'alors il n'y ait point de corps lumineux, parce que c'est
par une pression semblable à celle que votre doigt fait dans
votre œil, et de là dans votre cerveau, que les corps que nous

1. Voy. l'*Entretien XII*.

appelons lumineux agissent sur ceux qui les environnent, et
par eux sur nos yeux et sur notre cerveau. Tout cela en
conséquence des lois naturelles; car c'est une des lois de
l'union de l'âme et du corps selon lesquelles Dieu agit sans
cesse dans ces d ux substances, que telle pression ou tel
ébranlement soit suivi de tel sentiment.

4. Vous voyez la lumière qui est une modalité de votre
esprit, et qui, par conséquent, ne se peut trouver qu'en lui,
car il y a contradiction que la modalité d'un être soit où
cet être n'est pas; vous la voyez, dis-je, dans de grands
espaces que votre esprit ne remplit pas, car l'esprit n'occupe
aucun lieu. C'est que ces grands espaces que vous voyez ne
sont que des espaces [1] intelligibles qui ne remplissent aucun
lieu. Car les espaces que vous voyez sont bien différents des
espaces matériels que vous regardez. Il ne faut pas confondre
les idées des choses avec les choses mêmes. Souvenez-vous
qu'on ne voit point les corps en eux-mêmes, et que ce n'est
que par leurs idées qu'ils sont visibles. Souvent on en voit,
quoiqu'il n'y en ait point, preuve certaine que ceux qu'on
voit sont intelligibles et bien différents de ceux qu'on regarde.

5. Vous voyez enfin la lumière, non du côté que vous
pressez votre œil, mais du côté opposé; parce que le nerf
étant construit et préparé pour recevoir l'impression des
corps lumineux au travers de la prunelle, et non autrement,
la pression de votre doigt à gauche fait le même effet dans
votre œil qu'un corps lumineux qui serait à droite, et dont
les rayons passeraient par la prunelle et les parties trans-
pa entes de l'œil; car en pressant l'œil en dehors, vous pressez
en dedans le nerf optique contre une humeur qu'on appelle
vitrée, qui fait quelque résistance. Ainsi Dieu vous fait
sentir la lumière du côté où vous la voyez, parce qu'il suit
constamment les lois qu'il a établies pour conserver dans
sa conduite une parfaite uniformité. Dieu ne fait jamais de
miracles; il n'agit jamais par des volontés particulières
contre ses propres lois, que l'Ordre ne le demande ou ne le
permette. Sa conduite porte toujours le caractère de ses
attributs; elle demeure toujours la même, si ce qu'il doit
à son immutabilité n'est de moindre considération que ce

1. *Première Lettre touchant la défense de M. Arnauld.*

qu'il doit à quelque autre de ses perfections, ainsi que je vous le prouverai dans la suite. Voilà, je crois, le dénouement de vos difficultés. J'ai recours à Dieu et à ses attributs pour les dissiper. Mais c'est, Ariste, que Dieu ne demeure pas les bras croisés, comme le veulent quelques philosophes. Certainement, si Dieu agit encore maintenant, quand pourra-t-on dire qu'il est cause de quelques effets, s'il n'est pas permis de recourir à lui dans ceux qui sont généraux, dans ceux qu'on voit clairement n'avoir nul rapport essentiel et nécessaire avec leurs causes naturelles? Conservez donc chèrement dans votre mémoire, mon cher Ariste, rangez-y avec ce que vous possédez de plus précieux, ce que je viens de vous dire. Et quoique vous le compreniez bien, souffrez que je vous répète en peu de mots ce qu'il y a d'essentiel, afin que vous le retrouviez sans peine lorsque vous serez en état de le méditer.

XI. Il n'y a point de rapport nécessaire entre les deux substances dont nous sommes composés. Les modalités de notre corps ne peuvent, par leur efficace propre, changer celles de notre esprit. Néanmoins les modalités d'une certaine partie du cerveau, que je ne vous déterminerai pas, sont toujours suivies des modalités ou des sentiments de notre âme; et cela uniquement en conséquence des lois toujours efficaces de l'union de ces deux substances, c'est-à-dire, pour parler plus clairement, en conséquence des volontés constantes et toujours efficaces de l'auteur de notre être. Il n'y a nul rapport de causalité d'un corps à un esprit. Que dis-je! il n'y en a aucun d'un esprit à un corps. Je dis plus, il n'y en a aucun d'un corps à un corps, ni d'un esprit à un autre esprit. Nulle créature, en un mot, ne peut agir sur aucune autre par une efficace qui lui soit propre. C'est ce que je vous prouverai bientôt [1]. Mais du moins est-il évident qu'un corps, que de l'étendue, substance purement passive, ne peut agir par son efficace propre sur un esprit, sur un être d'une autre nature et infiniment plus excellente que lui. Ainsi, il est clair que dans l'union de l'âme et du corps il n'y a point d'autre lien que l'efficace des décrets divins, décrets immuables, efficace qui n'est jamais privée

---

1. *Entretien VII.*

de son effet. Dieu a donc voulu, et il veut sans cesse, que les
divers ébranlements du cerveau soient toujours suivis des
diverses pensées de l'esprit qui lui est uni; et c'est cette
volonté constante et efficace du Créateur qui fait proprement l'union de ces deux substances; car il n'y a point d'autre
nature, — je veux dire d'autres lois naturelles, — que les
volontés efficaces du Tout-Puissant.

XII. Ne demandez pas, Ariste, pourquoi Dieu veut unir
des esprits à des corps. C'est un fait constant, mais dont les
principales raisons ont été jusqu'ici inconnues à la philosophie [1]. En voici une, néanmoins, qu'il est bon que je vous
propose. C'est apparemment que Dieu a voulu nous donner,
comme à son Fils, une victime que nous pussions lui offrir;
c'est qu'il a voulu nous faire mériter, par une espèce de
sacrifice et d'anéantissement de nous-mêmes, la possession
des biens éternels. Assurément cela paraît juste et conforme à l'Ordre. Maintenant nous sommes en épreuve
dans notre corps. C'est par lui, comme cause occasionnelle, que nous recevons de Dieu mille et mille sentiments
divers, qui sont la matière de nos mérites par la grâce de
Jésus-Christ. Il fallait effectivement une cause occasionnelle
à une cause générale, comme je vous le prouverai bientôt,
afin que cette cause générale agissant toujours d'une manière
uniforme et constante, elle pût produire dans son ouvrage
par des moyens très simples et des lois générales toujours
les mêmes, une infinité d'effets différents. Ce n'est pas, néanmoins, que Dieu ne pût trouver d'autres causes occasionnelles
que les corps, pour donner à sa conduite la simplicité et l'uniformité qui y règnent. Il y en a effectivement d'autres dans
la nature angélique. Ces esprits bienheureux sont peut-être
réciproquement les uns aux autres, et à eux-mêmes, par
les divers mouvements de leur volonté, la cause occasionnelle de l'action de Dieu qui les éclaire et qui les gouverne.
Mais ne parlons point de ce qui nous passe. Voici ce que je
ne crains point de vous assurer, ce qui est absolument nécessaire pour éclaircir le sujet de notre entretien, et que je vous
prie de bien retenir pour le méditer à loisir.

1. Après « philosophie », la première édition ajoute : « et que peut-être la
religion même ne nous apprend pas ».

XIII. Dieu aime l'Ordre inviolablement et par la nécessité
de son être. Il aime, il estime toutes choses à proportion
qu'elles sont estimables et aimables. Il hait nécessairement
le désordre. Cela est peut-être plus clair et plus incontestable
que la preuve que je vous en donnerai quelque jour [1], et que
je passe maintenant. Or c'est visiblement un désordre, qu'un
esprit capable de connaître et d'aimer Dieu, et par conséquent fait pour cela, soit obligé de s'occuper des besoins du
corps. Donc l'âme étant unie au corps, et devant s'intéresser
dans sa conservation, il a fallu qu'elle fût avertie par des
preuves d'instinct, je veux dire par des preuves courtes,
mais convaincantes, du rapport que les corps qui nous environnent ont avec celui que nous animons.

XIV. Dieu seul est notre lumière et la cause de notre
félicité. Il possède les perfections de tous les êtres. Il en a
toutes les idées. Il renferme donc dans sa sagesse toutes les
vérités spéculatives et pratiques ; car toutes ces vérités ne
sont que des rapports de grandeur et de perfection qui sont
entre les idées, ainsi que je vous le prouverai bientôt [2]. Lui
seul doit donc être l'objet de l'attention de notre esprit,
comme étant lui seul capable de l'éclairer et d'en régler tous
les mouvements, comme étant lui seul au-dessus de nous.
Assurément un esprit occupé des créatures, tourné vers les
créatures, quelque excellentes qu'elles puissent être, n'est
pas dans l'Ordre où Dieu le demande, ni dans l'état où Dieu l'a
mis. Or s'il fallait examiner tous les rapports qu'ont les
corps qui nous environnent avec les dispositions actuelles
du nôtre, pour juger si nous devons, comment nous devons,
combien nous devons avoir de commerce avec eux, cela
partagerait, que dis-je! cela remplirait entièrement la capacité de notre esprit. Et assurément notre corps n'en serait
pas mieux. Il serait bientôt détruit par quelque distraction
involontaire. Car nos besoins changent si souvent, et quelquefois si promptement que, pour n'être pas surpris de
quelque accident fâcheux, il faudrait une vigilance dont
nous ne sommes pas capables. Quand s'aviserait-on de
manger, par exemple? de quoi mangerait-on? quand ces-

1. Dans l'*Entretien VIII*.
2. Dans l'*Entretien VIII*.

serait-on de le faire? La belle occupation à un esprit qui promène et qui exerce son corps, de connaître à chaque pas qu'il lui fait faire qu'il est dans un air fluide qui ne peut le blesser ni l'incommoder par le froid ou le chaud, par le vent ou la pluie, ou par quelque vapeur maligne et corrompue; qu'il n'y a point sur chaque endroit où il va poser le pied quelque corps dur et piquant capable de le blesser; qu'il faut promptement baisser la tête pour éviter une pierre, et bien garder l'équilibre de peur de se laisser choir! Un homme toujours occupé de ce qui se passe dans tous les ressorts dont son corps est composé, et dans une infinité d'objets qui l'environnent, ne peut donc penser aux vrais biens, ou du moins, il n'y peut penser autant que les vrais biens le demandent, et par conséquent autant qu'il le doit, puisque notre esprit n'est fait, et ne peut être fait, que pour s'occuper de ces biens qui peuvent l'éclairer et le rendre heureux.

XV. Ainsi, il est évident que Dieu, voulant unir des esprits à des corps, a dû établir pour cause occasionnelle de la connaissance confuse que nous avons de la présence des objets et de leurs propriétés par rapport à nous, non notre attention, qui en mérite une claire et distincte, mais les divers ébranlements de ces mêmes corps. Il a dû nous donner des preuves d'instinct, non de la nature et des propriétés de ceux qui nous environnent, mais du rapport qu'ils ont avec le nôtre, afin que nous puissions travailler avec succès à la conservation de la vie, sans être incessamment attentifs à nos besoins. Il a dû, pour ainsi dire, se charger de nous avertir en temps et lieu, par des sentiments prévenants, de ce qui regarde le bien du corps, pour nous laisser tout entiers occupés à la recherche des vrais biens. Il a dû nous donner des preuves courtes de ce qui a rapport au corps, pour nous convaincre promptement, des preuves vives pour nous déterminer efficacement; des preuves certaines et qu'on ne s'avisât pas de contredire, pour nous conserver plus sûrement; mais preuves confuses, prenez-y garde; preuves certaines, non du rapport que les objets ont entre eux, — en quoi consiste l'évidence de la vérité, — mais du rapport qu'ils ont à notre corps selon les dispositions où il est actuellement. Je dis selon les dispositions où il est; car, par exemple, nous trouvons, et nous devons trouver chaude l'eau tiède, si nous la touchons d'une main froide; et froide, si nous la touchons d'une main qui soit chaude. Nous la trouvons, et nous la devons trouver agréable, lorsque la soif nous presse; mais dès que nous sommes désaltérés, nous la trouvons fade et dégoûtante. Admirons donc, Ariste, la sagesse des lois de l'union de l'âme et du corps; et quoique tous nos sens nous disent que les qualités sensibles sont répandues sur les objets, n'attribuons aux corps que ce que nous voyons clairement leur appartenir, après avoir consulté sérieusement l'idée qui les représente. Car puisque les sens nous parlent différemment des mêmes choses selon l'intérêt qu'ils y trouvent, puis-qu'ils se coupent' immanquablement lorsque le bien du corps le demande, regardons-les comme des faux témoins par rapport à la vérité, mais comme des moniteurs fidèles par rapport à la conservation et à la commodité de la vie.

XVI. Ariste. — Ah! Théodore, que je suis pénétré de ce que vous me dites, et que je suis confus d'avoir été toute ma vie la dupe de ces faux témoins! Mais c'est qu'ils parlent avec tant de confiance et de force, qu'ils répandent, pour ainsi dire, dans les esprits la conviction et la certitude. Ils commandent avec tant de hauteur et d'empressement, qu'on se rend sans examiner. Quel moyen de rentrer en soi-même quand ils nous appellent et nous tirent au dehors; et peut-on entendre les réponses de la vérité intérieure durant le bruit et le tumulte qu'ils excitent? Vous m'avez fait comprendre que la lumière ne peut être une modalité des corps. Mais dès que j'ouvre les yeux, je commence à en douter. Le soleil qui me frappe m'éblouit et trouble toutes mes idées. Je conçois maintenant que si j'appuyais sur ma main la pointe de cette épingle, qu'elle n'y pourrait faire qu'un fort petit trou. Mais si je l'appuyais effectivement, il me semble qu'elle y verserait une très grande douleur. Je n'en douterais pas assurément dans le moment de la piqûre. Que nos sens ont de puissance et de force pour nous jeter dans l'erreur! Quel désordre, Théodore! Et cependant dans ce désordre même la sagesse du Créateur éclate admirablement. Il fallait que la lumière et les couleurs fussent comme répandues sur les objets, afin qu'on les distinguât sans peine. Il fallait que les fruits fussent comme pénétrés des saveurs, afin qu'on les mangeât avec plaisir. Il fallait que la douleur se rapportât au doigt piqué, afin que la vivacité du sentiment nous appliquât à nous retirer. Il y a donc dans cet Ordre établi de Dieu une sagesse infinie. J'y consens, je n'en puis douter. Mais j'y trouve en même temps un très grand désordre, et qui me paraît indigne de la sagesse et de la bonté de notre Dieu; car enfin cet Ordre est pour nous, malheureuses créatures, une source féconde d'erreurs, et la cause inévitable des plus grands maux qui accompagnent la vie. On me pique le bout du doigt, et je souffre, je suis malheureux, je suis incapable de penser aux vrais biens; mon âme ne peut s'appliquer qu'à mon doigt offensé, et elle est toute pénétrée de douleur. Quelle étrange misère! Un esprit dépendre d'un corps, et à cause de lui perdre de vue la vérité! Être partagé, que dis-je, être plus occupé de son doigt que de son vrai bien! Quel désordre, Théodore! Il y a là assurément quelque mystère. Je vous prie de me le développer.

XVII. THÉODORE. — Oui, sans doute, il y a là du mystère. Que les philosophes, mon cher Ariste, sont obligés à la Religion! Car il n'y a qu'elle qui les puisse tirer de l'embarras où ils se trouvent. Tout paraît se contredire dans la conduite de Dieu, et rien n'est plus uniforme. Le bien et le mal, je parle du mal physique, n'ont point deux principes différents. C'est le même Dieu qui fait tout par les mêmes lois. Mais le péché fait que Dieu, sans rien changer de ses lois, devient pour les pécheurs le juste vengeur de leurs crimes. Je ne puis vous dire présentement tout ce qui serait nécessaire pour éclaircir à fond cette matière. Mais voici en peu de mots le dénouement de votre difficulté.

Dieu est sage. Il juge bien de toutes choses; il les estime à proportion qu'elles sont estimables; il les aime à proportion qu'elles sont aimables; en un mot, Dieu aime l'Ordre invinciblement. Il le suit inviolablement. Il ne peut se démentir. Il ne peut pécher. Or les esprits sont plus estimables que les corps. Donc (prenez garde à ceci), quoique Dieu puisse unir les esprits aux corps, il ne peut les y assujettir. Que la piqûre me prévienne et m'avertisse, cela est juste et conforme à l'Ordre. Mais qu'elle m'afflige et me rende malheureux, qu'elle m'occupe malgré moi, qu'elle trouble mes idées, qu'elle m'empêche de penser aux vrais biens, certainement c'est un désordre. Cela est indigne de la sagesse et de la bonté du Créateur. C'est ce que la Raison me fait voir évidemment. Cependant l'expérience me convainc que mon esprit dépend de mon corps. Je souffre, je suis malheureux, je suis incapable de penser quand on me pique. Il m'est impossible d'en douter. Voilà donc une contradiction manifeste entre la certitude de l'expérience et l'évidence de la Raison. Mais en voici le dénouement : c'est que l'esprit de l'homme a perdu devant Dieu sa dignité et son excellence. C'est que nous ne sommes plus tels que Dieu nous a faits, et que l'union de notre âme avec notre corps s'est changée en dépendance; car l'homme ayant désobéi à Dieu, il a été juste que son corps cessât de lui être soumis [1]. C'est que nous naissons pécheurs et corrompus, dignes de la colère divine, et tout à fait indignes de penser à Dieu, de l'aimer, de l'adorer, de jouir de lui. Il ne veut plus être notre bien, ou la cause de notre félicité; et s'il est encore la cause de notre être, s'il ne nous anéantit pas, c'est que sa clémence nous prépare un réparateur par qui nous aurons accès auprès de lui, société avec lui, communion des vrais biens avec lui, selon le décret éternel par lequel il a résolu de réunir toutes choses dans notre divin chef, l'Homme-Dieu, prédestiné avant tous les temps pour être le fondement, l'architecte, la victime, et le souverain Prêtre du Temple spirituel que la Majesté divine habitera éternellement. Ainsi la Raison dissipe cette contradiction terrible, et qui vous a si fort ému. Elle nous fait clairement comprendre les vérités les plus sublimes. Mais c'est parce que la foi nous conduit à l'intelligence, et que par son autorité elle change nos doutes et nos soupçons incertains et embarrassants en conviction et en certitude.

XVIII. Demeurez donc ferme, Ariste, dans cette pensée que la Raison fait naître en vous, que l'Être infiniment parfait suit toujours l'Ordre immuable comme sa loi, et qu'ainsi il peut bien unir le plus noble au moins noble, l'esprit au corps, mais qu'il ne peut l'y assujettir, qu'il

---

1. Les mots : « et que l'union de notre âme... lui être soumis », manquent dans la première édition.

ne peut le priver de la liberté et de l'exercice de ses plus
excellentes fonctions, pour l'occuper malgré lui, et par
la plus cruelle des peines, à perdre de vue son souverain
bien pour la plus vile des créatures. Et concluez de tout
cela qu'avant le péché il y avait en faveur de l'homme des
exceptions dans les lois de l'union de l'âme et du corps.
Ou plutôt, concluez-en qu'il y avait une loi, qui a été abolie,
par laquelle la volonté de l'homme était la cause occasionnelle de cette disposition du cerveau, dans laquelle l'âme
est à couvert de l'action des objets, quoique le corps en
soit frappé, et qu'ainsi elle n'était jamais interrompue
malgré elle dans ses méditations et dans ses extases. Ne
sentez-vous pas en vous-même quelques restes de cette
puissance, lorsque vous êtes fortement appliqué, et que la
lumière de la vérité vous pénètre et vous réjouit? Apparemment le bruit, les couleurs, les odeurs, et les autres sentiments moins pressants et moins vifs ne vous interrompent
presque plus. Mais vous n'êtes pas supérieur à la douleur;
vous la trouvez incommode malgré tous vos efforts d'esprit.
Je parle de vous, Ariste, par moi-même. Mais pour parler
juste de l'homme innocent et fait à l'image de Dieu, il
faut consulter les idées divines de l'Ordre immuable. C'est
là que se trouve le modèle d'un homme parfait, tel qu'était
notre père avant son péché. Nos sens troublent nos idées
et fatiguent notre attention. Mais en Adam ils l'avertis-
saient avec respect. Ils se taisaient au moindre signe. Ils
cessaient même de l'avertir à l'approche de certains objets,
lorsqu'il le souhaitait ainsi. Il pouvait manger sans plaisir,
regarder sans voir, dormir sans rêver à tous ces vains fantômes qui nous inquiètent l'esprit et qui troublent notre
repos. Ne regardez point cela comme des paradoxes. Consultez la Raison, et ne jugez point sur ce que vous sentez
dans un corps déréglé, de l'état du premier homme, en qui
tout était conforme à l'Ordre immuable que Dieu suit inviolablement. Nous sommes pécheurs, et je parle de l'homme
innocent. L'Ordre ne permet pas que l'esprit soit privé
de la liberté de ses pensées, lorsque le corps répare ses
forces dans le sommeil. L'homme juste pensait donc, en
ce temps et en tout autre, à ce qu'il voulait. Mais l'homme
devenu pécheur n'est plus digne qu'il y ait à cause de lui

des exceptions dans les lois de la nature. Il mérite d'être
dépouillé de sa puissance sur une nature inférieure, s'étant
rendu, par sa rébellion, la plus méprisable des créatures,
non seulement digne d'être égalé au néant, mais d'être
réduit dans un état qui soit pour lui pire que le néant.

XIX. Ne cessez donc point d'admirer la sagesse et l'ordre
merveilleux des lois de l'union de l'âme et du corps, par
lesquelles nous avons tant de divers sentiments des objets
qui nous environnent. Elles sont très sages. Elles nous étaient
même avantageuses en tous sens, en les considérant dans
leur institution; et il est très juste qu'elles subsistent après
le péché, quoiqu'elles aient des suites fâcheuses; car l'uniformité de la conduite de Dieu ne doit pas dépendre de
l'irrégularité de la nôtre. Mais il n'est pas juste après la
rébellion de l'homme, que son corps lui soit parfaitement
soumis. Il ne le doit être qu'autant que cela est nécessaire
au pécheur pour conserver quelque temps sa misérable
vie, et pour perpétuer le genre humain jusqu'à la consommation de l'ouvrage, dans lequel sa postérité doit entrer
par les mérites et la puissance du Réparateur à venir. Car
toutes ces générations qui s'entre-suivent, toutes ces terres
qui se peuplent d'idolâtres, tout l'ordre naturel de l'univers
qui se conserve, n'est que pour fournir abondamment à
Jésus-Christ les matériaux nécessaires à la construction
du Temple éternel. Un jour viendra que les descendants
des peuples les plus barbares seront éclairés de la lumière
de l'Évangile, et qu'ils entreront en foule dans l'Église
des prédestinés. Nos pères sont morts dans l'idolâtrie,
et nous reconnaissons le vrai Dieu et notre adorable Sauveur. Le bras du Seigneur n'est point raccourci. Sa puissance s'étendra sur les nations les plus éloignées; et peut-
être que nos neveux retomberont dans les ténèbres, lorsque
la lumière éclairera le nouveau monde. Mais recueillons,
Ariste, en peu de mots, les principales choses que je viens
de vous dire, afin que vous les reteniez sans peine, et que
vous en fassiez le sujet de vos méditations.

XX. L'homme est composé de deux substances, esprit
et corps. Ainsi il a deux sortes de biens tout différents à
distinguer et à rechercher, ceux de l'esprit et ceux du corps.
Dieu lui a aussi donné deux moyens très sûrs pour discerner

ces différents biens : la Raison pour le bien de l'esprit, les sens pour le bien du corps; l'évidence et la lumière pour les vrais biens, l'instinct confus pour les faux biens. J'appelle les biens du corps de faux biens, ou des biens trompeurs, parce qu'ils ne sont point tels qu'ils paraissent à nos sens, et que, quoiqu'ils soient bons par rapport à la conservation de la vie, ils n'ont point en propre l'efficace de leur bonté; ils ne l'ont qu'en conséquence des volontés divines ou des lois naturelles, dont ils sont les causes occasionnelles. Je ne puis maintenant m'expliquer plus clairement. Or il était à propos que l'esprit sentît comme dans les corps les qualités qu'ils n'ont pas, afin qu'il voulût bien, non les aimer ou les craindre, mais s'y unir ou s'en séparer selon les besoins pressants de la machine, dont les ressorts délicats demandent un gardien vigilant et prompt. Il fallait que l'esprit reçût une espèce de récompense du service qu'il rend à un corps que Dieu lui ordonne de conserver, afin de l'intéresser dans sa conservation. Cela est cause maintenant de nos erreurs et de nos préjugés. Cela est cause que, non contents de nous unir à certains corps, et de nous séparer des autres, nous sommes assez stupides pour les aimer ou les craindre. En un mot, cela est cause de la corruption de notre cœur, dont tous les mouvements doivent tendre vers Dieu, et de l'aveuglement de notre esprit, dont tous les jugements ne se doivent arrêter qu'à la lumière. Mais prenons-y garde, et nous verrons que c'est parce que nous ne faisons pas de ces deux moyens dont je viens de parler, l'usage pour lequel Dieu nous les a donnés, et qu'au lieu de consulter la Raison pour découvrir la vérité, au lieu de ne nous rendre qu'à l'évidence qui accompagne les idées claires, nous nous rendons à un instinct confus et trompeur, qui ne parle juste que pour le bien du corps. Or c'est ce que le premier homme ne faisait pas avant son péché. Car sans doute il ne confondait pas les modalités dont l'esprit est capable, avec celles de l'étendue. Ses idées alors n'étaient point confuses, et ses sens parfaitement soumis ne l'empêchaient point de consulter la Raison.

XXI. L'esprit maintenant est aussi bien puni que récompensé par rapport au corps. Si on nous pique, nous en souffrons, quelque effort que nous fassions pour n'y point penser. Cela est vrai. Mais, comme je vous ai dit, c'est qu'il n'est pas juste qu'il y ait en faveur d'un rebelle des exceptions dans les lois de la nature, ou plutôt que nous ayons sur notre corps un pouvoir que nous ne méritons pas. Qu'il nous suffise que, par la grâce de Jésus-Christ, les misères auxquelles nous sommes assujettis aujourd'hui, seront demain le sujet de notre triomphe et de notre gloire. Nous ne sentons point les vrais biens. La méditation nous rebute. Nous ne sommes point naturellement touchés de quelque plaisir prévenant dans ce qui perfectionne notre esprit. C'est que le vrai bien mérite d'être aimé uniquement par raison. Il doit être aimé d'un amour de choix, d'un amour éclairé, et non de cet amour aveugle qu'inspire l'instinct. Il mérite bien notre application et nos soins. Il n'a pas besoin, comme les corps, de qualités empruntées pour se rendre aimable à ceux qui le connaissent parfaitement; et s'il faut maintenant, pour l'aimer, que nous soyons prévenus de la délectation spirituelle, c'est que nous sommes faibles et corrompus; c'est que la concupiscence nous dérègle, et que pour la vaincre il faut que Dieu nous inspire une autre concupiscence toute sainte; c'est que pour acquérir l'équilibre d'une liberté parfaite, puisque nous avons un poids qui nous porte vers la terre, il nous faut un poids contraire qui nous relève vers le ciel.

XXII. Rentrons donc incessamment en nous-mêmes, mon cher Ariste, et tâchons de faire taire non seulement nos sens, mais encore notre imagination et nos passions. Je ne vous ai parlé que des sens, parce que c'est d'eux que l'imagination et les passions tirent tout ce qu'ils ont de malignité et de force. Généralement, tout ce qui vient à l'esprit par le corps uniquement en conséquence des lois naturelles, n'est que pour le corps. N'y ayons donc point d'égard. Mais suivons la lumière de la Raison, qui doit conduire les jugements de notre esprit et régler les mouvements de notre cœur. Distinguons l'âme et le corps, et les modalités toutes différentes dont ces deux substances sont capables, et faisons souvent quelque réflexion sur l'ordre et la sagesse admirable des lois générales de leur union. C'est par de telles réflexions qu'on acquiert la connaissance de soi-même, et qu'on se délivre d'une infinité de préjugés. C'est par là qu'on apprend à connaître l'homme; et nous avons à vivre parmi les hommes et avec nous-mêmes. C'est par là que tout l'univers paraît à notre esprit tel qu'il est, qu'il paraît, dis-je, dépouillé de mille beautés qui nous appartiennent uniquement, mais avec des ressorts et des mouvements qui nous font admirer la sagesse de son auteur. Enfin c'est par là, ainsi que vous venez de voir, qu'on reconnaît sensiblement, non seulement la corruption de la nature et la nécessité d'un médiateur, deux grands principes de notre foi, mais encore une infinité d'utres vérités essentielles à la religion et à la morale. Continuez donc, Ariste, de méditer comme vous avez déjà commencé, et vous verrez la vérité de ce que je vous dis. Vous verrez que le métier des méditatifs devrait être celui de toutes les personnes raisonnables.

Ariste. — Que ce mot de *méditatifs* me donne maintenant de confusion, maintenant que je comprends en partie ce que vous venez de me dire, et que j'en suis tout pénétré! Je vous ai cru, Théodore, dans une espèce d'illusion, par le mépris aveugle que j'avais pour la Raison. Il faut que je vous l'avoue. Je vous ai traité de *méditatif*, et quelques-uns de vos amis. Je trouvais de l'esprit et de la finesse dans cette sotte raillerie; et je pense que vous sentez bien ce qu'on prétend dire par là. Je vous proteste néanmoins que je ne voulais pas qu'on le crût de vous, et que j'ai bien empêché le mauvais effet de ce terme de raillerie par des éloges sérieux, et que j'ai toujours crus très véritables.

Théodore. — J'en suis persuadé, Ariste. Vous vous êtes un peu diverti à mes dépens. Je m'en réjouis. Mais je pense qu'aujourd'hui vous ne serez pas fort fâché d'apprendre qu'il vous en a plus coûté qu'à moi. Savez-vous bien qu'il y avait dans la compagnie un de ces *méditatifs*, qui, dès que vous fûtes sorti, se crut obligé, non de me défendre moi, mais l'honneur de la Raison universelle que vous aviez offensée en détournant les esprits de la consulter? D'abord que parla le méditatif, tout le monde se souleva en votre faveur. Mais après qu'il eût essuyé quelques railleries et les airs méprisants qu'inspire l'imagination révoltée contre la Raison, il plaida si bien sa cause, que l'imagination succomba. On ne vous railla point, Ariste. Le méditatif parut affligé de votre aveuglement. Pour les autres, ils furent émus de quelque indignation. De sorte que si vous étiez encore dans le même esprit, — vous en êtes fort éloigné, — je ne vous conseillerais pas d'aller chez Philandre débiter des plaisanteries et des lieux communs contre la Raison, pour rendre méprisables les taciturnes méditatifs.

Ariste. — Le croiriez-vous, Théodore! Je sens une secrète joie de ce que vous m'apprenez là. On a remédié bientôt au mal que je craignais d'avoir fait. Mais à qui est-ce que j'en ai l'obligation? N'est-ce pas à Théotime?

Théodore. — Vous le saurez, lorsque je serai bien convaincu que votre amour pour la vérité sera assez grand pour s'étendre jusqu'à ceux à qui vous avez une obligation un peu ambiguë.

Ariste. — Cette obligation n'est point ambiguë. Je vous proteste que si c'est Théotime, je l'en aimerai et je l'en estimerai davantage; car, à mesure que je médite, je sens augmenter l'inclination que j'ai pour ceux qui recherchent la vérité, pour ceux que j'appelais *méditatifs* lorsque j'étais assez insensé pour traiter de visionnaires ceux qui rendent à la Raison les assiduités qui lui sont dues. Obligez-moi donc de me dire qui est cet honnête homme qui voulut bien m'épargner la confusion que je méritais, et qui soutint si bien l'honneur de la Raison, sans me tourner en ridicule. Je le veux avoir pour ami. Je veux mériter ses bonnes grâces; et si je n'en puis venir à bout, je veux du moins qu'il sache que je ne suis plus ce que j'étais.

Théodore. — Bien donc, Ariste, il le saura. Et si vous voulez être du nombre des méditatifs, je vous promets qu'il sera aussi du nombre de vos bons amis. Méditez, et tout ira bien. Vous le gagnerez bientôt, lorsqu'il vous verra de l'ardeur pour la vérité, de la soumission pour la foi, et un profond respect pour notre Maître commun.

CINQUIÈME ENTRETIEN

De l'usage des sens dans les sciences. Il y a dans nos sentiments idée claire et
sentiment confus. L'idée n'appartient point au sentiment. C'est l'idée qui
éclaire l'esprit, et le sentiment qui l'applique et le rend attentif; car c'est
par le sentiment que l'idée intelligible devient sensible.

ARISTE. — J'ai bien fait du chemin, Théodore, depuis
que vous m'avez quitté. J'ai bien découvert du pays. J'ai
parcouru en général tous les objets de mes sens, conduit,
ce me semble, uniquement par la [1] Raison. Je ne fus jamais
plus surpris, quoique déjà un peu accoutumé à ces nouvelles
découvertes. Bon Dieu! que j'ai reconnu de pauvretés
dans ce qui me paraissait il y a deux jours d'une magnificence achevée; mais que de sagesse, que de grandeur, que
de merveilles dans tout ce que le monde méprise! L'homme
qui ne voit que par les yeux, est assurément un étranger
au milieu de son pays. Il admire tout, et ne connaît rien,
trop heureux si ce qui le frappe ne lui donne point la mort.
Perpétuelles illusions de la part des objets sensibles! Tout
nous trompe, tout nous empoisonne, tout ne parle à l'âme
que pour le corps. La Raison seule ne déguise rien. Que je
suis content d'elle, et que je le suis de vous, de m'avoir
appris à la consulter, de m'avoir élevé au-dessus de mes
sens et de moi-même pour contempler sa lumière! J'ai
reconnu très clairement, ce me semble, la vérité de tout
ce que vous m'avez dit. Oui, Théodore, que j'aie le plaisir
de vous le dire : l'esprit de l'homme n'est que ténèbres;
ses propres modalités ne l'éclairent point; sa substance,
toute spirituelle qu'elle est, n'a rien d'intelligible; ses sens,
son imagination, ses passions le séduisent à tous moments.
C'est aujourd'hui, que je crois pouvoir vous assurer que j'en
suis pleinement convaincu. Je vous parle avec la confiance

1. 1ʳᵉ édition : « ma ».

que me donne la vue de la vérité. Eprouvez-moi, et voyez
s'il n'y a point dans mon fait un peu trop de témérité.

I. Théodore. — Je crois, Ariste, ce que vous me dites;
car je suis persuadé qu'une heure de méditation sérieuse
peut mener bien loin un esprit tel que le vôtre. Néanmoins,
pour m'assurer davantage du progrès que vous avez fait,
répondez-moi. Vous voyez cette ligne A B. Qu'elle soit
divisée en deux parties, au point C, ou ailleurs. Je vous
prouve que le carré de la toute est égal aux carrés de chaque
partie, et à deux parallélogrammes faits sur ces deux parties.

Ariste. — Que prétendez-vous par là? Qui ne sait que
c'est la même chose de multiplier par lui-même [1] un tout,
ou toutes les parties qui font ce tout [2].

Théodore. — Vous le savez. Mais supposons que vous
ne le sachiez pas. Je prétends le démontrer à vos yeux,
et vous prouver par là que vos sens vous découvrent clairement la vérité.

Ariste. — Voyons.

Théodore. — Voyez fixement; c'est tout ce que je vous
demande. Sans que vous rentriez en vous-même pour

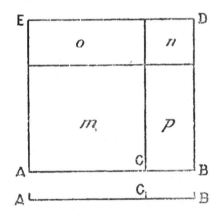

consulter la Raison, vous allez découvrir une vérité évidente.
A B D E est le carré de A B. Or, ce carré est égal à tout
ce qu'il renferme; il est égal à lui-même. Donc il est égal
aux deux autres carrés de chaque partie *m* et *n*, et aux

1. Les mots : « par lui-même », ne figurent pas dans la première édition.
2. 1ʳᵉ édition : « ... les parties de ce tout ».

deux parallélogrammes *o* et *p* faits sur ces parties A C et
C B.

ARISTE. — Cela saute aux yeux.

THÉODORE. — Fort bien. Mais de plus, cela est évident.
Donc il y a des vérités évidentes qui sautent aux yeux.
Ainsi nos sens nous apprennent évidemment des vérités.

ARISTE. — Voilà une belle vérité, et bien difficile à
découvrir! N'avez-vous que cela à dire pour défendre
l'honneur des sens?

THÉODORE. — Vous ne répondez pas, Ariste. Ce n'est
pas la Raison qui vous inspire cette défaite. Car, je vous
prie, n'est-ce pas une vérité évidente que vos sens viennent
de vous apprendre?

ARISTE. — Rien n'est plus facile.

THÉODORE. — C'est que nos sens sont d'excellents maîtres.
Ils ont des manières aisées de nous apprendre la vérité.
Mais la Raison avec ses idées claires nous laisse dans les
ténèbres. Voilà, Ariste, ce qu'on vous répondra. Prouvez
à un ignorant, vous dira-t-on, que le carré, par exemple,
de 10 est égal aux deux carrés de 4 et de 6, et à deux fois
le produit de 4 par 6. Ces idées-là de nombres sont claires;
et cette vérité à prouver est la même en nombres intelligibles, que s'il était question d'une ligne exposée à vos
yeux, qui aurait dix pouces, par exemple, et divisée entre 4
et 6. Et cependant vous verrez qu'il y aura quelque difficulté à la faire comprendre, parce que ce principe, que
c'est la même chose de multiplier un nombre par lui-même,
ou d'en multiplier toutes les parties entre elles et séparément [1], n'est pas si évident qu'un carré est égal à toutes
les figures qu'il contient. Et c'est ce que vos yeux vous apprennent, comme vous venez de le voir.

II. Mais si vous trouvez que le théorème que vos yeux
vous ont appris est trop facile, en voici un autre plus difficile. Je vous prouve que le carré de la diagonale d'un carré
est double de celui des côtés. Ouvrez les yeux, c'est tout
ce que je vous demande.

Regardez la figure que je trace sur ce papier. Vos yeux,
Ariste, ne vous disent-ils pas que tous ces triangles *a*, *b*,

---

1. 1ʳᵉ édition : « ... parties séparément par elles-mêmes ».

c, d, e, f, g, h, i, que je suppose, et que vous voyez avoir chacun un angle droit et deux lignes égales, sont égaux entre eux? Or vous voyez que le carré fait sur la diagonale A B a quatre de ces triangles, et que les carrés faits sur

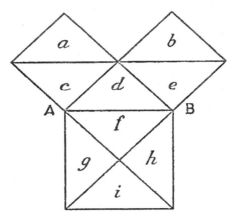

les côtés en ont deux. Donc le grand carré est double des autres.

Ariste. — Oui, Théodore; mais vous raisonnez.

Théodore. — Je raisonne! Je regarde, et je vois ce que je vous dis. Je raisonne, si vous voulez, mais c'est sur le témoignage fidèle de mes sens. Ouvrez seulement les yeux, et regardez ce que je vous montre. Ce triangle *d* est égal à *e*, et *e* égal à *b*; et de l'autre part *d* est égal à *f*, et *f* égal à *g* [1]. Donc le petit carré est égal à la moitié du grand. C'est la même chose de l'autre côté. Cela saute aux yeux, comme vous dites. Il suffit, pour découvrir cette vérité, de regarder fixement cette figure, en comparant, par le mouvement des yeux, les parties qui la composent. Donc nos sens peuvent nous apprendre la vérité.

Ariste. — Je vous nie cette conséquence, Théodore. Ce ne sont point nos sens, mais la Raison jointe à nos sens, qui nous éclaire, et qui nous découvre la vérité. N'apercevez-vous pas que, dans la vue sensible que nous avons de cette figure, il se trouve, en même temps, que l'idée claire de l'étendue est jointe au sentiment confus de couleur qui nous touche? Or, c'est de l'idée claire de l'étendue, et non

---

1. 1re édition : « Ce triangle *d* égal à *c* », etc.; « ...ce triangle *d* égal à *f* », etc.

du blanc et du noir qui la rendent sensible, que nous découvrons les rapports en quoi consiste la vérité ; de l'idée claire, dis-je, de l'étendue que renferme la Raison, et non du blanc et du noir, qui ne sont que des sentiments ou des modalités confuses de nos sens, dont il n'est pas possible de découvrir les rapports. Il y a toujours idée claire et sentiment confus, dans la vue que nous avons des objets sensibles : l'idée qui représente leur essence, et le sentiment qui nous avertit de leur existence ; l'idée qui nous fait connaître leur nature, leurs propriétés, les rapports qu'ils ont ou qu'ils peuvent avoir entre eux ; en un mot, la vérité et le sentiment qui nous fait sentir leur différence, et le rapport qu'ils ont à la commodité et à la conservation de la vie.

III. THÉODORE. — Je reconnais à cette réponse que vous avez bien couru du pays depuis hier. Je suis content de vous, Ariste. Mais, je vous prie, cette couleur que voici sur ce papier n'est-elle pas étendue elle-même ? Certainement je la vois telle. Or si cela est, je pourrai clairement découvrir les rapports de ses parties, sans penser à cette étendue que renferme la Raison. L'étendue de la couleur me suffira pour apprendre la physique et la géométrie.

ARISTE. — Je vous nie, Théodore, que la couleur soit étendue. Nous la voyons étendue, mais nos yeux nous trompent, car l'esprit ne comprendra jamais que l'étendue appartienne à la couleur. Nous voyons comme étendue cette blancheur, mais c'est que nous la rapportons à de l'étendue, à cause que c'est par ce sentiment de l'âme que nous voyons ce papier ; ou plutôt, c'est que l'étendue intelligible touche l'âme, et la modifie de telle façon, et par là cette étendue intelligible lui devient sensible. Quoi, Théodore ! direz-vous que la douleur est étendue, à cause que lorsqu'on a la goutte ou quelque rhumatisme, on la sent comme étendue ? Direz-vous que le son est étendu, à cause qu'on l'entend remplir tout l'air ? Direz-vous que la lumière est répandue dans ces grands espaces, à cause que nous les voyons tout lumineux ? Puisque ce ne sont là que des modalités ou des sentiments de l'âme, et que l'âme ne tire point de son fonds l'idée qu'elle a de l'étendue, toutes ces qualités se rapportent à l'étendue et la font sentir à l'âme, mais elles ne sont nullement étendues.

IV. Théodore. — Je vous avoue, Ariste, que la couleur, aussi bien que la douleur, n'est point étendue localement; car puisque l'expérience apprend qu'on sent la douleur dans un bras qu'on n'a plus, et que la nuit, en dormant, nous voyons des couleurs comme répandues sur des objets imaginaires, il est évident que ce ne sont là que des sentiments ou des modalités de l'âme, qui certainement ne remplit pas tous les lieux qu'elle voit, puisqu'elle n'en remplit aucun, et que les modalités d'une substance ne peuvent être où cette substance n'est pas. Cela est incontestable. La douleur ne peut être localement étendue dans mon bras, ni les couleurs sur les surfaces des corps. Mais pourquoi ne voulez-vous pas qu'elles soient, pour ainsi dire, sensiblement étendues, de même que l'idée des corps, l'étendue intelligible, l'est intelligiblement? Pourquoi ne voulez-vous pas que la lumière que je vois en me pressant le coin de l'œil, ou autrement, porte avec elle l'espace sensible qu'elle occupe? Pourquoi voulez-vous qu'elle se rapporte à l'étendue intelligible? En un mot, pourquoi voulez-vous que ce soit l'idée ou l'archétype des corps qui touche l'âme, lorsqu'elle voit ou qu'elle sent les qualités sensibles comme répandues dans les corps?

Ariste. — C'est qu'il n'y a que l'archétype des corps qui puisse me représenter leur nature, que la Raison universelle qui puisse m'éclairer par la manifestation de ses idées. La substance de l'âme n'a rien de commun avec la matière. L'esprit ne renferme point les perfections de tous les êtres qu'il peut connaître. Mais il n'y a rien qui ne participe à l'Être divin. Ainsi Dieu voit en lui-même toutes choses. Mais l'âme ne peut les voir en elle. Elle ne peut les découvrir que dans la Raison divine et universelle. Donc l'étendue que je vois ou que je sens ne m'appartient pas. Autrement je pourrais, en me contemplant, connaître les ouvrages de Dieu; je pourrais, en considérant attentivement mes propres modalités, apprendre la physique et plusieurs autres sciences qui ne consistent que dans la connaissance des rapports de l'étendue, comme vous le savez bien. En un mot, je serais ma lumière à moi-même, ce que je ne puis penser sans quelque espèce d'horreur. Mais je vous prie, Théodore, d'éclaircir la difficulté que vous me faites.

V. Théodore. — Il est impossible de l'éclaircir directement. Il faudrait pour cela que l'idée ou l'archétype de l'âme nous fût découvert. Nous verrions alors clairement que la couleur, la douleur, la saveur, et les autres sentiments de l'âme, n'ont rien de commun avec l'étendue que nous sentons jointe avec eux. Nous verrions intuitivement qu'il y a autant de différence entre l'étendue que nous voyons et la couleur qui nous la rend visible, qu'entre les nombres, — par exemple l'infini, ou telle autre idée intelligible qu'il vous plaira, — et la perception que nous en avons; et nous verrions en même temps, que nos idées sont bien différentes de nos perceptions ou de nos sentiments, vérité que nous ne pouvons découvrir que par de sérieuses réflexions, que par de longs et de difficiles raisonnements.

Mais pour vous prouver indirectement que nos sentiments ou nos modalités ne renferment point l'idée de l'étendue à laquelle ils se rapportent nécessairement, à cause que c'est cette idée qui les produit en notre âme, et que la nature de l'âme est d'apercevoir ce qui la touche [1], supposons que vous regardiez la couleur de votre main, et que vous y sentiez en même temps quelque douleur; vous verriez comme étendue la couleur de cette main, et vous en sentiriez en même temps la douleur comme étendue. N'en demeurez-vous pas d'accord?

Ariste. — Oui, Théodore. Et même si je la touchais, je la sentirais encore comme étendue; et si je la trempais dans de l'eau chaude ou froide, je sentirais la chaleur et la froideur comme étendues.

Théodore. — Prenez donc garde. La douleur n'est pas la couleur, la couleur n'est pas la chaleur, ni la chaleur la froideur. Or l'étendue de la couleur ou jointe à la couleur, que vous voyez en regardant votre main, est la même que celle de la douleur, que celle de la chaleur, que celle de la froideur [2] que vous pouvez y sentir. Donc cette étendue n'est ni à la couleur, ni à la douleur, ni à aucun autre de

1. Les mots : « nécessairement... la touche », manquent dans la première édition.
2. Les mots : « ou jointe à la couleur » et « que celle (de la chaleur), que celle (de la froideur) », manquent dans la première édition.

vos sentiments; car vous sentiriez autant de mains différentes [1] que vous avez de divers sentiments, si nos sentiments
étaient étendus par eux-mêmes, comme ils nous paraissent,
ou si l'étendue colorée que nous voyons n'était qu'un sentiment de l'âme, tel qu'est la couleur, ou la douleur ou la
saveur, ainsi que se l'imaginent ceux d'entre les cartésiens
qui savent bien qu'on ne voit pas les objets en eux-mêmes.
C'est donc, Ariste, une seule et unique idée de la main [2]
qui nous affecte diversement, qui agit dans notre âme,
et qui la modifie par la couleur, la chaleur, la douleur, etc.
Car [3] ce ne sont point les corps que nous regardons qui nous
affectent de ces divers sentiments, puisque [4] nous voyons
souvent des corps qui ne sont point. Et il est même évident
que les corps ne peuvent agir sur l'esprit, le modifier,
l'éclairer, le rendre heureux et malheureux par des sentiments agréables et désagréables. Ce n'est point l'âme non
plus qui agit sur elle-même, et qui se modifie par la douleur,
la couleur, etc. Cela n'a pas besoin de preuves après tout
ce que nous avons dit. C'est donc l'idée ou l'archétype
des corps qui nous affecte diversement. Je veux dire que
c'est la substance intelligible de la Raison qui agit dans notre
esprit par son efficace toute puissante, et qui le touche
et le modifie de couleur, de saveur, de douleur, par ce qu'il
y a en elle qui représente les corps.

Il ne faut donc pas être surpris, mon cher Ariste, que
vous puissiez apprendre quelques vérités évidentes par
le témoignage de vos sens. Car quoique la substance de
l'âme ne soit pas intelligible à l'âme même, et que ses
modalités ne puissent l'éclairer, ces mêmes modalités étant
jointes à l'étendue intelligible qui est l'archétype des corps,
et rendant sensible cette étendue, elles peuvent nous en
montrer les rapports, en quoi consistent les vérités de la
géométrie et de la physique. Mais il est toujours vrai de
dire que l'âme n'est point à elle-même sa propre lumière,
que ses modalités ne sont que ténèbres, et qu'elle ne découvre

---

1. Au lieu de : « de mains différentes », la première édition donne : « de
diverses étendues ».
2. Au lieu de « idée de la main », la première édition donne : « étendue ».
3. 1re édition : « Or ».
4. 1re édition : « car ».

les vérités exactes que dans les idées que renferme la Raison.

VI. ARISTE. — Je comprends, ce me semble, ce que vous me dites. Mais, comme cela est abstrait, je le méditerai à loisir. Ce n'est point la douleur ou la couleur par elle-même qui m'apprend les rapports que les corps ont entre eux. Je ne puis découvrir ces rapports que dans l'idée de l'étendue qui les représente; et cette idée, quoique jointe à la couleur ou à la douleur, sentiments [1] qui la rendent sensible, n'en est point une modalité. Cette idée ne devient sensible, ou ne se fait sentir, que parce que la substance intelligible de la Raison agit dans l'âme, et lui imprime une telle modalité ou un tel sentiment; et par là elle lui révèle, pour ainsi dire, mais d'une manière confuse, que tel corps existe. Car lorsque les idées des corps deviennent sensibles, elles nous font juger qu'il y a des corps qui agissent en nous; au lieu que lorsque ces idées ne sont qu'intelligibles, nous croyons naturellement qu'il n'y a rien hors de nous qui agisse sur nous. Dont la raison est, ce me semble, qu'il dépend de nous de penser à l'étendue, et qu'il ne dépend pas de nous de la sentir. Car sentant l'étendue malgré nous, il faut bien qu'il y ait quelque autre chose que nous qui nous en imprime le sentiment. Or nous croyons que cette autre chose n'est que ce que nous sentons actuelle-ment; d'où nous jugeons que ce sont les corps qui nous environnent qui causent en nous le sentiment que nous en avons, en quoi nous nous trompons toujours; et nous ne doutons point que ces corps n'existent, en quoi nous nous trompons souvent. Mais comme nous pensons aux corps, et que nous les imaginons lorsque nous le voulons, nous jugeons que ce sont nos volontés qui sont la cause véritable des idées que nous en avons alors, ou des images que nous nous en formons. Et le sentiment intérieur que nous avons de l'effort actuel de notre attention nous con-firme dans cette fausse pensée. Quoique Dieu seul puisse agir en' nous et nous éclairer, comme son opération n'est point sensible, nous attribuons aux objets ce qu'il fait en nous sans nous, et nous attribuons à notre puissance ce

---

1. Je nomme dans cet ouvrage *sentiments*, ce que je me souviens d'avoir nommé *sensations* dans les autres. [Cette note manque dans la première édition.]

qu'il fait en nous dépendamment de nos volontés. Que pensez-vous, Théodore, de cette réflexion?

VII. Théodore. — Elle est fort judicieuse, Ariste, et part d'un méditatif. Vous pourriez encore y ajouter que lorsque l'idée du corps touche l'âme d'un sentiment fort intéressant, tel qu'est la douleur, cette idée nous fait juger, non seulement que ce corps existe, mais, de plus, qu'il nous appartient, comme il arrive à ceux même à qui on a coupé le bras [1]. Mais revenons à la démonstration sensible que je vous ai donnée de l'égalité qu'il y a entre le carré de la diagonale d'un carré, et les deux carrés des côtés. Et prenons garde que cette démonstration ne tire son évidence et sa généralité que de l'idée claire et générale de l'étendue, de la droiture et de l'égalité des lignes, des angles, des triangles, et nullement du blanc et du noir qui rendent sensibles et particulières toutes ces choses, sans les rendre par elles-mêmes plus intelligibles ou plus claires. Prenez garde qu'il est évident par ma démonstration, que généralement tout carré fait sur la diagonale d'un carré est égal aux deux carrés des côtés; mais qu'il n'est nullement certain que ce carré particulier que vous voyez de vos yeux soit égal aux deux autres; car vous n'êtes pas même certain que ce que vous voyez soit carré, que telle ligne, tel angle soit droit. Les rapports que votre esprit conçoit entre les grandeurs ne sont pas les mêmes que ceux de ces figures. Prenez garde enfin que, bien que nos sens ne nous éclairent point l'esprit par eux-mêmes, comme ils nous rendent sensibles les idées que nous avons des corps, ils réveillent notre attention, et, par là, ils nous conduisent indirectement à l'intelligence de la vérité; de sorte que nous devons faire usage de nos sens dans l'étude de toutes les sciences qui ont pour objet les rapports de l'étendue, et ne point craindre qu'ils nous engagent dans l'erreur, pourvu que nous observions exactement ce précepte, de ne juger des choses que sur les idées qui les représentent, et nullement sur les sentiments que nous en avons : précepte de la dernière importance, et que nous ne devons jamais oublier.

---

1. La phrase : « Vous pourriez encore y ajouter... coupé le bras », manque dans la première édition.

VIII. ARISTE. — Tout cela est exactement vrai, Théodore, et c'est ainsi que je l'ai compris depuis que j'y ai sérieusement pensé. Rien n'est plus certain que nos modalités [1] ne sont que ténèbres, qu'elles n'éclairent point l'esprit par elles-mêmes, qu'on ne connaît point clairement tout ce qu'on sent le plus vivement. Ce carré que voici n'est point tel que je le vois. Il n'est point de la grandeur que je le vois. Vous le voyez certainement plus grand ou plus petit que je ne le vois. La couleur dont je le vois ne lui appartient point. Peut-être le voyez-vous d'une autre couleur que moi. Ce n'est point proprement ce carré que je vois. Je juge qu'il est tracé sur ce papier; et il n'est pas impossible qu'il n'y ait ici ni carré ni papier, aussi bien qu'il est certain qu'il n'y a point ici de couleur. Mais quoique mes yeux me fassent maintenant tant de rapports faux ou douteux touchant ces figures tracées sur ce papier, cela n'est rien en comparaison des illusions de mes autres sens. Le témoignage de mes yeux approche souvent la vérité. Ce sens peut aider l'esprit à la découvrir. Il ne déguise pas entièrement son objet. En me rendant attentif, il me conduit à l'intelligence. Mais les autres sens sont si faux, qu'on est toujours dans l'illusion lorsqu'on s'y laisse conduire. Ce n'est pas néanmoins que nos yeux nous soient donnés pour découvrir les vérités exactes de la géométrie et de la physique. Ils ne nous sont donnés que pour éclairer tous les mouvements de notre corps par rapport à ceux qui nous environnent; que [2] pour la commodité de [3] la conservation de la vie; et il est nécessaire, pour la conserver, que nous ayons des objets sensibles quelque espèce de connaissance qui approche un peu de la vérité. C'est pour cela que nous avons, par exemple, tel sentiment de grandeur de tel corps à telle distance; car si tel corps était trop loin de nous pour nous pouvoir nuire, ou si, étant proche, il était trop petit, nous ne manquerions pas de le perdre de vue. Il serait anéanti à nos yeux, quoiqu'il subsistât toujours devant notre esprit, et qu'à son égard la division

---

1. Voy. le livre 1 de la *Recherche de la Vérité*, et la *Réponse au Livre des Vraies et des Fausses idées.*
2. « Que » manque dans la première édition.
3. 1re édition : « et ».

ne puisse jamais l'anéantir, parce qu'effectivement le rapport d'un grand corps, mais fort éloigné, ou d'un fort proche, mais trop petit pour nous nuire, le rapport, dis-je, de ces corps au nôtre est nul, ou ne doit pas être aperçu par des sens qui ne parlent et ne doivent parler que pour la conservation de la vie. Tout cela me paraît évident et conforme à ce qui m'est passé par l'esprit dans le temps de la méditation.

Théodore. — Je vois bien, Ariste, que vous avez été fort loin dans le pays de la vérité, et que, par le commerce que vous avez eu avec la Raison, vous avez acquis des richesses bien plus précieuses et bien [1] plus rares que celles qu'on nous apporte du Nouveau-Monde. Vous avez rencontré la source; vous y avez puisé, et vous voilà riche pour jamais, pourvu que vous ne la quittiez point. Vous n'avez plus besoin ni de moi, ni de personne, ayant trouvé le Maître fidèle qui éclaire et qui enrichit tous ceux qui s'attachent à lui.

Ariste. — Quoi, Théodore! est-ce que vous voulez déjà rompre nos entretiens? Je sais bien que c'est avec la Raison qu'il faut philosopher. Mais je ne sais point la manière dont il le faut faire. La Raison me l'apprendra elle-même; cela n'est pas impossible. Mais je n'ai pas lieu de l'espérer, si je n'ai un moniteur fidèle et vigilant qui me conduise et qui m'anime. Adieu à la philosophie, si vous me quittez! Car seul je craindrais de m'égarer. Je prendrais bientôt les réponses que je me ferais à moi-même pour celles de notre maître commun.

IX. Théodore. — Que je n'ai garde, mon cher Ariste, de vous quitter! Car maintenant que vous méditez tout ce qu'on vous dit, j'espère que vous empêcherez en moi le malheur que vous craignez qui ne vous arrive. Nous avons tous besoin les uns des autres, quoique nous ne recevions rien de personne. Vous avez pris à la lettre un mot lâché en l'honneur de la Raison. Oui, c'est d'elle seule que nous recevons la lumière. Mais elle se sert de ceux à qui elle se communique, pour rappeler à elle ses enfants égarés, et les conduire par leurs sens à l'intelligence. Ne

1. « Bien » manque dans la première édition.

Malebranche. — Entretiens.   8

savez-vous pas, Ariste, que la Raison elle-même s'est
incarnée pour être à la portée de tous les hommes, pour
frapper les yeux et les oreilles de ceux qui ne peuvent ni
voir ni entendre que par leurs sens? Les hommes ont vu
de leurs yeux la sagesse éternelle, le Dieu invisible qui
habite en eux. Ils ont touché de leurs mains, comme dit
le bien-aimé Disciple [1], le Verbe qui donne la vie. La vérité
intérieure a paru hors de nous, grossiers et stupides que
nous sommes, afin de nous apprendre d'une manière sensible et palpable les commandements éternels de la Loi
divine, commandements qu'elle nous fait sans cesse intérieurement, et que nous n'entendons point, répandus au
dehors comme nous sommes. Ne savez-vous pas que les
grandes vérités que la Foi nous enseigne sont en dépôt
dans l'Église, et que nous ne pouvons les apprendre que
par une autorité visible émanée de la Sagesse incarnée?
C'est toujours la vérité intérieure qui nous instruit, il est
vrai; mais elle se sert de tous les moyens possibles pour
nous rappeler à elle, et nous remplir d'intelligence.
Ainsi ne craignez point que je vous quitte; car j'espère
qu'elle se servira de vous pour empêcher que je ne l'abandonne, et que je prenne mes imaginations et mes rêveries
pour ses oracles divins.

ARISTE. — Vous me faites bien de l'honneur. Mais je
vois bien qu'il faut l'accepter, puisqu'il rejaillit sur la
Raison, notre commun maître.

THÉODORE. — Je vous fais l'honneur de vous croire
raisonnable. Cet honneur est grand; car tout homme, par
la Raison, lorsqu'il la consulte et qu'il la suit, devient
supérieur à toutes les créatures. Il juge par elle, et condamne
souverainement; ou plutôt c'est elle qui décide et qui
condamne par lui [2]. Mais ne croyez pas que je me sou-
mette à vous. Ne croyez pas non plus que je m'élève au-
dessus de vous. Je ne me soumets qu'à la Raison qui peut
me parler par vous, comme elle peut vous parler par mon
entremise; et je ne m'élève qu'au-dessus des brutes, qu'au-
dessus de ceux qui renoncent à la plus essentielle de leurs

1. *Petr.*, I, 1. [Cette note manque dans la première édition.]
2. 1re édition : les mots : « souverainement... condamne par lui », manquent.

qualités. Cependant, mon cher Ariste, quoique nous soyons raisonnables l'un et l'autre, n'oublions pas que nous sommes extrêmement sujets à l'erreur, parce que nous pouvons l'un et l'autre décider sans attendre le jugement infaillible du juste Juge, sans attendre que l'évidence nous arrache, pour ainsi dire, notre consentement. Car si nous faisions toujours cet honneur à la Raison, de la laisser prononcer en nous ses arrêts, elle nous rendrait infaillibles; mais au lieu d'attendre ses réponses et de suivre pas à pas sa lumière, nous la devançons et nous nous égarons. L'impatience nous prend d'être obligés à demeurer attentifs et immobiles, ayant autant de mouvement que nous en avons. Notre indigence nous presse, et l'ardeur que nous avons pour les vrais biens nous précipite souvent dans les derniers malheurs. C'est qu'il nous est libre de suivre la lumière de la Raison ou de marcher dans les ténèbres à la lueur fausse et trompeuse de nos modalités. Rien n'est plus agréable que de suivre aveuglément les impressions de l'instinct. Mais rien n'est plus difficile que de se tenir ferme à ces idées sublimes et délicates de la vérité, malgré le poids du corps qui nous appesantit l'esprit. Cependant, tâchons de nous soutenir l'un l'autre, mon cher Ariste, sans nous fier trop l'un à l'autre. Peut-être que le pied ne nous manquera pas à tous deux en même temps, pourvu que nous marchions fort doucement, et que nous soyons attentifs, autant que cela se peut, à ne point nous appuyer sur un méchant fond.

ARISTE. — Avançons un peu, Théodore. Que craignez-vous? La Raison est un fond excellent. Il n'y a rien de mouvant dans les idées claires. Elles ne cèdent point au temps. Elles ne s'accommodent point à des intérêts particuliers. Elles ne changent point de langage comme nos modalités, qui disent le pour et le contre, selon que le corps les y sollicite. Je suis pleinement convaincu qu'il ne faut suivre que les idées qui répandent la lumière, et que tous nos sentiments et nos autres modalités ne peuvent jamais nous conduire à la vérité. Passons, je vous prie, à quelque autre matière, puisque je suis d'accord avec vous sur tout ceci.

X. THÉODORE. — N'allons point si vite, mon cher. Je crains que vous ne m'accordiez plus que je ne vous demande,

ou que vous ne compreniez pas encore assez distinctement
ce que je vous dis. Nos sens nous trompent, il est vrai;
mais c'est principalement à cause que nous rapportons aux
objets sensibles les sentiments que nous en avons. Or il
y a en nous plusieurs sentiments que nous n'y rapportons
point : tel est le sentiment de la joie, de la tristesse, de la
haine, en un mot tous les sentiments qui accompagnent
les mouvements de l'âme. La couleur n'est point dans
l'objet, la douleur n'est point dans mon corps, la chaleur
n'est ni dans le feu, ni dans mon corps où ces sentiments
se rapportent. Nos sens extérieurs sont de faux témoins.
D'accord. Mais les sentiments qui accompagnent l'amour [1]
et la haine, la joie et la tristesse, ne se rapportent point
aux objets de ces passions. On les sent dans l'âme, et ils
y sont. Voilà donc de bons témoins, car ils disent vrai.

ARISTE. — Oui, Théodore, ils disent vrai, et les autres
sentiments aussi; car quand je sens de la douleur, il est
vrai que je la sens; il est vrai même, en un sens, que je la
souffre par l'action de l'objet même qui me touche. Voilà
de grandes vérités! Quoi donc! est-ce que les sentiments
de l'amour, de la haine et des autres passions ne se rapportent
point aux objets qui en sont l'occasion? Est-ce qu'elles
ne répandent pas leur malignité sur eux, et ne nous les
représentent pas tout autres qu'ils ne sont en effet? Pour
moi, quand j'ai de l'aversion contre quelqu'un, je me sens
disposé à interpréter malignement tout ce qu'il fait. Ses
actions innocentes me paraissent criminelles. Je veux avoir
de bonnes raisons de le haïr et de le mépriser. Car toutes
mes passions se veulent justifier aux dépens de qui il appar-
tiendra. Si mes yeux répandent les couleurs sur la surface
des corps, mon cœur répand aussi, autant que cela se peut,
ses dispositions intérieures, ou certaines fausses couleurs
sur les objets de ses passions. Je ne sais point, Théodore,
si les sentiments de votre cœur font en vous l'effet qu'ils
font en moi; mais je puis vous assurer que je crains encore
plus de les écouter et de les suivre, que de me rendre aux
illusions souvent innocentes et officieuses de mes sens.

---

1. Au lieu de « qui accompagnent l'amour », la première édition donne :
« de l'amour ».

XI. THÉODORE. — Je ne vous dis pas, Ariste, qu'il faille se rendre aux inspirations secrètes de ses passions; et je suis bien aise de voir que vous vous apercevez de leur pouvoir et de leur malignité. Mais demeurez d'accord qu'elles nous apprennent certaines vérités. Car enfin c'est une vérité, que j'ai maintenant beaucoup de joie de vous entendre. Il est très vrai que le plaisir que je sens actuellement est plus grand que celui que j'avais dans nos entretiens précédents. Je connais donc la différence de ces deux plaisirs. Et je ne la connais point ailleurs que par le sentiment que j'en ai, que dans les modalités dont mon âme est touchée, modalités qui ne sont donc point si ténébreuses, qu'elles ne m'apprennent une vérité constante.

ARISTE. — Dites, Théodore, que vous sentez cette différence de vos modalités et de vos plaisirs. Mais ne dites pas, s'il vous plaît, que vous la connaissez. Dieu la connaît, et ne la sent pas. Mais pour vous, vous la sentez sans la connaître. Si vous aviez une idée claire de votre âme, si vous en voyiez l'archétype, alors vous connaîtriez ce que vous ne faites que sentir; alors vous pourriez connaître exactement la différence des divers sentiments de joie que votre bonté pour moi excite dans votre cœur. Mais assurément vous ne la connaissez pas. Comparez, Théodore, le sentiment de joie dont vous êtes touché maintenant, avec celui de l'autre jour, et dites-m'en précisément le rapport, et alors je croirai que vos modalités sont connues. Car on ne connaît les choses que lorsqu'on sait le rapport qu'elles ont entre elles. Vous savez qu'un plaisir est plus grand qu'un autre. Mais de combien l'est-il? On sait que le carré inscrit dans le cercle est plus petit que le cercle, mais on ne sait point pour cela la quadrature du cercle, parce qu'on ne connaît pas le rapport du cercle au carré. On peut en approcher à l'infini, et voir évidemment que la différence du cercle à telle autre figure sera plus petite que telle grandeur donnée. Mais remarquez que c'est parce qu'on a une idée claire de l'étendue; car la difficulté qu'il y a de découvrir le rapport du cercle au carré ne vient que de la petitesse de notre esprit; au lieu que c'est l'obscurité de nos sentiments et les ténèbres de nos modalités, qui rendent impossible la découverte de leurs rapports. Fussions-nous d'aussi

grands génies que les intelligences les plus sublimes, il me
paraît évident que nous ne pourrons jamais découvrir les
rapports de nos modalités, si Dieu ne nous en manifeste
l'archétype sur lequel il nous a formés. Car vous m'avez
convaincu qu'on ne peut connaître les êtres et leurs propriétés, que par les idées éternelles, immuables et nécessaires qui les représentent.

XII. THÉODORE. — Cela est fort bien, Ariste. Nos sens
et nos passions ne peuvent nous éclairer. Mais que direz-
vous de notre imagination? Elle forme des images si claires
et si distinctes des figures de la géométrie, que vous ne pouvez
nier que c'est par leur moyen que nous apprenons cette
science.

ARISTE. — Croyez-vous, Théodore, que j'aie déjà oublié
ce que vous venez de me dire, ou que je ne l'aie pas compris? L'évidence qui accompagne les raisonnements des
géomètres, la clarté des lignes et des figures que forme
l'imagination, vient uniquement de nos idées, et nullement
de nos modalités, nullement des traces confuses que laisse
après lui le cours des esprits animaux. Quand j'imagine
une figure, quand je bâtis dans mon esprit un édifice, je
travaille sur un fonds qui ne m'appartient point; car c'est
de l'idée claire de l'étendue, c'est de l'archétype des corps,
que je tire tous les matériaux intelligibles qui me représentent mon dessein, tout l'espace que me donne mon
terrain. C'est de cette idée, que me fournit la Raison, que
je forme dans mon esprit le corps de mon ouvrage; et c'est
sur les idées de l'égalité et des proportions, que je le travaille
et que je le règle, rapportant tout à l'unité arbitraire qui
doit être la commune mesure de toutes les parties qui le
composent, ou du moins de toutes les parties qui peuvent
être envisagées du même point et dans le même temps.
C'est assurément sur des idées intelligibles que nous réglons
ce cours des esprits qui trace ces images ou ces figures
de notre imagination. Et tout ce qu'elles ont de lumière et
d'évidence, ces figures, cela ne procède nullement du sentiment confus qui nous appartient, mais de la réalité intelligible qui appartient à la Raison. Cela ne vient point de
la modalité qui nous est propre et particulière; c'est un
éclat de la substance lumineuse de notre maître commun.

Je ne puis, Théodore, imaginer un carré, par exemple, que je ne le conçoive en même temps. Et il me paraît évident que l'image de ce carré que je me forme n'est exacte et régulière, qu'autant qu'elle répond juste à l'idée intelligible que j'ai du carré, c'est-à-dire d'un espace terminé par quatre lignes exactement droites, entièrement égales et qui, étant jointes par toutes leurs extrémités, fassent leurs angles parfaitement droits. Or c'est d'un tel carré dont je suis sûr que le carré fait sur [1] la diagonale est [2] double de celui qui est fait sur un de ses [3] côtés. C'est d'un tel carré dont je suis sûr qu'il n'y a point de commune mesure entre la diagonale et les côtés. En un mot, c'est d'un tel carré dont on peut découvrir les propriétés, et les démontrer aux autres. Mais on ne peut rien connaître dans cette image confuse et irrégulière que trace dans le cerveau le cours des esprits. Il faut dire la même chose de toutes les autres figures. Ainsi les géomètres ne tirent point leurs connaissances des images confuses de leur imagination, mais uniquement des idées claires de la Raison. Ces images grossières peuvent bien soutenir leur attention, en donnant, pour ainsi dire, du corps à leurs idées; mais ce sont ces idées, où ils trouvent prise, qui les convainquent de la vérité de leur science.

XIII. Voulez-vous, Théodore, que je m'arrête encore à vous représenter les illusions et les fantômes d'une imagination révoltée contre la Raison, soutenue et animée par les passions, ces fantômes caressants qui nous séduisent, ces fantômes terribles qui nous font peur, ces monstres de toutes manières qui naissent de notre trouble, qui croissent et se multiplient en un moment? Pures chimères dans le fond, mais chimères dont notre esprit se repaît et s'occupe avec le dernier empressement; car notre imagination trouve bien plus de réalité dans les spectres à qui elle donne la naissance, que dans les idées nécessaires et immuables de la vérité éternelle. C'est qu'ils la frappent, ces spectres dangereux, et que ces idées ne la touchent pas. De quel

1. Les mots : « le carré fait sur », manquent dans la première édition.
2. 1re édition : « peut le ».
3. 1re édition : les mots : « celui ...sur un de ses », sont remplacés par « chaque ».

usage peut être une faculté si déréglée, une folle qui se
plaît à faire la folle, une volage qu'on a tant de peine à
fixer, une insolente qui ne craint point de nous interrompre
dans nos plus sérieux commerces avec la Raison? Je vous
avoue néanmoins que notre imagination peut nous rendre
l'esprit attentif. Car elle a tant de charmes et d'empire
sur lui, qu'elle le fait penser volontiers à ce qui la touche.
Mais, outre qu'elle ne peut avoir de rapport qu'aux idées
qui représentent les corps, elle est si sujette à l'illusion et
si emportée, que, si on ne la gourmande sans cesse, si on
ne règle ses mouvements et ses saillies, elle vous transporte en un instant dans le pays des chimères.

THÉODORE. — N'en voilà que trop, Ariste. Par tout ce
que vous venez de me dire, et qui me remplit d'étonne-
ment et de joie, je vois bien que vous avez saisi le principe,
et pénétré fort avant dans les conséquences qu'il renferme [1];
je vois bien que vous comprenez suffisamment qu'il n'y
a que la Raison qui nous éclaire par les idées intelligibles
qu'elle renferme dans sa substance toute lumineuse, et que
vous savez parfaitement distinguer ses idées claires, de nos
ténébreuses et obscures modalités. Mais prenez-y garde, les
principes abstraits, les idées pures s'échappent de l'esprit,
dès qu'on néglige de les contempler, et qu'on s'arrête aux
sensibles. Ainsi [2], je vous conseille [3] de méditer souvent
sur cette matière, afin de la posséder si parfaitement, et
de vous en rendre si familiers les principes et les conséquences,
que vous ne preniez jamais, par mégarde, la vivacité de vos
sentiments pour l'évidence de la vérité. Car il ne suffit
pas d'avoir bien compris que le principe général de nos
préjugés c'est que nous ne distinguons pas entre *connaître*
et *sentir*, et qu'au lieu de juger des choses par les *idées*
qui les représentent, nous en jugeons par les *sentiments*
que nous en avons. Il faut nous affermir dans cette vérité
fondamentale en l'appliquant à ses conséquences. Tous les
principes de pratique ne se comprennent parfaitement que

---

1. Les mots : « Par tout ce que vous venez de me dire ... qu'il renferme »,
manquent dans la première édition.
2. Les mots : « Mais prenez-y garde ...sensibles: Ainsi », manquent dans la
première édition, qui donne simplement, après « modalités » : « Je vous conseille... »
3. 1re édition : « Je vous conseille néanmoins... »

par l'usage qu'on en fait. Tâchez donc, par de continuelles et sérieuses réflexions, d'acquérir une forte et heureuse habitude de vous mettre en garde contre les surprises et les inspirations secrètes de vos fausses et trompeuses modalités. Il n'y a point de travail plus digne d'un philosophe. Car si nous distinguons bien les réponses de la Vérité intérieure de ce que nous nous disons à nous-mêmes, ce qui part immédiatement de la Raison, de ce qui vient jusqu'à nous par le corps, ou à l'occasion du corps, ce qui est immuable, éternel, nécessaire, de ce qui change à tous moments, en un mot, l'évidence de la lumière d'avec la vivacité de l'instinct, il n'est presque pas possible que nous tombions dans l'erreur.

ARISTE. — Je comprends bien tout ce que vous me dites; et j'ai trouvé tant de satisfaction dans les réflexions que j'ai déjà faites sur cette matière, que vous ne devez pas appréhender que je n'y pense plus. Passons à autre chose, si vous le jugez à propos.

THÉODORE. — Il est bien tard, Ariste, pour nous engager présentement dans une course un peu longue. Mais demain, de quel côté voulez-vous que nous tournions? Je vous prie d'y penser et de me le dire.

ARISTE. — C'est à vous à me conduire.

THÉODORE. — Nullement; c'est à vous à choisir. Il ne vous doit point être indifférent de quel côté je vous mène. Est-ce que je ne puis pas vous tromper? Ne puis-je pas vous conduire où vous ne devez pas tendre? La plupart des hommes, mon cher Ariste, s'engagent imprudemment dans des études inutiles. Il suffit à tel d'avoir entendu faire l'éloge de la chimie, de l'astronomie, ou de quelque autre science vaine ou peu nécessaire, pour s'y jeter à corps perdu. Celui-ci ne saura pas si l'âme est immortelle; il serait peut-être bien empêché à vous prouver qu'il y a un Dieu; et il vous réduira les égalités de l'algèbre [1] avec une facilité surprenante. Et celui-là saura toutes les délicatesses de la langue, toutes les règles des grammairiens, qui n'aura jamais médité sur l'ordre de ses devoirs. Quel renversement d'esprit! Qu'une imagination dominante

---

1. 1re édition : « ...de l'algèbre les plus composées... »

loue d'un air passionné la connaissance des médailles, la poésie des Italiens, la langue des Arabes et des Perses devant un jeune homme plein d'ardeur pour les sciences, cela suffira pour l'engager aveuglément dans ces sortes d'études; il négligera la connaissance de l'homme, les règles de la morale, et peut-être oubliera-t-il ce qu'on apprend aux enfants dans leur catéchisme. C'est que l'homme est une machine qui va comme on la pousse. C'est beaucoup plus le hasard que la Raison, qui le conduit. Tous vivent d'opinion. Tous agissent par imitation. Ils se font même un mérite de suivre ceux qui vont devant, sans savoir où. Faites réflexion sur les diverses applications de vos amis; ou plutôt, repassez dans votre esprit la conduite que vous avez tenue dans vos études, et jugez si vous avez eu raison de faire comme les autres. Jugez-en, dis-je, non sur les applaudissements que vous avez reçus, mais sur les réponses décisives de la Vérité intérieure. Jugez-en sur la Loi éternelle, l'Ordre immuable, sans égard aux folles pensées des hommes. Quoi, Ariste! à cause que tout le monde se jette dans la bagatelle, chacun à sa manière et selon son goût, faudra-t-il le suivre, de peur de passer pour philosophe dans l'esprit des fous? Faudra-t-il même suivre partout les philosophes, jusque dans leurs abstractions et dans leurs chimères, de crainte qu'ils ne nous regardent comme des ignorants ou des novateurs? Il faut mettre chaque chose dans son rang. Il faut donner la préférence aux connaissances qui la méritent. Nous devons apprendre ce que nous devons savoir, et ne pas nous laisser remplir la tête d'un meuble inutile, quelque éclatant qu'il paraisse, lorsque le nécessaire nous manque. Pensez à cela, Ariste, et vous me direz demain quel doit être le sujet de nos entretiens. En voilà assez pour aujourd'hui.

ARISTE. — Il vaut bien mieux, Théodore, que vous me le disiez vous-même.

THÉODORE. — Il vaut infiniment mieux que ce soit la Raison qui nous le dise à tous deux. Consultez-la sérieusement, et j'y penserai de mon côté.

SIXIÈME ENTRETIEN

Preuves de l'existence des corps tirées de la Révélation. Deux sortes de révélations. D'où vient que les révélations naturelles des sentiments nous sont une occasion d'erreur.

ARISTE. — Que la question, Théodore, que vous m'avez donnée à résoudre est difficile! J'avais bien raison de vous dire que c'était à vous, qui savez le fort et le faible des sciences, l'utilité et la fécondité de leurs principes, de régler toutes mes démarches dans ce monde intelligible où vous m'avez transporté; car je vous avoue que je ne sais de quel côté je dois tourner. Ce que vous m'avez appris peut bien me servir pour m'empêcher de m'égarer dans cette terre inconnue. Je n'ai pour cela qu'à suivre pas à pas la lumière, et ne me rendre qu'à l'évidence qui accompagne les idées claires. Mais il ne suffit pas d'avancer, il faut encore savoir où l'on va. Il ne suffit pas de découvrir sans cesse de nouvelles vérités, il faut savoir où se trouvent ces vérités fécondes, qui donnent à l'esprit toute la perfection dont il est maintenant capable; ces vérités qui doivent régler les jugements qu'il faut porter de Dieu et de ses ouvrages admirables, qui doivent régler les mouvements du cœur, et nous donner le goût, ou du moins l'avant-goût du souverain bien que nous désirons.

Si, dans le choix des sciences, il ne fallait s'arrêter qu'à l'évidence sans peser leur utilité, l'arithmétique serait préférable à toutes les autres. Les vérités des nombres sont les plus claires de toutes, puisque tous les autres rapports ne sont clairement connus, qu'autant qu'on peut les exprimer par ces mesures communes de tous les rapports exacts qui se mesurent par l'unité. Et cette science est si féconde et si profonde, que, quand j'emploierais dix mille siècles pour en percer les profondeurs, j'y trouverais encore un fonds inépuisable de vérités claires et lumineuses. Cependant je ne crois pas que vous trouviez fort à propos que nous nous tournions de ce côté-là, charmés par l'évidence qui y éclate de toutes parts. Car enfin, que nous servirait-il de pénétrer dans les mystères les plus cachés de l'arithmétique et de l'algèbre? Il ne suffit pas de courir bien du pays, de pénétrer bien avant dans des terres stériles, de découvrir des lieux où personne ne fut jamais; il faut aller droit à ces heureuses contrées où l'on trouve des fruits en abondance, des viandes solides capables de nous nourrir.

Quand j'ai donc comparé les sciences entre elles selon mes lumières, les divers avantages ou de leur évidence, ou de leur utilité, je me suis trouvé dans un embarras étrange. Tantôt la crainte de tomber dans l'erreur donnait la préférence aux sciences exactes, telles que sont l'arithmétique et la géométrie, dont les démonstrations contentent admirablement notre vaine curiosité; et tantôt le désir de connaître, non les rapports des idées entre elles, mais les rapports qu'ont entre eux et avec nous les ouvrages de Dieu parmi lesquels nous vivons, m'engageait dans la physique, la morale, et les autres sciences qui dépendent souvent d'expériences et de phénomènes assez incertains. Chose étrange, Théodore, que les sciences les plus utiles soient remplies d'obscurités impénétrables et que l'on trouve un chemin sûr, et assez facile et uni, dans celles qui ne sont point si nécessaires! Or, je vous prie, quel moyen de faire une juste estime du rapport de la facilité des unes et de l'utilité des autres, pour donner la préférence à celle qui le mérite? Et comment pouvoir s'assurer si celles-là même qui paraissent les plus utiles le sont effectivement, et si celles qui ne paraissent qu'évidentes, n'ont point de grandes utilités dont on ne s'avise pas? Je vous avoue, Théodore, qu'après y avoir bien pensé, je ne sais point encore à quoi me déterminer.

I. THÉODORE. — Vous n'avez pas perdu votre temps, mon cher Ariste, dans les réflexions que vous avez faites. Car quoique vous ne sachiez pas précisément à quoi vous devez vous appliquer, je suis déjà bien assuré que vous ne donnerez pas dans quantité de fausses études, auxquelles plus de la moitié du monde est furieusement engagé. Je

suis bien certain que, si je me trompais moi-même dans
le choix que je ferai de la suite de nos entretiens, vous
êtes en état de me désabuser. Quand les hommes lèvent
la tête et regardent de tous côtés, ils ne suivent pas toujours ceux qui vont devant. Ils ne les suivent que lorsqu'ils vont où il faut aller, et où ils veulent aller eux-mêmes.
Et lorsque le premier de la bande s'engage imprudemment
dans des routes dangereuses et qui n'aboutissent à rien,
les autres le font revenir. Ainsi, continuez vos réflexions
sur vos démarches et sur les miennes. Ne vous fiez point
trop à moi. Observez avec soin si je vous mène où nous
devons aller tous deux.

Prenez donc garde, Ariste. Il y a des sciences de deux
sortes : les unes considèrent les rapports des idées; les autres
les rapports des choses par le moyen de leurs idées. Les
premières sont évidentes en toutes manières; les autres ne
le peuvent être qu'en supposant que les choses sont semblables aux idées que nous en avons, et sur lesquelles
nous en raisonnons. Ces dernières sont fort utiles, mais
elles sont environnées de grandes obscurités, parce qu'elles
supposent des faits dont il est fort difficile de connaître
exactement la vérité. Mais si nous pouvions trouver
quelque moyen de nous assurer de la justesse de nos
suppositions, nous pourrions éviter l'erreur, et, en même
temps, découvrir des vérités qui nous regardent de fort
près. Car, encore un coup, les vérités ou les rapports des
idées entre elles ne nous regardent, que lorsqu'elles
représentent les rapports qui sont entre les choses qui ont
quelque liaison avec nous.

Ainsi il est évident, ce me semble, que le meilleur usage
que nous puissions faire de notre esprit, c'est d'examiner
quelles sont les choses qui ont avec nous quelque liaison;
quelles sont les diverses manières de ces liaisons; quelle
en est la cause, quels en sont les effets, tout cela conformé-
ment aux idées claires et aux expériences incontestables
qui nous assurent, celles-là, de la nature et des propriétés
des choses, et celles-ci, du rapport et de la liaison qu'elles
ont avec nous. Mais pour ne point tomber dans la bagatelle et dans l'inutilité, tout notre examen ne doit tendre
qu'à ce qui peut nous rendre heureux et parfaits. Ainsi,

pour réduire en deux mots tout ceci, il me paraît évident
que le meilleur usage que nous puissions faire de notre
esprit, c'est de tâcher d'acquérir l'intelligence des vérités
que nous croyons par la Foi et de tout ce qui va à les con-
firmer. Car il n'y a nulle comparaison·à faire de l'utilité
de ces vérités avec l'avantage qu'on peut tirer de la connaissance des autres. Nous les croyons, ces grandes vérités,
il est vrai; mais la Foi ne dispense pas ceux qui le peuvent
de s'en remplir l'esprit et de s'en convaincre de toutes
les manières possibles; car, au contraire, la Foi nous est
donnée pour régler sur elle toutes les démarches de notre
esprit, aussi bien que tous les mouvements de notre cœur.
Elle nous est donnée pour nous conduire à l'intelligence
des vérités mêmes qu'elle nous enseigne. Il se trouve tant
de gens qui scandalisent les Fidèles par une métaphysique
outrée, et qui nous demandent avec insulte des preuves
de ce qu'ils devraient croire sur l'autorité infaillible de
l'Église, que, quoique la fermeté de votre Foi vous rende
inébranlable à leurs attaques, votre charité doit vous
porter à remédier au désordre et à la confusion
qu'ils mettent partout. Approuvez-vous donc, Ariste,
le dessein que je vous propose pour la suite de nos entretiens?

ARISTE. — Oui, certainement, je l'approuve. Mais je ne
pensais pas que vous voulussiez quitter la métaphysique.
Si je l'avais cru, j'aurais, ce me semble, bien résolu la question de la préférence des sciences; car il est clair que nulle
découverte n'est comparable à l'intelligence des vérités de
la Foi. Je croyais que vous ne pensiez qu'à me rendre un
peu philosophe et bon métaphysicien.

II. THÉODORE. — Je ne pense aussi qu'à cela; et je ne
prétends point quitter la métaphysique, quoique je me
donnerai peut-être, dans la suite, la liberté de faire quelque
course au delà de ses limites ordinaires. Cette science générale a droit sur toutes les autres. Elle en peut tirer des
exemples, et un petit détail nécessaire pour rendre sensibles ses principes généraux; car, par la métaphysique,
je n'entends pas ces considérations abstraites de quelques
propriétés imaginaires dont le principal usage est de fournir
à ceux qui veulent disputer de quoi disputer sans fin;

j'entends par cette science les vérités générales qui peuvent servir de principes aux sciences particulières.

Je suis persuadé, Ariste, qu'il faut être bon philosophe pour entrer dans l'intelligence des vérités de la Foi, et que plus on est fort dans les vrais principes de la métaphysique, plus est-on ferme dans les vérités de la Religion. Je suppose, comme vous le pouvez bien penser, ce qui est nécessaire pour rendre cette proposition recevable. Mais non, je ne croirai jamais que la vraie philosophie soit opposée à la Foi, et que les bons philosophes puissent avoir des sentiments différents des vrais Chrétiens. Car, soit que Jésus-Christ, selon sa divinité, parle aux philosophes dans le plus secret d'eux-mêmes, soit qu'il instruise les Chrétiens par l'autorité visible de l'Église, il n'est pas possible qu'il se contredise, quoiqu'il soit fort possible d'imaginer des contradictions dans ses réponses, ou de prendre pour ses réponses nos propres décisions. La vérité nous parle en diverses manières; mais certainement elle dit toujours la même chose. Il ne faut donc point opposer la philosophie à la Religion, si ce n'est la fausse philosophie des païens, la philosophie fondée sur l'autorité humaine, en un mot toutes ces opinions non révélées qui ne portent point le caractère de la vérité, cette évidence invincible qui force les esprits attentifs à se soumettre. Vous pouvez juger, par les vérités métaphysiques que nous avons découvertes dans nos entretiens précédents, si la véritable philosophie contredit la Religion. Pour moi, je suis convaincu que cela n'est point; car si je vous ai avancé quelques propositions contraires aux vérités que Jésus-Christ nous enseigne par l'autorité visible de son Église, ces propositions étant uniquement de mon fonds et n'ayant point l'évidence invincible pour leur caractère, elles n'appartiennent nullement à la vraie et solide philosophie. Mais je ne sais comment je m'arrête à vous dire des vérités dont il est impossible de douter, pour peu d'attention qu'on y donne.

Ariste. — Permettez-moi, Théodore, que je vous déclare que j'ai été charmé de voir un rapport admirable entre ce que vous m'avez appris, ou plutôt entre ce que la Raison m'a appris par votre moyen, et ces grandes et nécessaires vérités que l'autorité de l'Église fait croire aux simples et

aux ignorants, que Dieu veut sauver aussi bien que les philosophes. Vous m'avez, par exemple, convaincu de la corruption de ma nature et de la nécessité d'un libérateur. Je
sais que toutes les intelligences n'ont qu'un seul et unique
maître, le Verbe divin, et qu'il n'y a que la Raison incarnée
et rendue sensible, qui puisse délivrer des hommes charnels
de l'aveuglement dans lequel nous naissons tous. Je vous
avoue avec une satisfaction extrême, que ces vérités fon-
damentales de notre Foi, et plusieurs autres que je serais
trop long de vous dire, sont des suites nécessaires des
principes que vous m'avez démontrés. Continuez, je vous
prie. Je tâcherai de vous suivre partout où vous me conduirez.

THÉODORE. — Ah! mon cher Ariste, prenez garde, encore
un coup, que je ne m'égare. J'appréhende que vous ne
soyez trop facile, et que votre approbation ne m'inspire
quelque négligence et ne me fasse tomber dans l'erreur.
Craignez pour moi, et défiez-vous de tout ce que vous
peut dire un homme sujet à l'illusion. Aussi bien n'appren-
drez-vous rien, si vos réflexions ne vous mettent en possession des vérités que je vais tâcher de vous démontrer.

III. Il n'y a que trois sortes d'êtres dont nous ayons
quelque connaissance, et avec qui nous puissions avoir
quelque liaison : Dieu, ou l'Être infiniment parfait, qui
est le principe ou la cause de toutes choses; des esprits,
que nous ne connaissons que par le sentiment intérieur
que nous avons de notre nature; des corps, dont nous
sommes assurés de l'existence par la révélation que nous
en avons. Car ce qu'on appelle un homme n'est qu'un
composé....

ARISTE. — Doucement, Théodore. Je sais qu'il y a un
Dieu ou un Être infiniment parfait [1]. Car si j'y pense,
— et certainement j'y pense, — il faut qu'il soit, puisque
rien de fini ne peut représenter l'infini. Je sais aussi qu'il
y a des esprits, supposé qu'il y ait des êtres qui me ressemblent.
Car je ne puis douter que je ne pense; et je sais que ce qui
pense est autre chose que de l'étendue ou de la matière [2].
Vous m'avez prouvé ces vérités. Mais que voulez-vous dire,

1. *Entretien II.*
2. *Entretien I.*

que nous sommes assurés de l'existence des corps *par la révélation que nous en avons*? Quoi donc! est-ce que nous ne les voyons et que nous ne les sentons pas? Nous n'avons pas besoin de *révélation* pour nous apprendre que nous avons un corps lorsqu'on nous pique; nous le sentons bien vraiment.

Théodore. — Oui, sans doute, nous le sentons. Mais ce sentiment de douleur que nous avons est une espèce de *révélation*. Cette expression vous frappe. Mais c'est exprès pour cela que je m'en sers. Car vous oubliez toujours que c'est Dieu lui-même qui produit dans votre âme tous les divers sentiments dont elle est touchée à l'occasion des changements qui arrivent à votre corps en conséquence des lois générales de l'union des deux substances [1] qui composent l'homme, lois qui ne sont que les volontés efficaces et constantes du Créateur, ainsi que je vous l'expliquerai dans la suite. La pointe qui nous pique la main ne verse point la douleur par le trou qu'elle fait au corps. Ce n'est point l'âme non plus qui produit en elle ce sentiment incommode, puisqu'elle souffre la douleur malgré qu'elle en ait. C'est assurément une puissance supérieure. C'est donc Dieu lui-même qui, par les sentiments dont il nous frappe, nous révèle, à nous, ce qui se fait hors de nous, je veux dire dans notre corps, et dans ceux qui nous environnent. Souvenez-vous, je vous prie, de ce que je vous ai déjà dit tant de fois.

IV. Ariste. — J'ai tort, Théodore. Mais ce que vous me dites me fait naître dans l'esprit une pensée fort étrange. Je n'oserais presque vous la proposer, car j'appréhende que vous ne me traitiez de visionnaire. C'est que je commence à douter qu'il y ait des corps. La raison est que la révélation que Dieu nous donne de leur existence n'est pas sûre. Car enfin il est certain que nous en voyons quelquefois qui ne sont point, comme lorsque nous dormons, ou que la fièvre nous cause quelque transport au cerveau. Si Dieu, en conséquence de ses lois générales, comme vous dites, peut nous donner quelquefois des sentiments trompeurs, s'il peut par nos sens nous révéler des choses fausses, pour-

---

1. Au lieu de « substances », la première édition donne : « natures ».

quoi ne le pourra-t-il pas toujours, et comment pourrons-nous discerner la vérité de la fausseté, dans le témoignage obscur et confus de nos sens? Il me semble que la prudence m'oblige à suspendre mon jugement sur l'existence des corps. Je vous prie de m'en donner une démonstration exacte.

THÉODORE. — *Une démonstration exacte!* C'est un peu trop, Ariste. Je vous avoue que je n'en ai point. Il me semble, au contraire, que j'ai une *démonstration exacte* de l'impossibilité d'une telle démonstration. Mais rassurez-vous. Je ne manque pas de preuves certaines et capables de dissiper votre doute. Et je suis bien aise qu'un tel doute vous soit venu dans l'esprit. Car enfin, douter qu'il y a des corps par des raisons qui font qu'on ne peut douter qu'il y a un Dieu et que l'âme n'est point corporelle, c'est une marque certaine qu'on se met au-dessus de ses préjugés, et qu'au lieu d'assujettir la raison aux sens, comme font la plupart des hommes, on reconnaît le droit qu'elle a de prononcer en nous souverainement. Qu'il soit impossible de donner une démonstration exacte de l'existence des corps, en voici, si je ne me trompe, une preuve démonstrative.

V. La notion de l'Être infiniment parfait ne renferme point de rapport nécessaire à aucune créature. Dieu se suffit pleinement à lui-même. La matière n'est donc point une émanation nécessaire de la Divinité. Du moins, ce qui me suffit présentement, il n'est pas évident qu'elle en soit une émanation nécessaire. Or, on ne peut donner une *démonstration exacte* d'une vérité, qu'on ne fasse voir qu'elle a une liaison nécessaire avec son principe, qu'on ne fasse voir que c'est un rapport nécessairement renfermé dans les idées que l'on compare. Donc il n'est pas possible de démontrer en rigueur qu'il y a des corps.

En effet, l'existence des corps est arbitraire. S'il y en a, c'est que Dieu a bien voulu en créer. Or il n'en est pas de même de cette volonté de créer des corps, comme de celles de punir les crimes et de récompenser les bonnes œuvres, d'exiger de nous de l'amour et de la crainte, et le reste. Ces volontés de Dieu, et mille autres semblables, sont nécessairement renfermées dans la Raison divine,

lans cette Loi substantielle qui est la règle inviolable des
'olontés de l'Être infiniment parfait, et généralement de
outes les intelligences. Mais la volonté de créer des corps
l'est point nécessairement renfermée dans la notion de
'Être infiniment parfait, de l'Être qui se suffit pleinement
l lui-même. Bien loin de cela, cette notion semble exclure
le Dieu une telle volonté. Il n'y a donc point d'autre voie
[ue la révélation, qui puisse nous assurer que Dieu a bien
'oulu créer des corps; supposé néanmoins ce dont vous ne
loutez plus, savoir, qu'ils ne sont point visibles par eux-
nêmes, qu'ils ne peuvent agir dans notre esprit, ni se
eprésenter à lui, et que notre esprit lui-même ne peut
es connaître que dans les idées qui les représentent, ni
es sentir que par des modalités ou des sentiments dont
s ne peuvent être la cause qu'en conséquence des lois
rbitraires de l'union de l'âme et du corps.

VI. ARISTE. — Je comprends bien, Théodore, qu'on ne
eut déduire démonstrativement l'existence des corps de
l notion de l'Être infiniment parfait et qui se suffit à lui-
nême. Car les volontés de Dieu qui ont rapport au monde,
e sont point renfermées dans la notion que nous avons
e lui. Or, n'y ayant que ces volontés qui puissent donner
être aux créatures, il est clair qu'on ne peut démontrer
u'il y a des corps, car on ne peut démontrer que les vérités
ui ont une liaison nécessaire avec leur principe. Ainsi,
uisqu'on ne peut s'assurer de l'existence des corps par
évidence d'une démonstration, il n'y a plus d'autre voie
ue l'autorité de la révélation. Mais cette voie ne me paraît
as sûre; car encore que je découvre clairement dans la
otion de l'Être infiniment parfait qu'il ne peut vouloir
le tromper, l'expérience m'apprend que ses révélations
nt trompeuses : deux vérités que je ne puis accorder.
ar enfin nous avons souvent des sentiments qui nous
évèlent des faussetés. Tel sent de la douleur dans un bras
u'il n'a plus. Tous ceux que nous appelons fous voient
evant eux des objets qui ne sont point. Et il n'y a peut-être
ersonne qui, en dormant, n'ait été souvent tout ébranlé
: tout épouvanté par de purs fantômes. Dieu n'est point
ompeur; il ne peut vouloir tromper personne, ni les fous,
l les sages. Mais néanmoins nous sommes tous séduits

par les sentiments dont il nous touche, et par lesquels
il nous révèle l'existence des corps. Il est donc très certain
que nous sommes trompés souvent. Mais il me paraît
peu certain que nous ne le soyons pas toujours. Voyons
donc sur quel fondement vous appuyez la certitude que vous
prétendez avoir qu'il y a des corps.

VII. THÉODORE. — Il y a en général des révélations de
deux sortes; les unes sont naturelles, les autres surnaturelles. Je veux dire que les unes se font en conséquence
de quelques lois générales qui nous sont connues, selon
lesquelles l'auteur de la nature agit dans notre esprit à
l'occasion de ce qui arrive à notre corps; et les autres, par
des lois générales qui nous sont inconnues, ou par des
volontés particulières ajoutées aux lois générales, pour
remédier aux suites fâcheuses qu'elles ont à cause du péché
qui a tout déréglé. Or les unes et les autres révélations,
les naturelles et les surnaturelles, sont véritables en elles-
mêmes. Mais les premières nous sont maintenant une
occasion d'erreur: non qu'elles soient fausses par elles-
mêmes, mais parce que nous n'en faisons pas l'usage pour
lequel elles nous sont données, et que le péché a corrompu
la nature et mis une espèce de contradiction dans le rapport
que les lois générales ont avec nous. Certainement les lois
générales de l'union de l'âme et du corps, en conséquence
desquelles Dieu nous révèle que nous avons un corps et
que nous sommes au milieu de beaucoup d'autres, sont
très sagement établies. Souvenez-vous de nos entretiens
précédents. Elles ne sont point trompeuses par elles-mêmes
dans leur institution, considérées avant le péché et dans
le dessein de leur auteur; car il faut savoir que l'homme,
avant son péché, avant l'aveuglement et le trouble que la
rébellion de son corps a produits dans son esprit, connaissait clairement par la lumière de la Raison :

1º Que Dieu seul pouvait agir en lui, le rendre heureux
ou malheureux par le plaisir ou la douleur; en un mot,
le modifier ou le toucher.

2º Il savait par expérience que Dieu le touchait
toujours de la même manière dans les mêmes circonstances.

3º Il reconnaissait donc par l'expérience, aussi bien que

par la Raison, que la conduite de Dieu était et devait être uniforme.

4° Ainsi il était déterminé à croire qu'il y avait des êtres qui étaient les causes occasionnelles des lois générales, selon lesquelles il sentait bien que Dieu agissait en lui. Car, encore un coup, il savait bien que Dieu seul agissait en lui.

5° Lorsqu'il le voulait, il pouvait s'empêcher de sentir l'action des objets sensibles.

6° Le sentiment intérieur qu'il avait de ses propres volontés, et de l'action respectueuse et soumise de ces objets, lui apprenait donc qu'ils lui étaient inférieurs, puisqu'ils lui étaient subordonnés; car alors tout était parfaitement dans l'Ordre.

7° Ainsi, consultant l'idée claire jointe au sentiment dont il était touché à l'occasion de ces objets, il voyait clairement que ce n'étaient que des corps, puisque cette idée ne représente que des corps.

8° Il concluait donc que les divers sentiments dont Dieu le touchait n'étaient que des révélations par lesquelles il lui apprenait qu'il avait un corps et qu'il était environné de plusieurs autres.

9° Mais sachant par la Raison que la conduite de Dieu devait être uniforme, et par l'expérience que les lois de l'union de l'âme et du corps étaient toujours les mêmes, voyant bien que ces lois n'étaient établies que pour l'avertir de ce qu'il devait faire pour conserver sa vie, il découvrait aisément qu'il ne devait pas juger de la nature des corps par les sentiments qu'il en avait, ni se laisser persuader [1] de leur existence par ces mêmes sentiments, si ce n'est [2] lorsque son cerveau était ébranlé par une cause étrangère, et non point par un mouvement d'esprits excité par une cause intérieure. Or il pouvait reconnaître quand c'était cette cause étrangère qui produisait les [3] traces actuelles de son cerveau, parce que le cours des esprits animaux était parfaitement soumis à ses volontés. Ainsi il n'était point comme les fous

---

1. Les mots : « se laisser persuader », manquent dans la première édition.
2. Au lieu de « si ce n'est », la première édition donne : « que ».
3. Au lieu des mots : « quand c'était... produisait les », la première édition donne : « quelle était la cause de l'ébranlement ou des ».

ou les fébricitants, ni comme nous dans le sommeil, sujet
à prendre des fantômes pour des réalités, à cause qu'il pouvait
discerner si les traces de son cerveau étaient produites par le
cours intérieur et involontaire des esprits, ou par l'action
des objets, ce cours étant volontaire en lui et dépendant
de ses désirs pratiques [1]. Tout cela me paraît évident,
et une suite nécessaire de deux vérités incontestables :
la première, que l'homme, avant le péché, avait des idées
fort claires, et que son esprit était exempt de préjugés;
la seconde, que son corps, ou du moins la principale partie
de son cerveau, lui était parfaitement soumise.

Cela supposé, Ariste, vous voyez bien que les lois générales, en conséquence desquelles Dieu nous donne ces
sentiments ou ces révélations naturelles qui nous assurent
de l'existence des corps et du rapport qu'ils ont avec nous,
sont très sagement établies; vous voyez que ces révélations
ne sont nullement trompeuses par elles-mêmes. On ne
pouvait rien faire de mieux, par les raisons que je vous
ai déjà dites. D'où vient donc qu'elles nous jettent maintenant dans une infinité d'erreurs? C'est assurément que
notre esprit est obscurci, c'est que nous sommes remplis
des préjugés de l'enfance, c'est que nous ne savons pas
faire de nos sens l'usage pour lequel ils nous sont donnés.
Et tout cela précisément, prenez-y garde, parce que l'homme
a [2] perdu, par sa faute, le pouvoir qu'il devrait avoir sur
la partie principale du cerveau, sur celle dont tous les
changements sont toujours suivis de quelque nouvelle pensée [3] ; car notre union avec la Raison universelle est extrêmement affaiblie par la dépendance où nous sommes de
notre corps; car enfin notre esprit est tellement situé entre
Dieu, qui nous éclaire, et le corps, qui nous aveugle, que
plus il est uni à l'un, c'est une nécessité qu'il le soit d'autant
moins à l'autre. Comme Dieu suit et doit suivre exactement les lois qu'il a établies de l'union des deux substances [4]

1. Les mots : « à cause qu'il pouvait... désirs pratiques », manquent dans
la première édition.
2. 1re édition : au lieu de « l'homme a », « nous avons »; et, plus loin, au lieu
de « sa faute », « notre faute »; au lieu de « qu'il devrait », « que nous devrions ».
3. Au lieu de « la partie principale... nouvelle pensée », la première édition
donne : « notre cerveau ».
4. 1re édition : « natures ».

dont nous sommes composés, et que nous avons perdu le pouvoir d'empêcher les traces que les esprits rebelles font dans le cerveau, nous prenons des fantômes pour des réalités. Mais la cause de notre erreur ne vient point précisément de la fausseté de nos révélations naturelles, mais de l'imprudence et de la témérité de nos jugements, de l'ignorance où nous sommes de la conduite que Dieu doit tenir, du désordre, en un mot, que le péché a causé dans toutes nos facultés et du trouble qu'il a jeté dans nos idées, non en changeant les lois de l'union de l'âme et du corps, mais en soulevant notre corps, et en nous privant, par sa rébellion, de la facilité de pouvoir faire de ces lois l'usage pour lequel elles ont été établies. Vous comprendrez plus clairement tout ceci dans la suite de nos entretiens, ou quand vous y aurez médité. Cependant, Ariste, nonobstant tout ce que je viens de vous dire, je ne vois pas qu'il puisse y avoir de bonne raison de douter qu'il y ait des corps en général. Car si je me puis tromper à l'égard de l'existence de tel corps, je vois bien que c'est à cause que Dieu suit exactement les lois de l'union de l'âme et du corps; je vois bien que c'est que l'uniformité de la conduite de Dieu ne doit pas être troublée par l'irrégularité de la nôtre, et que la perte que nous avons faite, par notre faute, du pouvoir que nous avions sur notre corps, n'a dû rien changer dans les lois de son union avec notre âme. Cette raison me suffit pour m'empêcher de me tromper sur l'existence de tel corps. Je ne suis pas porté invinciblement à croire qu'il est; mais cette raison me manque, et je ne vois pas qu'il soit possible d'en trouver quelque autre pour m'empêcher de croire en général qu'il y a des corps, contre tous les divers sentiments que j'en ai, sentiments tellement suivis, tellement enchaînés, si bien ordonnés, qu'il me paraît comme certain que Dieu voudrait nous tromper, s'il n'y avait rien de tout ce que nous voyons.

VIII. Mais pour vous délivrer entièrement de votre doute spéculatif, la Foi nous fournit une démonstration à laquelle il est impossible de résister; car qu'il y ait ou qu'il n'y ait point de corps, il est certain que nous en voyons, et qu'il n'y a que Dieu qui nous en puisse donner les sentiments. C'est donc Dieu qui présente à mon esprit les apparences des hommes avec lesquels je vis, des livres que j'étudie, des prédicateurs que j'entends. Or, je lis dans l'apparence du Nouveau Testament les miracles d'un Homme-Dieu, sa résurrection, son ascension au ciel, la prédication des Apôtres, son heureux succès, l'établissement de l'Église. Je compare tout cela avec ce que je sais de l'histoire, avec la Loi des Juifs, avec les prophéties de l'Ancien Testament. Ce ne sont encore là que des apparences. Mais, encore un coup, je suis certain que c'est Dieu seul qui me les donne, et qu'il n'est point trompeur. Je compare donc de nouveau toutes les apparences que je viens de dire, avec l'idée de Dieu, la beauté de la religion, la sainteté de la morale, la nécessité d'un culte; et enfin je me trouve porté à croire ce que la Foi nous enseigne. Je le crois, en un mot, sans avoir besoin de preuve démonstrative en toute rigueur; car rien ne me paraît plus déraisonnable que l'infidélité, rien de plus imprudent que de ne se pas rendre à la plus grande autorité qu'on puisse avoir dans des choses que nous ne pouvons examiner avec l'exactitude géométrique, ou parce que le temps nous manque, ou pour mille autres raisons. Les hommes ont besoin d'une autorité qui leur apprenne les vérités nécessaires, celles qui doivent les conduire à leur fin; et c'est renverser la Providence que de rejeter l'autorité de l'Église. Cela me paraît évident et je vous le prouverai dans la suite [1]. Or la Foi m'apprend que Dieu a créé le ciel et la terre; elle m'apprend que l'Écriture est un livre divin. Et ce livre, ou son apparence, me dit nettement et positivement qu'il y a mille et mille créatures. Donc voilà toutes mes apparences changées en réalités. Il y a des corps; cela est démontré en toute rigueur, la Foi supposée. Ainsi je suis assuré qu'il y a des corps, non seulement par la révélation naturelle des sentiments que Dieu m'en donne, mais encore beaucoup plus par la révélation surnaturelle de la Foi. Voilà, mon cher Ariste, de grands raisonnements contre un doute qui ne vient guère naturellement dans l'esprit. Il y a peu de gens assez philosophes pour le proposer. Et quoiqu'on puisse former contre l'existence des corps des difficultés qui paraissent insurmontables, principalement

---

1. *Entretien XIII.* [Cette note manque dans la première édition.]

à ceux qui ne savent pas que Dieu doit agir en nous par des lois générales, cependant je ne crois pas que jamais personne en puisse douter sérieusement. Ainsi il n'était pas fort nécessaire de nous arrêter à dissiper un doute si peu dangereux; car je suis bien certain que vous-même n'aviez pas besoin de tout ce que je viens de vous dire, pour vous assurer que vous êtes avec Théodore.

ARISTE. — Je ne sais pas trop bien cela. Je suis certain que vous êtes ici. Mais c'est que vous me dites des choses qu'un autre ne me dirait pas, et que je ne me dirais jamais à moi-même; car du reste, l'amitié que j'ai pour Théodore est telle, que je le rencontre partout. Que sais-je si cette amitié venant encore à s'augmenter, — quoique cela ne me paraisse guère possible, — je pourrai toujours bien distinguer entre le vrai et le faux Théodore?

THÉODORE. — Vous n'êtes pas sage, mon cher Ariste. Ne vous déferez-vous jamais de ces manières flatteuses? Cela est indigne d'un philosophe.

ARISTE. — Que vous êtes sévère! Je ne m'attendais pas à cette réponse.

THÉODORE. — Ni moi à la vôtre. Je croyais que vous suiviez mon raisonnement. Mais votre réponse me donne quelque sujet de craindre que vous ne m'ayez fait parler assez inutilement sur votre doute. La plupart des hommes proposent sans réflexion des difficultés; et, au lieu d'être sérieusement attentifs aux réponses qu'on leur donne, ils ne pensent qu'à quelque repartie qui fasse admirer la délicatesse de leur imagination. Bien loin de s'instruire mutuellement, ils ne pensent qu'à se flatter les uns les autres. Ils se corrompent ensemble par les inspirations secrètes de la plus criminelle des passions; et au lieu d'étouffer tous ces sentiments qu'excite en eux la concupiscence de l'orgueil, au lieu de se communiquer les vrais biens dont la Raison leur fait part, ils se donnent de l'encens qui les entête et qui les trouble.

ARISTE. — Ah! Théodore, que je sens vivement ce que vous me dites! Mais quoi! est-ce que vous lisez dans mon cœur?

THÉODORE. — Non, Ariste. C'est dans le mien que je lis ce que je vous dis. C'est dans le mien que je trouve ce fonds de concupiscence et de vanité qui me fait médire du genre humain. Je ne sais rien de ce qui se passe dans votre cœur que par rapport à ce que je sens dans le mien. Je crains pour vous ce que j'appréhende pour moi. Mais je ne suis point assez téméraire pour juger de vos dispositions actuelles. Mes manières vous surprennent. Elles sont dures et incommodes, rustiques si vous le voulez. Mais quoi! pensez-vous que l'amitié sincère, fondée sur la Raison, cherche des détours et des déguisements? Vous ne connaissez pas les privilèges des méditatifs. Ils ont droit de dire sans façon à leurs amis ce qu'ils trouvent à redire dans leur conduite. Je voudrais bien, mon cher Ariste, remarquer dans vos réponses un peu plus de simplicité et beaucoup plus d'attention. Je voudrais que chez vous la Raison fût toujours la supérieure, et que l'imagination se tût. Mais si elle est maintenant trop fatiguée de son silence, quittons la métaphysique. Nous la reprendrons une autre fois. Savez-vous bien que ce méditatif dont je vous parlais il y a deux jours veut venir ici?

ARISTE. — Qui, Théotime?

THÉODORE. — Eh bien, oui, Théotime lui-même.

ARISTE. — Ah! l'honnête homme! Quelle joie! que d'honneur!

THÉODORE. — Il a appris, je ne sais comment, que j'étais ici et que nous philosophions ensemble; car quand Ariste est quelque part on le sait bientôt. C'est que tout le monde veut l'avoir. Voilà ce que c'est que d'être bel esprit et d'avoir tant de qualités brillantes [1] : on n'est plus à soi.

ARISTE. — Quelle servitude!

THÉODORE. — En voulez-vous être délivré? Devenez méditatif, et tout le monde vous laissera bientôt là. Le grand secret de se délivrer de l'importunité de bien des gens, c'est de leur parler raison. Ce langage qu'ils n'entendent pas les congédie pour toujours, sans qu'ils aient sujet de s'en plaindre.

ARISTE. — Cela est vrai. Mais Théotime, quand l'aurons-nous?

IX. THÉODORE. — Quand il vous plaira.

---

1. 1re édition : « ... brillantes : il faut se trouver partout pour ne chagriner personne. »

Ariste. — Hé! je vous prie de l'avertir incessamment que nous l'attendons, et de l'assurer surtout que je ne suis plus ce que j'étais autrefois. Mais que cela ne rompe point, s'il vous plaît, la suite de nos entretiens. Je renonce à mon doute, Théodore, mais je ne suis pas fâché de vous l'avoir proposé; car, par les choses que vous m'avez dites, j'entrevois le dénouement de quantité de contradictions apparentes, que je ne pouvais accorder avec la notion que nous avons de la Divinité. Lorsque nous dormons, Dieu nous fait voir mille objets qui ne sont point. C'est qu'il suit et doit suivre les lois générales de l'union de l'âme et du corps. Ce n'est point qu'il veuille nous tromper. S'il agissait en nous par des volontés particulières, nous ne verrions point dans le sommeil tous ces fantômes. Je ne m'étonne plus de voir des monstres et tous les dérèglements de la nature. J'en vois la cause dans la simplicité des voies de Dieu. L'innocence opprimée ne me surprend plus; si les plus forts l'emportent ordinairement, c'est que Dieu gouverne le monde par des lois générales, et qu'il remet à un autre temps la vengeance des crimes. Il est juste nonobstant les heureux succès des impies, nonobstant la prospérité des armes des conquérants les plus injustes. Il est sage, quoique l'univers soit rempli d'ouvrages où il se rencontre mille défauts. Il est immuable, quoiqu'il semble se contredire à tous moments, quoiqu'il ravage par la grêle les terres qu'il avait couvertes de fruits par l'abondance des pluies. Tous ces effets qui se contredisent ne marquent point de contradiction ni de changement dans la cause qui les produit. C'est, au contraire, que Dieu suit inviolablement les mêmes lois, et que sa conduite n'a nul rapport à la nôtre. Si tel souffre de la douleur dans un bras qu'il n'a plus, ce n'est point que Dieu ait dessein de le tromper; c'est uniquement que Dieu ne change point de dessein, et qu'il obéit exactement à ses propres lois; c'est qu'il les approuve, et qu'il ne les condamnera jamais; c'est que rien ne peut troubler l'uniformité de sa conduite, rien ne peut l'obliger à déroger à ce qu'il a fait. Il me semble, Théodore, que j'entrevois que ce principe des lois générales a une infinité de conséquences d'une très grande utilité.

Théodore. — Bon cela, mon cher Ariste. Vous me donnez bien de la joie. Je ne pensais pas que vous eussiez été assez attentif pour bien prendre les principes dont dépendent les réponses que je vous ai faites. Cela va fort bien. Mais il faudra examiner à fond ces principes, afin que vous en connaissiez plus clairement la solidité et leur merveilleuse fécondité; car ne vous imaginez pas qu'il vous suffise de les entrevoir, et même de les avoir compris, pour être en état de les appliquer à toutes les difficultés qui en dépendent. Il faut, par l'usage, s'en rendre comme le maître, et acquérir la facilité d'y rapporter tout ce qu'ils peuvent éclaircir. Mais je suis d'avis que nous remettions l'examen de ces grands principes jusqu'à ce que Théotime soit arrivé. Tâchez cependant de découvrir par vous-même quelles sont les choses qui ont avec nous quelque liaison, quelles sont les causes de ces liaisons, et quels en sont les effets; car il est bon que votre esprit soit préparé sur ce qui doit être le sujet de nos entretiens, afin que vous puissiez plus facilement ou me reprendre si je m'égare, ou me suivre si je vous conduis directement où nous devons tendre de toutes nos forces.

SEPTIÈME ENTRETIEN

De l'inefficace des causes naturelles, ou de l'impuissance des créatures. Que nous ne sommes unis immédiatement et directement qu'à Dieu seul.

Après bien des compliments de part et d'autre entre Ariste et Théotime, Ariste ayant remarqué que Théodore n'était pas tout à fait content de ce que cela ne finissait point, et voulant céder au nouveau venu la gloire de ce petit combat d'esprit, il se tut, et Théodore, prenant la parole, crut devoir dire à Théotime en faveur d'Ariste :

THÉODORE. — En vérité, Théotime, je ne pensais pas que vous fussiez si galant homme. Vous avez obligé Ariste à se rendre, lui qui ne se rendit jamais à personne. Voilà une victoire qui vous ferait bien de l'honneur, si vous l'aviez remportée chez Philandre. Mais apparemment elle vous aurait coûté plus cher; car, ne vous y trompez pas, c'est qu'Ariste veut faire chez lui les honneurs. Il vous le cède ici par complaisance et par une espèce de devoir.

THÉOTIME. — Je n'en doute pas, Théodore. Je vois fort bien qu'il veut m'épargner.

ARISTE. — Ah! cessez l'un et l'autre de me pousser, ou du moins, Théodore, laissez-moi la liberté de me défendre.

THÉODORE. — Non, Ariste. Ne voilà que trop de discours inutiles. Nous nous taisons, Théotime et moi. Parlons de quelque chose de meilleur. Dites-nous, je vous prie, ce qui vous est venu dans l'esprit sur le sujet que je vous proposai dans notre dernier entretien. Quelles sont les choses avec qui nous avons quelque liaison? Quelles sont les causes de ces liaisons, et quels en sont les effets? Car nous aimons mieux vous entendre philosopher, que de nous voir accablés d'une profusion de douceurs et d'honnêtetés.

ARISTE. — Vous supposez, je crois, Théodore, que j'ai

veillé toute la nuit pour régaler Théotime de quelque discours étudié.

THÉODORE. — Laissez tout cela, Ariste, et parlons naturellement.

I. ARISTE. — Il me semble, Théodore, qu'il n'y a rien à
quoi je sois plus étroitement uni qu'à mon propre corps; car
on ne peut le toucher sans m'ébranler moi-même. Dès qu'on
le blesse, je sens qu'on m'offense et qu'on me trouble. Rien
n'est plus petit que la trompe de ces cousins importuns qui
nous insultent le soir à la promenade; et cependant, pour
peu qu'ils enfoncent sur ma peau la pointe imperceptible
de leur trompe venimeuse, je me sens percé dans l'âme. Le
seul bruit qu'ils font à mes oreilles me donne l'alarme,
marque certaine que je suis uni à mon corps plus étroitement qu'à toute autre chose. Oui, Théodore, cela est si vrai,
que ce n'est même que par notre corps que nous sommes
unis à tous ces objets qui nous environnent. Si le soleil
n'ébranlait point mes yeux, il serait invisible à mon égard;
et si, malheureusement pour moi, je devenais sourd, je ne
trouverais plus tant de douceur dans le commerce que j'ai
avec mes amis. C'est même par mon corps que je tiens à ma
religion; car c'est par mes oreilles et par mes yeux que la
Foi m'est entrée dans l'esprit et dans le cœur. Enfin c'est
par mon corps que je tiens à tout. Je suis donc uni à mon
corps plus étroitement qu'à toute autre chose.

THÉODORE. — Avez-vous médité longtemps, mon cher
Ariste, pour faire cette grande découverte?

THÉOTIME. — Tout cela se peut fort bien dire, Théodore.

THÉODORE. — Oui, Théotime, par des gens qui ne consultent que leurs sens. Pour qui prenez-vous Ariste, d'approuver dans sa bouche ce qu'il n'y a point de paysan qui
ne puisse dire? Je ne reconnais plus Ariste dans cette réponse.

ARISTE. — Je vois bien que j'ai fort mal débuté.

THÉODORE. — Fort mal assurément. Je ne m'attendais pas
à ce début; car je ne croyais pas qu'aujourd'hui vous eussiez
oublié ce que vous saviez hier. Mais les préjugés reviennent
toujours à la charge et nous chassent de nos conquêtes, si,
par notre vigilance et de bons retranchements, nous ne
savons nous y maintenir. Oh bien! je vous soutiens que nous
ne sommes nullement unis à notre corps, bien loin de l'être

à lui plus étroitement qu'à toute autre chose. J'outre un peu mes expressions, afin qu'elles vous frappent vivement et que vous n'oubliiez plus ce que je vous dis. Non, Ariste, à parler exactement et en rigueur, votre esprit n'est et ne peut être uni à votre corps; car il ne peut être uni qu'à ce qui peut agir en lui. Or pensez-vous que votre corps puisse agir dans votre esprit? pensez-vous que ce soit par lui que vous êtes raisonnable, heureux ou malheureux, et le reste? Est-ce votre corps qui vous unit à Dieu, à la Raison qui nous éclaire; ou si c'est Dieu qui vous unit à votre corps, et, par votre corps, à tout ce qui vous environne?

ARISTE. — Assurément, Théodore, c'est Dieu qui a uni mon esprit à mon corps. Mais ne pourrait-on pas dire...

THÉODORE. — Quoi? Que c'est votre esprit qui agit maintenant sur votre corps, et votre corps sur votre esprit? Je vous entends. Dieu a fait cette union de l'esprit et du corps. Mais ensuite, voilà votre corps et, par lui, tous les objets, capables d'agir dans votre esprit. Cette union faite, voilà aussi votre esprit capable d'agir dans votre corps et, par lui, sur ceux qui vous environnent. N'est-ce pas là ce qu'on pourrait peut-être dire?

ARISTE. — Il y a là quelque chose que je n'entends pas trop bien. Comment tout cela se fait-il? Je vous parle comme ayant oublié la meilleure partie de ce que vous m'avez dit, faute d'y avoir pensé.

THÉODORE. — Je m'en doute bien. Vous voulez que je vous prouve plus exactement et plus en détail les principes sur lesquels je vous ai parlé jusqu'ici. Il faut tâcher de vous satisfaire. Mais je vous prie de vous rendre attentif et de me répondre, et vous, Théotime, de nous observer tous deux.

II. Pensez-vous, Ariste, que la matière, que vous ne jugez peut-être pas capable de se remuer d'elle-même, ni de se donner aucune modalité, puisse jamais modifier un esprit, le rendre heureux ou malheureux, lui représenter des idées, lui donner divers sentiments? Pensez-y et répondez-moi.

ARISTE. — Cela ne me paraît pas possible.

THÉODORE. — Encore un coup, pensez-y. Consultez l'idée de l'étendue; et jugez par cette idée, qui représente les corps, ou rien ne les représente, s'ils peuvent avoir d'autre propriété que la faculté passive de recevoir diverses figures et divers mouvements. N'est-il pas évident, de la dernière évidence, que toutes les propriétés de l'étendue ne peuvent consister que dans des rapports de distance?

ARISTE. — Cela est clair, et j'en suis demeuré d'accord.

THÉODORE. — Donc il n'est pas possible que les corps agissent sur les esprits.

ARISTE. — Non par eux-mêmes, par leur propre force, vous dira-t-on. Mais pourquoi ne le pourront-ils point par une puissance qui résulte de leur union avec les esprits?

THÉODORE. — Que dites-vous, *par une puissance qui résulte de leur union?* Je n'entends rien dans ces termes généraux. Souvenez-vous, Ariste, du principe des idées claires. Si vous le quittez, vous voilà dans les ténèbres. Au premier pas vous tomberez dans le précipice. Je conçois bien que les corps, en conséquence de certaines lois naturelles, peuvent agir sur notre esprit, en ce sens que leurs modalités déterminent l'efficace des volontés divines ou des lois générales de l'union de l'âme et du corps, ce que je vous expliquerai bientôt. Mais que les corps puissent recevoir en eux-mêmes une certaine puissance, par l'efficace de laquelle ils puissent agir dans l'esprit, c'est ce que je ne comprends pas; car que serait-ce que cette puissance? Serait-ce une substance ou une modalité? Si c'est une substance, les corps n'agiront point, mais cette substance dans les corps. Si cette puissance est une modalité, voilà donc une modalité dans les corps qui ne sera ni mouvement ni figure. L'étendue pourra avoir d'autres modalités que des rapports de distance. Mais à quoi est-ce que je m'arrête! C'est à vous, Ariste, à me donner quelque idée de cette puissance que vous concevez comme l'effet de l'union de l'âme et du corps.

ARISTE. — Nous ne savons pas, vous dira-t-on, ce que c'est que cette puissance. Mais que pouvez-vous conclure de l'aveu que nous faisons de notre ignorance?

THÉODORE. — Qu'il vaut mieux se taire que de ne savoir ce qu'on dit.

ARISTE. — D'accord. Mais on ne dit que ce qu'on sait, lorsqu'on avance que les corps agissent sur les esprits; car rien n'est plus certain. L'expérience ne permet pas qu'on en doute.

THÉODORE. — J'en doute fort, néanmoins, ou plutôt je

n'en crois rien. L'expérience m'apprend que je sens de la douleur, par exemple, lorsqu'une épine me pique. Cela est certain. Mais demeurons-en là, car l'expérience ne nous apprend nullement que l'épine agisse sur notre esprit, ni qu'elle ait aucune puissance. N'en croyons rien, je vous le conseille.

III. ARISTE. — Je ne crois pas, Théodore, qu'une épine puisse agir sur mon esprit. Mais on vous dira peut-être qu'elle peut agir sur mon corps, et par mon corps sur mon esprit, en conséquence de leur union; car j'avoue que de la matière ne peut agir immédiatement sur un esprit. Prenez garde à ce mot, *immédiatement.*

THÉODORE. — Mais votre corps, n'est-ce pas de la matière?

ARISTE. — Oui, sans doute.

THÉODORE. — Votre corps ne peut donc pas agir *immédiatement* sur votre esprit. Ainsi, quoique votre doigt fût percé de quelque épine, quoique votre cerveau fût ébranlé par son action, ni l'un ni l'autre ne pourrait agir dans votre âme, et lui faire sentir la douleur; car ni l'un ni l'autre ne peut agir immédiatement sur l'esprit, puisque votre cerveau et votre doigt ne sont que de la matière.

ARISTE. — Ce n'est point non plus mon âme qui produit en elle ce sentiment de douleur qui l'afflige; car elle en souffre maigré elle. Je sens bien que la douleur me vient de quelque cause étrangère. Ainsi votre raisonnement prouve trop. Je vois bien que vous m'allez dire que c'est Dieu qui cause en moi ma douleur, et j'en demeure d'accord; mais il ne la cause qu'en conséquence des lois générales de l'union de l'âme et du corps.

THÉODORE. — Que voulez-vous dire, Ariste? Tout cela est vrai. Expliquez plus distinctement votre pensée.

ARISTE. — Je crois, Théodore, que Dieu a uni mon esprit à mon corps, et que par cette union mon esprit et mon corps agissent mutuellement l'un sur l'autre, en conséquence des lois naturelles que Dieu suit toujours fort exactement. Voilà tout ce que j'ai à vous dire.

THÉODORE. — Vous ne vous expliquez pas, Ariste. C'est une assez bonne marque que vous ne vous entendez pas. Union, lois générales : quelle espèce de réalité entendez-vous par ces termes?

THÉOTIME. — Apparemment Ariste croit que ces termes sont clairs et sans équivoque, parce que l'usage les a rendus fort communs ; car quand on dit souvent une chose obscure ou fausse, sans l'avoir même examinée, on a peine à croire qu'elle ne soit pas véritable. Ce mot *union* est un des plus équivoques qu'il y ait. Mais il est si commun et si agréable, qu'il passe partout sans que personne l'arrête, sans que personne examine s'il réveille dans l'esprit quelque idée distincte ; car tout ce qui est familier n'excite point cette attention, sans laquelle il est impossible de rien comprendre ; et tout ce qui touche agréablement l'imagination paraît fort clair à l'esprit, qui ne se défie de rien lorsqu'on le paie comptant.

ARISTE. — Quoi ! Théotime, seriez-vous tout à fait du sentiment de Théodore ? Est-ce que l'on peut douter que l'âme et le corps ne soient unis de la manière du monde la plus étroite ? Je croirais volontiers que vous vous entendez tous deux pour me renverser l'esprit et vous divertir à mes dépens, si je n'étais persuadé que vous êtes de trop honnêtes gens pour avoir un dessein si peu charitable.

THÉOTIME. — Vous êtes, Ariste, un peu trop prévenu. Théodore soutient le parti de la vérité ; et s'il outre un peu les choses, c'est afin de nous redresser. Il voit que le poids de nos préjugés nous entraîne ; et la violence qu'il nous fait, n'est que pour nous retenir. Écoutons-le, je vous prie.

IV. THÉODORE. — Vous le voulez, Ariste, que votre âme soit unie à votre corps plus étroitement qu'à toute autre chose. Eh bien, j'y consens pour quelque temps ; mais c'est à la charge que vous m'accorderez aussi, pour un jour ou deux, de ne point rendre raison de certains effets, par un principe que ni vous ni moi ne connaissons point. Cela n'est-il pas bien raisonnable ?

ARISTE. — Que trop raisonnable. Mais que voulez-vous dire ?

THÉODORE. — Le voici. Il y a entre votre esprit et votre corps l'union du monde la plus étroite. Eh ! le moyen d'en douter ? Mais vous ne sauriez dire ce que c'est précisément que cette union. Ne la prenons donc point pour principe de l'explication des effets dont nous recherchons la cause.

ARISTE. — Mais si ces effets en dépendent nécessairement ?

THÉODORE. — S'ils en dépendent, nous serons bien obligés

d'y revenir. Mais ne le supposons pas. Si je vous demandais, Ariste, d'où vient qu'en tirant seulement le bras de cette chaise, tout le reste suit, croiriez-vous m'avoir suffisamment expliqué cet effet, en me répondant que cela vient de ce que le bras de ce fauteuil est uni avec les autres parties qui le composent? Assurément, Théotime ne serait pas content d'une telle réponse. Il est permis aux enfants d'en rendre de pareilles, mais non aux philosophes, si ce n'est lorsqu'ils ne prétendent pas philosopher. Pour contenter l'esprit de Théotime sur cette question, il faudrait remonter jusqu'à la cause physique de cette union des parties qui composent les corps durs, et lui démontrer que la dureté des corps ne peut venir que de la compression d'une matière invisible qui les environne [1]. Ce mot *union* n'explique donc rien. Il a besoin lui-même d'explication. Ainsi, Ariste, à vous permis de prendre pour des raisons, des mots vagues et généraux. Mais ne prétendez pas nous payer de cette monnaie; car, quoique bien des gens la reçoivent et s'en contentent, nous sommes un peu difficiles, dans l'appréhension que nous avons qu'on ne nous trompe.

Ariste. — Comment voulez-vous que je fasse? Je vous paie d'une monnaie que j'ai reçue bonnement. Je n'en ai point de meilleure. Et puisqu'elle a cours dans le monde, vous pourriez vous en contenter. Mais voyons un peu comment vous payez vous-même les gens. Prouvez-moi par de bonnes raisons que le corps et l'esprit agissent mutuellement l'un sur l'autre, sans avoir recours à leur union.

Théodore. — Ne supposez point, Ariste, qu'ils agissent mutuellement l'un sur l'autre, mais seulement que leurs modalités sont réciproques. Ne supposez précisément que ce que l'expérience vous apprend, et tâchez de vous rendre attentif à ce que je vais vous dire. Pensez-vous qu'un corps puisse agir sur un autre, et le remuer?

Ariste. — Qui le peut nier?

V. Théodore. — Théotime et moi, et peut-être bientôt Ariste; car il y a contradiction, je dis contradiction, que les corps puissent agir sur les corps. Je vous prouve ce paradoxe, qui paraît si contraire à l'expérience, si opposé à la

---

1. *Recherche de la Vérité*, l. II, ch. VI.

tradition des philosophes, si incroyable aux savants et aux ignorants. Répondez-moi : un corps peut-il de lui-même se remuer? Consultez, je vous prie, l'idée que vous avez du corps; car souvenez-vous toujours qu'il faut juger des choses par les idées qui les représentent, et nullement par les sentiments que nous en avons [1].

ARISTE. — Non, je ne vois pas que les corps puissent se mouvoir par eux-mêmes. Mais je ne vois pas bien non plus qu'ils ne le puissent pas. J'en doute.

THÉODORE. — Vous faites bien de douter et de demeurer tout court quand vous ne voyez pas clair. Mais tâchez de voir clair et de dissiper votre doute. Courage, avançons.

ARISTE. — J'appréhende de faire une fausse démarche faute de lumière. Éclairez [2] un peu.

THÉODORE. — Consultez avec attention les idées claires, mon cher Ariste. Ce sont elles qui répandent dans les esprits attentifs la lumière qui vous manque. Contemplez l'archétype des corps, l'étendue intelligible. C'est elle qui les représente, puisque c'est sur elle qu'ils ont tous été formés. Cette idée est toute lumineuse; consultez-la donc. Ne voyez-vous pas clairement que les corps peuvent être remués, mais qu'ils ne peuvent d'eux-mêmes se remuer? Vous hésitez. Hé bien, supposons donc que cette chaise puisse d'elle-même se remuer : de quel côté ira-t-elle, selon quel degré de vitesse, quand s'avisera-t-elle de se remuer? Donnez-lui donc encore de l'intelligence et une volonté capable de se déterminer. Faites, en un mot, un homme de votre fauteuil. Autrement, ce pouvoir de se remuer lui sera assez inutile.

ARISTE. — Un homme de mon fauteuil, quelle étrange pensée!

THÉOTIME. — Que trop commune et trop véritable, comme l'entend Théodore; car tous ceux qui jugent des choses par eux-mêmes, ou par les sentiments qu'ils en ont, et non point par les idées qui les représentent, font de tous les objets quelque chose qui leur ressemble à eux-mêmes. Ils font agir Dieu comme un homme. Ils attribuent aux bêtes ce qu'ils sentent en eux. Ils donnent au feu et aux autres

1. *Entretiens III, IV, V.*
2. 1re édition : « Éclairez-moi un peu. »

éléments des inclinations dont ils n'ont point d'autre idée
que le sentiment qu'ils en ont. Ainsi ils humanisent toutes
choses. Mais ne vous arrêtez point à cela. Suivez Théodore,
et répondez-lui.

ARISTE. — Je crois bien que cette chaise ne peut se remuer
d'elle-même. Mais que sais-je s'il n'y a point quelque autre
corps à qui Dieu ait donné la puissance de se remuer? Souvenez-vous, Théodore, que vous avez à prouver qu'il y a
contradiction que les corps agissent les uns sur les autres.

VI. THÉODORE. — Eh bien, Ariste, je vous le prouve. Il
y a contradiction qu'un corps ne soit ni en repos ni en mouvement; car Dieu même, quoique tout-puissant, ne peut
créer quelque corps qui ne soit nulle part, ou qui n'ait avec
les autres certains rapports de distance. Tout corps est en
repos quand il a le même rapport de distance avec les autres;
et il est en mouvement quand ce rapport change sans cesse.
Or il est évident que tout corps change ou ne change pas
de rapport de distance. Il n'y a point de milieu; car ces deux
propositions : change, ou ne change pas, sont contradictoires.
Donc il y a contradiction qu'un corps ne soit ni en repos,
ni en mouvement.

ARISTE. — Cela n'avait pas besoin de preuve.

THÉODORE. — Or c'est la volonté de Dieu qui donne
l'existence aux corps et à toutes les créatures, dont certainement l'existence n'est point nécessaire. Cette même volonté
qui les a créés subsistant toujours, ils sont toujours ; et cette
volonté venant à cesser (je vous parle de Dieu selon notre
manière de concevoir), c'est une nécessité que les corps cessent d'être. C'est donc cette même volonté qui met les corps en
repos ou en mouvement, puisque c'est elle qui leur donne l'être,
et qu'ils ne peuvent exister qu'ils ne soient en repos ou en
mouvement. Car, prenez-y garde, Dieu ne peut faire l'impossible ou ce qui renferme une contradiction manifeste; il ne
peut vouloir ce qui ne se peut concevoir. Il ne peut vouloir
que cette chaise soit, qu'il ne veuille en même temps qu'elle
soit là ou là, et que sa volonté ne l'y mette, puisque vous ne
sauriez concevoir que cette chaise soit, qu'elle ne soit
quelque part, là ou ailleurs.

ARISTE. — Il me semble pourtant que je puis penser à
un corps sans le concevoir ni en repos ni en mouvement.

THÉODORE. — Ce n'est pas là ce que je vous dis. Vous
pouvez penser à un corps en général, et faire comme il vous
plaît des abstractions. J'en conviens. C'est cela qui vous
trompe souvent. Mais, encore un coup, je vous dis que vous
ne sauriez concevoir qu'un tel corps existe, qu'il ne soit en
même temps quelque part, et que le rapport qu'il a avec
les autres change ou ne change pas, et par conséquent qu'il
ne soit en repos ou en mouvement. Donc il y a contradiction
que Dieu fasse un corps, qu'il ne le fasse en repos ou en mouvement.

ARISTE. — Eh bien, Théodore, je vous l'avoue : quand Dieu
crée un corps, il faut d'abord qu'il le mette en repos ou en
mouvement. Mais l'instant de la création passé, ce n'est
plus cela ; les corps s'arrangent au hasard, ou selon la loi
du plus fort.

VII. THÉODORE. — *L'instant de la création passé !* Mais
si cet instant ne passe point, vous voilà poussé à bout ; il
faudra vous rendre. Prenez donc garde ! Dieu veut qu'il y ait
un tel monde. Sa volonté est toute-puissante : voilà donc ce
monde fait. Que Dieu ne veuille plus qu'il y ait de monde :
le voilà donc anéanti ; car assurément le monde dépend des
volontés du Créateur. Si le monde subsiste, c'est donc que
Dieu continue de vouloir que le monde soit. La conservation des créatures n'est donc, de la part de Dieu, que leur
création continuée. Je dis de la part de Dieu qui agit ; car
de la part des créatures, il y paraît de la différence, puisqu'elles passent du néant à l'être par la création, et que par
la conservation elles continuent d'être. Mais, dans le fond,
la création ne passe point, puisqu'en Dieu la conservation
et la création ne sont qu'une même volonté, et qui par
conséquent est nécessairement suivie des mêmes effets.

ARISTE. — Je comprends vos raisons, Théodore, mais je
n'en suis pas convaincu ; car cette proposition : *que Dieu
ne veuille plus qu'il y ait de monde, le voilà anéanti*, me paraît
fausse. Il me semble qu'il ne suffit pas, pour anéantir le
monde, que Dieu ne veuille plus qu'il soit ; il faut qu'il
veuille positivement qu'il ne soit plus. Il ne faut point de
volonté pour ne rien faire. Ainsi, maintenant que le monde
est fait, que Dieu le laisse là, il sera toujours.

VIII. THÉODORE. — Vous n'y pensez pas, Ariste. Vous

rendez les créatures indépendantes. Vous jugez de Dieu et
de ses ouvrages par les ouvrages des hommes, qui supposent
la nature et ne la font pas. Votre maison subsiste, quoique
votre architecte soit mort. C'est que les fondements en sont
solides, et qu'elle n'a nulle liaison avec la vie de celui qui
l'a bâtie. Elle n'en dépend nullement; mais le fond de notre
être dépend essentiellement du Créateur. Et, quoique l'arrangement de quelques pierres dépende, en un sens, de la volonté
des hommes en conséquence de l'action des causes naturelles,
leur ouvrage n'en dépend point. Mais l'univers étant tiré
du néant, il dépend si fort de la Cause universelle, qu'il y
retomberait nécessairement si Dieu cessait de le conserver;
car Dieu ne veut, et même il ne peut faire, une créature
indépendante de ses volontés.

ARISTE. — J'avoue, Théodore, qu'il y a entre les créatures
et le Créateur un rapport, une liaison, une dépendance essentielle. Mais ne pourrait-on point dire que, pour conserver aux
êtres créés leur dépendance, il suffit que Dieu puisse les
anéantir quand il lui plaira?

THÉODORE. — Non, sans doute, mon cher Ariste. Quelle
plus grande marque d'indépendance, que de subsister par
soi-même et sans appui? A parler exactement, votre maison
ne dépend point de vous. Pourquoi cela? C'est qu'elle subsiste
sans vous. Vous pouvez y mettre le feu quand il vous plaira,
mais vous ne la soutenez pas. Voilà pourquoi il n'y a point
entre elle et vous de dépendance essentielle. Ainsi, que Dieu
puisse détruire les créatures quand il lui plaira; si elles
peuvent subsister sans l'influence continuelle du Créateur,
elles n'en sont point essentiellement dépendantes.

Pour vous convaincre entièrement de ce que je vous dis,
concevez pour un moment que Dieu ne soit point; l'univers,
selon vous, ne laissera pas de subsister; car une cause qui
n'influe point, n'est pas plus nécessaire à la production d'un
effet, qu'une cause qui n'est point. Cela est évident. Or,
selon cette supposition, vous ne pouvez point concevoir
que le monde soit essentiellement dépendant du Créateur,
puisque le Créateur est conçu comme n'étant plus. Cette
supposition est impossible, il est vrai. Mais l'esprit peut
joindre ou séparer les choses comme il lui plaît, pour en
découvrir les rapports. Donc si les corps sont essentiellement

dépendants du Créateur, ils ont besoin pour subsister d'être
soutenus par son influence continuelle, par l'efficace de la
même volonté qui les a créés. Si Dieu cesse seulement de
vouloir qu'ils soient, il s'ensuivra nécessairement et précisément de cela seul, qu'ils ne seront plus; car s'ils conti-
nuaient d'être quoique Dieu ne continuât plus de vouloir
qu'ils fussent, ils seraient indépendants et même, prenez
garde à ceci, tellement indépendants, que Dieu ne pourrait
plus les détruire. C'est ce que je vais vous prouver.

IX. Un Dieu infiniment sage ne peut rien vouloir qui ne
soit digne, pour ainsi dire, d'être voulu; il ne peut rien
aimer qui ne soit aimable. Or le néant n'a rien d'aimable.
Donc il ne peut être le terme des volontés divines. Assurément le néant n'a point assez de réalité, lui qui n'en a point
du tout, pour avoir quelque rapport avec l'action d'un Dieu,
avec une action d'un prix infini. Donc Dieu ne peut vouloir
positivement l'anéantissement de l'univers. Il n'y a que les
créatures qui, faute de puissance, ou par erreur, puissent
prendre le néant pour le terme de leurs volontés. C'est que
tel objet peut faire obstacle à l'accomplissement de leurs
désirs, ou qu'elles se l'imaginent ainsi. Mais quand vous y aurez
pensé, vous le verrez bien, rien n'est plus évident, qu'un Dieu
infiniment sage et tout-puissant ne peut, sans se démentir,
déployer sa puissance pour ne rien faire; que dis-je, pour ne
rien faire! pour détruire son propre ouvrage; non pour y
corriger des désordres qu'il n'y a pas mis, mais pour anéantir
les natures qu'il a faites. Ainsi, Ariste, supposé que, pour
anéantir le monde, il ne suffise pas que Dieu cesse de vouloir qu'il soit, supposé qu'il faille encore que Dieu veuille
positivement qu'il ne soit plus, je tiens le monde nécessaire
et indépendant, puisque Dieu ne peut le détruire sans
renoncer à ses attributs, et qu'il y a contradiction qu'il y
puisse renoncer.

Ne diminuez donc point la dépendance des créatures, de
peur de tomber dans cette impiété de la ruiner entièrement.
Dieu peut les anéantir quand il lui plaira, comme vous dites;
mais c'est qu'il peut cesser de vouloir ce qu'il lui a été libre
de vouloir. Comme il se suffit pleinement à lui-même, il
n'aime invinciblement que sa propre substance. La volonté
de créer le monde, quoique éternelle et immuable aussi bien

que les opérations immanentes, ne renferme rien de nécessaire. Comme Dieu a pu former le décret de créer le monde
dans le temps, il a pu, et il peut toujours, cesser de vouloir
que le monde soit; non que l'acte de son décret puisse être
ou n'être pas; mais parce que cet acte immuable et éternel
est parfaitement libre, et qu'il n'enferme la durée éternelle
des êtres créés que par supposition. Dieu, de toute éternité,
a voulu, il continuera éternellement de vouloir, ou, pour
parler plus juste, Dieu veut sans cesse, mais sans variété,
sans succession, sans nécessité, tout ce qu'il fera dans la
suite des temps. L'acte de son décret éternel, quoique simple
et immuable, n'est nécessaire que parce qu'il est. Il ne peut
n'être pas, que parce qu'il est; mais il n'est que parce que
Dieu le veut bien. Car de même qu'un homme, dans le temps
même qu'il remue le bras, est libre pour ne le point remuer,
quoique dans la supposition qu'il se remue il y ait contradiction qu'il ne se remue pas, ainsi, comme Dieu veut toujours
et sans succession ce qu'il veut, quoique ses décrets soient
immuables, ils ne laissent pas d'être parfaitement libres, parce
qu'ils ne sont nécessaires que par la force de la supposition,
prenez-y garde, que parce que Dieu est immuable dans ses
desseins. Mais je crains de m'écarter; revenons à notre
sujet. Êtes-vous bien convaincu, maintenant, que les créatures sont essentiellement dépendantes du Créateur, si fort
dépendantes qu'elles ne peuvent subsister sans son influence,
qu'elles ne peuvent continuer d'être, que Dieu ne continue
de vouloir qu'elles soient?

ARISTE. — J'ai fait tout ce que j'ai pu pour combattre
vos raisons. Mais je me rends. Je n'ai rien à vous répliquer.
La dépendance des créatures est tout autre que je ne pensais.

X. THÉODORE. — Reprenons donc ce que nous venons de
dire, et tirons-en des conséquences. Mais prenez garde que
je n'en tire qui ne soient pas clairement renfermées dans le
principe.

La création ne passe point, la conservation des créatures
n'étant de la part de Dieu qu'une création continuée, qu'une
même volonté qui subsiste, et qui opère sans cesse. Or Dieu
ne peut concevoir, ni par conséquent vouloir, qu'un corps ne
soit nulle part, ou qu'il n'ait avec les autres certains rapports de distance. Dieu ne peut donc vouloir que ce fauteuil

existe, et par cette volonté le créer ou le conserver, qu'il ne le place là, ou là, ou ailleurs. Donc il y a contradiction qu'un corps en puisse remuer un autre. Je dis plus : il y a contradiction que vous puissiez remuer votre fauteuil. Ce n'est pas assez, il y a contradiction que tous les Anges et les Démons joints ensemble puissent ébranler un fétu. La démonstration en est claire; car nulle puissance, quelque grande qu'on l'imagine, ne peut surmonter ni même égaler celle de Dieu. Or il y a contradiction que Dieu veuille que ce fauteuil soit, qu'il ne veuille qu'il soit quelque part, et que par l'efficace de sa volonté il ne l'y mette, il ne l'y conserve, il ne l'y crée. Donc nulle puissance ne peut le transporter où Dieu ne le transporte pas, ni le fixer ou l'arrêter où Dieu ne l'arrête pas, si ce n'est que Dieu accommode l'efficace de son action, à l'action inefficace de ses créatures. C'est ce qu'il faut vous expliquer pour accorder la Raison avec l'expérience, et pour vous donner l'intelligence du plus grand, du plus fécond et du plus nécessaire de tous les principes, qui est que Dieu ne communique sa puissance aux créatures et ne les unit entre elles, que parce qu'il établit leur modalités causes occasionnelles des effets qu'il produit lui-même; causes occasionnelles, dis-je, qui déterminent l'efficace de ses volontés en conséquence des lois générales qu'il s'est prescrites, pour faire porter à sa conduite le caractère de ses attributs, et répandre dans son ouvrage l'uniformité d'action nécessaire pour en lier ensemble toutes les parties qui le composent, et pour le tirer de la confusion et de l'irrégularité d'une espèce de chaos où les esprits ne pourraient jamais rien comprendre. Je vous dis ceci, mon cher Ariste, pour vous donner de l'ardeur et réveiller votre attention. Car, comme ce que je viens de vous dire du mouvement et du repos de la matière pourrait bien vous paraître peu de chose, vous croiriez peut-être que des principes si petits et si simples ne pourraient pas vous conduire à ces grandes et importantes vérités que vous avez déjà entrevues, et sur lesquelles est appuyé presque tout ce que je vous ai dit jusqu'ici.

ARISTE. — Ne craignez point, Théodore, que je vous perde de vue. Je vous suis, ce me semble, d'assez près, et vous me charmez de manière qu'il me semble qu'on me transporte.

Courage donc! Je saurai bien vous arrêter, si vous passez trop légèrement par-dessus quelques endroits trop difficiles et trop périlleux pour moi.

XI. THÉODORE. — Supposons donc, Ariste, que Dieu veuille qu'il y ait sur ce plancher un tel corps, une boule, par exemple : aussitôt la voilà faite. Rien n'est plus mobile qu'une sphère sur un plan; mais toutes les puissances imaginables ne pourront l'ébranler, si Dieu ne s'en mêle; car, encore un coup, tant que Dieu voudra créer ou conserver cette boule au point A, ou à tel autre qu'il vous plaira, — et c'est une nécessité qu'il la mette quelque part, — nulle force ne pourra l'en faire sortir. Ne l'oubliez pas, c'est là le principe.

ARISTE. — Je le tiens, ce principe. Il n'y a que le Créateur qui puisse être le moteur; que celui qui donne l'être aux corps, qui puisse les placer dans les endroits qu'ils occupent.

THÉODORE. — Fort bien. La force mouvante d'un corps n'est donc que l'efficace de la volonté de Dieu, qui le conserve successivement en différents lieux. Cela supposé, concevons que cette boule soit mue, et que dans la ligne de son mouvement elle en rencontre une autre en repos; l'expérience nous apprend que cette autre sera remuée immanquablement, et selon certaines proportions toujours exactement observées. Or ce n'est point la première qui meut la seconde. Cela est clair par le principe; car un corps n'en peut mouvoir un autre sans lui communiquer de sa force mouvante. Or la force mouvante d'un corps mû n'est que la volonté du Créateur, qui le conserve successivement en différents lieux. Ce n'est point une qualité qui appartienne à ce corps. Rien ne lui appartient que ses modalités; et les modalités sont inséparables des substances. Donc les corps ne peuvent se mouvoir les uns les autres, et leur rencontre ou leur choc est seulement une cause occasionnelle de la distribution de leur mouvement. Car étant impénétrables, c'est une espèce de nécessité que Dieu, que je suppose agir toujours avec la même efficace ou la même quantité de force mouvante, répande, pour ainsi dire, dans le corps choqué, la force mouvante de celui qui le choque, et cela à proportion de la grandeur du choc, mais selon cette loi, lorsqu'ils se choquent tous deux, que le plus fort, ou celui qui est transporté avec une plus grande force mouvante, doit vaincre le plus faible et le faire rejaillir sans rien recevoir de lui. Je dis sans rien recevoir du plus faible; car un corps parfaitement dur tel que je le suppose, ne peut pas recevoir en même temps deux impressions ou deux mouvements contraires dans les parties dont il est composé. Cela ne peut arriver que dans les corps mous ou qui font ressort [1]. Mais il est inutile d'entrer présentement dans le détail des lois du mouvement. Il suffit [2] que vous sachiez que les corps ne peuvent se mouvoir eux-mêmes, ni ceux qu'ils rencontrent, ce que la Raison vient de nous découvrir, et qu'il y a certaines lois selon lesquelles Dieu les meut immanquablement, ce que nous apprenons de l'expérience.

ARISTE. — Cela me paraît incontestable. Mais qu'en pensez-vous, Théotime? Vous ne contredites jamais Théodore.

XII. THÉOTIME. — Il y a longtemps que je suis convaincu de ces vérités. Mais puisque vous voulez que je combatte le sentiment de Théodore, je vous prie de me résoudre une petite difficulté. La voici : je conçois bien qu'un corps ne peut de lui-même se mouvoir; mais supposé qu'il soit mû, je prétends qu'il en peut mouvoir un autre, comme cause entre laquelle et son effet, il y a une liaison nécessaire. Car supposons que Dieu n'ait point encore établi de lois de communications des mouvements, certainement il n'y

---

1. Voy. les lois des communications des mouvements, à la fin du 3e volume de la *Recherche de la Vérité* de l'édition de 1700.

2. Au lieu du passage : « répande, pour ainsi dire... Il suffit », la première édition donne : « partage, pour ainsi dire, cette force proportionnellement à la grandeur de chacun des corps qui se rencontrent, lesquels dans l'instant du choc, peuvent être regardés comme n'en étant plus qu'un, afin qu'ils aillent ensuite de compagnie vers le même endroit, supposé néanmoins que leurs mouvements ne soient point contraires et qu'ils soient dans la même ligne; car, s'ils étaient directement contraires, je croirais qu'il s'en devrait faire une permutation réciproque; et que s'ils ne l'étaient qu'en partie, la permutation y serait proportionnée. Que le rejaillissement des corps et l'augmentation de leur mouvement, effet connu par l'expérience, ne vous trompent point. Tout cela ne vient que de leur ressort, qui dépend de tant de causes, que de nous y arrêter maintenant ce serait abandonner le chemin que nous devons suivre. Dieu meut toujours ou tend à mouvoir les corps en ligne droite, parce que cette ligne est la plus simple ou la plus courte. Il ne change, à la rencontre des corps, la direction de leur mouvement, que le moins qu'il est possible, et je crois qu'il ne change jamais la quantité de la force mouvante qui anime la matière. C'est sur ces principes que sont appuyées les lois générales des communications des mouvements, selon lesquelles Dieu agit sans cesse. Il n'est pas temps que je vous le prouve; car il suffit présentement... »

aura point encore de causes occasionnelles. Cela étant, que le corps A soit mû, et qu'en suivant la ligne de son mouvement il enfile le corps B, que je suppose concave, et comme le moule du corps A, qu'arrivera-t-il? Choisissez.

ARISTE. — Ce qui arrivera? Rien; car où il n'y a point de cause il ne peut y avoir d'effet.

THÉOTIME. — Comment, rien? Il faut bien qu'il arrive quelque chose de nouveau; car le corps B sera mû en suite du choc ou il ne le sera pas.

ARISTE. — Il ne le sera pas.

THÉOTIME. — Jusqu'ici cela va bien. Mais, Ariste, que deviendra le corps A à la rencontre de B? Ou il rejaillira, ou il ne rejaillira pas. S'il rejaillit, voilà un effet nouveau, dont B sera la cause. S'il ne rejaillit pas, ce sera bien pis; car voilà une force détruite, ou du moins sans action. Donc le choc des corps n'est point une cause occasionnelle, mais très réelle, et très véritable, puisqu'il y a une liaison nécessaire entre le choc et tel effet que vous voudrez. Ainsi....

ARISTE. — Attendez un peu, Théotime. Que me prouvez-vous là? Que les corps étant impénétrables, c'est une nécessité que, dans l'instant du choc, Dieu se détermine à faire choix sur ce que vous venez de me proposer. Voilà tout; je n'y prenais pas garde. Vous ne prouvez nullement qu'un corps mû puisse, par quelque chose qui lui appartienne, mouvoir celui qu'il rencontre. Si Dieu n'a point encore établi de lois de communications des mouvements, la nature des corps, leur impénétrabilité, l'obligera à en faire de telles qu'il jugera à propos, et il se déterminera à celles qui sont les plus simples, si elles suffisent à l'exécution des ouvrages qu'il veut former de la matière. Mais il est clair que l'impénétrabilité n'a point d'efficace propre, et qu'elle ne fait que donner à Dieu, qui traite les choses selon leur nature, une occasion de diversifier son action, sans rien changer dans sa conduite.

Je veux bien, néanmoins, qu'un corps mû soit la cause véritable du mouvement de ceux qu'il rencontre, car il ne faut point disputer sur un mot. Mais qu'est-ce qu'un corps mû? C'est un corps transporté par une action divine. Cette action qui le transporte peut aussi transporter celui qu'il rencontre, si elle y est appliquée. Qui en doute? Mais cette

action, cette force mouvante n'appartient nullement aux
corps. C'est l'efficace de la volonté de celui qui les crée ou
qui les conserve successivement en différents lieux. La
matière est mobile essentiellement. Elle a de sa nature une
capacité passive de mouvement. Mais elle n'a de capacité
active, elle n'est mue actuellement, que par l'action continuelle du Créateur. Ainsi un corps n'en peut ébranler un
autre par une efficace qui appartienne à sa nature. Si les
corps avaient en eux la force de se mouvoir, les plus forts
renverseraient ceux qu'ils rencontrent, comme cause efficiente. Mais n'étant mus que par un autre, leur rencontre
n'est qu'une cause occasionnelle, qui oblige, à cause de leur
impénétrabilité, le moteur ou le Créateur à partager son
action. Et parce que Dieu doit agir d'une manière simple
et uniforme, il a dû se faire des lois générales, et les plus
simples qui puissent être, afin que, dans la nécessité de
changement il changeât le moins qu'il était possible, et
que par une même conduite il produisît une infinité d'effets
différents. Voilà, Théotime, comme je comprends les choses.

THÉOTIME. — Vous les comprenez fort bien.

XIII. THÉODORE. — Parfaitement bien. Nous voilà tous
d'accord sur le principe. Suivons-le un peu. Donc, Ariste,
vous ne pouvez, de vous-même, remuer le bras, changer de
place, de situation, de posture, faire aux autres hommes ni
bien ni mal, mettre dans l'univers le moindre changement.
Vous voilà dans le monde sans aucune puissance, immobile
comme un roc, stupide, pour ainsi dire, comme une souche.
Que votre âme soit unie à votre corps si étroitement qu'il
vous plaira, que par lui elle tienne à tous ceux qui vous
environnent, quel avantage tirerez-vous de cette union imaginaire? Comment ferez-vous pour remuer seulement le bout
du doigt, pour prononcer seulement un monosyllabe? Hélas!
si Dieu ne vient au secours, vous ne ferez que de vains efforts,
vous ne formerez que des désirs impuissants; car, un peu de
réflexion : savez-vous bien ce qu'il faut faire pour prononcer
le nom de votre meilleur ami, pour courber ou redresser
celui de vos doigts dont vous faites le plus d'usage? Mais
supposons que vous sachiez ce que tout le monde ne sait
pas, ce dont quelques savants même ne conviennent pas,
savoir, qu'on ne peut remuer le bras que par le moyen des

esprits animaux, qui, coulant par les nerfs dans les muscles,
les raccourcissent et tirent à eux les os auxquels ils sont
attachés; supposons que vous sachiez l'anatomie et le jeu
de votre machine aussi exactement qu'un horloger son
propre ouvrage. Mais du moins souvenez-vous du principe,
qu'il n'y a que le Créateur des corps qui puisse en être le
moteur. Ce principe suffit pour lier, que dis-je, pour lier!
pour anéantir toutes vos facultés prétendues; car enfin les
esprits animaux sont des corps, quelque petits qu'ils puissent
être; ce n'est que le plus subtil du sang et des humeurs.
Dieu seul peut donc les remuer, ces petits corps. Lui seul
peut et sait les faire couler du cerveau dans les nerfs, des nerfs
dans les muscles, d'un muscle dans son antagoniste, toutes
choses nécessaires au mouvement de nos membres. Donc,
nonobstant l'union de l'âme et du corps telle qu'il vous
plaira de l'imaginer, vous voilà mort et sans mouvement,
si ce n'est que Dieu veuille bien accorder ses volontés avec
les vôtres, ses volontés toujours efficaces avec vos désirs
toujours impuissants. Voilà, mon cher Ariste, le dénouement
du mystère. C'est que toutes les créatures ne sont unies qu'à
Dieu d'une union immédiate. Elles ne dépendent essentiellement et directement que de lui. Comme elles sont toutes
également impuissantes, elles ne dépendent point mutuellement les unes des autres. On peut dire qu'elles sont unies
entre elles et qu'elles dépendent même les unes des autres,
je l'avoue, pourvu qu'on ne l'entende pas selon les idées
vulgaires, pourvu qu'on demeure d'accord que ce n'est
qu'en conséquence des volontés immuables et toujours efficaces du Créateur, qu'en conséquence des lois générales que
Dieu a établies, et par lesquelles il règle le cours ordinaire
de sa Providence. Dieu a voulu que mon bras fût remué dans
l'instant que je le voudrais moi-même. (Je suppose les condi-
tions nécessaires.) Sa volonté est efficace, elle est immuable.
Voilà d'où je tire ma puissance et mes facultés. Il a voulu
que j'eusse certains sentiments, certaines émotions, quand
il y aurait dans mon cerveau certaines traces, certains ébranlements d'esprits; il a voulu, en un mot, et il veut sans cesse,
que les modalités de l'esprit et du corps fussent réciproques.
Voilà l'union et la dépendance naturelle des deux parties
dont nous sommes composés : ce n'est que la réciprocation

mutuelle de nos modalités appuyée sur le fondement inébranlable des décrets divins, décrets qui, par leur efficace,
me communiquent la puissance que j'ai sur mon corps et
par lui sur quelques autres; décrets qui, par leur immutabilité,
m'unissent à mon corps, et, par lui, à mes amis, à mes biens,
à tout ce qui m'environne. Je ne tiens rien de ma nature,
rien de la nature imaginaire des philosophes, tout de Dieu
et de ses décrets. Dieu a lié ensemble tous ses ouvrages, non
qu'il ait produit en eux des entités liantes; il les a subordonnés les uns aux autres sans les revêtir de qualités efficaces. Vaines prétentions de l'orgueil humain, productions
chimériques de l'ignorance des philosophes! C'est que,
frappés sensiblement à la présence des corps, touchés intérieurement par le sentiment de leurs propres efforts, ils n'ont
point reconnu l'opération invisible du Créateur, l'uniformité de sa conduite, la fécondité de ses lois, l'efficace toujours actuelle de ses volontés, la sagesse infinie de sa Providence ordinaire. Ne dites donc plus, je vous prie, mon cher
Ariste, que votre âme est unie à votre corps plus étroitement
qu'à toute autre chose, puisqu'elle n'est unie immédiatement qu'à Dieu seul, puisque les décrets divins sont les
liens indissolubles de toutes les parties de l'Univers et
l'enchaînement merveilleux de la subordination de toutes les
causes.

XIV. ARISTE. — Ah! Théodore, que vos principes sont
clairs, qu'ils sont solides, qu'ils sont chrétiens! Mais qu'ils
sont aimables et touchants! J'en suis tout pénétré. Quoi!
c'est donc Dieu lui-même qui est présentement au milieu
de nous, non comme simple spectateur et observateur de
nos actions bonnes ou mauvaises, mais comme le principe
de notre société, le lien de notre amitié, l'âme, pour ainsi
dire, du commerce et des entretiens que nous avons ensemble.
Je ne puis vous parler que par l'efficace de sa puissance, ni
vous toucher et vous ébranler que par le mouvement qu'il
me communique. Je ne sais pas même quelles doivent être
les dispositions des organes qui servent à la voix pour prononcer ce que je vous dis sans hésiter. Le jeu de ces organes
me passe. La variété des paroles, des tons, des mesures, en
rend le détail comme infini. Dieu le sait, ce détail; lui seul
en règle le mouvement dans l'instant même de mes désirs.

Oui, c'est lui qui repousse l'air qu'il m'a fait respirer lui-même; c'est lui qui, par mes organes, en produit les vibrations ou les secousses. C'est lui qui le répand au dehors et qui en forme ces paroles par lesquelles je pénètre jusque dans votre esprit, et je verse dans votre cœur ce que le mien ne peut contenir. En effet, ce n'est pas moi qui respire; je respire malgré moi. Ce n'est pas moi qui vous parle; je veux seulement vous parler. Mais qu'il dépende de moi de respirer, que je sache exactement ce qu'il faut faire pour m'expliquer, que je forme des paroles et que je les pousse au dehors, comment iraient-elles jusqu'à vous, comment frapperaient-elles vos oreilles, comment ébranleraient-elles votre cerveau, comment toucheraient-elles votre cœur, sans l'efficace de cette puissance divine qui unit ensemble toutes les parties de l'univers? Oui, Théodore, tout cela est une suite nécessaire des lois de l'union de l'âme et du corps et des communications des mouvements. Tout cela dépend de ces deux principes dont je suis convaincu, qu'il n'y a que le Créateur des corps qui en puisse être le moteur, et que Dieu ne nous communique sa puissance que par l'établissement de quelques lois générales, dont nous déterminons l'efficace par nos diverses modalités. Ah! Théodore! Ah! Théotime! Dieu seul est le lien de notre société. Qu'il en soit la fin, puisqu'il en est principe. N'abusons point de sa puissance. Malheur à ceux qui la font servir à des passions criminelles! Rien n'est plus sacré que la puissance. Rien n'est plus divin. C'est une espèce de sacrilège que d'en faire des usages profanes. Je le comprends aujourd'hui, c'est faire servir à l'iniquité le juste vengeur des crimes. De nous-mêmes nous ne pouvons rien faire; donc, de nous-mêmes, nous ne devons rien vouloir. Nous ne pouvons agir que par l'efficace de la puissance divine; donc nous ne devons rien vouloir que selon la loi divine. Rien n'est plus évident que ces vérités.

Théodore. — Voilà d'excellentes conséquences.

XV. Théotime. — Ce sont de merveilleux principes pour la morale. Mais revenons à la métaphysique. Notre âme n'est point unie à notre corps selon les idées vulgaires. Elle n'est unie immédiatement et directement qu'à Dieu seul. Ce n'est que par l'efficace de son action que nous voilà tous

trois en présence. Que dis-je, en présence! que nous voilà
tous trois unis de sentiments, pénétrés de la même vérité,
animés, ce me semble, d'un même esprit, enflammés, pour
ainsi dire, d'une même ardeur. Dieu nous unit ensemble
par le corps, en conséquence des lois des communications
des mouvements; il nous touche des mêmes sentiments en
conséquence des lois de l'union de l'âme et du corps. Mais,
Ariste, comment sommes-nous si fort unis par l'esprit?
Théodore prononce quelques paroles à vos oreilles. Ce n'est
que de l'air battu par les organes de la voix. Dieu transforme, pour ainsi dire, cet air en paroles, en divers sons. Il
vous les fait entendre, ces divers sons, par les modalités
dont il vous touche. Mais le sens de ces paroles, où le prenez-
vous? Qui vous découvre, et à moi, les mêmes vérités que
contemple Théodore? Si l'air qu'il pousse en parlant
ne renferme point les sons que vous entendez, assurément il ne contiendra pas les vérités que vous comprenez.

Ariste. — Je vous entends, Théotime. C'est que nous
sommes unis l'un et l'autre à la Raison universelle qui
éclaire toutes les intelligences. Je suis plus savant que vous
ne pensez. Théodore m'a d'abord transporté où vous voulez
me conduire. Il m'a persuadé qu'il n'y a rien de visible,
rien qui puisse agir dans l'esprit et se découvrir à lui, que
la substance non seulement efficace, mais intelligible, de
la Raison. Oui, rien de créé ne peut être l'objet immédiat
de nos connaissances. Nous ne voyons rien dans ce monde
matériel où nos corps habitent, que parce que notre esprit,
par son attention, se promène dans un autre, que parce qu'il
contemple les beautés du monde archétype et intelligible
que renferme la Raison. Comme nos corps vivent sur la
terre et se repaissent des fruits divers qu'elle produit, nos
esprits se nourrissent des mêmes vérités que renferme la
substance intelligible et immuable du Verbe divin. Les paroles
que Théodore prononce à mes oreilles m'avertissent donc,
en conséquence des lois de l'union de l'âme et du corps,
d'être attentif aux vérités qu'il découvre dans la souveraine
Raison. Cela me tourne l'esprit du même côté que lui. Je
vois ce qu'il voit, parce que je regarde où il regarde. Et par
les paroles que je rends aux siennes, quoique les unes et les

autres soient vides de sens, je m'entretiens avec lui, et je jouis avec lui d'un bien qui nous est commun à tous, car nous sommes tous essentiellement unis avec la Raison, tellement unis que sans elle nous ne pouvons lier de société avec personne.

THÉOTIME. — Votre réponse, Ariste, me surprend extrêmement. Comment donc, sachant tout ce que vous me dites là, avez-vous pu répondre à Théodore que nous sommes unis à notre corps plus étroitement qu'à toute autre chose?

ARISTE. — C'est qu'on ne dit que ce qui se présente à la mémoire, et que les vérités abstraites ne s'offrent pas à l'esprit si naturellement que ce qu'on a ouï dire toute sa vie. Quand j'aurai médité autant que Théotime, je ne parlerai plus par jeu de machine, mais je réglerai mes paroles sur les réponses de la vérité intérieure. Je comprends donc aujourd'hui, et je ne l'oublierai de ma vie, que nous ne sommes unis immédiatement et directement qu'à Dieu. C'est dans la lumière de sa sagesse qu'il nous fait voir la magnificence de ses ouvrages, le modèle sur lequel il les forme, l'art immuable qui en règle les ressorts et les mouvements; et c'est par l'efficace de ses volontés qu'il nous unit à notre corps, et, par notre corps, à tous ceux qui nous environnent.

XVI. THÉODORE. — Vous pourriez ajouter que c'est par l'amour qu'il se porte à lui-même, qu'il nous communique cette ardeur invincible que nous avons pour le bien. Mais c'est de quoi nous parlerons une autre fois. Il suffit maintenant que vous soyez bien convaincu, mais bien, que l'esprit ne peut être uni immédiatement et directement qu'à Dieu seul; que nous ne pouvons avoir de commerce avec les créatures que par la puissance du Créateur, qui ne nous est communiquée qu'en conséquence de ses lois, et que nous ne pouvons lier de société entre nous et avec lui que par la Raison qui lui est consubstantielle. Cela une fois supposé, vous voyez bien qu'il nous est de la dernière conséquence de tâcher d'acquérir quelque connaissance des attributs de cet Être Souverain, puisque nous en dépendons si fort; car enfin, il agit en nous nécessairement selon ce qu'il est. Sa manière d'agir doit porter le caractère de ses attributs. Non seulement nos devoirs doivent se rapporter à ses perfections, mais notre conduite doit encore être réglée sur la sienne, afin que nous prenions de justes mesures pour l'exécution de nos desseins, et que nous trouvions une combinaison de causes qui les favorisent. La foi et l'expérience nous apprennent pour cela bien des vérités par la voie abrégée de l'autorité et par des preuves de sentiment fort agréables et fort commodes. Mais tout cela ne nous en donne pas maintenant l'intelligence; ce doit être le fruit et la récompense de notre travail et de notre application. Au reste, étant faits pour connaître et aimer Dieu, il est clair qu'il n'y a point d'occupation qui soit préférable à la méditation des perfections divines, qui doit nous animer de la charité et régler tous les devoirs d'une créature raisonnable.

ARISTE. — Je comprends bien, Théodore, que le culte que Dieu demande des esprits est un culte spirituel. C'est d'en être connu, c'est d'en être aimé; c'est que nous formions de lui des jugements dignes de ses attributs, et que nous réglions sur ses volontés tous les mouvements de notre cœur; car Dieu est esprit, et il veut être adoré en esprit et en vérité. Mais il faut que je vous avoue que je crains extrêmement de former, sur les perfections divines, des jugements qui les déshonorent. Ne vaut-il point mieux les honorer par le silence et par l'admiration, et nous occuper uniquement à la recherche des vérités moins sublimes et plus proportionnées à la capacité de notre esprit?

THÉODORE. — Comment, Ariste, l'entendez-vous? Vous n'y pensez pas. Nous sommes faits pour connaître et aimer Dieu; eh quoi! vous ne voulez pas que nous y pensions, que nous en parlions, je pourrais donc ajouter, que nous l'adorions? Il faut, dites-vous, l'honorer [1] par le silence et par l'admiration. Oui, par un silence respectueux que la contemplation de sa grandeur nous impose, par un silence religieux où l'éclat de sa majesté nous réduise, par un silence forcé, pour ainsi dire, qui vienne de notre impuissance, et qui n'ait point pour principe une négligence criminelle, une curiosité déréglée de connaître, au lieu de lui, des objets bien moins dignes de notre application. Qu'admirez-vous dans la Divinité, si vous n'en connaissez rien? Comment l'aimerez-

1. 1ʳᵉ édition : « l'adorer ».

vous, si vous ne la contemplez? Comment nous édifierons-
nous les uns les autres dans la charité, si nous bannissons
de nos entretiens celui que vous venez de reconnaître pour
l'âme du commerce que nous avons ensemble, pour le lien
de notre petite société? Assurément, Ariste, plus vous con-
naîtrez l'Être Souverain, plus vous en admirerez les perfections infinies. Ne craignez donc point d'y trop penser
et d'en parler indignement, pourvu que la foi vous conduise;
ne craignez point d'en porter de faux jugements, pourvu
qu'ils soient toujours conformes à la notion de l'Être infiniment parfait. Vous ne déshonorerez point les perfections
divines par des jugements indignes d'elles, pourvu que vous
n'en jugiez jamais par vous-même, pourvu que vous ne
donniez point au Créateur les imperfections et les limitations des créatures. Pensez-y donc, Ariste. J'y penserai de
mon côté, et j'espère que Théotime en fera de même. Cela
est nécessaire pour la suite des principes dont je crois devoir
vous entretenir. A demain donc, à l'heure ordinaire, car il
est temps que je me retire.

Ariste. — Adieu, Théodore. Je vous prie, Théotime, que
nous nous retrouvions tous trois à l'heure marquée.

Théotime. — Je suis Théodore; mais je reviendrai avec
lui, puisque vous le voulez bien... — Ah! Théodore, qu'Ariste
est changé. Il est attentif; il ne raille plus; il ne s'arrête plus
si fort aux manières; en un mot il entend raison, et s'y rend
de bonne foi.

Théodore. — Il est vrai; mais ses préjugés reviennent
encore à la traverse, et confondent un peu ses idées. La raison
et les préjugés parlent tour à tour par sa bouche. Tantôt la
vérité le fait parler, et tantôt la mémoire joue son jeu. Mais
son imagination n'ose plus se révolter. C'est ce qui marque
un bon fond et me fait tout espérer.

Théotime. — Que voulez-vous, Théodore? les préjugés
ne se quittent pas comme un vieil habit auquel on ne pense
plus. Il me semble que nous avons été comme Ariste; car
nous ne naissons pas philosophes, nous le devenons. Il
faudra lui rebattre incessamment les grands principes, afin
qu'il y pense si souvent, que son esprit s'en mette en possession, et que, dans le besoin, ils se présentent à lui tout naturellement.

THÉODORE. — C'est ce que j'ai tâché de faire jusqu'ici. Mais cela lui fait de la peine, car il aime le détail et la variété des pensées. Je vous prie d'appuyer toujours sur la nécessité qu'il y a de bien comprendre les principes, afin d'arrêter la vivacité de son esprit; et n'oubliez pas, s'il vous plaît, de méditer le sujet de notre entretien.

HUITIÈME ENTRETIEN

De Dieu et de ses attributs.

THÉODORE. — Hé bien, Ariste, dans quelle disposition êtes-vous? Il faut que nous sachions l'état où vous vous trouvez, afin que nous puissions y accommoder ce que nous avons à vous dire.

ARISTE. — J'ai repassé dans mon esprit ce que vous m'avez dit jusques ici, et je vous avoue que je n'ai pu résister à l'évidence des preuves sur lesquelles vos principes sont appuyés; mais ayant voulu méditer le sujet des attributs divins que vous nous avez proposé, j'y ai trouvé tant de difficultés, que je me suis rebuté. Je vous dirais bien que cette matière était trop sublime ou trop abstraite pour moi; je ne saurais y atteindre et je n'y trouve point de prise.

THÉODORE. — Quoi! vous ne voulez rien nous dire?

ARISTE. — C'est que je n'ai rien de bon, rien qui me satisfasse. Je vous écouterai tous deux, s'il vous plaît.

THÉODORE. — Cela ne nous plaît nullement. Mais puisque vous ne voulez pas nous dire ce que vous avez pensé, du moins suivez-moi pour me dire [1] votre sentiment sur ce qui m'est venu dans l'esprit.

ARISTE. — Volontiers; mais Théotime?

THÉODORE. — Théotime sera le juge des petits différends qui pourront bien naître de la diversité de nos idées.

THÉOTIME. — Le juge! comment l'entendez-vous? C'est à la Raison à présider parmi nous, et à décider souverainement.

THÉODORE. — J'entends, Théotime, que vous serez juge subalterne par dépendance de la Raison, et que vous ne

---

1. Au lieu de « du moins... me dire », la première édition donne : « souffrez que je vous interroge pour savoir ».

pourrez prononcer que selon les lois qu'elle vous prescrit comme à nous. Ne perdons point de temps, je vous prie. Confrontez seulement ce que nous dirons l'un et l'autre avec les réponses de la vérité intérieure, pour avertir et redresser celui qui s'égarera. Allons, Ariste, suivez-moi, et ne m'arrêtez que lorsque je passerai trop légèrement sur des endroits difficiles.

I. Par la Divinité nous entendons tous l'Infini, l'Être sans restriction, l'Être infiniment parfait. Or rien de fini ne peut représenter l'infini. Donc il suffit de penser à Dieu pour savoir qu'il est. Ne soyez pas surpris, Théotime, si Ariste me passe cela. C'est qu'il en est déjà demeuré d'accord avant que vous fussiez ici [1].

ARISTE. — Oui, Théotime, je suis convaincu que rien de fini ne peut avoir assez de réalité pour représenter l'infini, qu'en voyant le fini on puisse y découvrir l'infini qu'il ne contient pas [2]. Or je suis certain que je vois l'infini. Donc l'infini existe, puisque je le vois et que je ne puis le voir qu'en lui-même. Comme mon esprit est fini, la connaissance que j'ai de l'infini est finie. Je ne le comprends pas, je ne le mesure pas; je suis même bien certain que je ne pourrai jamais le mesurer. Non seulement je n'y trouve point de 'fin, je vois de plus qu'il n'en a point. En un mot la perception que j'ai de l'infini est bornée; mais la réalité objective dans laquelle mon esprit se perd, pour ainsi dire, elle n'a point de bornes. C'est de quoi maintenant il m'est impossible de douter.

THÉOTIME. — Je n'en doute pas non plus.

THÉODORE. — Cela supposé, il est clair que ce mot : *Dieu*, n'étant que l'expression abrégée de l'Être infiniment parfait, il y a contradiction qu'on se puisse tromper, lorsqu'on n'attribue à Dieu que ce que l'on voit convenir à l'Être infiniment parfait; car enfin, si on ne se trompe jamais lorsqu'on ne juge des ouvrages de Dieu que selon ce qu'on voit clairement et distinctement dans leurs idées, à cause que Dieu les ayant formés sur ces idées qui sont leur archétype, il ne peut se faire qu'elles ne représentent pas naïve-

1. *Entretien II.*
2. Les mots : « qu'en voyant... ne contient pas », manquent dans la première édition.

ment leur nature, à plus forte raison on ne se trompera
jamais, pourvu qu'on n'attribue à [1] Dieu que ce qu'on voit
clairement et distinctement appartenir à l'Être infiniment
parfait, que ce qu'on découvre, non dans une idée distinguée
de Dieu, mais dans sa substance même. Attribuons donc à
Dieu, ou à l'Être infiniment parfait, toutes les perfections,
quelque incompréhensibles qu'elles nous paraissent, pourvu
que nous soyons certains que ce sont des réalités ou de
véritables perfections ; des réalités, dis-je, et des perfections qui ne tiennent point du néant, qui ne sont point
bornées par des imperfections ou des limitations semblables
à celles des créatures. Prenez donc garde.

II. *Dieu*, c'est l'Être infiniment parfait. Donc Dieu est
indépendant. Pensez-y, Ariste, et arrêtez-moi seulement
lorsque je dirai quelque chose que vous ne verrez pas clairement être une perfection, et appartenir à l'Être infiniment
parfait. Dieu est indépendant, donc il est immuable.

Ariste. — *Dieu est indépendant, donc il est immuable*!
Pourquoi immuable?

Théodore. — C'est qu'il ne peut y avoir d'effet ou de
changement sans cause. Or Dieu est indépendant de l'efficace des causes. Donc, s'il arrivait en Dieu quelque changement, il en serait lui-même la cause. Or quoique Dieu
soit la cause ou le principe de ses volontés ou de ses décrets,
il n'a jamais produit en lui aucun changement; car ses
décrets, quoique parfaitement libres, sont eux-mêmes
éternels et immuables, comme je vous ai déjà dit [2]. Dieu
les a faits, ces décrets, ou plutôt il les forme sans cesse sur la
sagesse éternelle, qui est la règle inviolable de ses volontés.
Et, quoique les effets de ces décrets soient infinis et produisent mille et mille changements dans l'univers, ces décrets
sont toujours les mêmes. C'est que l'efficace de ces décrets
immuables n'est déterminée à l'action que par les circonstances des causes qu'on appelle naturelles, et que je crois
devoir appeler *occasionnelles*, de peur de favoriser le préjugé
dangereux d'une *nature* et d'une efficace distinguées de la
volonté de Dieu et de sa toute-puissance.

1. Les mots : « Dieu que selon... qu'on n'attribue à », manquent dans la
première édition. ↲
2. *Entretien* précédent.

ARISTE. — Je ne comprends pas trop bien tout cela. Dieu est libre et indifférent à l'égard, par exemple, du mouvement de tel corps, ou de tel effet qu'il vous plaira. S'il est indifférent, il peut le produire, cet effet, ou ne le produire pas. Cet effet est une suite de ses décrets, je le veux. Mais il est certain que Dieu peut ne le pas produire. Donc il peut ne le vouloir pas produire. Donc Dieu n'est pas immuable, puisqu'il peut changer de volonté, et ne pas vouloir demain ce qu'il veut aujourd'hui.

THÉODORE. — Vous ne vous souvenez pas, Ariste, de ce que je vous dis dans notre dernier entretien [1]. Dieu est libre, et même indifférent à l'égard de mille et mille effets. Il peut changer de volonté en ce sens qu'il est indifférent pour vouloir ou ne pas vouloir tel effet. Mais prenez garde, à présent que vous êtes assis, pouvez-vous être debout? Vous le pouvez absolument, mais selon la supposition, vous ne le pouvez pas; car vous ne pouvez pas être debout et assis en même temps. Comprenez donc qu'en Dieu il n'y a point de succession de pensées et de volontés; que par un acte éternel et immuable il connaît tout, et veut tout ce qu'il veut. Dieu veut, avec une liberté parfaite et une entière indifférence, créer le monde. Il veut former des décrets et établir des lois simples et générales, pour le gouverner d'une manière qui porte le caractère de ses attributs. Mais ces décrets posés, ils ne peuvent être changés; non qu'ils soient nécessaires absolument, mais par la force de la supposition. Prenez-y garde! c'est uniquement qu'ils sont posés, et que Dieu, en les formant, a si bien su ce qu'il faisait, qu'ils ne peuvent être révoqués; car, quoiqu'il en ait fait quelques-uns pour un temps, ce n'est pas qu'il ait changé de senti-ment et de volonté quand ce temps arrive; mais c'est qu'un même acte de sa volonté se rapporte aux différences des temps que renferme son éternité. Dieu ne change donc point et ne peut changer ses pensées, ses desseins, ses volontés; il est immuable; c'est une des perfections de sa nature, et, néanmoins, il est parfaitement libre dans tout ce qu'il fait au dehors. Il ne peut changer, parce que ce qu'il veut, il le veut sans succession, par un acte simple et inva-

1. *Entretien VII*, 9.

riable. Mais il peut ne le pas vouloir, parce qu'il veut librement ce qu'il veut actuellement.

ARISTE. — Je penserai, Théodore, à ce que vous me dites. Passons outre. Je crois que Dieu est immuable. Il me paraît évident que c'est une perfection que de n'être point sujet au changement. Cela me suffit. Quand même je ne pourrais pas accorder l'immuabilité de Dieu avec sa liberté, je crois qu'il possède ces deux attributs, puisqu'il est infiniment parfait.

III. THÉOTIME. — Permettez-moi, Théodore, de vous proposer une petite difficulté. Vous venez de dire que l'efficace des décrets immuables de Dieu n'est déterminée à l'action que par les circonstances des causes qu'on appelle naturelles, et que nous appelons occasionnelles. Ce sont vos termes. Mais, je vous prie, que deviendront les miracles? Le choc des corps, par exemple, est la cause occasionnelle de la communication du mouvement du choquant au choqué. Quoi! Dieu ne pourra-t-il pas suspendre, en tel cas, l'effet de la loi générale des communications des mouvements, et ne l'a-t-il pas souvent suspendu?

THÉODORE. — Une fois pour toutes, mon cher Ariste [1], — car je vois bien que c'est à cause de vous que Théotime veut que je m'explique davantage; il appréhende que vous ne preniez pas bien ma pensée, — une fois pour toutes, Ariste, quand je dis que Dieu suit toujours les lois générales qu'il s'est prescrites, je ne parle que de sa providence générale et ordinaire. Je n'exclus point les miracles ou les effets qui ne suivent point de ses lois générales. Mais de plus, Théotime, — c'est à vous maintenant que je parle, — lorsque Dieu fait un miracle, et qu'il n'agit point en conséquence des lois générales qui nous sont connues, je prétends, ou que Dieu agit en conséquence d'autres lois générales qui nous sont inconnues, ou que ce qu'il fait alors, il y est déterminé par de [2] certaines circonstances qu'il a eues en vue de toute éternité, en formant cet acte simple, éternel, invariable, qui renferme et les lois générales de sa providence ordinaire, et encore les exceptions de ces mêmes lois.

1. Au lieu de « mon cher Ariste », la première édition donne : « Théotime, et vous, Ariste ».

2. 1ʳᵉ édition : « par certaines ».

Mais ces circonstances ne doivent pas être appelées causes
occasionnelles, dans le même sens que le choc des corps,
par exemple, l'est des communications des mouvements,
parce que Dieu n'a point fait de lois générales pour régler
uniformément l'efficace de ses volontés par la rencontre
de ces circonstances. Car dans les exceptions des lois générales, Dieu agit tantôt d'une manière et tantôt d'une autre,
quoique toujours selon que l'exige celui de ses attributs
qui lui est, pour ainsi dire, le plus précieux dans ce moment.
Je veux dire que, si ce qu'il doit alors à sa justice est de
plus grande considération que ce qu'il doit à sa sagesse, ou
à tous ses autres attributs, il suivra dans cette exception
le mouvement de sa justice; car Dieu n'agit jamais que
selon ce qu'il est, que pour honorer ses attributs divins,
que pour satisfaire à ce qu'il se doit à lui-même; car il est
à lui-même le principe et la fin de toutes ses volontés, soit
qu'il nous punisse, soit qu'il nous fasse miséricorde, soit
qu'il récompense en nous ses propres dons, les mérites que
nous avons acquis par sa grâce. Mais je crains, Théotime,
qu'Ariste ne soit pas content de notre écart. Revenons.
Aussi bien serons-nous obligés, dans la suite de nos entretiens, d'exposer les principes dont dépend l'explication des
difficultés que vous pourriez proposer.

Dieu ou l'Être infiniment parfait est donc indépendant
et immuable. Il est aussi tout-puissant, éternel, nécessaire,
immense....

ARISTE. — Doucement. Il est tout-puissant, éternel,
nécessaire. Oui, ces attributs conviennent à l'Être infiniment parfait. Mais pourquoi immense? Que voulez-vous
dire?

IV. THÉODORE. — Je veux dire que la substance divine
est partout, non seulement dans l'univers, mais infiniment
au delà; car Dieu n'est pas renfermé dans son ouvrage,
mais son ouvrage est en lui, et subsiste dans sa substance,
qui le conserve par son efficace toute-puissante. C'est en
lui que nous sommes. C'est en lui que nous avons le mouvement et la vie, comme dit l'Apôtre : *in ipso enim vivimus,
movemur et sumus* [1].

1. *Act.* XVII, 28.

ARISTE. — Mais Dieu n'est pas corporel. Donc il ne peut être répandu partout.

THÉODORE. — C'est parce qu'il n'est pas corporel, qu'il peut être partout. S'il était corporel, il ne pourrait pas pénétrer les corps de la manière dont il les pénètre; car il y a contradiction que deux pieds d'étendue n'en fassent qu'un. Comme la substance divine n'est pas corporelle, elle n'est pas étendue localement comme les corps, grande dans un éléphant, petite dans un moucheron.

Elle est tout entière, pour ainsi dire, partout où elle est, et elle se trouve partout, ou plutôt c'est en elle que tout se trouve; car la substance du Créateur est le lien intime de la créature.

L'étendue créée est à l'immensité divine ce que le temps est à l'éternité. Tous les corps sont étendus dans l'immensité de Dieu, comme tous les temps se succèdent dans son éternité. Dieu est toujours tout ce qu'il est sans succession de temps. Il remplit tout de sa substance, sans extension locale. Il n'y a dans son existence ni passé ni futur; tout est présent, immuable, éternel. Il n'y a dans sa substance ni grand ni petit; tout est simple, égal, infini. Dieu a créé le monde; mais la volonté de le créer n'est point passée. Dieu le changera; mais la volonté de le changer n'est point future. La volonté de Dieu qui a fait et qui fera, est un acte éternel et immuable, dont les effets changent, sans qu'il y ait en Dieu aucun changement. En un mot, Dieu n'a point été, il ne sera point, mais il est. On peut dire que Dieu était dans le temps passé; mais il était alors tout ce qu'il sera dans le temps futur. C'est que son existence et sa durée, s'il est permis de se servir de ce terme, est tout entière dans l'éternité, et tout entière dans tous les moments qui passent dans son éternité. De même Dieu n'est point en partie dans le ciel et en partie dans la terre, il est tout entier dans son immensité et tout entier dans tous les corps qui sont étendus localement dans son immensité; tout entier dans toutes les parties de la matière, quoique divisible à l'infini. Ou, pour parler plus exactement, Dieu n'est pas tant dans le monde que le monde est en lui, ou dans son immensité, de même que l'éternité n'est pas tant dans le temps, que le temps dans l'éternité.

Ariste.   Il me semble, Théodore, que vous expliquez une chose obscure par une autre qui n'est pas trop claire. Je ne me sens point frappé de la même évidence que ces jours passés.

V. Théodore. — Je ne prétends pas, Ariste, vous faire clairement comprendre l'immensité de Dieu et la manière dont il est partout. Cela me paraît incompréhensible, aussi bien qu'à vous. Mais je prétends vous donner quelque connaissance de l'immensité de Dieu, en la comparant avec son éternité. Comme vous m'avez accordé que Dieu était éternel, j'ai cru pouvoir vous convaincre qu'il était immense, en comparant l'éternité que vous recevez, avec l'immensité que vous refusez de reconnaître.

Théotime. — Comment voulez-vous que fasse Théodore? Il compare les choses divines avec les divines; c'est le moyen de les expliquer autant que cela se peut. Mais vous les comparez avec des choses finies; c'est justement le moyen de vous tromper. L'esprit de l'homme ne remplit aucun espace; donc la substance divine n'est point immense. Fausse conséquence. L'étendue créée est plus grande dans un grand espace que dans un petit; donc si Dieu était partout, il serait plus grand dans un géant que dans un pygmée; autre conséquence tirée de la comparaison de l'infini avec le fini. Si vous voulez juger des attributs divins, consultez l'infini, la notion de l'Être infiniment parfait, et ne vous arrêtez point aux idées des êtres particuliers et finis. C'est ainsi qu'en use Théodore. Il ne juge point de l'immensité divine sur l'idée des créatures, ni corporelles, ni spirituelles. Il sait bien que la substance divine n'est point sujette aux imperfections et aux limitations inséparables des êtres créés. Voilà pourquoi il juge que Dieu est partout, et qu'il n'est nulle part à la manière des corps.

Ariste. — Quoi! Dieu est là tout entier, pour ainsi dire, et là aussi, là, là, là, partout ailleurs, et dans les espaces que l'on conçoit au delà du monde? Cela ne se comprend pas.

Théodore. — Oui, Dieu est partout, ou plutôt tout est en Dieu; et le monde, quelque grand qu'on l'imagine, ne peut ni l'égaler, ni le mesurer. Cela ne se comprend pas, je le veux; mais c'est que l'infini nous passe. Quoi donc, Ariste! est-ce que Dieu n'est pas ici dans votre jardin, dans le ciel, et tout entier partout où il est? Oseriez-vous nier que Dieu soit partout?

ARISTE. — Il y est présent par son opération. Mais....

THÉODORE. — Comment, par son opération? Quelle espèce de réalité est-ce que l'opération de Dieu distinguée et séparée de sa substance? Par l'opération de Dieu vous n'entendez pas l'effet qu'il produit; car l'effet n'est pas l'action, mais le terme de l'action. Vous entendez, apparemment, par l'opération de Dieu, l'acte par lequel il opère. Or si l'acte par lequel Dieu produit ou conserve ce fauteuil est ici, assurément Dieu y est lui-même; et s'il y est, il faut bien qu'il y soit tout entier, et ainsi de tous les autres endroits où il opère.

ARISTE. — Je crois, Théodore, que Dieu est dans le monde de la manière que vous croyez que votre âme est dans votre corps, car je sais bien que vous ne pensez pas que l'âme soit répandue dans toutes les parties du corps. Elle est dans la tête, parce qu'elle y raisonne; elle est dans les bras et dans les pieds, parce qu'elle les remue. De même Dieu est dans le monde, parce qu'il le conserve et qu'il le gouverne.

VI. THÉODORE. — Que de préjugés, que d'obscurités dans votre comparaison! L'âme n'est point dans le corps, ni le corps dans l'âme, quoique leurs modalités soient réciproques en conséquence des lois générales de leur union. Mais l'un et l'autre sont en Dieu, qui est la cause véritable de la réciprocation de leurs modalités. Les esprits, Ariste, sont dans la Raison divine, et les corps dans son immensité; mais ils ne peuvent être les uns dans les autres, car l'esprit et le corps n'ont entre eux aucun rapport essentiel. Ce n'est qu'avec Dieu qu'ils ont un rapport nécessaire. L'esprit peut penser sans le corps; mais il ne peut rien connaître que dans la Raison divine. Le corps peut être étendu sans l'esprit, mais il ne le peut être que dans l'immensité de Dieu. C'est que les qualités du corps n'ont rien de commun avec celles de l'esprit; car le corps ne peut penser, ni l'esprit être étendu. Mais l'un et l'autre participent à l'Être divin. Dieu, qui leur donne leur réalité, la possède; car il possède toutes les perfections des créatures sans leurs limitations. Il connaît comme les esprits, il est étendu comme les corps; mais tout cela d'une autre manière que ses créatures. Ainsi Dieu est

partout dans le monde et au delà; mais l'âme n'est nulle
part dans les corps; elle ne connaît point dans le cerveau,
comme vous vous l'imaginez; elle ne connaît que dans la
substance intelligible du Verbe divin, quoiqu'elle ne connaisse en Dieu qu'à cause de ce qui se passe dans une certaine portion de matière qu'on appelle le cerveau. Elle ne
remue point, non plus, les membres de son corps par l'application d'une force qui appartienne à sa nature. Elle ne les
remue que parce que celui qui est partout par son immensité
exécute, par sa puissance, les désirs impuissants de ses
créatures. Ne dites donc pas, Ariste, que Dieu est dans le
monde qu'il gouverne, comme l'âme dans le corps qu'elle
anime; car il n'y a rien de vrai dans votre comparaison,
non seulement parce que l'âme ne peut être dans le corps,
ni le corps en elle, mais encore parce que les esprits ne pouvant opérer dans les corps qu'ils animent, ils ne peuvent,
par conséquent, se répandre en eux par leur opération,
comme vous le prétendez de l'opération divine, par laquelle
seule, selon vous, Dieu se trouve partout.

ARISTE. — Ce que vous me dites là me paraît bien difficile.
J'y penserai. Mais cependant dites-moi, je vous prie : avant
que le monde fût et que Dieu y opérât, où était-il?

VII. THÉODORE. — Je vous le demande, Ariste, vous
qui voulez que Dieu ne soit dans le monde que par son
opération. Vous ne répondez point? Hé bien, je vous dis
qu'avant la création du monde, Dieu était où il est présentement, et où il serait, quand le monde rentrerait dans le
néant. Il était en lui-même. Quand je vous dis que Dieu
est dans le monde et infiniment au delà, vous n'entrez point
dans ma pensée, si vous croyez que le monde et les espaces
imaginaires soient, pour ainsi dire, le lieu qu'occupe la
substance infinie de la Divinité. Dieu n'est dans le monde
que parce que le monde est en Dieu; car Dieu n'est qu'en
lui-même, que dans son immensité. S'il crée de nouveaux
espaces, il n'acquiert pas pour cela une nouvelle présence
à cause de ces espaces, il n'augmente pas son immensité,
il ne se fait pas un lieu nouveau, il est éternellement et
nécessairement où ces espaces sont créés; mais il n'y est
pas localement comme ces espaces.

L'étendue, Ariste, est une réalité, et dans l'infini toutes

les réalités s'y trouvent. Dieu est donc étendu, aussi bien que les corps, puisque Dieu possède toutes les réalités absolues, ou toutes les perfections; mais Dieu n'est pas étendu comme les corps, car, comme je viens de vous dire, il n'a pas les limitations et les imperfections de ses créatures. Dieu connaît aussi bien que les esprits, mais il ne pense pas comme eux. Il est à lui-même l'objet immédiat de ses connaissances. Il n'y a point en lui de succession ni de variété de pensées. Une de ses pensées n'enferme point, comme en nous, le néant de toutes les autres. Elles ne s'excluent point mutuellement. De même, Dieu est étendu aussi bien que les corps; mais il n'y a point de parties dans sa substance. Une partie n'enferme point, comme dans les corps, le néant d'aucune autre, et le lieu de sa substance n'est que sa substance même. Il est toujours un et toujours infini, parfaitement simple, et composé, pour ainsi dire, de toutes les réalités ou de toutes les perfections. C'est que le vrai Dieu c'est l'Être, et non tel être, ainsi qu'il l'a dit lui-même à Moïse son serviteur, par la bouche de l'Ange revêtu de ses pouvoirs. C'est l'Être sans restriction, et non l'être fini, l'être composé, pour ainsi dire, de l'être et du néant. N'attribuez donc au Dieu que nous adorons, que ce que vous concevez dans l'Être infiniment parfait. N'en retranchez que le fini, que ce qui tient du néant. Et quoique vous ne compreniez pas clairement tout ce que je vous dis comme je ne le comprends pas moi-même, vous comprendrez du moins que Dieu est tel que je vous le représente; car vous devez savoir que, pour juger dignement de Dieu, il ne faut lui attribuer que des attributs incompréhensibles. Cela est évident, puisque Dieu c'est l'infini en tout sens, que rien de fini ne lui convient, et que tout ce qui est infini en tout sens est, en toutes manières, incompréhensible à l'esprit humain.

ARISTE. — Ah! Théodore, je commence à reconnaître que je portais de Dieu des jugements bien indignes, parce que j'en jugeais confusément par moi-même, ou sur des idées qui ne peuvent représenter que les créatures. Il me paraît évident que tout jugement qui n'est point formé sur la notion de l'Être infiniment parfait, de l'Être incompréhensible, n'est pas digne de la Divinité. Assurément, si les païens n'avaient abandonné cette notion, ils n'auraient pas fait de leurs chimères de fausses divinités; et si les chrétiens suivaient toujours cette notion de l'Être ou de l'infini, qui est naturellement gravée dans notre esprit, ils ne parleraient pas de Dieu comme quelques-uns en parlent.

VIII. THÉOTIME. — Vous paraissez, Ariste, bien content de ce que Théodore vient de vous dire que les attributs de Dieu sont incompréhensibles en toutes manières. Mais je crains qu'il n'y ait là de l'équivoque; car il me semble que l'on conçoit clairement une étendue immense et qui n'a point de bornes. L'esprit ne la comprend pas ou ne la mesure pas, cette étendue; je le veux; mais il en connaît clairement la nature et les propriétés. Or qu'est-ce que l'immensité de Dieu, sinon une étendue intelligible, infinie, par laquelle non seulement Dieu est partout, mais dans laquelle nous voyons des espaces qui n'ont point de bornes? Il n'est donc pas vrai que l'immensité de Dieu soit en tout sens incompréhensible à l'esprit humain, puisque nous connaissons fort clairement l'étendue intelligible, et si clairement, que c'est en elle et par elle que les géomètres découvrent toutes leurs démonstrations.

ARISTE. — Il me semble, Théotime, que vous ne prenez pas bien la pensée de Théodore. Mais je n'ai pas assez médité cette matière; je ne puis bien vous expliquer ce que je ne fais qu'entrevoir. Je vous prie, Théodore, de répondre pour moi.

THÉODORE. — Quoi! Théotime, est-ce que vous confondez l'immensité divine avec l'étendue intelligible? Ne voyez-vous pas qu'il y a entre ces choses une différence infinie? L'immensité de Dieu, c'est sa substance même répandue partout, et partout tout entière, remplissant tous les lieux sans extension locale. Voilà ce que je prétends être tout à fait incompréhensible. Mais l'étendue intelligible n'est que la substance de Dieu, en tant que représentative des corps, et participable par eux avec les limitations ou les imperfections qui leur conviennent, et que représente cette même étendue intelligible, qui est leur idée ou leur archétype. Nul esprit fini ne peut comprendre l'immensité de Dieu, ni tous ces autres attributs, ou manières d'être de la Divinité, s'il m'est permis de parler ainsi. Ces manières

sont toujours infinies en tout sens, toujours divines, et, par
conséquent, toujours incompréhensibles. Mais rien n'est plus
clair que l'étendue intelligible. Rien n'est plus intelligible
que les idées des corps, puisque c'est par elles que nous
connaissons fort distinctement, non la nature de Dieu, mais
la nature de la matière. Assurément, Théotime, si vous
jugez de l'immensité de Dieu sur l'idée de l'étendue, vous
donnerez à Dieu une étendue corporelle. Vous la ferez
infinie, cette étendue, immense tant qu'il vous plaira; mais
vous n'en exclurez pas les imperfections que cette idée
représente. La substance de Dieu ne sera pas tout entière
partout où elle est; jugeant de Dieu sur l'idée des créatures,
et de la plus vile des créatures, vous corromprez la notion
de l'Être infiniment parfait, de l'Être incompréhensible
en toutes manières. Prenez donc garde l'un et l'autre aux
jugements que vous portez sur ce que je vous dis de la
Divinité. Car je vous avertis, une fois pour toutes, que lorsque
je parle de Dieu et de ses attributs, si vous comprenez
ce que je vous dis, si vous en avez une idée claire et proportionnée à la capacité finie de votre esprit, ou c'est que je
me trompe alors, ou c'est que vous n'entendez pas ce que
je veux dire; car tous les attributs absolus de la Divinité
sont incompréhensibles à l'esprit humain, quoiqu'il puisse
clairement comprendre ce qu'il y a en Dieu de relatif à des
créatures, je veux dire les idées intelligibles de tous les
ouvrages possibles.

THÉOTIME. — Je vois bien, Théodore, que je me trompais
en confondant l'étendue intelligible infinie, avec l'immensité de Dieu. Cette étendue n'est pas la substance divine
répandue partout, mais c'est elle, en tant que représentative
des corps et participable par eux, à la manière dont la
créature corporelle peut participer imparfaitement à l'Être.
Je savais bien, néanmoins, qu'une étendue corporelle infinie,
ainsi que quelques-uns conçoivent l'univers qu'ils composent d'un nombre infini de tourbillons, n'aurait encore
rien de divin; car Dieu n'est pas l'infini en étendue, c'est
l'Infini tout court, c'est l'Être sans restriction. Or c'est
une propriété de l'infini qui est incompréhensible à l'esprit
humain, ainsi que je vous l'ai ouï dire souvent, d'être en
même temps un et toutes choses, composé, pour ainsi dire,

d'une infinité de perfections, et tellement simple, que chaque perfection qu'il possède renferme toutes les autres sans aucune distinction réelle. Certainement, cette propriété convient moins à l'univers matériel et aux parties dont il est composé, qu'à la substance de l'âme, qui, sans aucune composition des parties, peut recevoir en même temps diverses modalités, léger crayon néanmoins de la simplicité et de l'universalité [1] divine.

THÉODORE. — Vous avez raison, Théotime. Il n'y a point de substance plus imparfaite, plus éloignée de la Divinité, que la matière, fût-elle infinie. Elle répond parfaitement à l'étendue intelligible qui est son archétype, mais elle ne répond à l'immensité divine que fort imparfaitement; et elle ne répond nullement aux autres attributs de l'Être infiniment parfait.

IX. ARISTE. — Ce que vous dites là me fait bien comprendre que cet impie de nos jours, qui faisait son Dieu de l'univers, n'en avait point. C'était un véritable athée. Mais je ne sais que penser de quantité de bonnes gens qui, faute de philosopher un peu, ont, de la Divinité, des sentiments bien indignes. Leur Dieu n'est point l'univers, c'est le créateur de l'univers. Voilà presque tout ce qu'ils en savent. Ce serait beaucoup, s'ils s'en tenaient là sans corrompre la notion de l'infini. Mais, en vérité, je les plains, quand je pense à l'idée qu'ils se forment de l'Être incompréhensible. Théotime avait bien raison de me dire que naturellement les hommes *humanisent* toutes choses. Encore s'ils ne faisaient qu'incarner, pour ainsi dire, la Divinité, en la revêtant des qualités qui leur appartiennent, cela serait pardonnable. Mais il y en a qui la dépouillent de tous les attributs incompréhensibles et de tous les caractères essentiels à l'Être infiniment parfait, si on en excepte la puissance; encore la partagent-ils de telle manière avec ce qu'ils appellent la Nature, que, quoiqu'ils en laissent à Dieu la meilleure part, ils lui en ôtent tout l'exercice.

THÉOTIME. — C'est, Ariste, de peur de fatiguer, ou du moins d'abaisser la majesté divine par de petits soins, par des actions indignes de son application et de sa grandeur;

1. 1re édition : « université ».

car nous croyons naturellement que Dieu doit être content des jugements que nous portons de lui, lorsque nous le faisons tel que nous voudrions être nous-mêmes. L'homme est toujours pénétré du sentiment intérieur qu'il a de ce qui se passe dans son esprit et dans son cœur. Il ne se peut faire qu'il ne sente confusément ce qu'il est et ce qu'il souhaite d'être. Ainsi il se répand tout naturellement sur les objets de ses connaissances, et mesure sur l'humanité non seulement tout ce qui l'environne, mais même la substance infinie de la Divinité. Il est vrai que la notion de l'Être infiniment parfait est profondément gravée dans notre esprit. Nous ne sommes jamais sans penser à l'Être. Mais, bien loin de prendre cette notion vaste et immense de l'Être sans restriction pour mesurer par elle la Divinité qui se présente à nous sans cesse, nous la regardons, cette notion immense, comme une pure fiction de notre esprit. C'est, Ariste, que l'être en général ne frappe point nos sens, et que nous jugeons de la réalité et de la solidité des objets par la force dont ils nous ébranlent.

ARISTE. — Je comprends bien tout cela, Théotime. C'est justement ce que me disait Théodore il y a sept ou huit jours. Mon esprit ne trouve point de prise aux idées abstraites que vous me proposez. Je n'en suis point sensiblement frappé ; mais je ne juge pas de là que ce ne sont que de purs fantômes. Je crois que ce sont des vérités sublimes auxquelles on ne peut atteindre qu'en faisant taire son imagination et ses sens, qu'en s'élevant au-dessus de soi. Et je suis bien résolu, dans la suite, de ne plus juger de Dieu par moi-même, ni sur les idées qui représentent les créatures, mais uniquement par la notion de l'Être infiniment parfait. Continuez, je vous prie, Théodore, de m'interroger et de m'instruire.

X. THÉODORE. — Eh bien, continuons. Vous croyez que Dieu est bon, sage, juste, miséricordieux, patient, sévère?

ARISTE. — Doucement. Ces termes sont bien communs ; je m'en défie. Je crois que Dieu est sage, bon, juste, clément, et qu'il a toutes les autres qualités que l'Écriture lui attribue ; mais je ne sais si tous ceux qui prononcent ces mots conçoivent les mêmes choses. L'Être infiniment parfait est bon, juste, miséricordieux! Cela me paraît obscur. Définissez-moi ces termes.

Théodore. — Oh! oh! Ariste, vous appréhendez la surprise. Vous faites bien. Quand on philosophe sur des matières délicates et sublimes, les équivoques sont à craindre, et les termes les plus communs n'en sont pas les plus exempts. Il faudrait donc définir ces mots, mais cela n'est pas si facile. Répondez-moi auparavant à ce qui peut servir à les éclaircir. Pensez-vous que Dieu connaisse et qu'il veuille?

Ariste. — Pour cela, oui. Je ne doute nullement que Dieu ne connaisse et qu'il ne veuille.

Théodore. — D'où vient que vous n'en doutez pas? Est-ce à cause que vous connaissez et que vous voulez vous-même?

Ariste. — Non, Théodore. C'est que je sais que connaître et vouloir sont des perfections; car, quoique je sente que je souffre, que je doute, je suis certain que Dieu ne sent et ne doute pas. Et quand je dis que Dieu connaît et qu'il veut, je ne prétends pas que ce soit comme les hommes. Je prétends seulement en général que Dieu veut et connaît, et je vous laisse à vous et à Théotime à en expliquer la manière.

Théodore. — Comment, la manière? Toutes les manières divines sont incompréhensibles. Nous ne savons pas comment nous connaissons nous-mêmes, ni comment nous voulons; car, n'ayant point d'idée claire de notre âme, nous ne pouvons rien comprendre clairement dans ses propres modalités. A plus forte raison nous ne vous expliquerons pas exactement la manière dont Dieu connaît et dont il veut. Néanmoins, consultez la notion de l'Être infiniment parfait. Voyez si je la suis; car je vous dis hardiment que Dieu est à lui-même sa propre lumière; qu'il découvre dans sa substance les essences de tous les êtres et toutes leurs modalités possibles, et, dans ses décrets, leur existence et toutes leurs modalités actuelles.

Ariste. — Il me semble que vous ne vous hasardez pas beaucoup.

XI. Théodore. — Je ne le prétends pas aussi. Mais, puisque vous recevez ce principe, tirons-en des conséquences. Dieu connaît en lui tout ce qu'il connaît. Donc toutes les vérités sont en Dieu, puisque, étant infiniment parfait, il n'y en a aucune qui échappe à ses connaissances. Donc sa substance renferme tous les rapports intelligibles; car les vérités ne sont que des rapports réels, et les faussetés des rapports imaginaires. Donc Dieu n'est pas seulement sage, mais la sagesse; non seulement savant, mais la science; non seulement éclairé, mais la lumière qui l'éclaire, lui et même toutes les intelligences, car c'est dans sa propre lumière que vous voyez ce que je vois, et qu'il voit lui-même ce que nous voyons tous deux. Je vois que tous les diamètres d'un cercle sont égaux. Je suis certain que Dieu lui-même le voit, et que tous les esprits, ou le voient actuellement, ou le peuvent voir. Oui, je suis certain que Dieu voit précisément la même chose que je vois, la même vérité, le même rapport que j'aperçois maintenant entre 2 et 2, et 4. Or Dieu ne voit rien que dans sa substance. Donc cette même vérité que je vois, c'est en lui que je la vois. Vous savez tout cela, Ariste, et vous en êtes déjà demeuré d'accord. Mais ces principes s'échappent facilement; et ils sont d'ailleurs de si grande importance, que ce n'est pas perdre son temps que de les rappeler dans son esprit, et se les rendre familiers.

ARISTE. — Voilà donc une des grandes différences qu'il y a entre la manière dont Dieu connaît et celle dont nous connaissons. Dieu connaît en lui-même toutes choses, et nous ne connaissons rien en nous; nous ne connaissons rien que dans une substance qui n'est point à nous. Dieu est sage par sa propre sagesse; mais nous ne devenons sages que par l'union que nous avons avec la sagesse éternelle, immuable, nécessaire, commune à toutes les intelligences; car il est bien clair qu'un esprit aussi limité que le nôtre ne peut pas trouver dans sa propre substance les idées ou les archétypes de tous les êtres possibles et de leurs rapports infinis. Mais, de plus, je suis si certain que les hommes, les anges et Dieu même voient les mêmes vérités que je vois, qu'il ne m'est pas possible de douter que c'est la même lumière qui éclaire tous les esprits.

XII. THÉOTIME. — Assurément, Ariste, si Dieu voit précisément ce que nous voyons, quand nous pensons que 2 fois 2 font 4, c'est en Dieu seul que nous voyons cette vérité, car Dieu ne la voit que dans sa sagesse. Il ne voit même que nous y pensons actuellement, que dans ses décrets et dans son éternité, car il ne tire point ses connaissances de ce qui se passe actuellement dans ses créatures. Mais ne pourrait-on point dire que les esprits ne voient point les mêmes vérités, mais des vérités semblables? Dieu voit que 2 fois 2 font 4. Vous le voyez; je le vois. Voilà trois vérités semblables, et non point une seule et unique vérité.

ARISTE. — Voilà trois perceptions semblables d'une seule et même vérité; mais comment trois vérités semblables? Et qui vous a dit qu'elles sont semblables? Avez-vous comparé vos idées avec les miennes et avec celles de Dieu, pour en reconnaître clairement la ressemblance? Qui vous a dit que demain, que dans tous les siècles, vous verrez comme aujourd'hui que 2 fois 2 font 4? Qui vous a dit que Dieu même ne peut faire d'esprits capables de voir claire-ment que 2 fois 2 ne soient pas 4? Assurément, c'est que vous voyez la même vérité que je vois, mais par une percep-tion qui n'est pas la mienne, quoique, peut-être, semblable à la mienne. Vous voyez une vérité commune à tous les esprits, mais par une perception qui vous appartient à vous seul; car nos perceptions, nos sentiments, toutes nos modalités sont particulières. Vous voyez une vérité immuable, néces-saire, éternelle; car vous êtes si certain de l'immutabilité de vos idées, que vous ne craignez point de les voir demain toutes changées. Comme vous savez qu'elles sont avant vous, aussi êtes-vous bien assuré qu'elles ne se dissiperont jamais. Or si vos idées sont éternelles et immuables, il est évident qu'elles ne peuvent se trouver que dans la substance éternelle et immuable de la Divinité. Cela ne se peut contester. C'est en Dieu seul que nous voyons la vérité. C'est en lui seul que se trouve la lumière qui l'éclaire, lui et toutes les intelligences. Il est sage par sa propre sagesse, et nous ne le pouvons être que par l'union que nous avons avec lui. Ne disputons point de ces principes. Ils sont évidents, ce me semble, et le fondement de la certitude que nous trouvons dans les sciences.

THÉOTIME. — J'ai bien de la joie, Ariste, de voir que vous êtes convaincu, non seulement que la puissance de Dieu est la cause efficace de nos connaissances, — car je pense que vous n'en doutez pas, — mais encore que sa sagesse en est la cause formelle, qui nous éclaire immédiatement, et sans l'entremise d'aucune créature. Je vois bien que Théodore vous a entretenu sur cette matière. Je lui dois aussi ce que vous tenez de lui et qu'il dit tenir de saint Augustin [1].

THÉODORE. — Nous convenons donc tous que Dieu est infiniment sage, et cela essentiellement et par lui-même, par la nécessité de son être; que les hommes ne peuvent être sages que par la lumière de la sagesse divine; que cette lumière leur est communiquée en conséquence de leur attention, qui est la cause occasionnelle qui détermine l'efficace des lois générales de l'union de leur esprit avec la Raison universelle, ainsi que nous expliquerons dans la suite. Prouvons maintenant que Dieu est juste.

XIII. Dieu renferme dans la simplicité de son être les idées de toutes choses et leurs rapports infinis, généralement toutes les vérités. Or on peut distinguer en Dieu deux sortes de vérités ou de rapports : des rapports de grandeur et des rapports de perfection, des vérités spéculatives et des vérités pratiques, des rapports qui n'excitent par leur évidence que des jugements, et d'autres rapports qui excitent encore des mouvements. Ce n'est pas néanmoins que les rapports de perfection puissent être clairement connus, s'ils ne s'expriment par des rapports de grandeur. Mais il ne faut pas nous arrêter à cela. 2 fois 2 font 4 : c'est un rapport d'égalité en grandeur; c'est une vérité spéculative qui n'excite point de mouvement dans l'âme, ni amour, ni haine, ni estime, ni mépris, etc. L'homme vaut mieux que la bête : c'est un rapport d'inégalité en perfection, qui exige non seulement que l'esprit s'y rende, mais que l'amour et l'estime se règlent par la connaissance de ce rapport ou de cette vérité. Prenez donc garde.

Dieu renferme en lui tous les rapports de perfection. Or il connaît et il aime tout ce qu'il renferme dans la simplicité de son être. Donc il estime et il aime toutes choses à proportion qu'elles sont aimables et estimables. Il aime invinciblement l'Ordre immuable, qui ne consiste et ne peut consister que dans les rapports de perfection qui sont entre ses attributs, et entre les idées qu'il renferme dans sa

---

1. Voy. la *Réponse aux Vraies et Fausses Idées*. [Cette note manque dans la première édition.]

substance. Il est donc juste essentiellement et par lui-même.
Il ne peut pécher, puisque, s'aimant invinciblement, il ne peut
qu'il ne rende justice à ses divines perfections, à tout ce
qu'il est, à tout ce qu'il renferme. Il ne peut même vouloir
positivement et directement produire quelque dérèglement
dans son ouvrage, parce qu'il estime toutes les créatures
selon la proportion de la perfection de leurs archétypes.
Par exemple, il ne peut, sans raison, vouloir que l'esprit
soit soumis au corps; et si cela se trouve, c'est que maintenant l'homme n'est point tel que Dieu l'a fait. Il ne peut
favoriser l'injustice; et si cela est, c'est que l'uniformité de
sa conduite ne doit pas dépendre de l'irrégularité de la nôtre.
Le temps de sa vengeance viendra. Il ne peut vouloir ce
qui corrompt son ouvrage; et s'il s'y trouve des monstres
qui le défigurent, c'est qu'il rend plus d'honneur à ses
attributs par la simplicité et la généralité de ses voies, que
par l'exemption des défauts qu'il permet dans l'univers,
ou qu'il y produit en conséquence des lois générales qu'il
a établies pour de meilleurs effets que la génération des
monstres, comme nous l'expliquerons dans la suite. Ainsi,
Dieu est juste en lui-même, juste dans ses voies, juste essentiellement, parce que ses volontés sont nécessairement
conformes à l'Ordre immuable de la justice qu'il se doit à
lui-même et à ses divines perfections.

Mais l'homme n'est point juste par lui-même; car l'ordre
immuable de la justice, qui comprend tous les rapports de
perfection de tous les êtres possibles et de toutes leurs
qualités, ne se trouvant qu'en Dieu, et nullement dans nos
propres modalités, quand l'homme s'aimerait par un mouvement dont il serait lui-même la cause, bien loin que son
amour propre pût le rendre juste, il le corromprait infiniment plus que l'amour propre du plus scélérat des hommes;
car il n'y eut jamais d'âme assez noire, et possédée d'un
amour propre si déréglé, que la beauté de l'Ordre immuable
ne l'ait pu frapper en certaines occasions. Nous ne sommes
donc parfaitement justes que lorsque, voyant en Dieu ce
que Dieu y voit lui-même, nous en jugeons comme lui,
nous estimons et nous aimons ce qu'il aime et ce qu'il estime.
Ainsi, bien loin que nous soyons justes par nous-mêmes,
nous ne serons parfaitement tels, que lorsque, délivrés de

ce corps qui trouble toutes nos idées, nous verrons sans obscurité la Loi éternelle, sur laquelle nous réglerons exactement tous les jugements et tous les mouvements de notre cœur. Ce n'est pas qu'on ne puisse dire que ceux qui ont la charité sont justes véritablement, quoiqu'ils forment souvent des jugements fort injustes. Ils sont justes dans la disposition de leur cœur; mais ils ne sont pas justes en toute rigueur, parce qu'ils ne connaissent pas exactement tous les rapports de perfection qui doivent régler leur estime et leur amour.

XIV. Ariste. — Je comprends, Théodore, par ce que vous me dites là, que la justice aussi bien que la vérité habitent, pour ainsi dire, éternellement dans une nature immuable. Le juste et l'injuste, aussi bien que le vrai et le faux, ne sont point des inventions de l'esprit humain, ainsi que prétendent certains esprits corrompus. Les hommes, disent-ils, se sont fait des lois pour leur mutuelle conservation. C'est sur l'amour propre qu'ils les ont fondées. Ils sont convenus entre eux, et par là ils se sont obligés; car celui qui manque à la convention se trouvant plus faible que le reste des contractants, il se trouve parmi des ennemis qui satisfont à leur amour propre en le punissant. Ainsi, par amour propre, il doit observer les lois du pays où il vit, non parce qu'elles sont justes en elles-mêmes, — car delà l'eau, disent-ils, on en observe de toutes contraires, — mais parce qu'en s'y soumettant on n'a rien à craindre de ceux qui sont les plus forts. Selon eux, tout est naturellement permis à tous les hommes. Chaque particulier a droit à tout; et si je cède de mon droit, c'est que la force des concurrents m'y oblige. Ainsi, l'amour propre est la règle de mes actions. Ma loi c'est une puissance étrangère; et si j'étais le plus fort, je rentrerais naturellement dans tous mes droits. Peut-on rien dire de plus brutal et de plus insensé? La force a déféré au lion l'empire sur les autres brutes; et j'avoue que c'est souvent par elle que les hommes l'usurpent les uns sur les autres. Mais de croire que cela soit permis, et que le plus fort ait droit à tout sans qu'il puisse jamais commettre aucune injustice, c'est assurément se ranger parmi les animaux, et faire de la société humaine une assemblée de bêtes brutes. Oui, Théodore, je conviens que l'Ordre immuable de la justice est une loi dont Dieu même ne se dispense

jamais, et sur laquelle [1] tous les esprits doivent régler
leur conduite. Dieu est juste essentiellement et par la nécessité de son être. Mais voyons un peu s'il est bon, miséricordieux, patient; car il me semble que tout cela ne peut
guère s'accorder avec la sévérité de sa justice.

XV. THÉODORE. — Vous avez raison, Ariste. Dieu n'est
ni bon, ni miséricordieux, ni patient selon les idées vulgaires.
Ces attributs, tels qu'on les conçoit ordinairement, sont
indignes de l'Être infiniment parfait. Mais Dieu possède
ces qualités dans le sens que la Raison nous l'apprend, et
que l'Écriture, qui ne peut se contredire, nous le fait croire.
Pour expliquer tout cela plus distinctement, voyons d'abord
si Dieu est essentiellement juste, en ce sens qu'il récompense
nécessairement les bonnes œuvres, et qu'il punit indispensablement tout ce qui l'offense, ou qui blesse, pour ainsi
dire, ses attributs.

ARISTE. — Je conçois bien, Théodore, que si les créatures
sont capables d'offenser Dieu, il ne manquera pas de s'en
venger, lui qui s'aime par la nécessité de son être. Mais que
Dieu puisse en être offensé, c'est ce qui ne me paraît pas
concevable. Et si cela était possible, comme il s'aime nécessairement, il n'aurait jamais donné l'être, ou du moins
cette liberté ou cette puissance, à des créatures capables
de lui résister. Est-ce que cela n'est pas évident?

THÉODORE. — Vous me proposez, Ariste, une difficulté
qui s'éclaircira bientôt. Suivez-moi, je vous prie, sans me
prévenir. N'est-il pas clair, par ce que je viens de vous dire,
que l'Ordre immuable est la loi de Dieu, la règle inviolable
de ses volontés, et qu'il ne peut s'empêcher d'aimer les
choses à proportion qu'elles sont aimables?

ARISTE. — C'est ce que vous venez de démontrer.

THÉODORE. — Donc Dieu ne peut pas vouloir que ses
créatures n'aiment pas selon ce même Ordre immuable.
Il ne peut les dispenser de suivre cette loi. Il ne peut pas
vouloir que nous aimions davantage ce qui mérite le moins
d'être aimé. Quoi! vous hésitez? Est-ce que cela ne vous
paraît pas certain?

ARISTE. — J'y trouve de la difficulté. Je suis convaincu,

---

1. 1re édition : « sur laquelle il me semble que... »

par une espèce de sentiment intérieur, que Dieu ne peut pas vouloir qu'on aime et qu'on estime davantage ce qui mérite le moins d'être aimé et d'être estimé; mais je ne le vois pas bien clairement. Car que fait à Dieu notre amour et notre estime? Rien du tout. Nous voulons peut-être qu'on nous estime, nous, et qu'on nous aime, parce que nous avons tous besoin les uns des autres. Mais Dieu est si au-dessus de ses créatures, qu'apparemment il ne prend aucun intérêt dans les jugements que nous portons de lui et de ses ouvrages. Cela a du moins quelque vraisemblance.

THÉODORE. — Cela n'en a que trop pour des esprits corrompus. Il est vrai, Ariste, que Dieu ne craint et n'espère rien de nos jugements. Il est indépendant; il se suffit abondamment à lui-même. Cependant il prend nécessairement intérêt dans nos jugements et dans les mouvements de notre cœur. En voici la preuve. C'est que les esprits n'ont une volonté, ou ne sont capables de vouloir ou d'aimer, qu'à cause du mouvement naturel et invincible que Dieu leur imprime sans cesse pour le bien. Or Dieu n'agit en nous que parce qu'il veut agir; et il ne peut vouloir agir que par sa volonté, que par l'amour qu'il se porte à lui-même et à ses divines perfections. Et c'est l'ordre de ces divines perfections qui est proprement sa loi, puisqu'il est juste essentiellement et par la nécessité de son être, ainsi que je viens de vous le prouver. Il ne peut donc pas vouloir que notre amour, qui n'est que l'effet du sien, soit contraire au sien, tende où le sien ne tend pas. Il ne peut pas vouloir que nous aimions davantage ce qui est le moins aimable. Il veut nécessairement que l'ordre immuable, qui est sa loi naturelle, soit aussi la nôtre. Il ne peut ni s'en dispenser, ni nous en dispenser. Et puisqu'il nous a faits tels que nous pouvons suivre ou ne suivre pas cette loi naturelle et indispensable, il faut que nous soyons tels que nous puissions être ou punis ou récompensés. Oui, Ariste, si nous sommes libres, c'est une conséquence que nous pouvons être heureux ou malheureux; et si nous sommes capables de bonheur ou de malheur, c'est une preuve certaine que nous sommes libres. Un homme dont le cœur est déréglé par le mauvais usage de sa liberté rentre dans l'ordre de la justice que Dieu doit à ses divines perfections, si ce pécheur est malheureux à proportion de ses désordres. Or Dieu aime l'ordre invinciblement. Donc il punit indispensablement ce qui le blesse. Ce n'est pas que le pécheur offense Dieu, dans le sens qu'un homme en offense un autre, ni que Dieu le punisse par le plaisir qu'il trouve dans la vengeance; mais c'est que Dieu ne peut qu'il n'agisse selon ce qu'il est, selon que l'exige l'Ordre immuable des rapports nécessaires de tout ce qu'il renferme, dont la disposition des parties de l'univers doit porter le caractère. Ainsi, Dieu n'est point indifférent à l'égard de la punition de nos désordres. Il n'est ni clément, ni miséricordieux, ni bon selon les idées vulgaires, puisqu'il est juste essentiellement, et par l'amour naturel et nécessaire qu'il porte à ses divines perfections. Il peut différer la récompense et la peine, selon que l'exige ou le permet l'ordre de sa providence, qui l'oblige à suivre ordinairement les lois générales qu'il a établies pour gouverner le monde d'une manière qui porte le caractère de ses attributs. Mais il ne peut se dispenser de rendre tôt ou tard aux hommes selon leurs œuvres. Dieu est bon aux bons, méchant, pour ainsi dire, aux méchants, comme le dit l'Écriture : « Cum electo electus eris, et cum perverso perverteris [1] ». Il est clément et miséricordieux; mais c'est en son Fils et par son Fils : « Sic enim Deus dilexit mundum, ut Filium suum unigenitum daret, ut omnis qui credit in eum non pereat, sed habeat vitam æternam [2] ». Il est bon aux pécheurs en ce sens, qu'il leur donne par Jésus-Christ les grâces nécessaires pour changer la méchante disposition de leur cœur, afin qu'ils cessent d'être pécheurs, qu'ils fassent de bonnes œuvres; et qu'étant devenus bons et justes, il puisse être bon à leur égard, leur pardonner leurs péchés en vue des satisfactions de Jésus-Christ, et couronner ses propres dons, ou les mérites qu'ils auront acquis par le bon usage de sa grâce. Mais Dieu est toujours sévère, toujours observateur exact des lois éternelles, toujours agissant selon ce qu'il est, selon ce qu'exigent ses propres attributs, ou cet Ordre immuable des rapports nécessaires des perfections divines que renferme la substance qu'il aime invinciblement et par

---

1. *Ps. XVIII*, 27.
2. *Joan., III*, 26. [Cette référence manque dans la première édition.]

la nécessité de son être. Tout cela, Ariste, est conforme à l'Écriture, aussi bien qu'à la notion qu'ont tous les hommes de l'Être infiniment parfait, quoique cela ne s'accorde nullement avec les idées grossières de ces pécheurs stupides et endurcis, qui veulent un Dieu humainement débonnaire et indulgent, ou un Dieu qui ne se mêle point de nos affaires et qui soit indifférent sur la vie que nous menons.

ARISTE. — Je ne crois pas qu'on puisse douter de ces vérités.

THÉODORE. — Pensez-y bien, Ariste, afin d'en demeurer convaincu, non seulement par une espèce de sentiment intérieur, par lequel Dieu en persuade intérieurement tous ceux dont le cœur n'est point endurci et entièrement corrompu, mais encore par une évidence telle, que vous puissiez le démontrer à ces rares génies, qui croient avoir trouvé dans l'amour propre les vrais principes de la morale naturelle.

TABLE DES MATIÈRES

Le deuxième volume contient les *Entretiens sur la Métaphysique et sur la Religion* IX à XIV, suivis d'extraits des *Entretiens sur la Mort*.

Coulommiers. — Imp. PAUL BRODARD. — 66-4-22.

II

MALEBRANCHE

ENTRETIENS

SUR LA

MÉTAPHYSIQUE

II

LIBRAIRIE ARMAND COLIN

LES CLASSIQUES DE LA PHILOSOPHIE

Publiés sous la direction de MM.

Victor Delbos †, André Lalande, Xavier Léon

Ont paru :

Pour paraître :

LES CLASSIQUES DE LA PHILOSOPHIE

Publiés sous la direction de MM.

VICTOR DELBOS †, ANDRÉ LALANDE, XAVIER LÉON

II

MALEBRANCHE

ENTRETIENS

SUR LA

MÉTAPHYSIQUE

ET SUR LA RELIGION

SUIVIS D'EXTRAITS DES

ENTRETIENS SUR LA MORT

Publiés

par

PAUL FONTANA

Bibliothécaire honoraire à la Bibliothèque Nationale,
Secrétaire général de la Bibliothèque
et du Musée de la Guerre.

II

LIBRAIRIE ARMAND COLIN

103, BOULEVARD SAINT-MICHEL, PARIS

1922

ENTRETIENS

SUR LA MÉTAPHYSIQUE

ET SUR LA RELIGION

NEUVIÈME ENTRETIEN

Que Dieu agit toujours selon ce qu'il est; qu'il a tout fait pour sa gloire en Jésus-Christ, et qu'il n'a point formé ses desseins sans avoir égard aux voies de les exécuter.

I. THÉODORE. — Que pensez-vous aujourd'hui, Ariste, de ce que nous dîmes hier? Avez-vous bien contemplé la notion de l'infini, de l'Être sans restriction, de l'Être infiniment parfait; et pouvez-vous maintenant l'envisager toute pure, sans la revêtir des idées des créatures, sans l'incarner, pour ainsi dire, sans la limiter, sans la corrompre pour l'accommoder à la faiblesse de l'esprit humain?

ARISTE. — Ah! Théodore, qu'il est difficile de séparer de la notion de l'Être, les idées de tels et tels êtres! Qu'il est difficile de ne rien attribuer à Dieu de ce qu'on sent en soi-même! Nous humanisons à tous moments la Divinité; nous limitons naturellement l'infini. C'est que l'esprit veut comprendre ce qui est incompréhensible; il veut voir le Dieu invisible. Il le cherche dans les idées des créatures; il s'arrête à ses propres sentiments, qui le touchent et qui le pénètrent. Mais que tout cela est éloigné de représenter la Divinité! et que ceux qui jugent des perfections divines par le sentiment intérieur de ce qui se passe en eux, portent des jugements étranges des attributs de Dieu et de sa pro-

vidence adorable! J'entrevois ce que je vous dis, mais je
ne le vois pas encore assez bien pour m'en expliquer.

Théodore. — Vous avez médité, Ariste. Je le sens bien
par votre réponse. Vous comprenez que, pour juger solidement des attributs divins et des règles de la Providence,
il faut écarter sans cesse, de la notion de l'Être, les idées
de tels et tels êtres, et ne consulter jamais ses propres sentiments intérieurs. Cela suffit. Continuons notre route et
prenons garde tous trois que nous ne donnions dans ce
dangereux écueil de juger de l'infini par quelque chose de
fini.

Ariste. — Nous y donnerons assurément, Théodore, car
tous les courants nous y portent. Je l'ai bien éprouvé
depuis hier.

Théodore. — Je le crois, Ariste. Mais peut-être n'y
ferons-nous pas naufrage. Du moins, n'y donnons pas incon-
sidérément comme le commun des hommes. J'espère que
nous éviterons, par notre vigilance mutuelle, un bon nombre
d'erreurs dangereuses dans lesquelles on se précipite aveuglément. Ne flattons point, Ariste, notre paresse naturelle.
Courage! notre Maître commun, qui est l'auteur de notre
foi, nous en donnera quelque intelligence, si nous savons
l'interroger avec une attention sérieuse, et avec le respect
et la soumission qui est due à sa parole et à l'autorité infaillible de son Église. Commençons donc.

II. Hier, Ariste, vous demeurâtes d'accord que Dieu
connaissait et qu'il voulait, non parce que nous connaissons
et que nous voulons, mais parce que connaître et vouloir
sont de véritables perfections. Qu'en pensez-vous maintenant?
Je prétends aujourd'hui considérer la Divinité dans ses
voies, et comme sortant, pour ainsi dire, hors d'elle-même,
comme prenant le dessein de se répandre au dehors dans
la production de ses créatures. Ainsi, il faut bien s'assurer
que Dieu connaît et qu'il veut, puisque sans cela il est
impossible de comprendre qu'il puisse rien produire au dehors.
Car comment agirait-il sagement sans connaissance? Comment formerait-il l'univers sans le vouloir? Croyez-vous
donc, Ariste, que celui qui se suffit à lui-même soit capable
de former quelque désir?

Ariste. — Vous m'interrogez de manière que vous faites

toujours naître en moi de nouveaux doutes. Je vois bien que c'est que vous ne voulez pas me surprendre, ni laisser derrière nous quelque retraite aux préjugés. Eh bien donc, Théodore, je ne doute nullement que Dieu ne connaisse; mais je doute qu'il puisse jamais rien vouloir [1]. Car que pourrait-il vouloir, lui qui se suffit pleinement à lui-même? Nous voulons, nous autres; mais c'est une marque certaine de notre indigence. N'ayant pas ce qu'il nous faut, nous le désirons. Mais l'Être infiniment parfait ne peut rien vouloir, rien désirer, puisqu'il voit bien que rien ne lui manque.

THÉODORE. — Oh! oh! Ariste, vous me surprenez. *Dieu ne peut rien vouloir.* Mais quoi! l'Être infiniment parfait peut-il nous avoir créés malgré lui, ou sans l'avoir bien voulu? Nous sommes, Ariste; ce fait est constant.

ARISTE. — Oui, nous sommes; mais nous ne sommes point faits. Notre nature est éternelle. Nous sommes une émanation nécessaire de la Divinité. Nous en faisons partie. L'Être infiniment parfait, c'est l'univers, c'est l'assemblage de tout ce qui est.

THÉODORE. — Encore!

ARISTE. — Ne pensez pas, Théodore, que je sois assez impie et assez insensé pour donner dans ces rêveries. Mais je suis bien aise que vous m'appreniez à les réfuter; car j'ai ouï dire qu'il y a des esprits assez corrompus pour s'en laisser charmer.

THÉODORE. — Je ne sais, Ariste, si tout ce qu'on dit maintenant de certaines gens est bien sûr; et si même ces anciens philosophes qui ont imaginé l'opinion que vous proposez, l'ont jamais crue véritable; car quoiqu'il y ait peu d'extravagances dont les hommes ne soient capables, je croirais volontiers que ceux qui produisent de semblables chimères n'en sont guère persuadés; car enfin, l'auteur qui a renouvelé cette impiété convient que Dieu est l'Être infiniment parfait. Et cela étant, comment aurait-il pu croire que tous les êtres créés ne sont que des parties ou des modifications de la Divinité? Est-ce une perfection que d'être injuste dans ses parties, malheureux dans ses modi-

1. 1re édition : « ...qu'il puisse jamais rien vouloir et qu'il ait jamais rien voulu ».

fications, ignorant, insensé, impie? Il y a plus de pécheurs
que de gens de bien, plus d'idolâtres que de fidèles; quel
désordre, quel combat entre la Divinité et ses parties! Quel
monstre, Ariste, quelle épouvantable et ridicule chimère!
Un Dieu nécessairement haï, blasphémé, méprisé, ou du
moins ignoré par la meilleure partie de ce qu'il est! Car
combien peu de gens s'avisent de reconnaître une telle
Divinité? Un Dieu nécessairement ou malheureux, ou insensible dans le plus grand nombre de ses parties ou de ses
modifications; un Dieu se punissant, ou se vengeant de
soi-même; en un mot, un Être infiniment parfait, composé
néanmoins de tous les désordres de l'univers. Quelle notion
plus remplie de contradictions visibles! Assurément, s'il y
a des gens capables de se forger un Dieu sur une idée si
monstrueuse, ou c'est qu'ils n'en veulent point voir, ou bien
ce sont des esprits nés pour chercher dans l'idée du cercle
toutes les propriétés des triangles. Croyez-moi, Ariste,
jamais homme de bon sens n'a été bien persuadé de cette
folie, quoique plusieurs personnes l'aient soutenue, comme
en étant bien persuadés; car l'amour propre est si bizarre,
qu'il peut bien nous donner des motifs d'en faire confidence
à nos compagnons de débauche et de vouloir en paraître
bien convaincus. Mais il est impossible de la croire véritable,
pour peu qu'on soit capable de raisonner et de craindre
de se tromper. Ceux qui la soutiennent n'en peuvent être
intérieurement persuadés, si la corruption de leur cœur ne
les a tellement aveuglés, que ce serait perdre le temps que
de prétendre les éclairer. Revenons donc, Ariste.

III. Nous sommes; ce fait est constant. Dieu est infiniment parfait. Donc nous dépendons de lui. Nous ne sommes
point malgré lui; nous ne sommes que parce qu'il veut que
nous soyons. Mais comment Dieu peut-il vouloir que nous
soyons, lui qui n'a nul besoin de nous? Comment un être
à qui rien ne manque, qui se suffit pleinement à lui-même,
peut-il vouloir quelque chose? Voilà ce qui fait la difficulté.

Ariste. — Il me semble qu'il est facile de la lever; car
il n'y a qu'à dire que Dieu n'a pas créé le monde pour lui,
mais pour nous.

Théodore. — Mais nous, pour qui nous a-t-il créés?

Ariste. — Pour lui-même.

THÉODORE. — La difficulté revient; car Dieu n'a nul besoin de nous.

ARISTE. — Disons donc, Théodore, que Dieu ne nous a faits que par pure bonté, par pure charité pour nous-mêmes.

THÉODORE. — Ne disons pas cela, Ariste, du moins sans l'expliquer; car il me paraît évident que l'Être infiniment parfait s'aime infiniment, s'aime nécessairement; que sa volonté n'est que l'amour qu'il se porte à lui-même et à ses divines perfections; que le mouvement de son amour ne peut, comme en nous, lui venir d'ailleurs, ni par conséquent le porter ailleurs; qu'étant uniquement le principe de son action, il faut qu'il en soit la fin; qu'en Dieu, en un mot, tout autre amour que l'amour propre serait déréglé, ou contraire à l'ordre immuable qu'il renferme et qui est la loi inviolable des volontés divines. Nous pouvons dire que Dieu nous a faits par pure bonté, en ce sens qu'il nous a faits sans avoir besoin de nous. Mais il nous a faits pour lui; car Dieu ne peut vouloir que par sa volonté, et sa volonté n'est que l'amour qu'il se porte à lui-même. La raison, le motif, la fin de ses décrets ne peut se trouver qu'en lui.

ARISTE. — Je sens de la peine à me rendre à vos raisons, quoiqu'elles me paraissent évidentes.

THÉOTIME. — Ne voyez-vous pas, Ariste, que c'est humaniser la Divinité que de chercher hors d'elle le motif et la fin de son action? Mais si cette pensée, de faire agir Dieu uniquement par pure bonté pour les hommes, vous charme si fort, d'où vient qu'il y aura vingt fois, cent fois plus de réprouvés que d'élus?

ARISTE. — C'est le péché du premier homme.

THÉOTIME. — Oui; mais que Dieu n'empêchait-il ce péché si funeste à des créatures·qu'il fait, et qu'il a faites par pure bonté?

ARISTE. — Il y a eu ses raisons.

THÉOTIME. — Dieu a donc en lui-même de bonnes raisons de tout ce qu'il fait, lesquelles ne s'accordent pas toujours avec une certaine idée de bonté et de charité fort agréable à notre amour propre, mais qui est contraire à la Loi divine, à cet ordre immuable qui renferme toutes les bonnes raisons que Dieu peut avoir.

Ariste. — Mais, Théotime, puisque Dieu se suffit à lui-même, pourquoi prendre le dessein de créer ce monde?

Théotime. — Dieu a ses raisons, sa fin, son motif, tout cela en lui-même; car, avant ses décrets, que pouvait-il y avoir qui le déterminât à les former! Comme Dieu se suffit à lui-même, c'est avec une liberté entière qu'il s'est déterminé à créer le monde; car si Dieu avait besoin de ses créatures, comme il s'aime invinciblement, il les produirait nécessairement. Oui, Ariste, tout ce qu'on peut légitimement conclure de ce que Dieu se suffit à lui-même, c'est que le monde n'est pas une émanation nécessaire de la Divinité, ce que la foi nous enseigne. Mais de s'imaginer que l'abondance divine puisse rendre Dieu impuissant, c'est aller contre un fait constant, et priver le créateur de la gloire qu'il tirera éternellement de ses créatures.

IV. Ariste. — Comment cela, Théotime? Est-ce que Dieu a créé le monde à cause de la gloire qu'il en devait retirer? Si cette gloire a été le motif qui a déterminé le créateur, voilà donc quelque chose d'étranger à Dieu qui le détermine à agir. D'où vient que Dieu s'est privé de cette gloire pendant une éternité? Mais gloire! Que voulez-vous dire par ce mot? Assurément, Théotime, vous vous engagez là dans un pas dont vous aurez de la peine à vous tirer.

Théotime. — Ce pas est difficile. Mais Théodore, qui le franchit heureusement, ne m'y laissera pas engagé.

Ariste. — Quoi, Théodore, Dieu a fait l'univers pour sa gloire! Vous approuvez cette pensée si humaine, et si indigne de l'Être infiniment parfait! Prenez, je vous prie, la parole au lieu de Théotime; expliquez-vous.

Théodore. — C'est ici, Ariste, qu'il faut bien de l'attention et de la vigilance, pour ne pas donner dans l'écueil que vous savez. Prenez garde que je n'y échoue.

Lorsqu'un architecte a fait un édifice commode et d'une excellente architecture, il en a une secrète complaisance, parce que son ouvrage lui rend témoignage de son habileté dans son art. Ainsi, on peut dire que la beauté de son ouvrage lui fait honneur, parce qu'elle porte le caractère des qualités dont il se glorifie, des qualités qu'il estime et qu'il aime, et qu'il est bien aise de posséder. Que s'il arrive, de plus, que quelqu'un s'arrête pour contempler son édifice, et pour

en admirer la conduite et les proportions, l'architecte en
tire une seconde gloire, qui est encore principalement fondée
sur l'amour et l'estime qu'il a des qualités qu'il possède,
et qu'il serait bien aise de posséder, dans un degré plus
éminent; car s'il croyait que la qualité d'architecte fût
indigne de lui, s'il méprisait cet art ou cette science, son
ouvrage cesserait de lui faire honneur, et ceux qui le
loueraient de l'avoir construit lui donneraient de la confusion.

ARISTE. — Prenez garde, Théodore : vous allez droit
donner dans l'écueil.

THÉODORE. — Tout ceci, Ariste, n'est qu'une comparaison ;
suivez-moi. Il est certain que Dieu s'aime nécessairement,
et toutes ses qualités. Or il est évident qu'il ne peut agir
que selon ce qu'il est. Donc son ouvrage portant le caractère des attributs dont il se glorifie, il lui fait honneur.
Dieu s'estimant et s'aimant invinciblement, il trouve sa
gloire, il a de la complaisance dans un ouvrage qui exprime
en quelque manière ses excellentes qualités. Voilà donc un
des sens selon lequel Dieu agit pour sa gloire. Et, comme
vous voyez, cette gloire ne lui est point étrangère; car elle
n'est fondée que sur l'estime et l'amour qu'il a pour ses
propres qualités. Qu'il n'y ait point d'intelligences qui
admirent son ouvrage, qu'il n'y ait que des hommes insensés
ou stupides qui n'en découvrent point les merveilles, qu'ils
le méprisent, au contraire, cet ouvrage admirable, qu'ils
le blasphèment, qu'ils le regardent, à cause des monstres
qui s'y trouvent, comme l'effet nécessaire d'une nature
aveugle, qu'ils se scandalisent de voir l'innocence opprimée,
et l'injustice sur le trône, Dieu n'en tire pas moins de cette
gloire pour laquelle il agit, de cette gloire qui a pour principe l'amour et l'estime qu'il a de ses qualités, de cette
gloire qui le détermine toujours à agir selon ce qu'il est,
ou d'une manière qui porte le caractère de ses attributs.
Ainsi, supposé que Dieu veuille agir, il ne peut qu'il n'agisse
pour sa gloire selon ce premier sens, puisqu'il ne peut qu'il
n'agisse selon ce qu'il est et par l'amour qu'il se porte à
lui-même et à ses divines perfections. Mais, comme il se
suffit à lui-même, cette gloire ne peut le déterminer invinciblement à vouloir agir; et je crois même que cette seule
gloire ne peut être un motif suffisant de le faire agir, s'il

ne trouve le secret de rendre divin son ouvrage, et de le
proportionner à son action qui est divine. Car enfin, l'univers, quelque grand, quelque parfait qu'il puisse être, tant
qu'il sera fini, il sera indigne de l'action d'un Dieu dont le
prix est infini. Dieu ne prendra donc pas le dessein de le
produire. C'est à mon sens ce qui fait la plus grande difficulté.

V. ARISTE. — Pourquoi cela, Théodore? Il est facile de
la lever, cette difficulté. Faisons le monde infini. Compo-
sons-le d'un nombre infini de tourbillons; car pourquoi
s'imaginer un grand ciel qui environne tous les autres, et
au delà duquel il n'y ait plus rien?

. THÉODORE. — Non, Ariste; laissons à la créature le caractère qui lui convient; ne lui donnons rien qui approche des
attributs divins. Mais tâchons néanmoins de tirer l'univers
de son état profane, et de le rendre, par quelque chose de
divin, digne de la complaisance divine, digne de l'action
d'un Dieu dont le prix est infini.

ARISTE. — Comment cela?

THÉODORE. — Par l'union d'une personne divine.

ARISTE. — Ah! Théodore, vous avez toujours recours
aux vérités de la foi pour vous tirer d'affaire. Ce n'est pas
là philosopher.

THÉODORE. — Que voulez-vous, Ariste; c'est que j'y
trouve mon compte, et que, sans cela, je ne puis trouver le
dénouement de mille et mille difficultés. Quoi donc! est-ce
que l'univers sanctifié par Jésus-Christ, et subsistant en
lui, pour ainsi dire, n'est pas plus divin, plus digne de l'action
de Dieu, que tous vos tourbillons infinis?

ARISTE. — Oui, sans doute. Mais si l'homme n'eût point
péché, le Verbe ne se serait point incarné.

THÉODORE. — Je ne sais, Ariste. Mais quoique l'homme
n'eût point péché, une personne divine n'aurait pas laissé
de s'unir à l'univers pour le sanctifier, pour le tirer de son
état profane, pour le rendre divin, pour lui donner une dignité
infinie, afin que Dieu, qui ne peut agir que pour sa gloire,
en reçût une qui répondît parfaitement à son action. Est-ce
que le Verbe ne peut s'unir à l'ouvrage de Dieu sans s'incarner? Il s'est fait homme; mais ne pouvait-il pas se faire
ange? Il est vrai qu'en se faisant homme, il s'unit en même

temps aux deux substances, esprit et corps, dont l'univers est composé, et que, par cette union, il sanctifie toute la nature. C'est pour cela que je ne crois point que le péché ait été [1] la seule cause de l'Incarnation du Fils de Dieu. Mais Dieu a pu faire à l'ange la grâce qu'il a faite à l'homme. Au reste, Dieu a prévu et permis le péché. Cela suffit; car c'est une preuve certaine que l'Univers réparé par Jésus-Christ vaut mieux que le même Univers dans sa première construction; autrement, Dieu n'aurait jamais laissé corrompre son ouvrage. C'est une marque assurée que le principal des desseins de Dieu c'est l'Incarnation de son Fils. Voyons donc, Ariste, comment Dieu agit pour sa gloire. Justifions cette proposition qui vous a paru si commune, et peut-être si vide de sens et si insoutenable.

VI. Premièrement, Dieu pense à un ouvrage qui, par son excellence et par sa beauté, exprime des qualités qu'il aime invinciblement, et qu'il est bien aise de posséder. Mais cela, néanmoins, ne lui suffit pas pour prendre le dessein de le produire, parce qu'un monde fini, un monde profane n'ayant encore rien de divin, il ne peut avoir de rapport réel avec la Divinité; il ne peut exprimer l'attribut essentiel de Dieu, son infinité. Ainsi, Dieu ne peut y mettre sa complaisance, ni, par conséquent, le créer sans se démentir. Que fait-il, cependant? La Religion nous l'apprend [2] : il rend divin son ouvrage, par l'union d'une personne divine aux deux substances esprit et corps dont il le compose. Et par là il le relève infiniment, et reçoit de lui, à cause principalement de la Divinité qu'il lui communique, cette première gloire qui se rapporte avec celle de cet architecte qui a construit une maison qui lui fait honneur, parce qu'elle exprime des qualités qu'il se glorifie de posséder. Dieu reçoit, dis-je, cette première gloire rehaussée, pour ainsi

1. 1re édition : « C'est pour cela que je ne sais point si le péché a été.... »
2. Les mots : « réel... La Religion nous l'apprend », manquent dans la première édition; — de même, plus loin, manquent, après « personne divine », les mots : « aux deux substances... le compose »; — de même, enfin, manquent les dernières lignes de l'alinéa : « puisque le sujet... se glorifie ». — Le premier alinéa du paragraphe 6 se présente, dans la première édition, de la manière suivante : « Premièrement, Dieu pense... Mais cela néanmoins..., il ne peut avoir de rapport à son action qui est divine. Que fait-il? Il le rend divin par l'union d'une personne divine. Et par là... sanctifiées par Jésus-Christ. »

dire, d'un éclat infini. Néanmoins, Dieu ne tire que de lui-
même la gloire qu'il reçoit de la sanctification de son Église,
ou de cette maison spirituelle dont nous sommes les pierres
vivantes sanctifiées par Jésus-Christ, puisque le sujet de
sa gloire n'est que le rapport de son ouvrage avec les perfections dont il se glorifie.

Cet architecte reçoit encore une seconde gloire des spec-
tateurs et des admirateurs de son édifice; et c'est aussi
dans la vue de cette espèce de gloire, qu'il s'efforce de le
faire le plus magnifique et le plus superbe qu'il peut. C'est
aussi principalement [1] dans la vue du culte que notre Souverain Prêtre devait établir en l'honneur de la Divinité,
que Dieu s'est résolu de se faire un temple dans lequel il
fût éternellement glorifié. Oui, Ariste, viles et méprisables
créatures que nous sommes, nous rendons, par notre divin
Chef, et nous rendrons éternellement à Dieu des honneurs
divins, des honneurs dignes de la majesté divine, des honneurs que Dieu reçoit et qu'il recevra toujours avec plaisir.
Nos adorations et nos louanges sont en Jésus-Christ des
sacrifices de bonne odeur. Dieu se plaît dans ces sacrifices
spirituels et divins; et s'il s'est repenti d'avoir établi un
culte charnel et même d'avoir fait l'homme [2], il en a juré
par lui-même, jamais il ne se repentira de l'avoir réparé,
de l'avoir sanctifié, de nous avoir faits ses prêtres sous notre
Souverain Pontife le vrai Melchisédech [3]. Dieu nous regarde
en Jésus-Christ comme des dieux, comme ses enfants,
comme ses héritiers et comme les cohéritiers de son Fils bien
aimé [4]. Il nous a adoptés en ce cher Fils; c'est par lui qu'il
nous donne accès auprès de sa majesté suprême; c'est par
lui qu'il se complaît dans son ouvrage; c'est par ce secret
qu'il a trouvé dans sa sagesse, qu'il sort hors de lui-même,
s'il est permis de parler ainsi, hors de sa sainteté qui le
sépare infiniment de toutes les créatures; qu'il sort, dis-je,
avec une magnificence dont il tire une gloire capable de

1. Le passage : « et c'est aussi dans la vue... C'est aussi principalement... »,
se présente, dans la première édition, de la manière suivante : « et c'est peut-
être dans la vue de cette gloire, qu'il s'est efforcé de le faire le plus magnifique
et le plus superbe qu'il a pu. Aussi est-ce dans la vue... »
2. *Hœbr.*, VII, 20, 21; VI, 17.
3. 1 *Petr.*, II, 9.
4. 1 *Joan.*, III, 1, 22; *Rom.*, VIII, 16, 17.

ie contenter. L'Homme-Dieu ie précède partout dans ses voies, il justifie tous ses desseins, il [1] lui fait rendre par ses créatures des honneurs dont il doit être content. Jésus-Christ ne paraît que dans la plénitude des temps; mais il est avant tous les siècles dans les desseins du Créateur; et lorsqu'il naît en Bethléem, c'est alors que voilà Dieu glorifié; c'est alors que le voilà satisfait de son ouvrage. Tous les esprits bienheureux reconnaissent cette vérité, lorsque l'Ange annonce aux pasteurs la naissance du Sauveur. *Gloire à Dieu*, disent-ils tous d'un commun accord, *paix en terre*; *Dieu se complaît dans les hommes* [2]. Oui, assurément, l'Incarnation du Verbe est le premier et le principal des desseins de Dieu [3]; c'est ce qui justifie sa conduite; c'est, si je ne me trompe, le seul dénoûment de mille et mille difficultés, de mille et mille contradictions apparentes.

L'homme, Ariste, est pécheur; il n'est point tel que Dieu l'a fait. Dieu a donc laissé corrompre son ouvrage. Accordez cela avec sa sagesse et avec sa puissance; tirez-vous seulement de ce méchant pas sans le secours de l'Homme-Dieu, sans admettre de Médiateur, sans concevoir que Dieu a eu principalement en vue l'Incarnation de son Fils. Je vous en défie avec tous les principes de la meilleure philosophie. Pour moi, je vous l'avoue, je me trouve court à tous moments, lorsque je prétends philosopher sans le secours de la Foi; c'est elle qui me conduit et qui me soutient dans mes recherches sur les vérités qui ont quelque rapport à Dieu, comme sont celles de la métaphysique; car, pour les vérités mathématiques, celles qui mesurent les grandeurs, les nombres, les temps, les mouvements, tout ce qui ne diffère que par le plus et par le moins, je demeure d'accord que la Foi ne sert de rien pour les découvrir, et que l'expérience suffit avec la raison, pour se rendre savant dans toutes les parties de la physique.

VII. ARISTE. — Je comprends bien, Théodore, ce que vous me dites là, et je le trouve assez conforme à la Raison.

---

1. 1ʳᵉ édition : « et ».
2. *Luc*, II, 14.
3. *Traité de la Nature et de la Grâce*, premier discours; et *Deuxième et Troisième Éclaircissements*.

Je sens même une secrète joie de voir qu'en suivant la Foi
on s'élève à l'intelligence des vérités que saint Paul nous
apprend en plusieurs endroits de ses admirables Épîtres.
Mais il se présente à mon esprit deux petites difficultés :
la première, c'est qu'il semble que Dieu n'a pas été parfaitement libre dans la production de son ouvrage, puisqu'il
en tire une gloire infinie et qui le contente si fort ; la seconde,
c'est que, du moins, il ne devait pas se priver une éternité,
de la satisfaction qu'il a de se voir si divinement honoré
par ses créatures.

THÉODORE. — Je vous réponds, Ariste, que l'Être infiniment parfait se suffit pleinement à lui-même, et qu'ainsi,
il n'aime invinciblement et nécessairement que sa propre
substance, que ses divines perfections. Cela est évident et
suffit pour votre première difficulté. Mais, pour la seconde,
prenez garde que Dieu ne doit jamais rien faire qui démente
ses qualités, et qu'il doit laisser aux créatures essentiellement dépendantes, toutes les marques de leur dépendance.
Or le caractère essentiel de la dépendance, c'est de n'avoir
point été. Un monde éternel paraît être une émanation
nécessaire de la Divinité. Il faut que Dieu marque qu'il se
suffit tellement à lui-même, qu'il a pu se passer durant une
éternité de son ouvrage. Il en tire par Jésus-Christ une
gloire qui le contente ; mais il ne la recevrait pas, cette
gloire, si l'Incarnation était éternelle, parce que cette Incarnation blesserait ses attributs, qu'elle doit honorer autant
que cela est possible.

ARISTE. — Je vous l'avoue, Théodore, il n'y a que l'Être
nécessaire et indépendant qui doive être éternel ; tout ce
qui n'est pas Dieu doit porter la marque essentielle de sa
dépendance ; cela me paraît évident. Mais Dieu, sans faire
le monde éternel, pouvait le créer plus tôt qu'il n'a fait de
mille millions de siècles. Pourquoi tant retarder un ouvrage
dont il tire tant de gloire ?

THÉODORE. — Il ne l'a point retardé, Ariste. Le tôt et
le tard sont des propriétés du temps qui n'ont nul rapport
avec l'éternité. Si le monde avait été créé mille millions
de siècles plus tôt qu'il ne l'a été, on pourrait vous faire la
même instance, et la recommencer sans cesse à l'infini.
Ainsi, Dieu n'a point créé trop tard son ouvrage, puisqu'il

a fallu qu'une éternité le précédât, et que le tôt et le tard de mille millions de siècles n'avancent et ne reculent point par rapport à l'éternité.

ARISTE. — Je ne sais que vous répondre, Théodore. Je penserai à ce que vous venez de me dire, que Dieu n'agit que pour sa gloire, que pour l'amour qu'il se porte à lui-même; car je conçois que ce principe renferme bien des conséquences. Mais, Théotime, qu'en pensez-vous?

VIII. THÉOTIME. — Ce principe me paraît incontestable; car il est évident que l'Être infiniment parfait ne peut trouver qu'en lui-même le motif de ses volontés et les raisons de sa conduite. Mais je ne sais; je voudrais bien, ce me semble, que Dieu nous aimât un peu davantage, ou qu'il fît quelque chose uniquement pour l'amour de nous; car enfin l'Écriture nous apprend que Dieu nous a tant aimés, qu'il nous a donné son Fils unique. Voilà un grand don, Ariste, et qui semble marquer un amour un peu plus désintéressé que celui que Théodore lui attribue.

ARISTE. — Hé bien, Théodore, que dites-vous à cela?

THÉODORE. — Que Théotime donne dans l'écueil, ou plutôt qu'il se sent dans le courant qui l'y porte, si ce n'est peut-être qu'il veut voir dans quelles dispositions vous êtes.

ARISTE. — Vous ne répondez pas.

THÉODORE. — C'est que je voudrais bien que vous le fissiez vous-même; mais puisque vous voulez vous taire, donnez-vous du moins la peine de bien prendre ma pensée. Je crois, Ariste, que Dieu nous a tant aimés, qu'il nous a donné son Fils, ainsi que le dit l'Écriture [1]; mais je crois aussi, ce que m'apprend la même Écriture, qu'il a tant aimé son Fils, qu'il nous a donnés à lui, et toutes les nations de la terre [2]. Enfin je crois encore, à cause de l'Écriture, que, s'il nous a prédestinés en son Fils, et s'il a choisi son Fils pour le premier des prédestinés, c'est parce qu'il en voulait faire son pontife, pour recevoir de lui, et de nous par lui, les adorations qui lui sont dues [3]; car voici en deux mots l'ordre des choses : tout est à nous, nous sommes à Jésus-Christ, et Jésus-Christ est à Dieu. *Omnia vestra*

1. *Joan.*, III, 16.
2. *Ps.*, II, 8.
3. *Matth.*, XXVIII, 18; *Eph.*, I.

sunt, dit saint Paul, *sive præsentia, sive futura; vos autem Christi, Christus autem Dei* [1]. C'est que Dieu est nécessairement la fin de toutes ses œuvres.

Concevez distinctement, Ariste, que Dieu aime toutes choses à proportion qu'elles sont aimables; que la loi qu'il suit inviolablement n'est que l'Ordre immuable, que je vous ai dit plusieurs fois ne pouvoir consister que dans les rapports nécessaires des perfections divines. En un mot, concevez que Dieu agit selon ce qu'il est, et vous comprendrez sans peine qu'il nous aime si fort, qu'il fait pour nous tout ce qu'il peut faire, agissant comme il doit agir; vous comprendrez que Dieu aime les natures qu'il a faites tant qu'elles sont telles qu'il les a faites; qu'il les aime, dis-je, selon le degré de perfection que renferment leurs archétypes, et qu'il les rendra d'autant plus heureuses, qu'elles l'auront mérité en se conformant à sa Loi. Vous comprendrez que Dieu d'abord a créé l'homme juste et sans aucun défaut, et que, s'il l'a fait libre, c'est qu'il a voulu le rendre heureux sans manquer à ce qu'il se doit à lui-même. Vous croirez aisément que l'homme devenu pécheur, quoique digne de la colère divine, Dieu peut encore l'aimer avec tant de charité et de bonté que d'envoyer son Fils pour le délivrer de ses péchés. Vous ne douterez pas que Dieu chérit telle ent l'homme sanctifié par Jésus-Christ, qu'il lui fait part de son héritage et de son éternelle félicité. Mais vous ne comprendrez jamais que Dieu agisse uniquement pour ses créatures, ou par un mouvement de pure bonté dont le motif ne trouve point sa raison dans les attributs divins. Encore un coup, Ariste, Dieu peut ne point agir; mais, s'il agit, il ne le peut qu'il ne se règle sur lui-même, sur la Loi qu'il trouve dans sa substance. Il peut aimer les hommes, mais il ne le peut qu'à cause du rapport qu'ils ont avec lui. Il trouve dans la beauté que renferme l'archétype de son ouvrage un motif de l'exécuter; mais c'est que cette beauté lui fait honneur, parce qu'elle exprime des qualités dont il se glorifie et qu'il est bien aise de posséder. Ainsi, l'amour que Dieu nous porte n'est point intéressé en ce sens qu'il ait quelque besoin de nous; mais il l'est en ce sens, qu'il ne

_____
1. *I Cor.*, 3, 22.

nous aime que par l'amour qu'il se porte à lui-même et à ses divines perfections, que nous exprimons par notre nature (c'est la première gloire que tous les êtres rendent nécessairement à leur auteur), et que nous adorons par des jugements et des mouvements qui lui sont dus. C'est la seconde gloire que nous donnons à Dieu par notre souverain prêtre notre Seigneur Jésus-Christ.

Théotime. — Tout cela, Théodore, me paraît suffisamment expliqué. L'Être infiniment parfait se suffit pleinement à lui-même; c'est un des noms que Dieu se donne dans l'Écriture; et cependant, il a tout fait pour lui. *Omnia propter semetipsum operatus est Dominus* [1]. Il a tout fait en Jésus-Christ et par Jésus-Christ. *Omnia per ipsum et in ipso creata sunt* [2]; tout pour la gloire qu'il retire de son Église en Jésus-Christ : *Ipsi gloria in Ecclesia et in Christo Jesu in omnes generationes sœculi sœculorum* [3]. Les Épîtres de saint Paul sont toutes remplies de ces vérités. C'est là le fondement de notre Religion; et vous nous avez fait voir qu'il n'y a rien de plus conforme à la Raison et à la notion la plus exacte de l'Être infiniment parfait. Passons à quelque autre chose. Quand Ariste aura bien pensé à tout ceci, j'espère qu'il en demeurera convaincu.

Ariste. — J'en suis déjà bien persuadé, Théotime; et il ne tient pas à moi que Théodore ne descende un peu plus dans le détail qu'il ne fait.

IX. Théodore. — Tâchons, Ariste, de bien comprendre les principes les plus généraux. Car ensuite tout le reste va tout seul; tout se développe à l'esprit avec ordre et avec une merveilleuse clarté. Voyons donc encore, dans la notion de l'Être infiniment parfait, quels peuvent être les desseins de Dieu. Je ne prétends pas que nous puissions découvrir le détail; mais peut-être en reconnaîtrons-nous ce qu'il y a de plus général, et vous verrez, dans la suite, que le peu que nous en aurons découvert nous sera d'un grand usage. Pensez-vous donc que Dieu veuille faire l'ouvrage le plus beau, le plus parfait qui se puisse?

Ariste. — Oui, sans doute; car plus son ouvrage sera

1. *Prov.*, XVI, 4.
2. *Colos.*, I, 16.
3. *Eph.*, III, 21.

parfait, plus il exprimera les qualités et les perfections dont Dieu se glorifie. Cela est évident par tout ce que vous venez de nous dire.

THÉODORE. — L'univers est donc le plus parfait que Dieu puisse faire? Mais quoi! tant de monstres, tant de désordres, ce grand nombre d'impies, tout cela contribue-t-il à la perfection de l'univers?

ARISTE. — Vous m'embarrassez, Théodore. Dieu veut faire un ouvrage le plus parfait qui se puisse; car plus il sera parfait, plus il l'honorera. Cela me paraît évident; mais je conçois bien qu'il serait plus accompli, s'il était exempt de mille et mille défauts qui le défigurent. Voilà une contradiction qui m'arrête tout court. Il semble que Dieu n'ait pas exécuté son dessein, ou qu'il n'ait pas pris le dessein le plus digne de ses attributs.

THÉODORE. — C'est que vous n'avez pas encore bien compris les principes. Vous n'avez pas assez médité la notion de l'Être infiniment parfait qui les renferme. Vous ne savez pas encore faire agir Dieu selon ce qu'il est.

THÉOTIME. — Mais, Ariste, ne serait-ce point que les dérèglements de la nature, les monstres et les impies mêmes, sont comme les ombres d'un tableau qui donnent de la force à l'ouvrage et du relief aux figures?

ARISTE. — Cette pensée a je ne sais quoi qui plaît à l'imagination; mais l'esprit n'en est point content. Car je comprends fort bien que l'univers serait plus parfait, s'il n'y avait rien de déréglé dans aucune des parties qui le composent; et il n'y en a presque point, au contraire, où il n'y ait quelque défaut.

THÉOTIME. — C'est donc que Dieu ne veut pas que son ouvrage soit parfait?

ARISTE. — Ce n'est point cela non plus; car Dieu ne peut pas vouloir positivement et directement des irrégularités qui défigurent son ouvrage, et qui n'expriment aucune des perfections qu'il possède et dont il se glorifie. Cela me paraît évident. Dieu permet le désordre; mais il ne le fait pas, il ne le veut pas.

THÉOTIME. — « Dieu permet »; je n'entends pas bien ce terme. A qui est-ce que Dieu permet de geler les vignes et de renverser les moissons qu'il a fait croître? Pourquoi permet-il qu'on mette dans son ouvrage des monstres qu'il ne fait et ne veut point? Quoi donc! est-ce que l'univers n'est point tel que Dieu l'a voulu?

ARISTE. — Non; car l'univers n'est point tel que Dieu l'a fait.

THÉOTIME. — Cela peut être véritable à l'égard des désordres qui s'y sont glissés par le mauvais usage de la liberté; car Dieu n'a pas fait les impies; il a permis que les hommes le devinssent. Je comprends bien cela, quoique je n'en sache pas les raisons. Mais, certainement, il n'y a que Dieu qui fasse les monstres.

ARISTE. — Voilà d'étranges créatures que les monstres, s'ils ne font point d'honneur à celui qui leur donne l'être. Savez-vous bien, Théotime, pourquoi Dieu, qui couvre aujourd'hui de fleurs et de fruits toute la campagne, la ravagera demain par la gelée ou par la grêle?

THÉOTIME. — C'est que la campagne sera plus belle dans sa stérilité que dans sa fécondité, quoique cela ne nous accommode pas. Nous jugeons souvent de la beauté des ouvrages de Dieu par l'utilité que nous en recevons, et nous nous trompons.

ARISTE. — Encore vaut-il mieux en juger par leur utilité que par leur inutilité. La belle chose qu'un pays désolé par la tempête!

THÉOTIME. — Fort belle. Un pays habité par des pécheurs doit être dans la désolation.

ARISTE. — Si la tempête épargnait les terres des gens de bien, vous auriez peut-être raison. Encore serait-il plus à propos de refuser la pluie au champ d'un brutal, que de faire germer et croître son blé pour le moissonner par la grêle. Ce serait assurément le plus court; mais, de plus, c'est souvent le moins coupable qui est le plus maltraité. Que de contradictions apparentes dans la conduite de Dieu! Théodore m'a déjà donné des principes qui dissipent ces contradictions. Mais je les ai si mal compris, que je ne m'en souviens plus. Si vous ne voulez pas, Théotime, me mettre dans le bon chemin, — car je vois bien que vous vous divertissez de l'embarras où je me trouve, — laissez parler Théodore.

THÉOTIME. — Cela est juste.

X. THÉODORE. — Vous voyez bien, Ariste, qu'il ne suffit

pas d'avoir entrevu des principes; il faut les avoir bien
compris, afin qu'ils se présentent à l'esprit dans le besoin.
Écoutez donc, puisque Théotime ne veut pas vous dire ce
qu'il sait parfaitement bien.

Vous ne vous trompez point de croire que, plus un ouvrage
est parfait, plus il exprime les perfections de l'ouvrier, et
qu'il lui fait d'autant plus d'honneur, que les perfections
qu'il exprime plaisent davantage à celui qui les possède,
et qu'ainsi Dieu veut faire son ouvrage le plus parfait qui
se puisse. Mais vous ne tenez que la moitié du principe,
et c'est ce qui vous laisse dans l'embarras. Dieu veut que
son ouvrage l'honore; vous le comprenez bien. Mais prenez
garde, Dieu ne veut pas que ses voies le déshonorent. C'est
l'autre moitié du principe. Dieu veut que sa conduite, aussi
bien que son ouvrage, porte le caractère de ses attributs.
Non content que l'univers l'honore par son excellence et
sa beauté, il veut que ses voies le glorifient par leur simplicité, leur fécondité, leur universalité, leur uniformité, par
tous les caractères qui expriment des qualités qu'il se glorifie
de posséder.

Ainsi, ne vous imaginez pas que Dieu ait voulu absolument faire l'ouvrage le plus parfait qui se puisse, mais seulement le plus parfait par rapport aux voies les plus dignes
de lui; car ce que Dieu veut uniquement, directement,
absolument dans ses desseins, c'est d'agir toujours le plus
divinement qui se puisse; c'est de faire porter à sa conduite,
aussi bien qu'à son ouvrage, le caractère de ses attributs;
c'est d'agir exactement selon ce qu'il est et selon tout ce
qu'il est. Dieu a vu de toute éternité tous les ouvrages
possibles, et toutes les voies possibles de produire chacun
d'eux; et comme il n'agit que pour sa gloire, que selon ce
qu'il est, il s'est déterminé à vouloir l'ouvrage qui pouvait
être produit et conservé par des voies qui, jointes à cet
ouvrage, doivent l'honorer davantage que tout autre ouvrage
produit par toute autre voie. Il a formé le dessein qui portait
davantage le caractère de ses attributs, qui exprimait plus
exactement les qualités qu'il possède et qu'il se glorifie de
posséder. Embrassez bien ce principe, mon cher Ariste, de
peur qu'il ne vous échappe; car, de tous les principes, c'est
peut-être le plus fécond.

Encore un coup, ne vous imaginez pas que Dieu forme jamais aveuglément de dessein, je veux dire sans l'avoir comparé avec les voies nécessaires pour son exécution. C'est ainsi qu'agissent les hommes, qui se repentent souvent de leurs résolutions, à cause des difficultés qu'ils y trouvent. Rien n'est difficile à Dieu; mais prenez garde, tout n'est pas également digne de lui. Ses voies doivent porter le caractère de ses attributs, aussi bien que son ouvrage. Il faut donc que Dieu ait égard aux voies aussi bien qu'à l'ouvrage. Il ne suffit pas que son ouvrage l'honore par son excellence; il faut, de plus, que ses voies le glorifient par leur divinité. Et si un monde plus parfait que le nôtre ne pouvait être créé et conservé que par des voies réciproquement moins parfaites, de manière que l'expression, pour ainsi dire, que ce nouveau monde et ces voies nouvelles donneraient des qualités divines serait moindre que celle du nôtre, je ne crains point de le dire : Dieu est trop sage, il aime trop sa gloire, il agit trop exactement selon ce qu'il est, pour pouvoir le préférer à l'Univers qu'il a créé; car Dieu n'est indifférent dans ses desseins, que lorsqu'ils sont également sages, également divins, également glorieux pour lui, également dignes de ses attributs; que lorsque le rapport composé de la beauté de l'ouvrage et de la simplicité des voies est exactement égal. Lorsque ce rapport est inégal, quoique Dieu puisse ne rien faire, à cause qu'il se suffit à lui-même, il ne peut choisir et prendre le pire. Il peut ne point agir; mais il ne peut agir inutilement, ni multiplier ses voies, sans augmenter à proportion la beauté de son ouvrage [1]. Sa sagesse lui défend de prendre de tous les desseins possibles celui qui n'est pas le plus sage. L'amour qu'il se porte à lui-même ne lui permet pas de choisir celui qui ne l'honore pas le plus.

XI. Ariste. — Je tiens bien, Théodore, votre principe : Dieu n'agit que selon ce qu'il est, que d'une manière qui porte le caractère de ses attributs, que pour la gloire qu'il trouve uniquement dans le rapport que son ouvrage et ses voies jointes ensemble, ont avec les perfections qu'il possède,

---

1. Au lieu de « augmenter à proportion... son ouvrage », la première édition donne : « augmenter sa gloire ».

et qu'il se glorifie de posséder. C'est la grandeur de ce
rapport que Dieu considère dans la formation de ses desseins;
car voilà le principe : Dieu ne peut agir que selon ce qu'il
est, ni vouloir absolument et directement que sa gloire.
Si les défauts de l'univers que nous habitons diminuent
ce rapport, la simplicité, la fécondité, la sagesse des voies
ou des lois que Dieu suit l'augmentent avec avantage. Un
monde plus parfait, mais produit par des voies moins fécondes
et moins simples, ne porterait pas tant que le nôtre le
caractère des attributs divins. Voilà pourquoi le monde
est rempli d'impies, de monstres, de désordres de toutes
façons. Dieu pourrait convertir tous les hommes, empêcher
tous les désordres; mais il ne doit pas pour cela troubler la
simplicité et l'uniformité de sa conduite, car il doit s'honorer [1]
par la sagesse de ses voies, aussi bien que par la perfection
de ses créatures. Il ne permet point les monstres; c'est lui
qui les fait. Mais il ne les fait que pour ne rien changer dans
sa conduite, que par respect pour la généralité de ses voies,
que pour suivre exactement les lois naturelles qu'il a établies, et
qu'il n'a pas néanmoins établies à cause des effets monstrueux
qu'elles devaient produire, mais pour des effets plus dignes
de sa sagesse et de sa bonté. Voilà pourquoi on peut dire
qu'il les permet, quoiqu'il n'y ait que lui qui les fasse. C'est
qu'il ne les veut qu'indirectement, qu'à cause qu'ils sont
une suite naturelle de ses lois.

THÉODORE. — Que vous tirez promptement vos conséquences!

ARISTE. — C'est que le principe est clair, c'est qu'il est
fécond.

THÉODORE. — D'abord, Ariste, il semble que ce principe,
à cause de sa généralité, n'ait aucune·solidité. Mais quand
on le suit de près, il frappe tellement et si promptement
par un détail de vérités étonnantes qu'il découvre, qu'on
en est charmé. Apprenez de là, que les principes les plus
généraux sont les plus féconds. Ils paraissent d'abord comme
de pures chimères. C'est leur généralité qui en est cause;
car l'esprit compte pour rien ce qui ne le touche point.
Mais tenez-les bien, ces principes, si vous pouvez, et sui-

1. 1ʳᵉ édition : « l'honorer ».

vez-les; ils vous feront voir bien du pays en peu de temps.

Ariste. — Je l'éprouve bien, Théodore, lorsque je médite un peu ce que vous me dites; et maintenant même, sans aucun effort d'esprit, je vois, ce me semble, tout d'une vue, dans votre principe, l'éclaircissement de quantité de difficultés que j'ai toujours eues sur la conduite de Dieu. Je conçois que tous ces effets qui se contredisent, ces ouvrages qui se combattent et qui se détruisent, ces désordres qui défigurent l'univers, que tout cela ne marque nulle contradiction dans la cause qui le gouverne, nul défaut d'intelligence, nulle impuissance, mais une prodigieuse fécondité et une parfaite uniformité dans les lois de la nature.

Théodore. — Doucement, Ariste, car nous expliquerons tout cela plus exactement dans la suite.

XII. Ariste. — Je comprends même que la raison de la prédestination des hommes se doit nécessairement trouver dans votre principe. Je croyais que Dieu avait choisi de toute éternité tels et tels, précisément parce qu'il le voulait ainsi, sans raison de son choix, ni de sa part, ni de la nôtre; et qu'ensuite il avait consulté sa sagesse sur les moyens de les sanctifier et de les conduire sûrement au ciel. Mais je comprends bien que je me trompais. Dieu ne forme point aveuglément ses desseins sans les comparer avec les moyens. Il est sage dans la formation de ses décrets, aussi bien que dans leur exécution. Il y a en lui des raisons de la prédestination des élus. C'est que l'Église future, formée par les voies que Dieu y emploie, lui fait plus d'honneur que toute autre Église formée par toute autre voie. Car Dieu ne peut agir que pour sa gloire, que de la manière qui porte le plus le caractère de ses attributs. Dieu ne nous a point prédestinés, ni nous, ni même notre divin Chef, à cause de nos mérites naturels; mais à cause des raisons que sa Loi inviolable, l'Ordre immuable, le rapport nécessaire des perfections qu'il renferme dans sa substance, lui fournit. Il a voulu unir son Verbe à telle nature, et prédestiner en son Fils tels et tels, parce que sa sagesse lui a marqué d'en user ainsi envers eux pour sa propre gloire. Suis-je bien, Théodore, votre grand principe?

Théodore. — Fort bien. Mais n'appréhendez-vous point

d'entrer trop avant dans la théologie? Vous voilà au milieu des plus grands mystères.

ARISTE. — Revenons; car il ne m'appartient pas de les pénétrer.

THÉOTIME. — Vous faites bien, Ariste, de revenir promptement; car saint Augustin, le grand docteur de la grâce, ne veut pas qu'on cherche des raisons du choix que Dieu fait des hommes. La prédestination est purement gratuite; et la raison pourquoi Dieu prend tel et laisse tel, c'est qu'il fait miséricorde à qui il lui plaît de la faire.

ARISTE. — Quoi, Théodore! est-ce que saint Augustin prétend que Dieu ne consulte point sa sagesse dans la formation de ses desseins, mais seulement pour leur exécution?

THÉODORE. — Non, Ariste. Mais apparemment Théotime explique saint Augustin selon la pensée de certaines gens. Ce saint docteur, écrivant contre les hérétiques de son temps, rejette la méchante raison qu'ils donnaient du choix de Dieu et de la distribution de sa Grâce. Mais il a toujours été prêt de recevoir celles qui sont dans l'analogie de la Foi, et qui ne détruisent pas la gratuité de la Grâce. Voici en deux mots le raisonnement de ces hérétiques; il est bon que vous le sachiez et que vous puissiez y répondre. Dieu veut que tous les hommes soient sauvés et arrivent à la connaissance de la vérité. Donc ils peuvent tous être sauvés par leurs forces naturelles. Mais si cela n'est pas possible sans le secours de la Grâce intérieure, disaient les plus modérés, voyons un peu à qui Dieu le donnera. Dieu fait choix des uns plutôt que des autres. Hé bien, d'accord; mais du moins que son choix soit raisonnable. Or c'est une notion commune que, qui prend le pire, choisit mal. Donc si Dieu ne donne pas sa Grâce également à tous, s'il choisit, il faut bien qu'il préfère les meilleurs, ou les moins méchants aux plus méchants; car on ne peut pas douter que le choix qu'il fait des uns plutôt que des autres ne soit sage et raisonnable. Il n'y a point en lui acception de personnes. Il faut donc nécessairement que la raison de son choix dans la distribution de sa Grâce se trouve dans le bon usage que nous pouvons encore faire de nos forces naturelles. C'est à nous à vouloir, à désirer notre guérison, à croire au Médiateur, à implorer sa miséricorde, en un mot, à commencer, et Dieu viendra au secours; nous mériterons par le bon usage de notre libre arbitre que Dieu nous donne sa Grâce.

ARISTE. — Ces gens-là raisonnaient juste.

THÉODORE. — Parfaitement bien, mais sur de fausses idées; ils ne consultaient pas la notion de l'Être infiniment parfait. Ils faisaient agir Dieu comme agissent les hommes. Car, prenez garde, pourquoi pensez-vous que Dieu répande les pluies?

ARISTE. — C'est pour rendre fécondes les terres que nous cultivons.

THÉODORE. — Il n'y a donc qu'à semer ou qu'à planter dans un champ, afin qu'il y pleuve; car puisque Dieu ne fait pas pleuvoir également sur les terres, puisqu'il fait choix, il doit choisir raisonnablement et faire pleuvoir sur les terres ensemencées, plutôt que sur les autres, plutôt que sur les sablons et dans la mer. Trouvez par cette comparaison le défaut du raisonnement des ennemis de la Grâce; mais ne chicanez point, je vous prie.

ARISTE. — Je vous entends, Théodore. Qu'on cultive les terres ou qu'on les laisse en friche[1], il n'y pleut ni plus ni moins. C'est qu'il ne pleut ordinairement qu'en conséquence des lois générales de la nature, selon lesquelles Dieu conserve l'univers. De même, la raison de la distribution de la Grâce ne se tire point de nos mérites naturels. Dieu ne donne les premières grâces [2], qu'en conséquence de certaines lois générales [3]. Car Dieu n'agit pas comme les hommes, comme les causes particulières et les intelligences bornées. La raison de son choix vient de la sagesse de ses lois, et la sagesse de ses lois, du rapport qu'elles ont avec ses attributs, de leur simplicité, de leur fécondité, en un mot de leur divinité. Le choix que Dieu fait des hommes dans la distribution de ses grâces est donc raisonnable et parfaitement digne de la sagesse de Dieu, quoiqu'il ne soit fondé ni sur la différence des natures, ni sur l'inégalité des mérites.

THÉODORE. — Vous y voilà, Ariste. Vous avez renversé

1. 1ʳᵉ édition : au lieu de « en friche », « stériles ».
2. Après « grâces », la première édition ajoute : « j'entends celles qui nous discernent ».
3. Voy. l'*Entretien XII*, 16 et suiv. [l'indication : « 16 et suiv. », ne figure pas dans la première édition]; le second discours du *Traité de la Nature et de la Grâce, Réponse à la Dissertation de M. Arnauld*, ch. VII, VIII, IX. X, XI, etc.

en deux mots l'appui le plus ferme du pélagianisme. Un
homme qui arroserait des sablons, ou qui porterait à la
mer les eaux nécessaires à son champ, ne serait pas sage.
C'est néanmoins ce que Dieu fait en conséquence de ses
lois; et en cela il agit très sagement, divinement. Cela suffit
pour faire taire ces orgueilleux hérétiques, qui veulent
apprendre à Dieu à faire parmi les hommes un choix sage
et raisonnable.

Hé bien, Théotime, appréhenderez-vous [1] encore qu'Ariste
ne tombe dans le précipice dont saint Augustin fait peur,
et avec raison, à ceux qui cherchent dans leurs mérites la
cause de leur élection? Ariste veut que la distribution de
la Grâce soit purement gratuite. Soyons en repos pour lui.
Plaignons plutôt certaines gens que vous connaissez, qui
prétendent que Dieu choisit ses élus par pure bonté pour
eux, sans sagesse et sans raison de sa part; car c'est une
horrible impiété, que de croire que Dieu n'est pas sage
dans la formation de ses desseins, aussi bien que dans leur
exécution. La prédestination à la Grâce [2] est gratuite de
notre part. La Grâce n'est point distribuée selon nos mérites,
ainsi que le soutient saint Augustin, après saint Paul et
avec toute l'Église; mais elle est réglée sur une loi dont Dieu
ne se dispense jamais. Car Dieu a formé le dessein qui renferme la prédestination de tels et tels, plutôt que quantité
d'autres, parce qu'il n'y a point de dessein plus sage que
celui-là, plus digne de ses attributs. Voilà ce que vos amis
ne sauraient comprendre.

XIII. Théotime. — Que voulez-vous, Théodore, c'est
qu'on donne naturellement dans cet écueil, de juger Dieu
par soi-même. Nous aimons tous l'indépendance, et ce nous
est à nous une espèce de servitude, que de nous soumettre
à la raison, une espèce d'impuissance de ne pouvoir faire
ce qu'elle défend. Ainsi, nous craignons de rendre Dieu
impuissant à force de le faire sage; mais Dieu est à lui-
même sa sagesse. La Raison souveraine lui est coéternelle
et consubstantielle. Il l'aime nécessairement; et quoiqu'il
soit obligé de la suivre, il demeure indépendant. Tout ce

1. 1ʳᵉ édition : « appréhendez-vous ».
2. Les mots : « à la Grâce », manquent dans la première édition.

que Dieu veut est sage et raisonnable; non que Dieu soit au-dessus de la Raison, non que ce qu'il veut soit juste précisément et uniquement parce qu'il le veut; mais parce qu'il ne peut se démentir soi-même, rien vouloir qui ne soit conforme à la Loi, à l'Ordre immuable et nécessaire des, perfections divines.

THÉODORE. — Assurément, Théotime, c'est tout renverser que de prétendre que Dieu soit au-dessus de la Raison, et qu'il n'ait [1] point d'autre règle dans ses desseins que sa pure volonté. Ce faux principe répand des ténèbres si épaisses, qu'il confond le bien avec le mal, le vrai avec le faux, et fait de toutes choses un chaos où l'esprit ne connaît plus rien. Saint Augustin a prouvé invinciblement le péché originel par les désordres que nous éprouvons en nous. L'homme souffre; donc il n'est point innocent. L'esprit dépend du corps; donc l'homme est corrompu; il n'est point tel que Dieu l'a fait; Dieu ne peut soumettre le plus noble au moins noble; car l'Ordre ne le permet pas. Quelles conséquences pour ceux qui ne craignent point de dire que la volonté de Dieu est la seule règle de ses actions! Ils n'ont qu'à répondre que Dieu l'a ainsi voulu; que c'est notre amour propre qui nous fait trouver injuste la douleur que nous souffrons; que c'est notre orgueil qui s'offense que l'esprit soit soumis au corps; que Dieu ayant voulu ces désordres prétendus, c'est une impiété que d'en appeler à la Raison, puisque la volonté de Dieu ne la reconnaît point pour la règle de sa conduite. Selon ce principe, l'univers est parfait, parce que Dieu l'a voulu. Les monstres sont des ouvrages aussi achevés que les autres selon les desseins de Dieu. Il est bon d'avoir les yeux au haut de la tête, mais ils eussent été aussi sagement placés partout ailleurs, si Dieu les y avait mis. Qu'on renverse donc le monde, qu'on en fasse un chaos, il sera toujours également admirable, puisque toute sa beauté consiste dans sa conformité avec la volonté divine, qui n'est point obligée de se conformer à l'Ordre. Mais quoi! cette volonté nous est inconnue. Il faut donc que toute la beauté de l'univers disparaisse à la vue de ce grand principe, que Dieu est supérieur à la

1. 1re édition : « n'a ».

Raison qui éclaire tous les esprits, et que sa volonté toute pure est l'unique règle de ses actions.

ARISTE. — Ah! Théodore, que tous vos principes sont bien liés! Je comprends encore, par ce que vous me dites là, que c'est en Dieu et dans une nature immuable que nous voyons la beauté, la vérité, la justice, puisque nous ne craignons point de critiquer son ouvrage, d'y remarquer des défauts, et de conclure même de là qu'il est corrompu. Il faut bien que l'Ordre immuable que nous voyons en partie soit la Loi de Dieu même, écrite dans sa substance en caractères éternels et divins, puisque nous ne craignons point de juger de sa conduite, par la connaissance que nous avons de cette Loi. Nous assurons hardiment que l'homme n'est point tel que Dieu l'a fait; que sa nature est corrompue; que Dieu n'a pu, en le créant, assujettir l'esprit au corps. Sommes-nous des impies ou des téméraires, de juger ainsi de ce que Dieu doit faire ou ne faire pas? Nullement. Nous serions plutôt, ou des impies, ou des aveugles, si nous suspendions sur cela notre jugement. C'est, Théodore, que nous ne jugeons point de Dieu par notre autorité, mais par l'autorité souveraine de la Loi divine.

THÉODORE. — Voilà, mon cher Ariste, une réflexion digne de vous. N'oubliez donc pas d'étudier cette Loi, puisque c'est dans ce code sacré de l'Ordre immuable, qu'on trouve de si importantes décisions.

DIXIÈME ENTRETIEN

De la magnificence de Dieu dans la grandeur et le nombre indéfini de ses différents ouvrages. De la simplicité et de la fécondité des voies par lesquelles il les
conserve et les développe. De la Providence de Dieu dans la première impression du mouvement qu'il communique à la matière. Que ce premier pas de
sa conduite, qui n'est point déterminé par des lois générales, est réglé par
une sagesse infinie.

THÉOTIME. — Que pensez-vous, Ariste, de ces principes
généraux qu'hier Théodore nous proposa? Les avez-vous
toujours suivis? Leur généralité, leur sublimité ne vous
a-t-elle ni rebuté, ni fatigué? Pour moi, je vous l'avoue à
ma confusion, j'ai voulu les suivre; mais ils m'échappaient
comme des fantômes, de sorte que je me suis donné bien
de la peine assez inutilement.

ARISTE. — Quand un principe n'a rien qui touche les
sens, il est bien difficile de le suivre et de le saisir; quand ce
qu'on embrasse n'a point de corps, quel moyen de le retenir?

THÉOTIME. — On prend cela tout naturellement pour un
fantôme; car l'esprit venant à se distraire, le principe
s'éclipse, et on est tout surpris qu'on ne tient rien. On le
reprend, ce principe; mais il s'échappe de nouveau. Et
quoiqu'il ne s'échappe que lorsqu'on ferme les yeux, comme
on les ferme souvent sans s'en apercevoir, on croit que
c'est le principe qui s'évanouit. Voilà pourquoi on le regarde
comme un fantôme qui nous fait illusion.

ARISTE. — Il est vrai, Théotime; c'est, je crois, pour cela
que les principes généraux ont quelque ressemblance avec
les chimères, et que le commun des hommes, qui n'est pas
fait au travail de l'attention, les traite de chimériques.

THÉOTIME. — Il y a, néanmoins, une extrême différence
entre ces deux choses; car les principes généraux plaisent
à l'esprit, qu'ils éclairent par leur évidence; et les fantômes
à l'imagination, qui leur donne l'être. Et quoiqu'il semble

que c'est l'esprit qui forme ces principes, et généralement
toutes les vérités, à cause qu'elles se présentent à lui en conséquence de son attention, je pense que vous savez bien qu'elles
sont avant nous, et qu'elles ne tirent point leur réalité de
l'efficace de notre action; car toutes ces vérités immuables,
ne sont que les rapports qui se trouvent entre les idées
dont l'existence est nécessaire et éternelle. Mais les fantômes
que produit l'imagination, ou qui se produisent dans l'imagination par une suite naturelle des lois générales de
l'union de l'âme et du corps, ils n'existent que pour un
temps.

ARISTE. — Je conviens, Théotime, que rien n'est plus
solide que la vérité, et que plus ces vérités sont générales,
plus ont-elles de réalité et de lumière. Théodore m'en a
convaincu. Mais je suis si sensible et si grossier, que souvent
je n'y trouve point de goût et que je suis quelquefois tenté
de laisser tout là.

THÉOTIME. — Voilà Théodore.

THÉODORE. — Vous n'en ferez rien, Ariste. La vérité
vaut mieux que les oignons et les choux; c'est une excellente
manne.

ARISTE. — Fort excellente, je l'avoue; mais elle paraît
quelquefois bien vide et bien peu solide. Je n'y trouve pas
grand goût; et vous voulez chaque jour qu'on en cueille
de nouvelle. Cela n'est pas trop plaisant.

THÉODORE. — Hé bien, Ariste, passons cette journée
comme les Juifs leur sabbat. Peut-être qu'hier vous tra-
vaillâtes pour deux jours.

ARISTE. — Assurément, Théodore, je travaillai beaucoup, mais je ne ramassai rien.

THÉODORE. — Je vous laissai pourtant bien en train de
tirer des conséquences. Comme vous vous y preniez, vous
devriez en avoir vos deux mesures bien pleines.

ARISTE. — Quelles mesures, deux gomor? Donnez donc,
Théodore, plus de corps à vos principes, si vous voulez que
j'emplisse ces mesures. Rendez-les plus sensibles et plus
palpables. Ils me glissent entre les doigts; la moindre
chaleur les fond; et après que j'ai bien travaillé, je trouve
que je n'ai rien.

THÉODORE. — Vous vous nourrissez, Ariste, sans y prendre

garde. Ces principes qui vous passent par l'esprit et qui s'en échappent, y laissent toujours quelque lumière.

ARISTE. — Il est vrai; je le sais bien. Mais recommencer tous les jours, et laisser là ma nourriture ordinaire! Ne pourriez-vous point nous rendre plus sensibles les principes de votre philosophie?

THÉODORE. — Je crains, Ariste, qu'ils en deviennent moins intelligibles. Croyez-moi, je les rends toujours les plus sensibles que je puis. Mais je crains de les corrompre. Il est permis d'incarner la vérité pour l'accommoder à notre faiblesse naturelle, et pour soutenir l'attention de l'esprit, qui ne trouve point de prise à ce qui n'a point de corps. Mais il faut toujours que le sensible nous mène à l'intelligible, que la chair nous conduise à la Raison, et que la vérité paraisse telle qu'elle est sans aucun déguisement. Le sensible n'est pas le solide. Il n'y a que l'intelligible qui, par son évidence et sa lumière, puisse nourrir des intelligences. Vous le savez. Tâchez de vous en bien souvenir et de me suivre.

ARISTE. — De quoi voulez-vous parler?

I. THÉODORE. — De la Providence générale, ou de la conduite ordinaire que Dieu tient dans le gouvernement du monde.

Vous avez compris, Ariste, et peut-être même oublié, que l'Être infiniment parfait, quoique suffisant à lui-même, a pu prendre le dessein de former cet univers; qu'il l'a créé pour lui, pour sa propre gloire; qu'il a mis Jésus-Christ à la tête de son ouvrage, à l'entrée de ses desseins ou de ses voies, afin que tout fût divin; qu'il n'a pas dû entreprendre l'ouvrage le plus parfait qui fût possible, mais seulement le plus parfait qui pût être produit par les voies les plus sages ou les plus divines, de sorte que tout autre ouvrage produit par toute autre voie ne puisse exprimer plus exactement les perfections que Dieu possède et qu'il se glorifie de posséder. Voilà donc, pour ainsi dire, le Créateur prêt à sortir hors de lui-même, hors de son sanctuaire éternel; prêt à se mettre en marche pour la production des créatures. Voyons quelque chose de sa magnificence dans son ouvrage; mais suivons-le de près dans les démarches majestueuses de sa conduite ordinaire.

Pour sa magnificence dans son ouvrage, elle y éclate de
toutes parts. De quelque côté qu'on jette les yeux dans
l'univers, on y voit une profusion de prodiges. Et si nous
cessons de les admirer, c'est assurément que nous cessons
de les considérer avec l'attention qu'ils méritent; car les
astronomes qui mesurent la grandeur des astres, et qui
voudraient bien savoir le nombre des étoiles, sont d'autant
plus surpris d'admiration qu'ils deviennent plus savants.
Autrefois le soleil leur paraissait grand comme le Pélopo-
nèse [1]; mais aujourd'hui, les plus habiles le trouvent un
million de fois plus grand que la terre. Les anciens ne comp-
taient que mille vingt-deux étoiles; mais personne aujour-
d'hui n'ose les compter. Dieu même nous avait dit autrefois que nul homme n'en saurait jamais le nombre; mais
l'invention des télescopes nous force bien, maintenant, à
reconnaître que les catalogues que nous en avons sont
fort imparfaits. Ils ne contiennent que celles qu'on découvre
sans lunettes; et c'est assurément le plus petit nombre.
Je crois même qu'il y en a beaucoup plus qu'on ne décou-
vrira jamais, qu'il y en a de visibles par les meilleurs télescopes; et cependant, il y a bien de l'apparence qu'une fort
grande partie de ces étoiles ne le cède point, ni en grandeur,
ni en majesté, à ce vaste corps qui nous paraît ici-bas le
plus lumineux et le plus beau. Que Dieu est donc grand
dans les cieux! qu'il est élevé dans leur profondeur! qu'il
est magnifique dans leur éclat! qu'il est sage, qu'il est
puissant dans leurs mouvements réglés!

II. Mais, Ariste, quittons le grand. Notre imagination
se perd dans ces espaces immenses que nous n'oserions
limiter, et que nous craignons de laisser sans bornes. Combien d'ouvrages admirables sur la terre que nous habitons,
sur ce point imperceptible à ceux qui ne mesurent que les
corps célestes! Mais cette terre, que messieurs les astronomes comptent pour rien, est encore trop vaste pour moi.
Je me renferme dans votre parc; que d'animaux, que d'oiseaux, que d'insectes, que de plantes, que de fleurs et que
de fruits!

L'autre jour que j'étais couché à l'ombre, je m'avisai

1. Aujourd'hui la Morée.

de remarquer la variété des herbes et des petits animaux
que je trouvai sous mes yeux. Je comptai, sans changer
de place, plus de vingt sortes d'insectes dans un fort petit
espace, et pour le moins autant de diverses plantes. Je pris
un de ces insectes, dont je ne sais point le nom, et peut-être
n'en a-t-il point; car les hommes, qui donnent divers noms,
et souvent de trop magnifiques, à tout ce qui sort de leurs
mains, ne croient pas seulement devoir nommer les ouvrages
du Créateur qu'ils ne savent point admirer. Je pris, dis-je,
un de ces insectes. Je le considérai attentivement, et je ne
crains point de vous dire de lui ce que Jésus-Christ assure
des lis champêtres, que Salomon dans toute sa gloire n'avait
point de si magnifiques ornements. Après que j'eus admiré
quelque temps cette petite créature si injustement méprisée,
et même si indignement et si cruellement traitée par les autres
animaux, à qui apparemment elle sert de pâture, je me mis
à lire un livre que j'avais sur moi, et j'y trouvai une chose
fort étonnante : c'est qu'il y a dans le monde un nombre
infini d'insectes, pour le moins un million de fois plus petits
que celui que je venais de considérer, dix[1] mille fois plus
petits qu'un grain de sable[2].

Savez-vous bien, Ariste, quelle est la toise ou la mesure
dont se servent ceux qui veulent exprimer la petitesse de
ces atomes vivants, ou, si vous voulez, leur grandeur; car
quoiqu'ils soient petits par rapport à nous, ils ne laissent
d'être fort grands par rapport à d'autres? C'est le diamètre
de l'œil de ces petits animaux domestiques, qui ont tant
mordu les hommes, qu'ils les ont forcés de les honorer
d'un nom. C'est par cette toise, mais réduite en pieds et
en pouces, — car entière elle est trop grande, — c'est, dis-je,
par les parties de cette nouvelle toise, que ces observateurs
des curiosités de la nature mesurent les insectes qui se
trouvent dans les liqueurs, et qu'ils prouvent, par les principes de la géométrie, que l'on en découvre une infinité
qui sont mille fois plus petits pour le moins que l'œil d'un
pou ordinaire. Que cette mesure ne vous choque point;
c'est une des plus exactes et des plus communes. Ce petit

1. 1re édition : « cinquante ».
2. *Lettre de M. Leeuwenhoeck à M. Wren.*

animal s'est assez fait connaître, et l'on en peut trouver en toute saison. Ces philosophes sont bien aises qu'on puisse vérifier en tout temps les faits qu'ils avancent, et qu'on juge sûrement de la multitude et de la délicatesse des ouvrages admirables de l'auteur de l'univers.

ARISTE. — Cela me surprend un peu. Mais, je vous prie, Théodore, ces animaux imperceptibles à nos yeux, et qui paraissent à peu près comme des atomes, avec de bons microscopes, sont-ce là les plus petits? N'y en aurait-il point encore beaucoup d'autres qui échapperont éternellement à l'industrie des hommes? Peut-être que les plus petits qu'on ait encore jamais vus, sont aux autres, qu'on ne verra jamais, ce que l'éléphant est au moucheron. Qu'en pensez-vous?

THÉODORE. — Nous nous perdons, Ariste, dans le petit, aussi bien que dans le grand. Il n'y a personne qui puisse dire qu'il a découvert le plus petit des animaux. Autrefois c'était le ciron; mais aujourd'hui ce petit ciron est devenu monstrueux par sa grandeur. Plus on perfectionne les microscopes, plus on se persuade que la petitesse de la matière ne borne point la sagesse du Créateur, et qu'il forme, du néant même, pour ainsi dire, d'un atome qui ne tombe point sous nos sens, des ouvrages qui passent l'imagination, et même qui vont bien au delà des plus vastes intelligences. Je vais vous le faire comprendre.

III. Quand on est bien convaincu, Ariste, que cette variété et cette succession de beautés qui orne l'univers n'est qu'une suite des lois générales des communications des mouvements, qui peuvent toutes se réduire à cette loi si simple et si naturelle, que les corps mus ou pressés se meuvent toujours du côté qu'ils sont moins poussés [1]; quand, dis-je, on est bien persuadé que toutes les figures ou modalités de la matière n'ont point d'autre cause que le mouvement, et que le mouvement se communique selon quelques lois si naturelles et si simples, qu'il semble que la nature n'agisse que par une aveugle impétuosité, on comprend clairement que ce n'est point la terre qui produit les plantes, et qu'il

1. Après « poussés », la première édition donne : « et qu'ils seraient mus avec des vitesses réciproquement proportionnelles à leurs masses, si le ressort n'y changeait rien; quand, dis-je,... »

n'est pas possible que l'union des deux sexes forme un ouvrage aussi admirable qu'est le corps d'un animal. On peut bien croire que les lois générales des communications des mouvements suffisent pour développer et pour faire croître les parties des corps organisés; mais on ne peut se persuader qu'elles puissent jamais former une machine si composée. On voit bien, si on ne veut avoir recours à une providence extraordinaire, que c'est une nécessité de croire que le germe d'une plante contient en petit celle qu'elle engendre, et que l'animal renferme dans ses entrailles celui qui en doit sortir. On comprend même qu'il est nécessaire que chaque semence contienne toute l'espèce qu'elle peut conserver; que chaque grain de blé, par exemple, contient en petit l'épi qu'il pousse dehors, dont chaque grain renferme de nouveau son épi, dont tous les grains peuvent toujours être féconds aussi bien que ceux du premier épi. Assurément, il n'est pas possible que les seules lois des mouvements puissent ajuster ensemble, et par rapport à certaines fins, un nombre presque infini de parties organisées qui sont ce qu'on appelle un animal ou une plante. C'est beaucoup, que ces lois simples et générales soient suffisantes pour faire croître insensiblement, et faire paraître dans leur temps, tous ces ouvrages admirables que Dieu a tous formés dans les premiers jours de la création du monde. Ce n'est pas, néanmoins, que le petit animal ou le germe de la plante ait entre toutes ses parties précisément la même proportion de grandeur, de solidité, de figure, que les animaux et les plantes; mais c'est que toutes les parties essentielles à la machine des animaux et des plantes sont si sagement disposées dans leurs germes, qu'elles doivent, avec le temps, et en conséquences des lois générales du mouvement, prendre la figure et la forme que nous y remarquons. Cela supposé :

IV. Concevez, Ariste, qu'une mouche a autant, et peutêtre plus de parties organisées, qu'un cheval ou qu'un bœuf. Un cheval n'a que quatre pieds, et une mouche en a six; mais, de plus, elle a des ailes dont la structure est admirable. Vous savez comment est faite la tête d'un bœuf. Regardez donc quelque jour celle d'une mouche dans le microscope, et comparez l'une avec l'autre; vous verrez bien que je

ne vous impose point. On ne trouve dans l'œil d'un bœuf
qu'un seul cristallin; on en découvre aujourd'hui plusieurs
milliers dans celui des mouches [1]. Concevez, de plus, qu'une
vache ne fait qu'un ou deux veaux tous les ans, et qu'une
mouche fait un essaim qui contient plus de mille mouches;
car plus les animaux sont petits, plus ils sont féconds. Et
vous savez, peut-être, qu'aujourd'hui les abeilles n'ont plus
de roi qu'ils honorent, mais seulement une reine qu'ils
caressent et qui seule produit tout un peuple. Tâchez donc
maintenant de vous imaginer la petitesse effroyable, la
délicatesse admirable de toutes les abeilles, de mille corps
organisés que la mère-abeille porte dans les entrailles [2].
Et, quoique votre imagination s'en effraie, ne pensez pas
que la mouche se forme du ver, sans y être contenue, ni le
ver de l'œuf; car cela ne se conçoit pas.

ARISTE. — Comme la matière est divisible à l'infini, je
comprends fort bien que Dieu a pu faire en petit tout ce
que nous voyons en grand. J'ai ouï dire qu'un savant hollan-
dais [3] avait trouvé le secret de faire voir dans les coques
des chenilles, les papillons qui en sortent. J'ai vu souvent,
au milieu même de l'hiver, dans les oignons des tulipes,
des [4] tulipes entières avec toutes les parties qu'elles ont
au printemps. Ainsi, je veux bien supposer que toutes les
graines contiennent une plante, et tous les œufs un animal
semblable à celui dont ils sont sortis.

V. THÉODORE. — Vous n'y êtes pas encore. Il y a environ
six mille ans que le monde est monde et que les abeilles
jettent des essaims. Supposons donc que ces essaims soient de
mille mouches; la première abeille devait être du moins
mille fois plus grande que la seconde, et la seconde mille
fois que la troisième, et la troisième que la quatrième,
toujours en diminuant jusqu'à la six-millième, selon la
progression de mille à un. Cela est clair selon la supposition, par cette raison que ce qui contient est plus grand que
ce qui est contenu. Comprenez donc, si vous le pouvez, la

---

1. Les mots : « On ne trouve dans l'œil... dans celui des mouches », manquent
dans la première édition.
2. Selon M. Swammerdam, une abeille en produit environ quatre mille.
3. SWAMMERDAM, *Histoire des Insectes*.
4. 1re édition : « les ».

délicatesse admirable qu'avaient, dans la première mouche, toutes celles de l'année 1696 [1].

ARISTE. — Cela est bien facile. Il n'y a qu'à chercher la juste valeur du dernier terme d'une progression sous-mille-cuple qui aurait six mille termes, et dont le premier exprimerait la grandeur naturelle de la mouche à miel. Les abeilles de cette année étaient, au commencement du monde, plus petites qu'elles ne sont aujourd'hui, mille fois, mille fois, mille fois, dites encore, Théodore, cinq mille neuf cent quatre-vingt-dix-sept fois mille fois. Voilà leur juste grandeur selon vos suppositions.

THÉODORE. — Je vous entends, Ariste. Pour exprimer le rapport de la grandeur naturelle de l'abeille à celle qu'avaient au commencement du monde les abeilles de cette année 1696 [1], supposé qu'il y ait six mille ans qu'elles soient créées, ou plutôt six mille générations de mouches [2], il n'y a qu'à écrire une fraction qui ait pour numérateur l'unité, et pour dénominateur aussi l'unité, mais accompagnée seulement de dix-huit mille [3] zéro. Voilà une jolie fraction! Mais ne craignez-vous point qu'une unité si brisée et si rompue ne se dissipe, et que votre abeille et rien ne soient une même chose?

ARISTE. — Non, assurément, Théodore. Car je sais que la matière est divisible à l'infini, et que le petit n'est tel que par le rapport au plus grand. Je conçois sans peine, quoique mon imagination y résiste, que ce que nous appelons un atome se pouvant diviser sans cesse, toute partie de l'étendue est, en un sens, infiniment grande, et que Dieu en peut faire en petit tout ce que nous voyons en grand dans le monde que nous admirons. Oui, la petitesse des corps ne peut jamais arrêter la puissance divine; je le conçois clairement, car la géométrie démontre qu'il n'y a point d'unité dans l'étendue, et que la matière se peut éternellement diviser.

THÉODORE. — Cela est fort bien, Ariste. Vous concevez donc que, quand le monde durerait plusieurs milliers de

1. 1re édition : 1687.
2. Les mots : « ou plutôt six mille générations de mouches », manquent dans la première édition.
3. 1re édition : « dix-huit cents ».

siècles, Dieu a pu former dans une seule mouche toutes celles qui en sortiraient, et ajuster si sagement les lois simples des communications des mouvements au dessein qu'il aurait de les faire croître insensiblement et de les faire paraître chaque année, que leur espèce ne finirait point. Que voilà d'ouvrages d'une délicatesse merveilleuse renfermés dans un aussi petit espace qu'est le corps d'une seule mouche! Car, sans prophétiser sur la durée incertaine de l'univers, il y a environ six mille ans que les mouches jettent des essaims. Combien pensez-vous donc que la première mouche que Dieu a faite, supposé qu'il n'en ait fait qu'une, en portait d'autres dans ses entrailles, pour en fournir jusques à ce temps-ci?

ARISTE. — Cela se peut aisément compter en faisant certaines suppositions. Combien voulez-vous que chaque mère-abeille fasse de femelles dans chaque essaim? Il n'y a que cela et le nombre des années à déterminer.

THÉODORE. — Ne vous arrêtez point à cette supputation. Elle serait ennuyeuse [1]. Mais ce que vous venez de concevoir des abeilles, pensez-le à proportion d'un nombre infini [2] d'autres animaux. Jugez par là du nombre et de la délicatesse des plantes qui étaient en petit dans les premières, et qui se développent tous les ans pour se faire voir aux hommes.

VI. THÉOTIME. — Quittons, Théodore, toutes ces spéculations. Dieu nous fournit assez d'ouvrages à notre portée, sans que nous nous arrêtions à ceux que nous ne pouvons point voir. Il n'y a point d'animal ni de plante qui ne marque suffisamment, par sa construction admirable, que la sagesse du Créateur nous passe infiniment. Et il en fait tous les ans avec tant de profusion, que sa magnificence et sa grandeur doit étonner et frapper les hommes les plus stupides. Sans sortir hors de nous-mêmes, nous trouvons dans notre corps une machine composée de mille ressorts, et tous si sagement ajustés à leur fin, si bien liés entre eux et subordonnés les uns aux autres, que cela suffit pour nous abattre et nous prosterner devant l'auteur de notre être.

---

1. 1re édition : au lieu de « serait ennuyeuse », « est trop facile ».
2. 1re édition : « presque infini ».

J'ai lu, depuis peu, un livre du mouvement des animaux, qui mérite qu'on l'examine [1]. L'auteur considère avec soin le jeu de la machine nécessaire pour changer de place. Il explique exactement la force des muscles et les raisons de leur situation, tout cela par les principes de la géométrie et des mécaniques. Mais, quoiqu'il ne s'arrête guère qu'à ce qui est le plus facile à découvrir dans la machine de l'animal, il fait connaître tant d'art et de sagesse dans celui qui l'a formé, qu'il remplit l'esprit du lecteur d'admiration et de surprise.

ARISTE. — Il est vrai, Théotime, que l'anatomie seule du corps humain ou du plus méprisé des animaux répand tant de lumière dans l'esprit et le frappe si vivement, qu'il faut être insensible pour n'en pas reconnaître l'Auteur.

VII. THÉODORE. — Vous avez raison l'un et l'autre. Mais pour moi, ce que je trouve de plus admirable, c'est que Dieu forme tous ces ouvrages excellents, ou du moins les fait croître et les développe à nos yeux, en suivant exactement certaines lois générales très simples et très fécondes qu'il s'est prescrites. Je n'admire pas tant les arbres couverts de fruits et de fleurs, que leur accroissement merveilleux en conséquence des lois naturelles. Un jardinier prend une vieille corde; il la graisse avec une figue et l'enterre dans un sillon; et je vois, quelque temps après, que tous ces petits grains qu'on sent sous la dent lorsqu'on mange des figues ont percé la terre, et poussé, d'un côté, des racines, et de l'autre, une pépinière de figuiers. Voilà ce que j'admire. Arroser les champs en conséquence des lois naturelles, et, avec un élément aussi simple qu'est l'eau, faire sortir de la terre une infinité de plantes et d'arbres de différente nature [2]; un animal se joindre brutalement et machinalement avec un autre, et perpétuer par là son espèce; un poisson suivre la femelle, et répandre la fécondité sur les œufs qu'elle perd dans l'eau; un pays ravagé par la grêle se trouver quelque temps après tout renouvelé, tout couvert de plantes et de ses richesses ordinaires; ravir par le moyen

1. BORELLI, *De motu animalium.*
2. Dans la première édition, les mots : « avec un élément aussi simple... de différente nature », sont remplacés par ceux-ci : « avec un peu d'eau faire sortir de la terre des forêts entières ».

du vent les graines des pays épargnés, et les répandre avec
la pluie sur ceux qui ont été désolés, tout cela et une infinité
d'effets produits par cette loi si simple et si naturelle, que
tout corps doit se mouvoir du côté qu'il est moins pressé,
c'est assurément ce qu'on ne saurait assez admirer. Rien
n'est plus beau, plus magnifique dans l'univers, que cette
profusion d'animaux et de plantes, telle que nous venons
de la reconnaître. Mais, croyez-moi, rien n'est plus divin
que la manière dont Dieu en remplit le monde, que l'usage
que Dieu sait faire d'une loi si simple, qu'il semble qu'elle
n'est bonne à rien.

ARISTE. — Je suis de votre avis, Théodore. Laissons aux
astronomes à mesurer la grandeur et le mouvement des
astres pour en prédire les éclipses. Laissons aux anatomistes
à décomposer les corps des animaux et des plantes pour en
reconnaître les ressorts et la liaison des parties. Laissons,
en un mot, aux physiciens à étudier le détail de la nature,
pour en admirer toutes les merveilles. Arrêtons-nous principalement aux vérités générales de votre métaphysique.
Nous avons, ce me semble, suffisamment découvert la
magnificence du Créateur dans la multitude infinie de ses
ouvrages admirables ; suivons-le un peu dans les démarches
de sa conduite.

VIII. THÉODORE. — Vous admirerez, Ariste, beaucoup
plus que vous ne faites, toutes les parties de l'univers, ou
plutôt la sagesse infinie de son Auteur, lorsque vous aurez
considéré les règles générales de la Providence. Car, quand
on examine l'ouvrage de Dieu sans rapport aux voies qui
le construisent et qui le conservent, combien y voit-on de
défauts qui sautent aux yeux et qui troublent quelquefois
si fort l'esprit même des philosophes, qu'ils le regardent,
cet ouvrage admirable, ou comme l'effet nécessaire d'une
nature aveugle, ou comme un mélange monstrueux de
créatures bonnes et mauvaises, qui tire [1] leur être d'un bon
et d'un méchant Dieu. Mais quand on le compare avec les
voies par lesquelles Dieu doit le gouverner pour faire porter
à sa conduite le caractère de ses attributs, tous ces défauts
qui défigurent les créatures ne retombent point sur le Créa-

---

1. 1re édition : « tirent ».

teur; car s'il y a des défauts dans son ouvrage, s'il y a des monstres et mille et mille désordres, rien n'est plus certain qu'il ne s'en trouve point dans sa conduite. Vous l'avez déjà compris; mais il faut tâcher de vous le faire mieux comprendre.

IX. Vous souvenez-vous bien encore que je vous ai démontré [1], qu'il y a contradiction qu'aucune créature puisse remuer un fétu par son efficace propre?

ARISTE. — Oui, Théodore, je m'en souviens et j'en suis convaincu. Il n'y a que le Créateur de la matière qui en puisse être le moteur.

THÉODORE. — Il n'y a donc que le Créateur qui puisse produire quelque changement dans le monde matériel, puisque toutes les modalités possibles de la matière ne consistent que dans les figures sensibles ou insensibles de ses parties, et que toutes ces figures n'ont point d'autre cause que le mouvement.

ARISTE. — Je ne comprends pas trop bien ce que vous me dites. Je crains la surprise.

THÉODORE. — Je vous ai prouvé [2], Ariste, que la matière et l'étendue n'étaient qu'une même chose; souvenez-vousen. C'est sur cette supposition, ou plutôt sur cette vérité, que je raisonne; car il ne faut que de l'étendue pour faire un monde matériel, ou du moins tout à fait semblable à celui que nous habitons. Si vous n'avez pas maintenant les mêmes idées que moi, ce serait en vain que nous parlerions ensemble.

ARISTE. — Je me souviens bien que vous m'avez prouvé que l'étendue était un être ou une substance, et non une modalité de substance, par cette raison qu'on pouvait y penser sans penser à autre chose. Car, en effet, il est évident que tout ce qu'on peut apercevoir seul n'est point une manière d'être, mais un être ou une substance. Ce n'est que par cette voie qu'on peut distinguer les substances de leurs modalités. J'en suis convaincu. Mais la matière ne serait-elle point une autre substance que de l'étendue? Cela me revient toujours dans l'esprit.

1. *Entretien VII.*
2. *Entretien I*, 2; *Entretien III*, 11 et 12.

THÉODORE. — C'est un autre mot; mais ce n'est point une autre chose, pourvu que, par la matière, vous entendiez ce dont le monde que nous habitons est composé. Car assurément il est composé d'étendue; et je ne crois[1] pas que vous prétendiez que le monde matériel soit composé de deux substances. Il y en aurait une d'inutile, et je pense que ce serait la vôtre; car je ne vois pas qu'on en puisse rien faire de fort solide. Comment ferait-on, Ariste, un bureau, des chaises, un ameublement de votre matière? Un tel meuble serait bien rare et bien précieux. Mais donnez-moi de l'étendue, et il n'y a rien que je n'en fasse par le moyen du mouvement.

ARISTE. — C'est là, Théodore, ce que je ne comprends pas trop bien.

X. THÉODORE. — Cela est pourtant bien facile, pourvu qu'on juge des choses par les idées qui les représentent et qu'on ne s'arrête point aux préjugés des sens. Concevez, Ariste, une étendue indéfinie. Si toutes les parties de cette étendue conservent entre elles le même rapport de distance, ce ne sera là qu'une grande masse de matière. Mais si le mouvement s'y met, et que ses parties changent dans cesse de situation les unes à l'égard des autres, voilà une infinité de formes introduites, je veux dire une infinité de figures et de configurations. J'appelle *figure*, la forme d'un corps assez grand pour se faire sentir; et *configuration*, la figure des parties insensibles dont les grands corps sont composés.

ARISTE. — Oui, voilà toutes sortes de figures et de configurations. Mais ce ne sont peut-être pas là tous ces différents corps que nous voyons. Les corps que vous faites avec votre étendue toute seule ne diffèrent qu'accidentellement; mais la plupart de ceux que nous voyons diffèrent peut-être essentiellement. De la terre n'est pas de l'eau; une pierre n'est pas du pain. Mais il me semble que vous ne sauriez faire, avec votre étendue toute seule, que des corps d'une même espèce.

THÉODORE. — Voilà, Ariste, les préjugés des sens qui reviennent. Une pierre n'est pas du pain; cela est vrai. Mais, je vous prie, de la farine est-ce du blé? Du pain est-ce

---

1. 1ʳᵉ édition : « vois ».

de la farine? Du sang, de la chair, des os, est-ce du pain, est-ce de l'herbe? Sont-ce là des corps de même ou de différente espèce?

ARISTE. — Pourquoi me demandez-vous cela? Qui ne voit que du pain, de la chair, des os, sont des corps essentiellement différents?

THÉODORE. — C'est qu'avec du blé on fait de la farine, avec de la farine du pain, et avec du pain de la chair et des os. C'est partout la même matière. Si donc, nonobstant cela, vous convenez que tous ces corps sont de différente espèce, pourquoi ne voulez-vous pas qu'avec une même étendue on puisse faire des corps essentiellement différents?

ARISTE. — C'est que vos figures et vos configurations sont accidentelles à la matière, et n'en changent point la nature.

THÉODORE. — Il est vrai, la matière demeure toujours matière, quelque figure qu'on lui donne; mais on peut dire qu'un corps rond n'est pas de même espèce qu'un corps carré.

ARISTE. — Quoi! si je prends de la cire et que j'en change la figure, ce ne sera pas la même cire?

THÉODORE. — Ce sera la même cire, la même matière; mais on peut dire que ce ne sera pas le même corps, car, assurément, ce qui est rond n'est pas carré. Otons les équivoques. Il est essentiel au corps rond que toutes les parties de sa surface soient également éloignées de celle qui fait le centre; mais il ne lui est point essentiel que ses parties intérieures ou insensibles aient une telle ou telle configuration; de même, il est essentiel à la cire que les petites parties dont elle est composée aient une telle configuration; mais on ne la change point, quelque figure qu'on donne à sa masse. Enfin il est essentiel à la matière d'être étendue; mais il ne lui est point essentiel d'avoir ni telle figure dans sa masse, ni telle configuration dans les parties insensibles qui la composent. Prenez donc garde : qu'arrive-t-il au blé, lorsqu'il passe sous la meule? Qu'arrive-t-il à la farine, lorsqu'on la pétrit et qu'on la cuit? Il est clair qu'on change la situation et la configuration de leurs parties insensibles, aussi bien que la figure de leur masse; et je ne comprends pas qu'il puisse leur arriver de changement plus essentiel.

XI. Ariste. — On prétend, Théodore, qu'il leur survient, outre cela, une forme substantielle.

Théodore. — Je le sais bien, qu'on le prétend. Mais je ne vois rien de plus accidentel à la matière que cette chimère. Quel changement cela peut-il faire au blé que l'on broie?

Ariste. — C'est cela seul qui fait que c'est de la farine.

Théodore. — Quoi! sans cela du blé bien broyé ne serait point réduit en farine?

Ariste. — Mais peut-être que la farine et le blé ne sont pas essentiellement différents. Ce sont peut-être deux corps de même espèce.

Théodore. — Et la farine et la pâte, n'est-ce qu'une même espèce? Prenez garde: de la pâte n'est que de la farine et de l'eau bien mêlées ensemble. Pensez-vous qu'à force de bien pétrir, on ne puisse pas faire de la pâte sans le secours d'une forme substantielle?

Ariste. — Oui; mais sans elle on ne peut faire de pain.

Théodore. — C'est donc une forme substantielle qui change la pâte en pain. Nous y voilà. Mais quand est-ce qu'elle survient à la pâte?

Ariste. — Quand le pain est cuit, bien cuit.

Théodore. — Il est vrai; car du pain pâteux, ce n'est pas proprement du pain. Cela n'a point encore d'autre forme substantielle que celle du blé, ou de la farine, ou de la pâte; car ces trois corps sont de même espèce. Mais si la forme substantielle manquait à venir, de la pâte bien cuite ne serait-ce pas du pain? Or, elle ne vient, cette forme, que lorsque la pâte est cuite. Tâchons donc de nous en passer. Car enfin il est bien difficile de la tirer à propos de la puissance de la matière; on ne sait comment s'y prendre.

Ariste. — Je vois bien, Théodore, que vous voulez vous divertir; mais que ce ne soit point à mes dépens, car je vous déclare que j'ai toujours regardé ces formes prétendues comme des fictions de l'esprit humain. Dites-moi plutôt d'où vient que tant de gens ont donné dans cette opinion.

Théodore. — C'est que les sens y conduisent tout naturellement. Comme nous avons des sentiments essentiellement différents à l'occasion des objets sensibles, nous sommes portés à croire que ces objets diffèrent essentiellement. Et cela est vrai en un sens; car les configurations des parties insensibles de la cire sont essentiellement différentes de celles de l'eau. Mais comme nous ne voyons pas ces petites parties, leur configuration, leur différence, nous jugeons que les masses qu'elles composent sont des substances de différente espèce. Or, l'expérience nous apprend que dans tous les corps il y a un sujet commun, puisqu'ils se font les uns des autres. Nous concluons donc qu'il faut qu'il y ait quelque chose qui en fasse la différence spécifique; et c'est ce que nous attribuons à la forme substantielle.

XII. ARISTE. — Je comprends bien, Théodore, que ce grand principe que vous avez prouvé si au long dans nos entretiens précédents [1] est bien nécessaire, savoir, qu'il ne faut point juger de la nature des corps par les sentiments qu'ils excitent en nous, mais seulement par l'idée qui les représente et sur laquelle ils ont tous été formés. Nos sens sont des faux témoins, qu'il ne faut écouter que sur les faits. Ils nous marquent confusément le rapport que les corps qui nous environnent ont avec le nôtre, et cela suffisamment bien pour la conservation de la vie; mais il n'y a rien d'exact dans leurs dépositions. Suivons toujours ce principe.

THÉODORE. — Suivons-le, Ariste, et comprenons bien que toutes les modalités de l'étendue ne sont et ne peuvent être que des figures, configurations, mouvements sensibles ou insensibles, en un mot que des rapports de distance. Une étendue indéfinie sans mouvement, sans changement de rapport de distance entre ses parties, ce n'est donc qu'une grande masse de matière informe. Que le mouvement se mette à cette masse et en meuve les parties en une infinité de façons, voilà donc une infinité de différents corps; car, prenez-y garde, il est impossible que toutes les parties de cette étendue changent également de rapport de distance à l'égard de toutes les autres; car c'est à cause de cela qu'on ne peut concevoir que les parties de l'étendue se meuvent, qu'on n'y découvre une infinité de figures ou de corps différents. Votre tête, par exemple, conservant avec votre cou et les autres parties de votre corps le même rapport de distance, tout cela ne fait qu'un corps; mais comme les parties de l'air qui vous environnent se remuent diver-

1. *Entretiens III, IV, V.*

sement sur votre visage et sur le reste de votre machine, cet
air ne fait point corps avec vous. Considérez chaque partie
des fibres de votre corps, et concevez que le rapport de
distance qu'a telle ou telle partie déterminée à telle ou telle
de ses voisines ne change point ou très-peu, et que le rapport
de distance qu'elle a avec quantité d'autres de ses voisines
change sans cesse; vous construirez par là une infinité de
petits canaux dans lesquels les humeurs circuleront. Telle
ou telle partie d'une fibre de votre main ne s'éloigne point
d'une autre partie voisine de la même fibre, mais elle change
sans cesse de situation par rapport aux esprits, au sang,
aux humeurs, et à un nombre infini de petits corps qui la
viennent toucher en passant, et qui s'échappent continuellement par les pores que laisse dans notre chair l'entrela-
cement de nos fibres. Voilà ce qui fait que telle partie ou
telle fibre est précisément ce qu'elle est. Considérez donc
par l'esprit toutes les parties dont vos fibres sont composées;
comparez-les les unes avec les autres et avec les humeurs
fluides de votre corps, et vous verrez sans peine ce que je
veux vous faire comprendre.

ARISTE. — Je vous suis, Théodore. Assurément, rien n'est
plus clair que toutes les modalités possibles de l'étendue
ne sont que des rapports de distance, et que ce n'est que
par la variété du mouvement et du repos des parties de la
matière que se produit cette variété de figures ou de corps
différents que nous admirons dans le monde. Quand on juge
des objets par les sentiments qu'on en a, on se trouve à
tous moments dans un étrange embarras; car on a souvent
des sentiments essentiellement différents des mêmes objets,
et des sentiments semblables de substances bien différentes.
Le rapport des sens est toujours obscur et confus. Il faut
juger de toutes choses par les idées qui représentent leur
nature. Si je consulte mes sens, la neige, la grêle, la pluie,
les vapeurs, sont des corps de différente espèce. Mais en
consultant l'idée claire et lumineuse de l'étendue, je conçois
bien, ce me semble, qu'un peu de mouvement peut réduire
la glace en eau, et même en vapeur, sans changer la configuration des petites parties dont ces corps sont composés.
Je conçois même qu'en changeant leur configuration, il
n'y a rien qu'on n'en puisse faire; car puisque tous les corps

ne diffèrent essentiellement que par la grosseur, la confi_
guration, le mouvement et le repos des parties insensibles
dont leurs masses sont composées, il est évident que pour
faire de l'or, par exemple, avec du plomb, ou avec tout ce
qu'il vous plaira, il n'y a qu'à diviser ou plutôt qu'à joindre
les petites parties du plomb, et leur donner la grosseur et
la configuration essentielle aux petites parties de l'or, et qui
font que telle matière est de l'or. Cela se conçoit sans peine.
Mais je crois, néanmoins, que ceux qui cherchent la pierre
philosophale réduiront plutôt leur or en cendres et en fumée,
qu'ils n'en feront de nouveau.

THÉODORE. — Il est vrai, Ariste; car qui sait quelle est
la grosseur et la configuration des petites parties de ce
métal si recherché? Mais que cela soit connu; qui sait
comment sont configurées les petites parties du plomb
ou du vif-argent? Mais donnons encore à ces opérateurs
qui travaillent aveuglément au hasard, que trois parties de
vif-argent jointes ensemble de telle manière, fassent au
juste une de ces petites parties dont l'or est composé; je
les défie de les joindre si exactement, ces trois parties, qu'elles
n'en fassent plus qu'une semblable à celles de l'or. Assurément la matière subtile, qui se fait place partout, les
empêchera bien de les joindre exactement. Peut-être fixeront-
ils le mercure, mais si mal, si imparfaitement, qu'il ne pourra
sentir le feu sans s'élever en vapeur. Qu'ils le fixent, néanmoins, de manière qu'il souffre bien les épreuves; que
sera-ce? Un métal nouveau, plus beau que l'or, je le veux,
mais peut-être fort méprisé. Les parties du vif-argent seront
jointes 4 à 4, 5 à 5, 6 à 6. Mais, par malheur, il fallait qu'elles
ne le fussent que 3 à 3. Elles seront jointes d'un sens au lieu
de l'être d'un autre. Elles laisseront entre elles certains vides,
qui lui ôteront de son poids, et qui lui donneront une couleur dont on sera mécontent. Les corps, Ariste, se changent
facilement en d'autres, quand il n'est pas nécessaire que
leurs parties insensibles changent de configuration. Les
vapeurs se changent facilement en pluie; c'est qu'il suffit,
pour cela, qu'elles diminuent leur mouvement et qu'elles
se joignent imparfaitement plusieurs ensemble. Et par une
raison semblable, il ne faut qu'un vent froid pour durcir la
pluie en grêle. Mais pour changer l'eau, par exemple, en

tout ce qui s'en fait dans les plantes, outre le mouvement,
sans lequel rien ne se fait, il faut des moules faits exprès
pour figer ensemble de telle et telle manière cette matière
si coulante.

THÉOTIME. — Hé bien, Théodore, à quoi vous arrêtez-
vous? Vous vouliez parler de la Providence, et. vous vous
engagez dans des questions de physique.

THÉODORE. — Je vous remercie, Théotime; peut-être
m'allais-je égarer. Néanmoins, il me semble que tout ce que
nous venons de dire n'est pas fort éloigné de notre sujet.
Il fallait qu'Ariste comprît bien que c'est par le mouvement que les corps changent de figure dans leurs masses,
et de configuration dans leurs parties insensibles. Il fallait,
pour ainsi dire, lui faire sentir cette vérité; et je pense que
ce que nous venons de dire y peut servir. Venons donc à
la Providence.

XIII. C'est assurément par le soleil que Dieu anime le
monde que nous habitons. C'est par lui qu'il élève les vapeurs.
C'est par le mouvement des vapeurs qu'il produit les vents.
C'est par la contrariété des vents qu'il amasse les vapeurs
et qu'il les résout en pluies, et c'est par les pluies qu'il rend
fécondes nos terres. Que cela soit ou ne soit pas, Ariste,
tout à fait comme je vous le dis, il n'importe. Vous croyez
du moins, par exemple, que la pluie fait croître l'herbe;
car s'il ne pleut tout se sèche. Vous croyez que telle herbe
a la force de purger, celle-ci de nourrir, celle-là d'empoi-
sonner; que le feu amollit la cire, qu'il durcit la boue, qu'il
brûle le bois, qu'il en réduit une partie en cendre et enfin en
verre. En un mot, vous ne doutez pas que tous les corps
ont certaines qualités ou vertus, et que la Providence ordinaire de Dieu consiste dans l'application de ces vertus, par
lesquelles il produit cette variété que nous admirons dans
on ouvrage. Or ces vertus, aussi bien que leur application,
ne consistent que dans l'efficace du mouvement, puisque
c'est par le mouvement que tout se fait; car il est évident
que le feu ne brûle que par le mouvement de ses parties;
qu'il n'a la vertu de durcir la boue que parce que les parties
qu'il répand de tous côtés venant à rencontrer l'eau qui est
dans la terre, elles la chassent par le mouvement qu'elles
lui communiquent, et ainsi des autres effets. Le feu n'a donc

ni force, ni vertu, que par le mouvement de ses parties; et l'application de cette force sur tel sujet ne vient que du mouvement qui a transporté ce sujet auprès du feu. De même...

ARISTE. — Ce que vous dites du feu, je l'étends à toutes les causes et à tous les effets naturels. Continuez.

XIV. THÉODORE. — Vous comprenez donc bien que la Providence ordinaire se réduit principalement à deux choses : aux lois des communications des mouvements, — puisque tout se fait dans les corps par le mouvement, — et à la sage combinaison que Dieu a mise dans l'ordre de ses créatures au temps de leur création, afin que son ouvrage pût se conserver par les lois naturelles qu'il avait résolu de suivre.

A l'égard des lois naturelles du mouvement, Dieu a choisi les plus simples. Il a voulu et veut encore maintenant que tout corps mû se meuve ou tende à se mouvoir en ligne droite; et qu'à la rencontre des autres corps, il ne s'éloigne de la ligne droite que le moins qu'il est possible; que tout corps se transporte du côté vers lequel il est poussé, et, s'il est poussé en même temps par deux mouvements contraires, que le plus grand mouvement l'emporte sur le plus faible; mais si ces deux mouvements ne sont pas directement[1] contraires, qu'il se meuve selon une ligne qui soit la diagonale d'un parallélo gramme dont les côtés aient réciproquement même proportion que ces mouvements. En un mot, Dieu a choisi les lois les plus simples dépendamment de cet unique principe, que le plus fort doit vaincre le plus faible; et avec cette condition, qu'il y aurait toujours dans le monde une égale quantité de mouvement de même part, je veux dire que le centre de gravité des corps avant et après leur choc demeure toujours le même, soit que ce centre soit en repos ou en mouvement[2]. J'ajoute cette condition, parce que l'expérience nous l'apprend[3], outre que Dieu étant immuable dans sa nature, plus on donne d'uniformité à son

---

1. « Directement » manque dans la première édition.
2. Les mots : « de même part, je veux dire... en repos ou en mouvement », manquent dans la première édition.
3. 1re édition : « ...l'expérience nous apprend que le mouvement qui anime la matière ne se dissipe point avec le temps par la rencontre des corps qui viennent de côtés opposés... »

action, plus on fait porter à sa conduite le caractère de ses attributs.

Il n'est pas nécessaire, Ariste, d'entrer davantage dans le détail de ces lois naturelles que Dieu suit dans le cours ordinaire de sa Providence [1]. Qu'elles soient telles qu'il vous plaira, cela importe fort peu. Vous savez certainement que Dieu seul meut les corps; qu'il fait tout en eux par le mouvement, qu'il ne leur communique le mouvement de l'un à l'autre que selon certaines lois telles qu'elles puissent être; que l'application de ces lois vient de la rencontre des corps. Vous savez que le choc des corps est, à cause de leur impénétrabilité, la cause occasionnelle ou naturelle qui détermine l'efficace des lois générales. Vous savez que Dieu agit toujours d'une manière simple et uniforme; qu'un corps mû va toujours tout droit, mais que l'impénétrabilité oblige le moteur au changement; que, cependant, il ne change que le moins qu'il est possible, soit parce qu'il suit toujours les mêmes lois, soit parce que les lois qu'il suit sont les plus simples qu'il y ait. Cela suffit pour ce qui regarde les lois générales des communications des mouvements. Venons à la formation de l'univers, et à la sage combinaison que Dieu a mise entre toutes ses parties au temps de la création, pour tous les siècles et par rapport à ces lois générales, car c'est en cela que consiste le merveilleux de la Providence divine. Suivez-moi, je vous prie.

XV. Je pense, Ariste, à une masse de matière sans mouvement. Ne voilà qu'un bloc. J'en veux faire une statue. Un peu de mouvement me la formera bientôt; car qu'on remue le superflu qui, par le repos, faisait corps avec elle, la voilà faite. Je veux que cette statue n'ait pas seulement la figure d'un homme, mais qu'elle en ait aussi les organes et toutes les parties que nous ne voyons pas. Encore un peu de mouvement me les formera; car que la matière qui environne celle dont je veux, par exemple, faire le cœur, se meuve, le reste demeurant comme immobile, elle ne fera plus corps avec le cœur. Voilà donc le cœur formé. Je puis de même achever en idée les autres organes, tels que je les conçois.

---

1. Elles sont exposées dans le 3e volume de la *Recherche de la Vérité* de l'édition de Paris en 1711; et *VIIe Entretien Métaphysique*. [Cette note manque dans la première édition.]

Cela est évident. Enfin je veux que ma statue n'ait pas seulement les organes du corps humain, mais, de plus, que la masse dont elle est faite se change en chair et en os, en esprits et en sang, en cerveau, et le reste. Encore un peu de mouvement me donnera satisfaction; car, supposé que la chair soit composée de fibres de telle ou telle configuration et entrelacées entre elles de telle ou telle manière, si la matière qui remplit les entrelacements des fibres que je conçois vient à se mouvoir, ou à n'avoir plus le même rapport de distance à celle dont ces fibres doivent être composées, voilà de la chair; et je conçois, de même, qu'avec un peu de mouvement, le sang, les esprits, les vaisseaux et tout le reste du corps humain se peut former. Mais ce qui passe infiniment la capacité de notre esprit, c'est de savoir quelles sont les parties qu'il faut remuer, quelles sont celles qu'il faut ôter et celles qu'il faut laisser.

Supposons maintenant que je veuille prendre dans cette machine semblable à la nôtre une fort petite portion de matière, et lui donner telle figure, tels organes, telle configuration dans ses parties qu'il me plaira; tout cela s'exécutera toujours par le moyen du mouvement, et ne pourra jamais s'exécuter que par lui; car il est évident qu'une partie de la matière qui fait corps avec une autre n'en peut être séparée que par le mouvement. Ainsi, je conçois sans peine que, dans un corps humain, Dieu en peut former un autre de même espèce mille ou dix mille fois plus petit, et dans celui-ci un autre, et ainsi de suite dans la même proportion de mille ou dix mille à un; et cela tout d'un coup, en donnant une infinité de divers mouvements, que lui seul connaît, aux parties infinies d'une certaine masse de matière.

ARISTE. — Ce que vous dites là du corps humain, il est facile de l'appliquer à tous les corps organisés des animaux et des plantes.

XVI. THÉODORE. — Bien donc, Ariste. Concevez maintenant une masse indéfinie de matière aussi grande que l'univers, et que Dieu en veut faire un bel ouvrage, mais un ouvrage qui subsiste, et dont toutes les beautés se conservent ou se perpétuent dans leurs espèces. Comment s'y prendra-t-il? Remuera-t-il d'abord les parties de la matière au hasard, pour en former le monde peu à peu en suivant

certaines lois, ou bien le formera-t-il tout d'un coup? Prenez
garde! l'Être infiniment parfait connaît toutes les suites de
tous les mouvements qu'il peut communiquer à la matière,
quelques lois des communications des mouvements que
vous supposiez.

ARISTE. — Il me paraît clair que Dieu ne remuera point
inutilement la matière; et puisque la première impression
qu'il peut communiquer à toutes ses parties suffit pour
produire toutes sortes d'ouvrages, assurément il ne s'avisera
pas de les former peu à peu par quantité de mouvements
inutiles.

THÉOTIME. — Mais que deviendront les lois générales des
communications des mouvements, si Dieu ne s'en sert point?

ARISTE. — Cela m'embarrasse un peu.

THÉODORE. — De quoi vous embarrassez-vous? Ces lois
n'obligent encore à rien, ou plutôt elles ne sont point; car
c'est le choc des corps qui est la cause occasionnelle des lois
des communications des mouvements. Or, sans cause occasionnelle, il ne peut y avoir de loi générale. Donc avant que
Dieu eût mû la matière, avant que les corps pussent se
choquer, Dieu ne devait et ne pouvait point suivre les lois
générales des communications des mouvements. De plus
Dieu ne suit des lois générales que pour rendre sa conduite
uniforme, et lui faire porter le caractère de son immutabilité. Ainsi, le premier pas de cette conduite, les premiers
mouvements ne peuvent et ne doivent pas être déterminés
par ces lois. Enfin, il faudrait une infinité de lois générales,
ce qui ferait qu'elles ne seraient guère générales, afin de
pouvoir, en les suivant exactement, former les corps organisés des animaux et des plantes. Ainsi, la première impression de mouvement que Dieu a mise d'abord dans la matière,
ne devant et ne pouvant pas même être actuellement réglée
selon certaines lois générales, elle devait l'être uniquement
par rapport à la beauté de l'ouvrage que Dieu voulait
former, et qu'il devait conserver dans la suite du temps, en
conséquence des lois générales. Or cette première impression
de mouvement sagement distribuée, suffisait pour former
tout d'un coup les animaux et les plantes, qui sont les
ouvrages les plus excellents que Dieu ait faits de la matière,
et tout le reste de l'Univers. Cela est évident, puisque tous

les corps ne diffèrent entre eux que par la figure de leurs masses et par la configuration de leurs parties, et que le mouvement seul peut faire tout cela [1], comme vous en êtes demeuré d'accord. Donc, Ariste, vous avez eu raison de dire que Dieu a fait tout d'un coup de chaque masse de matière ce qu'il en a voulu former. Car, quoique Dieu ait formé les parties de l'univers les unes après les autres, ainsi que l'Écriture semble nous l'apprendre, il ne s'ensuit pas qu'il ait employé quelque temps et suivi quelques lois générales pour les conduire peu à peu à leur perfection. *Dixit et facta sunt.* C'est que la première impression de mouvement a suffi pour les produire en un instant.

XVII. Théotime. — Cela étant ainsi, je comprends bien que c'est perdre son temps que de vouloir expliquer par les principes cartésiens, ou par d'autres semblables, l'histoire que l'Écriture nous fait de la création.

Théodore. — Assurément on se trompe, si on prétend prouver que Dieu a formé le monde en suivant certaines lois générales des communications des mouvements; mais on ne perd pas son temps de rechercher ce qui doit arriver à la matière en conséquence des lois des mouvements. Et voici pourquoi : c'est qu'encore que Dieu ait formé tout d'un coup chaque partie de l'Univers, il a dû avoir égard aux lois de la nature, qu'il voulait suivre constamment pour faire porter à sa conduite le caractère de ses attributs; car certainement son ouvrage n'aurait pas pu se conserver dans sa beauté, s'il ne l'avait proportionné aux lois du mouvement. Un soleil carré n'aurait pas pu durer longtemps; un soleil sans lumière serait bientôt devenu tout brillant. Vous avez lu, Théotime, la *Physique* de M. Descartes; et vous, Ariste, vous la lirez quelque jour, car elle le mérite bien. Ainsi il n'est pas nécessaire que je m'explique davantage.

Il faudrait [2] maintenant examiner quelle a dû être cette première impression de mouvement par laquelle Dieu a formé tout d'un coup l'Univers pour un certain nombre de siècles; car c'est là, pour ainsi dire, le point de vue dont je veux vous faire regarder et admirer la sagesse infinie de la

---

1. 1re édition : « et qu'un peu de mouvement peut faire tout cela ».
2. Dans la première édition, il n'y a pas d'alinéa aux mots :« Il faudrait... ». En revanche, il y a un nouvel alinéa aux mots : « Mais j'appréhende... ».

Providence sur l'arrangement de la matière. Mais j'appréhende que votre imagination, peut-être déjà fatiguée par les choses trop générales dont nous venons de parler, ne vous laissât point assez d'attention pour contempler un si vaste sujet; car, Ariste, que ce premier pas de la conduite de Dieu, que cette première impression de mouvement que Dieu va faire, renferme de sagesse! que de rapports, que de combinaisons de rapports! Certainement, Dieu, avant cette première impression, en a connu clairement toutes les suites et toutes les combinaisons de ces suites, non-seulement toutes les combinaisons physiques, mais toutes les combinaisons du physique avec le moral, et toutes les combinaisons du naturel avec le surnaturel. Il a comparé ensemble toutes ces suites avec toutes les suites de toutes les combinaisons possibles dans toutes sortes de suppositions. Il a, dis-je, tout comparé dans le dessein de faire l'ouvrage le plus excellent par les voies les plus sages et les plus divines. Il n'a rien négligé de ce qui pouvait faire porter à son action le caractère de ses attributs; et le voilà qui, sans hésiter, se détermine à faire ce premier pas. Tâchez, Ariste, de voir où ce premier pas conduit. Prenez garde qu'un grain de matière, poussé d'abord à droite au lieu de l'être à gauche, poussé avec un degré de force plus ou moins grand, pouvait tout changer dans le physique, de là dans le moral, que dis-je! dans même le surnaturel. Pensez donc à la sagesse infinie de celui qui a si bien comparé et réglé toutes choses, que dès le premier pas qu'il fait, il ordonne tout à sa fin, et va majestueusement, invariablement, toujours divinement, sans jamais se repentir, jusqu'à ce qu'il prenne possession de ce temple spirituel qu'il construit par Jésus-Christ, et auquel il rapporte toutes les démarches de sa conduite.

ARISTE. — Vraiment, Théodore, vous avez raison de finir notre entretien; car nous nous perdrions bientôt dans un si vaste sujet.

THÉODORE. — Pensez-y, Ariste; car dès demain il faut nous y engager.

ARISTE. — Si nous nous embarquons sur cet océan, nous y périrons.

THÉODORE. — Non, nous n'y périrons point, pourvu que nous ne sortions pas du vaisseau qui nous doit porter.

Demeurant dans l'Église, toujours soumis à son autorité, si nous heurtons légèrement contre les écueils, nous n'y ferons pas naufrage. L'homme est fait pour adorer Dieu dans la sagesse de sa conduite. Tâchons de nous perdre heureusement dans ses profondeurs. Jamais l'esprit humain n'est mieux disposé que lorsqu'il adore par un silence forcé les perfections divines. Mais ce silence de l'âme ne peut succéder qu'à la contemplation de ce qui nous passe. Courage donc, Ariste; contemplez, admirez la Providence générale du Créateur. Je vous ai placé au point de vue d'où vous devez découvrir une sagesse incompréhensible.

ONZIÈME ENTRETIEN

Continuation du même sujet. De la Providence générale dans l'arrangement des corps et dans les combinaisons infiniment infinies du physique avec le moral, du naturel avec le surnaturel.

THÉODORE. — Avez-vous, Ariste, fait quelques efforts d'esprit pour comparer la première impression du mouvement que Dieu a communiqué à la matière, la première de ses démarches dans l'univers, avec les lois générales de sa Providence ordinaire, et avec les divers ouvrages qui devaient se conserver et se développer par l'efficace de ces lois? Car c'est de cette première impression de mouvement qu'il faut jeter les yeux sur la conduite de Dieu ; c'est le point de vue de la Providence générale ; car Dieu ne se repent et ne se dément jamais. Avez-vous donc regardé de là le bel ordre des créatures et la conduite simple et uniforme du Créateur?

ARISTE. — Oui, Théodore, mais j'ai la vue trop courte. J'ai découvert bien du pays, mais cela si confusément, que je ne sais que vous dire. Vous m'avez placé trop haut. On découvre de fort loin, mais on ne sait ce qu'on voit. Vous m'avez, pour ainsi dire, guindé au-dessus des nues, et la tête me tourne quand je regarde sous moi.

THÉODORE. — Hé bien, Ariste, descendons un peu.

THÉOTIME. — Mais, plus bas, nous ne verrons rien.

ARISTE. — Ah! je vous prie, Théodore, un peu plus de détail.

THÉODORE. — Descendons, Théotime, puisque Ariste le souhaite. Mais n'oublions pas tous trois notre point de vue; car il y faudra monter bientôt; dès que notre imagination sera un peu rassurée et fortifiée par un détail plus sensible et plus à notre portée.

I. Souvenez-vous, Ariste, de nos abeilles d'hier. C'est un ouvrage admirable que ce petit animal. Combien d'organes différents, que d'ordre, que de liaisons, que de rapports dans toutes ses parties! Ne vous imaginez pas qu'il en ait moins que les éléphants; apparemment il en a davantage. Comprenez donc, si vous le pouvez, le nombre et le jeu merveilleux de tous les ressorts de cette petite machine. C'est l'action faible de la lumière qui les débande, tous ces ressorts; c'est la présence seule des objets qui en détermine et règle tous les mouvements. Jugez donc, par l'ouvrage si exactement formé, si diligemment achevé de ces petits animaux, non de leur sagesse et de leur prévoyance, — car ils n'en ont point, — mais de la sagesse et de la prévoyance de celui qui a assemblé tant de ressorts et les a ordonnés si sagement par rapport à tant de divers objets et de fins différentes. Assurément, Ariste, vous seriez plus savant que tout ce qu'il y a jamais eu de philosophes, si vous saviez exactement les raisons de la construction des parties de ce petit animal.

ARISTE. — Je le crois, Théodore. Cela nous passe déjà. Mais s'il faut une si grande adresse et une si profonde intelligence pour former une simple mouche, comment en produire une infinité toutes renfermées les unes dans les autres, et, par conséquent, toutes plus petites toujours dans la proportion sous-millecuple, puisqu'une seule en produit mille, et que ce qui contient est plus grand que ce qui est contenu? Cela effraie l'imagination; mais que l'esprit reconnaît de sagesse dans l'auteur de tant de merveilles!

THÉODORE. — Pourquoi cela, Ariste? Si les petites abeilles sont organisées comme les plus grandes, qui en conçoit une grande, en peut concevoir une infinité de petites renfermées les unes dans les autres. Ce n'est donc point la multitude et la petitesse de ces animaux tous semblables qui doit augmenter votre admiration pour la sagesse du Créateur. Mais votre imagination effrayée admire, en petit, ce qu'on a coutume de ne voir qu'en grand.

ARISTE. — Je croyais, Théodore, que je ne pouvais trop admirer.

THÉODORE. — Oui, mais il ne faut admirer que par raison. Ne craignez point; si l'admiration vous plaît, vous trouverez bien de quoi vous satisfaire dans la multitude et la petitesse de ces abeilles renfermées les unes dans les autres.

, ARISTE. — Comment cela donc?

THÉODORE. — C'est qu'elles ne sont pas toutes semblables.

ARISTE. — Je me l'imaginais bien ainsi; car quelle apparence que les vers de ces mouches, et les œufs de ces vers, aient autant d'organes que les mouches mêmes, comme vous le prétendiez hier?

II. THÉODORE. — Que vous imaginiez mal, Ariste! car, tout au contraire, les vers ont toutes les parties organiques des mouches; mais ils ont, de plus, celles qui sont essentielles aux vers, c'est-à-dire celles qui sont absolument nécessaires, afin que les vers puissent chercher, dévorer et préparer le suc nourricier de la mouche qu'ils portent en eux, et qu'ils conservent par le moyen des organes et sous la forme de ver.

ARISTE. — Oh oh! à ce compte-là, les vers sont plus admirables que les mouches; ils ont bien plus de parties organiques.

THÉODORE. — Oui, Ariste; et les œufs des vers sont encore plus admirables que les vers mêmes, et ainsi en remontant. De sorte que les mouches de cette année avaient beaucoup plus d'organes, il y a mille ans, qu'elles n'en ont présentement. Voilà un étrange paradoxe. Mais prenez garde! Il est facile de comprendre que les lois générales des communications des mouvements sont trop simples pour construire des corps organisés.

ARISTE. — Il est vrai, cela me paraît ainsi. C'est beaucoup qu'elles suffisent pour les faire croître. Il y a des gens qui prétendent que les insectes viennent de pourriture. Mais si une mouche a autant de parties organisées qu'un bœuf, j'aimerais autant dire que ce gros animal se pourrait former d'un tas de boue, que de soutenir que les mouches s'engendrent d'un morceau de chair pourrie.

THÉODORE. — Vous avez raison. Mais puisque les lois du mouvement ne peuvent construire des corps composés d'une infinité d'organes, c'est donc une nécessité que les mouches soient renfermées dans les vers dont elles éclosent. Ne pensez pas néanmoins, Ariste, que l'abeille qui est encore renfermée dans le ver dont elle doit sortir, ait entre ses parties organiques la même proportion de grosseur, de solidité, de configuration, que lorsqu'elle en est sortie; car on a remarqué souvent que la tête, par exemple, du poulet lorsqu'il est dans l'œuf et qu'il paraît comme sous la forme d'un ver, est beaucoup plus grosse que tout le reste du corps, et que les os ne prennent leur consistance qu'après les autres parties. Je prétends seulement que toutes les parties organiques des abeilles sont formées dans leurs vers, et si bien proportionnées aux lois des mouvements, que, par leur propre construction et l'efficace de ces lois, elles peuvent croître et prendre la figure convenable à leur état [1], sans que Dieu, pour ainsi dire, y touche de nouveau par une Providence extraordinaire; car c'est en cela que consiste la sagesse incompréhensible de la Providence divine. C'est ce qui la peut justifier, quoiqu'il s'engendre souvent des animaux monstrueux; car Dieu ne doit pas faire un miracle pour les empêcher de se former. Au temps de la Création, il a construit, pour les siècles futurs, les animaux et les plantes; il a établi les lois des mouvements nécessaires pour les faire croître. Maintenant il se repose, parce qu'il ne fait plus que suivre ces lois.

ARISTE. — Que de sagesse dans la Providence générale du Créateur!

THÉODORE. — Voulez-vous que nous remontions un peu à notre point de vue, d'où nous venons [2] jeter les yeux sur les merveilles de la Providence?

ARISTE. — J'y suis, ce me semble, Théodore. J'admire et j'adore, avec tout le respect dont je suis capable, la sagesse infinie du Créateur, dans la variété et la justesse incompréhensible des mouvements divers qu'il a imprimés d'abord à cette petite portion de matière dans laquelle il a formé tout d'un coup des abeilles pour tous les siècles. Que dis-je, des abeilles! une infinité de vers encore, qu'on peut regarder comme des animaux de différente espèce, et il leur a fourni, dans un si petit espace, une nourriture insensible par mille moyens qui nous passent; tout cela par rapport aux lois du mouvement, lois si simples et si naturelles, que, quoique Dieu fasse tout par elles dans le cours ordinaire de sa Pro-

---

1. Dans la première édition, les mots : « et prendre la figure convenable à leur état », manquent.
2. 1ʳᵉ édition : « devons ».

vidence, il semble qu'il ne touche à rien, qu'il ne se mêle de rien, en un mot qu'il se repose.

Théodore. — Vous trouvez donc, Ariste, que cette conduite est divine et plus excellente que celle d'un Dieu qui agirait à tous moments par des volontés particulières, au lieu de suivre ces lois générales; ou qui, pour se décharger du soin du gouvernement de son ouvrage, aurait donné des âmes à toutes les mouches, ou plutôt des intelligences assez éclairées pour former leur corps, ou du moins pour les conduire selon leurs besoins et régler tous leurs travaux?

Ariste. — Quelle comparaison!

III. Théodore. — Courage donc, Ariste, jetez les yeux plus loin. Dans l'instant que Dieu a donné cette première impression de mouvement aux parties de cette petite portion de matière dont il a fait des abeilles ou tel autre insecte qu'il vous plaira, pour tous les siècles, pensez-vous qu'il ait prévu que tel de ces petits animaux qui devait éclore en telle année, devait aussi à tel jour, telle heure, telles circonstances, faire tourner les yeux à quelqu'un vers l'objet d'une passion criminelle, ou bien se venir imprudemment placer dans les narines d'un cheval et lui faire faire un mouvement fatal pour le meilleur prince du monde, qui par là se renverse et se tue, — mort funeste et qui a une infinité de suites fâcheuses, — ou, pour ne point combiner le physique avec le moral, — car cela renferme des difficultés dont la résolution dépend de certains principes que je ne vous ai point expliqués, — pensez-vous que Dieu ait prévu que cet insecte, par tel de ses mouvements, a dû produire quelque chose de monstrueux ou de déréglé dans le monde purement matériel?

Ariste. — Qui en doute, que Dieu ait prévu toutes les suites de cette première impression de mouvement, qui a formé en un instant dans cette portion de matière toute l'espèce de tel insecte? Il a même prévu généralement toutes les suites des mouvements infinis et tous différents qu'il pouvait donner d'abord à cette même portion; il a prévu, de plus, toutes les suites de toutes les combinaisons de cette portion de matière avec toutes les autres, et leurs divers mouvements selon toutes les suppositions possibles de telles ou telles lois générales.

THÉODORE. — Admirez donc, Ariste, adorez la profondeur de la sagesse de Dieu, qui a réglé cette première impression de mouvement à telle petite portion de matière, après un nombre infini de comparaisons de rapports, toutes faites par un acte éternel de son intelligence. De cette portion de matière passez à une autre, et de celle-ci à une troisième; parcourez tout l'univers, et jugez enfin, tout d'une vue, de la sagesse infiniment infinie qui a réglé la première impression de mouvement par laquelle s'est formé tout l'Univers, dans toutes ses parties et pour tous les temps; de telle manière que c'est assurément l'ouvrage le plus beau qui puisse être produit par les voies les plus générales et les plus simples; de telle manière, plutôt, que l'ouvrage et les voies expriment mieux les perfections que Dieu possède et qu'il se glorifie de posséder, que tout ouvrage fait par toute autre voie.

ARISTE. — Que d'abîmes, que de profondeurs impénétrables! Que de rapports et de combinaisons de rapports il a fallu considérer dans la première impression de la matière pour créer l'Univers, et l'accommoder aux lois générales du mouvement que Dieu suit dans le cours ordinaire de sa Providence! Vous m'avez placé au véritable point de vue d'où on découvre la sagesse infinie du Créateur.

THÉODORE. — Savez-vous, Ariste, que vous ne voyez encore rien?

ARISTE. — Comment, rien?

IV. THÉODORE. — Beaucoup, Ariste; mais comme rien par rapport au reste. Vous avez jeté la vue sur les combinaisons infiniment infinies des mouvements de la matière. Mais combinez le physique avec le moral, les mouvements des corps avec les volontés des anges et des hommes. Combinez, de plus, le naturel avec le surnaturel, et rapportez tout cela à Jésus-Christ et à son Église; car, puisque c'est le principal des desseins de Dieu, il n'est pas vraisemblable que, dans la première impression que Dieu a communiquée à la matière, il ait négligé de régler son action sur le rapport que les mouvements pouvaient avoir avec son grand et son principal ouvrage. Comprenez donc avec quelle sagesse il a fallu régler les premiers mouvements de la matière, s'il est vrai que l'ordre de la nature est subordonné à celui de la

Grâce; s'il est vrai que la mort nous surprend maintenant
en conséquence des lois naturelles, et qu'il n'y ait rien de
miraculeux qu'un homme se trouve écrasé lorsqu'une maison
s'écroule sur lui; car vous savez que c'est de l'heureux ou
du malheureux moment de la mort dont dépend notre éternite.

ARISTE. — Doucement, Théodore. C'est Dieu qui règle
ce moment. Notre mort dépend de lui. Dieu seul peut nous
donner le don de la persévérance.

V. THÉODORE. — Qui en doute? Notre mort dépend de
Dieu en plusieurs manières. Elle dépend de Dieu, parce
qu'elle dépend de nous; car il est en notre pouvoir de sortir
d'une maison qui menace ruine, et c'est Dieu qui nous a
donné ce pouvoir. Elle dépend de Dieu, parce qu'elle dépend
des anges; car Dieu a donné aux anges le pouvoir et la
commission de gouverner le monde, ou le dehors, pour ainsi
dire, de son Église. Notre mort heureuse dépend de Dieu,
parce qu'elle dépend de Jésus-Christ; car Dieu nous a donné
en Jésus-Christ un chef qui veille sur nous, et qui ne souffrira
pas que la mort nous surprenne malheureusement, si nous
lui demandons comme il faut le don de la persévérance.
Mais pensez-vous que notre mort ne dépende pas aussi de
Dieu, en ce sens qu'il a réglé et produit cette première
impression de mouvement, dont une des suites est que telle
maison doit s'écrouler dans tel temps et dans telles circonstances? Tout dépend de Dieu, parce que c'est lui qui
a établi toutes les causes tant libres que nécessaires, et que
sa prescience est si grande, qu'il se sert aussi heureusement
des unes que des autres; car Dieu n'a pas communiqué au
hasard sa puissance aux esprits; il ne l'a fait qu'après avoir
prévu toutes les suites de leurs mouvements, aussi bien que
ceux de la matière. De plus, tout dépend de Dieu, parce
que toutes les causes ne peuvent agir que par l'efficace de
la puissance divine. Enfin, tout dépend de Dieu, parce qu'il
peut par des miracles interrompre le cours ordinaire de sa
Providence, et qu'il ne manque même jamais de le faire,
lorsque l'ordre immuable de ses perfections l'exige, je veux
dire lorsque ce qu'il doit à son immutabilité est de moindre
considération que ce qu'il doit à ses autres attributs. Mais
nous vous expliquerons tout cela plus exactement dans la
suite. Comprenez donc, Ariste, que notre salut est déjà

assuré dans l'enchaînement des causes, tant libres que nécessaires, et que tous les effets de la Providence générale sont
tellement liés ensemble, que le moindre mouvement de la
matière peut concourir, en conséquence des lois générales, à
une infinité d'événements considérables, et que chaque
événement dépend d'une infinité de causes subordonnées.
Admirez encore un coup la profondeur de la sagesse de Dieu,
qui certainement, avant que de faire son premier pas, a
comparé les premiers mouvements de la matière, non seulement avec toutes ses suites naturelles ou nécessaires, mais
encore, à bien plus forte raison, avec toutes les suites morales
et surnaturelles, dans toutes les suppositions possibles.

ARISTE. — Assurément, Théodore, du point de vue où
vous m'avez placé, je découvre une sagesse qui n'a point
de bornes. Je comprends clairement et distinctement que
la Providence générale porte le caractère d'une intelligence
infinie, et qu'elle est tout autrement incompréhensible que
ne s'imaginent ceux qui ne l'ont jamais examinée. *O profondeur des trésors de la sagesse et de la science de Dieu!
Que ses jugements sont impénétrables, et ses voies incompréhensibles!* Une Providence fondée sur une volonté absolue
est bien moins digne de l'Être infiniment parfait, elle porte
bien moins le caractère des attributs divins, que celle qui
est réglée par des trésors inépuisables *de sagesse et de prescience* [1].

VI. THÉODORE. — C'est ce que je voulais vous faire voir.
Descendons maintenant à quelque détail qui vous délasse
l'esprit, et qui vous rende sensible une partie des choses
que vous venez de concevoir. Ne vous êtes-vous jamais
diverti à nourrir dans une boîte quelque chenille, ou quelque
autre insecte qu'on croit communément se transformer en
papillon ou en mouche?

ARISTE. — Oh! oh! Théodore, vous allez tout d'un coup
du grand au petit. Vous revenez toujours aux insectes.

THÉODORE. — C'est que je suis bien aise que nous admi-
rions ce que tout le monde méprise.

ARISTE. — Quand j'étais enfant, je me souviens d'avoir

---

1. Les lignes : « *O profondeur des trésors...* », jusqu'à la fin de l'alinéa,
manquent dans la première édition.

nourri des vers à soie. Je prenais plaisir à leur voir faire leur coque, et s'y enterrer tout vivants, pour ressusciter quelque temps après.

THÉOTIME. — Et moi, Théodore, j'ai actuellement dans une boîte avec du sable un insecte qui me divertit, et dont je sais un peu l'histoire. On l'appelle en latin *formica leo*. Il se transforme en une de ces espèces de mouches qui ont le ventre fort long, et qu'on appelle, ce me semble, *demoiselles*.

THÉODORE. — Je sais ce que c'est, Théotime. Mais vous vous trompez de croire qu'il se transforme en *demoiselle*.

THÉOTIME. — Je l'ai vu, Théodore; ce fait est constant.

THÉODORE. — Et moi, Théotime, je vis l'autre jour une taupe qui se transforma en merle. Comment voulez-vous qu'un animal se transforme en un autre? Il est aussi difficile que cela se fasse, que, d'un peu de chair pourrie, il se forme des insectes.

THÉOTIME. — Je vous entends, Théodore; le *formica leo* ne se transforme point, il se dépouille seulement de ses habits et de ses armes; il quitte ses cornes, avec lesquelles il fait son trou et se saisit des fourmis qui y tombent. En effet, je les ai remarquées, ces cornes, dans le tombeau qu'ils se font dans le sable, et dont ils sortent, non plus en qualité de *formica leo*, mais en qualité de *demoiselles*, sous une forme plus magnifique.

THÉODORE. — Vous y voilà. Le *formica leo* et la *demoiselle* ne sont point proprement deux animaux de différente espèce; le premier contient le second, ou toutes les parties organiques dont il est composé; mais remarquez qu'il a, de plus, tout ce qu'il lui faut pour attraper sa proie, pour se nourrir lui-même, et pour préparer à l'autre une nourriture convenable. Or tâchons maintenant de nous imaginer les ressorts nécessaires aux mouvements que fait ce petit animal. Il ne va qu'à reculons en ligne spirale, et toujours en s'enfonçant dans le sable; de sorte que, jetant en dehors à chaque petit mouvement qu'il fait le sable qu'il prend avec ses cornes, il fait un trou qui se termine en pointe, au fond duquel il se cache, toujours les cornes entr'ouvertes [1], et prêtes à se saisir des fourmis et autres animaux qui ne

---

1. 1re édition : « ouvertes ».

peuvent se retenir sur le penchant de sa fosse. Lorsque la
proie lui échappe, et fait assez d'efforts pour lui faire craindre
de la perdre, il l'accable et l'étourdit à force de lui jeter du
sable, et rend encore par ce moyen le penchant du trou plus
raide. Il se saisit donc de sa proie, il la tire sous le sable, il
lui suce le sang; et la prenant entre ses cornes, il la jette le
plus loin qu'il peut de son trou. Enfin, au milieu du sable
le plus menu et le plus mouvant, il se construit un tombeau
parfaitement rond; il le tapisse en dedans fort proprement
pour y mourir, ou plutôt pour y reposer plus à l'aise; et
enfin, après quelques semaines, on le voit sortir tout glorieux, et sous la forme de *demoiselle*, après avoir laissé plusieurs enveloppes et les dépouilles de *formica leo*. Or combien
faut-il de parties organisées pour tous ces mouvements?
Combien de canaux pour conduire ce sang dont le *formica
leo* se nourrit, et sa *demoiselle*? Il est donc clair que cet
animal s'étant dépouillé de toutes ces parties dans son tombeau, il a beaucoup moins d'organes, lorsqu'il paraît sous
la forme de mouche, que lorsqu'on le voit sous celle de
formica leo, si ce n'est peut-être qu'on veuille soutenir que
des organes peuvent se construire et s'ajuster ensemble en
conséquence des lois du mouvement. Car, que Dieu ait
ordonné à quelque intelligence de pourvoir au besoin de
ces insectes, d'en entretenir l'espèce et d'en former toujours
de nouvelles, c'est rendre humaine la Providence divine, et
lui faire porter le caractère d'une intelligence bornée.

ARISTE. — Assurément, Théodore, il y a une plus grande
diversité d'organes dans le *formica leo* que dans la mouche,
et, par la même raison, dans le ver à soie que dans le papillon;
car ces vers quittent aussi de riches dépouilles, puisqu'ils
laissent une espèce de tête, un grand nombre de pieds, et
tous les autres organes nécessaires pour chercher, dévorer,
digérer et distribuer la nourriture propre à la forme de ver
et à celle du papillon. Je conçois, de même, qu'il y a plus
d'art dans les œufs des vers que dans les vers mêmes; car,
supposé que les parties organiques des vers soient dans
l'œuf comme vous dites, il est clair que l'œuf entier contient plus d'art que le ver seul, et ainsi à l'infini.

THÉODORE. — Je voudrais bien que vous eussiez lu le
livre de M. Malpighi du ver à soie, et ce qu'il a écrit sur la

formation du poulet dans l'œuf [1]. Vous verriez peut-être
que tout ce que je vous dis n'est pas sans fondement. Oui,
Ariste, l'œuf est l'ouvrage d'une intelligence infinie. Les
hommes ne trouvent rien dans un œuf de ver à soie, et dans
un œuf de poulet ils n'y [2] voient que du blanc et du jaune,
et peut-être les cordons; encore les prennent-ils pour le
germe du poulet. Mais...

ARISTE. — Quoi! le germe du poulet, n'est-ce pas ce qu'on
y trouve d'abord qu'on l'ouvre, qui est blanc, qui a quelque
dureté, et qu'on ne mange pas volontiers?

THÉODORE. — Non, Ariste, c'est un des cordons qui sert
à tenir le jaune tellement suspendu dans le blanc, que de
quelque manière qu'on tourne et retourne l'œuf, le côté du
jaune le moins pesant, et où est le petit poulet, soit toujours
en haut vers le ventre chaud de la poule, car cela était
nécessaire pour le faire éclore [3]. Il y a deux de ces cordons
qui sont attachés d'un côté à la pointe de l'œuf, et de l'autre
au jaune, un à chaque bout.

ARISTE. — Voilà une mécanique admirable!

THÉODORE. — En cela il n'y a pas beaucoup d'intelligence. Mais vous comprenez toujours par là qu'il faut plus
d'art et d'adresse pour former l'œuf, et tout ce qu'il renferme, que le poulet seul, puisque l'œuf contient le poulet
et qu'il a, de plus, sa construction particulière.

VII. Or, je vous prie, concevez maintenant, si vous le
pouvez, quelle doit être actuellement la construction des
organes des œufs ou des vers qui seront papillons dans dix
mille ans, en conséquence des lois du mouvement. Admirez
la variété des organes de tous les vers ou de tous les œufs
qui sont renfermés les uns dans les autres pour tout ce
temps-là. Tâchez de vous imaginer quelle pouvait être la
nourriture dont les vers ou les papillons d'aujourd'hui se
nourrissaient il y a six mille ans. Il y a une grande différence entre la forme de *demoiselle* et celle de *formica leo*;
mais peut-être qu'il n'y en a pas moins entre le *formica leo*
et l'œuf qui le contient, et ainsi de suite. Le ver à soie se

---

1. *De Bombyce.*
2. 1re édition : « ne », au lieu de « n'y ».
3. Les mots : « car cela était nécessaire pour le faire éclore », manquent
dans la première édition.

nourrit de feuilles de mûrier; mais le petit ver enfermé dans l'œuf ne se nourrit pas de rien; il a auprès de lui tout ce qui lui est nécessaire. Il est vrai qu'il ne mange pas toujours; mais il se conserve sans manger, et il y a six mille ans qu'il se conserve. On trouve étrange que certains animaux passent l'hiver sans nourriture. Quelle merveille donc, que les vers à soie ménagent si exactement la leur, qu'elle ne leur manque précisément que lorsqu'ils sont assez forts pour rompre leur prison, et que les mûriers ont poussé des feuilles tendres pour leur en fournir de nouvelles!

Que la Providence est admirable d'avoir enfermé, par exemple, dans les œufs dont éclosent les poulets, tout ce qu'il leur faut pour les faire croître et même pour les nourrir les premiers jours qu'ils sont éclos! Car, comme ils ne savent point encore manger et qu'ils laissent retomber ce qu'ils becquètent, le jaune de l'œuf, dont il n'y a pas la moitié de consommé et qui reste dans leur estomac, les nourrit et les fortifie. Mais cette même Providence paraît encore plus dans les œufs négligés que les insectes répandent partout. Il faut que la poule couve elle-même ses œufs, ou que l'industrie des hommes vienne au secours; mais sans que les œufs des insectes soient couvés, ils ne laissent pas d'éclore fort heureusement. Le soleil, par sa chaleur, les anime, pour ainsi dire, à dévorer leur nourriture, dans le même temps qu'il leur en prépare de nouvelle; et dès que les vers ont rompu leur prison, ils se trouvent dans l'abondance, au milieu de jeunes bourgeons ou de feuilles tendres proportionnées à leur besoin. L'insecte dont ils tirent leur naissance a eu soin de les placer dans un endroit propre pour eux, et a laissé le reste à l'ordre plus général de la Providence. Tel pond ses œufs sous une feuille repliée et attachée à la branche, de peur qu'elle ne tombe en hiver; un autre les colle en lieu sûr, proche de leur nourriture; la *demoiselle formica leo* les va cacher dans le sable et à couvert de la pluie; la plupart les répandent dans les eaux. En un mot, ils les placent tous dans les lieux où rien ne leur manque, non par une intelligence particulière qui les conduise, mais par la disposition des ressorts dont leur machine est composée, et en conséquence des lois générales des communications des mouvements.

ARISTE. — Cela est incompréhensible.

THÉODORE. — Il est vrai ; mais il est bon de comprendre clairement que la Providence de Dieu est absolument incompréhensible.

VIII. THÉOTIME. — Il faut, Théodore, que je vous dise une expérience que j'ai faite. Un jour, en été, je pris gros comme une noix de viande que j'enfermai dans une bouteille, et je la couvris d'un morceau de crêpe. Je remarquai que diverses mouches venaient pondre leurs œufs ou leurs vers sur ce crêpe, et que, dès qu'ils étaient éclos, ils rongeaient le crêpe et se laissaient tomber sur la viande, qu'ils dévorèrent en peu de temps ; mais comme cela sentait trop mauvais, je jetai tout.

THÉODORE. — Voilà comme les mouches viennent de pourriture : elles font leurs œufs ou leurs vers sur la viande, et s'envolent incontinent ; ces vers mangent et cette chair se pourrit. Après que ces vers ont bien mangé, ils s'enferment dans leurs coques et en sortent mouches ; et le commun des hommes croit, sur cela, que les insectes viennent de pourriture.

THÉOTIME. — Ce que vous dites est sûr ; car j'ai renfermé plusieurs fois de la chair, où les mouches n'avaient point été, dans une bouteille fermée hermétiquement, et je n'y ai jamais trouvé de vers.

ARISTE. — Mais comment, dit-on, se peut-il faire qu'on en trouve de fort gros dans toutes sortes de fruits ?

THÉODORE. — On les trouve gros, mais ils sont entrés petits dans le fruit. Cherchez bien, vous découvrirez sur la peau ou quelque petit trou ou sa cicatrice. Mais ne nous arrêtons point, je vous prie, aux preuves qu'on donne qu'il y a des animaux qui viennent de pourriture ; car elles sont si faibles, ces preuves, qu'elles ne méritent point de réponse. On trouve des souris dans un vaisseau nouvellement construit, ou dans un lieu où il n'y en avait point. Donc il faut que cet animal se soit engendré de quelque pourriture ; comme s'il était défendu à ces animaux de chercher la nuit leurs besoins, et de passer sur les planches et sur les cordes dans les barques, et de là dans les grands bâtiments, ou qu'on pût construire les vaisseaux ailleurs que sur le rivage ! Je ne puis pas comprendre comment un si grand nombre de personnes de bon sens ont pu donner dans une erreur si grossière et si palpable sur de semblables raisons; car qu'y a-t-il de plus incompréhensible, qu'un animal se forme naturellement d'un peu de viande pourrie? Il est infiniment plus facile de concevoir qu'un morceau de fer rouillé se change en une montre parfaitement bonne; car il y a infiniment plus de ressorts et plus délicats dans la souris, que dans la pendule la plus composée.

ARISTE. — Assurément, on ne comprend pas qu'une machine composée d'une infinité d'organes différents, parfaitement bien accordés ensemble et ordonnés à diverses fins, ne soit que l'effet de cette loi si simple et si naturelle, que tout corps doit se mouvoir du côté qu'il est le moins [1] poussé; car cette loi est bien plus propre à détruire cette machine qu'à la former. Mais on ne comprend pas non plus que les animaux de même espèce, qui se succèdent les uns aux autres, aient tous été renfermés dans le premier.

THÉODORE. — Si on ne comprend pas que cela soit, on comprend bien, du moins, que cela n'est pas impossible, puisque la matière est divisible à l'infini; mais on ne comprendra jamais que les lois du mouvement puissent construire des corps composés d'une infinité d'organes. On a assez de peine à concevoir que ces lois puissent peu à peu les faire croître. Ce que l'on conçoit bien, c'est qu'elles peuvent les détruire en mille manières. On ne comprend pas comment l'union des deux sexes peut être cause de la fécondité; mais on comprend bien que cela n'est pas impossible dans la supposition que les corps soient déjà formés. Mais que cette union soit la cause de l'organisation des parties de l'animal, et de tel animal, c'est, assurément, ce qu'on ne comprendra jamais [2].

ARISTE. — J'ai pourtant ouï dire que M. Descartes avait commencé un *Traité de la Formation du fœtus*, dans lequel il prétend expliquer comment un animal se peut former du mélange de la semence des deux sexes.

THÉODORE. — L'ébauche de ce philosophe peut nous

1. 1re édition : « le plus », au lieu de « le moins ».
2. Au lieu de « c'est assurément ce qu'on ne comprendra jamais », la première édition donne : « il me semble que l'on comprend bien que cela n'est pas possible ».

aider à comprendre comment les lois du mouvement suffisent pour faire croître peu à peu les parties de l'animal. Mais que ces lois puissent les former et les lier toutes ensemble, c'est ce que personne ne prouvera jamais. Apparemment M. Descartes l'a bien reconnu lui-même, car il n'a pas poussé fort avant ses conjectures ingénieuses.

ARISTE. — Son entreprise était un peu téméraire.

THÉODORE. — Fort téméraire, s'il avait dessein de rendre raison de la construction des animaux tels que Dieu les a faits; car ils ont une infinité de ressorts qu'il devait connaître avant que de chercher les causes de leur formation. Mais apparemment il ne pensait pas à cela; car on ne serait pas sage si on voulait expliquer exactement comment un horloger fait une montre, sans savoir auparavant de quelles parties cet ouvrage est composé.

ARISTE. — Ce philosophe aurait peut-être mieux fait d'expliquer, par les lois des mouvements, la génération des plantes, que celle des animaux.

IX. THÉODORE. — Nullement. L'entreprise eût été également impossible. Si les graines ne contenaient en petit ce que nous voyons en grand dans les plantes, les lois générales ne pourraient jamais les rendre fécondes.

ARISTE. — Des plantes dans des graines, un pommier dans un pépin! On a toujours quelque peine à croire que cela soit, quoiqu'on sache bien que la matière est divisible à l'infini.

THÉOTIME. — J'ai fait une expérience qui a beaucoup contribué à me le persuader. Ce n'est pas, néanmoins, que je croie que le pommier, par exemple, qui est dans le germe du pépin, ait à peu près les mêmes proportions de grandeur et des autres qualités entre ses branches, ses feuilles et ses fruits, que les grands arbres; et assurément Théodore ne le prétend pas non plus. Je prétends seulement que toutes les parties organiques du pommier sont formées, et si bien proportionnées aux lois du mouvement, que, par leur propre construction et l'efficace de ces lois, elles peuvent croître sans le secours d'une providence particulière.

ARISTE. — Je comprends bien votre sentiment; dites-nous votre expérience.

THÉOTIME. — J'ai pris, Ariste, une vingtaine des plus

grosses fèves [1]; j'en ai ouvert deux ou trois, et j'ai remarqué qu'elles étaient composées, en dedans, de deux parties qui se séparent aisément, et que j'ai appris qu'on appelle leurs *lobes*; que le germe était attaché à l'un et à l'autre de ces lobes; que d'un côté, il se terminait en pointe vers le dehors, et que de l'autre, il se cachait entre les lobes. Voilà ce que j'ai vu d'abord. J'ai semé les autres fèves pour les faire germer et voir comment elles croissent. Deux jours après, j'ai commencé à les ouvrir; j'ai continué pendant environ quinze jours, et j'ai remarqué distinctement que la racine était contenue dans cette partie du germe qui est en dehors et se termine en pointe; que la plante était renfermée dans l'autre partie du germe qui passe entre les deux lobes; que la racine était elle-même une plante qui avait ses racines dans la substance des deux lobes de la fève dont elle tirait sa nourriture; que, lorsqu'elle avait poussé en terre comme les plantes dans l'air, elle fournissait abondamment à la plante le suc nécessaire; que, dans la plupart des graines [2], la plante, en croissant, passait entre les lobes, qui, après avoir servi à l'accroissement de la racine, se changeaient en feuilles, et mettaient la plante à couvert des injures de l'air. Ainsi je me suis persuadé que le germe de la fève contenait la racine de la plante et la plante même, et que les lobes de la fève étaient le fond où cette petite plante était déjà semée et avait déjà ses racines. Prenez, Ariste, de ces grosses fèves vertes dont on mange au commencement de l'été; ouvrez-les délicatement; considérez-les attentivement; vous verrez sans microscope une partie de ce que je viens de vous dire; vous découvrirez même les premières feuilles de la plante, dans cette petite partie du germe qui se replie entre les deux lobes.

ARISTE. — Je crois bien tout cela; mais que cette graine contienne la plante que nous verrons dans vingt ans, c'est ce qui est difficile à s'imaginer et ce que votre expérience ne prouve point.

THÉOTIME. — Il est vrai; mais nous voyons déjà que la

1. Voy. l'*Anatomie des plantes* de M. Grew et de M. Malpighi.
2. Les mots : « dans la plupart des graines », manquent dans la première édition.

plante est dans la graine; nous voyons, sans le secours du microscope, qu'en hiver même la tulipe est dans son oignon; nous ne pouvons pas voir actuellement dans la graine toutes les parties de la plante. Hé bien, Ariste, il faut tâcher de les imaginer. Nous ne pouvons point imaginer comment les plantes qui viendront dans cent ans sont dans la graine. Il faut tâcher de le concevoir; du moins cela se peut-il concevoir. Mais on ne voit point que les plantes se forment uniquement en conséquence des lois générales des communications du mouvement. On ne peut imaginer comment cela se peut faire; on peut encore moins le concevoir. Quelles raisons peut-on donc avoir de le soutenir et de nier ce que Théodore vient de nous dire?

ARISTE. — Je serais fort porté à croire que Dieu conserve les animaux et les plantes par des volontés particulières, si Théodore ne m'avait point fait remarquer que d'ôter à la Providence sa généralité et sa simplicité, c'était la rendre humaine et lui faire porter le caractère d'une intelligence bornée et d'une cause particulière [1]. Ainsi il en faut revenir là, et croire que Dieu, par la première impression du mouvement qu'il a communiqué à la matière, l'a si sagement divisée, qu'il a formé tout d'un coup des animaux et des plantes pour tous les siècles. Cela est possible, puisque la matière est divisible à l'infini. Et cela s'est fait ainsi, puisque cette conduite est plus digne de l'Être infiniment parfait, que toute autre.

THÉOTIME. — Ajoutez à cela, Ariste, que l'Écriture nous apprend que maintenant Dieu se repose, et que d'abord il n'a pas fait seulement les plantes de la première année de la Création, mais encore la semence pour toutes les autres : « Germinet terra herbam virentem et facientem semen, et lignum pomiferum faciens fructum, juxta genus suum, *cujus semen in semetipso* sit super terram [2]. » Ces dernières paroles : « cujus semen in semetipso sit », jointes à celles-ci : « Et requievit die septimo ab omni opere quod patrarat [3] », marquent ce me semble, que Dieu, pour con-

---

1. Les mots : « et d'une cause particulière », manquent dans la première édition.
2. *Gen.*, I, 11.
3. *Gen.*, II, 2.

server ses créatures, n'agit plus comme il a fait dans le temps qu'il les a formées. Or il n'agit qu'en deux manières : ou par des volontés particulières, ou par des volontés ou des lois générales. Donc il ne fait plus maintenant que suivre ses lois, si ce n'est qu'il y ait de grandes raisons qui l'obligent à interrompre le cours de sa Providence; raisons que je ne crois pas que vous puissiez trouver dans les besoins des animaux ou des plantes.

X. ARISTE. — Non, sans doute; car quand il y en aurait la moitié moins, il n'y en aurait que trop. Car, je vous prie, Théodore, à quoi bon tant de plantes inutiles à notre usage, tant d'insectes qui nous incommodent? Ces petits animaux sont l'ouvrage d'une sagesse infinie, je le veux. Mais c'est cela même qui fait la difficulté; car pourquoi former tant d'ouvrages excellents pour nourrir les hirondelles et dévorer nos bourgeons? Est-ce, Théodore, que le monde ne serait pas aussi parfait qu'il est, si les chenilles et les hannetons ne venaient point dépouiller les arbres de leurs fruits et de leurs feuilles?

THÉODORE. — Si vous jugez, Ariste, des ouvrages de Dieu uniquement par rapport à vous, vous blasphémerez bientôt contre la Providence; vous porterez bientôt d'étranges jugements de la sagesse du Créateur.

ARISTE. — Mais quoi! n'est-ce pas pour l'homme que Dieu a tout fait?

THÉODORE. — Oui, Ariste, pour cet homme sous les pieds duquel Dieu a tout assujetti, sans en rien excepter; pour cet homme dont parle saint Paul dans le second chapitre de l'Épître aux Hébreux. Dieu a tout fait pour son Fils, tout pour son Église, et son Église pour lui. Mais s'il a fait les puces pour l'homme, c'est assurément pour le mordre et pour le punir. La plupart des animaux ont leur vermine particulière; mais l'homme a sur eux cet avantage, qu'il en a pour lui seul de plusieurs espèces, tant il est vrai que Dieu a tout fait pour lui. C'est pour dévorer ses blés, que Dieu a fait les sauterelles. C'est pour ensemencer ses terres, qu'il a donné comme des ailes à la graine des chardons. C'est pour flétrir tous ses fruits, qu'il a formé des insectes d'une infinité d'espèces. En ce sens, si Dieu n'a pas fait toutes choses pour l'homme, il ne s'en faut pas beaucoup.

Prenez garde. Ariste. la prescience de Dieu est infinie. Il doit régler sur elle tous ses desseins. Avant que de donner à la matière cette première impression de mouvement qui forme l'univers pour tous les siècles, il a connu clairement toutes les suites de toutes les combinaisons possibles du physique avec le moral dans toutes sortes de suppositions. Il a prévu que l'homme, dans telles et telles circonstances, pécherait et que son péché se communiquerait à toute sa postérité en conséquence des lois de l'union de l'âme et du corps [1]. Donc, puisqu'il a voulu le permettre, ce funeste péché, il a dû faire usage de sa prescience, et combiner si sagement le physique avec le moral, que tous ses ouvrages fissent entre eux, et pour tous les siècles, le plus bel accord qui soit possible. Et cet accord merveilleux consiste en partie dans cet ordre de justice, que l'homme s'étant révolté contre le Créateur, — ce que Dieu prévoyait devoir arriver, — les créatures se révoltent, pour ainsi dire, contre lui, et le punissent de sa désobéissance [2]. Voilà pourquoi il y a tant de différents animaux qui nous font la guerre.

XI. ARISTE. — Quoi! avant que l'homme eût péché, Dieu avait déjà préparé les instruments de sa vengeance? Car vous savez que l'homme n'a été créé qu'après tout le reste. Cela me paraît bien dur.

THÉODORE. — L'homme avant son péché, n'avait point d'ennemis; son corps et tout ce qui l'environnait lui était soumis; il ne souffrait point de douleur malgré lui. Il était juste que Dieu le protégeât par une providence particulière, ou qu'il le commît à la garde de quelque ange tutélaire pour empêcher les suites fâcheuses des lois générales des communications des mouvements. S'il avait conservé son innocence, Dieu aurait toujours eu pour lui les mêmes égards, car il ne manque jamais de rendre justice à ses créatures. Mais quoi! ne voulez-vous pas que Dieu fasse usage de sa prescience, et qu'il choisisse la plus sage combinaison qui soit possible entre le physique et le moral? Voudriez-vous qu'un être infiniment sage n'eût point fait porter à sa conduite le caractère de sa sagesse, ou qu'il eût fait

---

1. *Recherche de la Vérité*, l. II, ch. vii, et l'*Éclaircissement* sur ce même chapitre.
2. *Ecclésiastique*, XXXIX, 35.

l'homme et l'eût éprouvé, avant que de faire ces créatures qui nous incommodent; ou enfin qu'il eût changé de dessein et réformé son ouvrage après le péché d'Adam? Dieu, Ariste, ne se repent et ne se dément jamais. Le premier pas qu'il fait est réglé par la prescience de tout ce qui le doit suivre. Que dis-je! Dieu ne se détermine à faire ce premier pas qu'après qu'il l'a comparé, non seulement avec tout ce qui le doit suivre, mais encore avec une infinité d'autres premières démarches, dans une infinité d'autres suppositions, et d'autres combinaisons de toutes espèces du physique avec le moral et du naturel avec le surnaturel.

Encore un coup, Ariste, Dieu a prévu que l'homme dans telles et telles circonstances se révolterait. Après avoir tout comparé, il a cru devoir permettre le péché [1]. Je dis permettre, car il n'a pas mis l'homme dans la nécessité de le commettre. Donc il a dû, par une sage combinaison du physique avec le moral, faire porter à sa conduite des marques de sa prescience. Mais, dites-vous, il a donc préparé, avant le péché, des instruments de sa vengeance? Pourquoi non, puisqu'il l'a prévu, ce péché, et qu'il a voulu le punir? Si Dieu avait rendu malheureux l'homme innocent, s'il s'était servi de ces instruments avant le péché, on aurait sujet de se plaindre. Mais est-il défendu à un père de tenir des verges prêtes pour châtier son enfant, principalement s'il prévoit qu'il ne manquera pas de lui désobéir? Ne doit-il pas, même, lui montrer ces verges menaçantes, pour le retenir dans le devoir? Peut-on douter que les ours et les lions ne soient créés avant le péché? Et ne suffit-il pas de croire que ces cruelles bêtes, dont Dieu se sert maintenant pour nous punir, respectaient en Adam son innocence et la majesté divine? Mais si vous trouvez mauvais que Dieu avant le péché commis ait préparé des instruments pour le punir, consolez-vous; car, par sa prescience, il a aussi trouvé le remède au mal avant qu'il fût arrivé. Certainement, avant la chute du premier homme, Dieu avait déjà dessein de sanctifier son Église par Jésus-Christ; car saint Paul nous apprend qu'Adam et Ève

---

1. Voy. les raisons de la permission du péché dans les *Conversations chrétiennes*, p. 63 et suiv. de l'édition de Paris en 1702. [Cette note ne figure pas dans la première édition.]

étaient, dans leur mariage qui a précédé le péché, la figure
de Jésus-Christ et de son Église : « Sacramentum hoc magnum
est. Ego autem dico in Christo et in Ecclesia [1] », le premier Adam étant la figure du second, *forma futuri* [2], jusque
dans son péché. C'est, Ariste, que la prescience de Dieu
étant infinie, elle a réglé toutes choses. Dieu a permis le
péché. Pourquoi? C'est qu'il a prévu que son ouvrage,
réparé de telle et telle manière, vaudrait mieux que le même
ouvrage dans sa première construction. Il a établi des lois
générales qui devaient faire geler et grêler les campagnes ;
il a créé des bêtes cruelles et une infinité d'animaux fort
incommodes. Pourquoi cela? C'est qu'il a prévu le péché.
Il a mis une infinité de rapports merveilleux entre tous
ces ouvrages ; il a figuré Jésus-Christ et son Église en mille
manières. C'est un effet et une marque certaine de sa prescience et de sa sagesse. Ne trouvez donc point mauvais
que Dieu ait fait usage de sa prescience, et qu'il ait d'abord
combiné sagement le physique avec le moral, non pour le
peu de temps que le premier homme devait conserver son
innocence, mais par rapport à lui et à tous ses enfants tels
qu'ils devaient être jusqu'à la fin des siècles. Adam ne
pouvait pas se plaindre que les animaux se mangeassent
les uns les autres, lui rendant à lui, comme à leur souverain,
le respect qui lui était dû. Il devait plutôt apprendre par
là que ce n'étaient que des brutes incapables de raison,
et que Dieu l'avait distingué entre toutes ses créatures.

XII. ARISTE. — Je comprends bien ce que vous me dites.
Dieu a eu de bonnes raisons de créer de grands animaux
capables de nous punir. Mais pourquoi tant de petits insectes
qui ne nous font ni bien ni mal, et dont la mécanique est
peut-être plus merveilleuse que celle des grands animaux,
mécanique cachée à nos yeux, et qui ne nous fait point
connaître la sagesse du Créateur?

THÉODORE. — Sans m'arrêter à vous prouver qu'il n'y
a point d'animal, pour petit qu'il soit, qui ne puisse de l'un
à l'autre, avoir quelque rapport à nous, je vous réponds
que le principal dessein de Dieu dans la formation de ces

1. *Eph.*, V, 32.
2. *Rom.*, V, 14.

petits insectes n'a point été de nous faire, par eux, quelque
bien ou quelque mal, mais d'orner l'univers par des ouvrages
dignes de sa sagesse et de ses autres attributs. Le commun
des hommes méprise les insectes, mais il se trouve des gens
qui les considèrent. Apparemment, les Anges mêmes les
admirent. Mais quand toutes les intelligences les négligeraient,
il suffit que ces petits ouvrages expriment les perfections
divines, et rendent l'univers plus parfait en lui-même,
quoique moins commode pour des pêcheurs, afin que Dieu
les créât, supposé qu'il pût les conserver sans multiplier
ses voies; car Dieu a fait assurément l'ouvrage le plus parfait
par les voies les plus générales et les plus simples. Il a prévu
que les lois des mouvements suffisaient pour conserver
dans le monde l'espèce de tel insecte qu'il vous plaira. Il
a voulu tirer de ses lois tous les usages possibles pour rendre
son ouvrage plus achevé. Il a donc formé d'abord toute
l'espèce de cet insecte par la division admirable d'une certaine portion de matière; car il faut toujours avoir bien
dans l'esprit que c'est par le mouvement que tout se fait
dans les corps, et que, dans la première détermination des
mouvements, il était indifférent à Dieu de mouvoir les
parties de la matière en un sens ou en un autre, n'y ayant
point de lois générales des communications des mouvements,
avant que les corps se fussent choqués [1].

ARISTE. — Je conçois cela, Théodore. Un monde rempli
d'une infinité d'animaux petits et grands est plus beau et
marque plus d'intelligence qu'un autre où il n'y aurait
point d'insectes. Or un tel monde ne coûte pas plus à Dieu,
pour parler ainsi, qu'un autre, ou ne demande pas une
Providence plus composée et plus particulière, et porte par
conséquent autant que tout autre le caractère de l'immutabilité divine. Il ne faut donc pas s'étonner que Dieu ait
fait un si grand nombre d'insectes.

XIII. THÉODORE. — Ce que nous disons là, Ariste, est
général, et n'exclut pas une infinité de raisons que Dieu a
eues de faire le monde tel qu'il est.

ARISTE. — Il faut que je vous dise, Théodore, une pensée
qui m'est venue dans l'esprit, lorsque vous me [2] parliez

1. *Entretien X*, 17.
2. « Me » manque dans la première édition.

de la transformation apparente des insectes. Les vers
rampent sur la terre. Ils y mènent une vie triste et humiliante. Mais ils se font un tombeau d'où ils sortent glorieux.
Je me suis imaginé que par là Dieu voulait figurer la vie,
la mort et la résurrection de son Fils, et même de tous les
Chrétiens.

THÉODORE. — Je suis bien aise, Ariste, que cette pensée
vous soit venue dans l'esprit; car quoiqu'elle me paraisse
fort solide, je n'aurais pas osé vous la proposer.

ARISTE. — Pourquoi cela?

THÉODORE. — C'est qu'elle a je ne sais quoi de bas qui
déplaît à l'imagination, outre que ce mot seulement de ver
ou d'insecte, joint à la grande idée que nous devons avoir
du Sauveur, peut exciter la raillerie; car je pense que vous
savez que le ridicule consiste dans la jonction du petit au
grand.

ARISTE. — Oui, mais ce qui paraît ridicule à l'imagination
est souvent fort raisonnable et fort juste; car c'est souvent
que nous méprisons ce que nous ne connaissons pas.

THÉODORE. — Il est vrai, Ariste. Le lis champêtre, que
nous négligeons, est plus magnifiquement paré que Salomon dans toute sa gloire. Jésus-Christ n'a point craint la
raillerie, lorsqu'il a avancé ce paradoxe. L'imagination est
contente aussi bien que la raison, lorsque l'on compare la
magnificence du roi Salomon à la gloire de Jésus-Christ
ressuscité. Mais elle n'est pas trop satisfaite lorsqu'on cherche
dans la beauté des lis une figure du Sauveur. Cependant
la magnificence de Salomon n'était que l'ouvrage de la
main des hommes; mais c'est Dieu qui a donné aux fleurs
tous leurs ornements.

ARISTE. — Vous croyez donc, Théodore, que Dieu a figuré
Jésus-Christ dans les plantes aussi bien que dans les insectes?

THÉODORE. — Je crois, Ariste, que Dieu a tout rapporté
à Jésus-Christ en mille manières différentes; et que non
seulement les créatures expriment les perfections divines,
mais qu'elles sont aussi, autant que cela se peut, des emblèmes
de son Fils bien-aimé. Le grain qu'on sème doit, pour ainsi
dire, mourir pour ressusciter et donner son fruit. Je trouve
que c'est une figure naturelle de Jésus-Christ, qui est mort
pour ressusciter glorieux : « Nisi granum frumenti cadens

in terram mortuum fuerit, ipsum solum manet; si autem mortuum fuerit, multum fructum affert [1]. »

THÉOTIME. — On peut se servir de tout ce qu'on veut pour faire des comparaisons. Mais il ne s'ensuit pas de là que Dieu ait voulu figurer Jésus-Christ par toutes les choses qui ont avec lui certains rapports arbitraires.

THÉODORE. — Si je ne savais, Théotime, que le principal des desseins de Dieu c'est Jésus-Christ et son Église; que rien ne plaît à Dieu que par Jésus-Christ; que c'est en Jésus-Christ et par Jésus-Christ que l'univers subsiste, parce qu'il n'y a que lui qui le sanctifie, qui le tire de son état profane, qui le rende divin [2], je regarderais comme des comparaisons arbitraires et tout à fait basses, ce que je prends pour des figures naturelles. Oui, Théotime, je crois que Dieu a eu tellement en vue Jésus-Christ dans la formation de l'univers, que ce qu'il y a peut-être de plus admirable dans la Providence, c'est le rapport qu'elle met sans cesse entre le naturel et le surnaturel, entre ce qui se passe dans le monde et ce qui arrive à l'Église de Jésus-Christ.

XIV. ARISTE. — Assurément, Théotime, que Dieu ait voulu figurer Jésus-Christ par les changements des insectes, cela saute aux yeux. Un ver est méprisable et impuissant; voilà Jésus-Christ méprisé : « Ego autem sum vermis, et non homo, opprobrium hominum et abjectio plebis [3] »; le voilà chargé de nos infirmités et de nos langueurs : « Vere languores nostros ipse tulit [4]. » Un ver s'enferme dans son tombeau, et ressuscite quelque temps après sans se corrompre. Jésus-Christ meurt et ressuscite, sans que son corps ait été sujet à la corruption : « Neque caro ejus vidit corruptionem [5]. » Le ver ressuscité a un corps, pour ainsi dire, tout spirituel. Il ne rampe point, il vole. Il ne se nourrit plus de pourriture, il ne fait que sucer des fleurs. Il n'a plus rien de méprisable; on ne peut pas être plus magnifiquement paré. De même Jésus-Christ ressuscité est comblé de gloire. Il s'élève dans les cieux. Il ne rampe point, pour

---

1. *Joan.*, XII, 24.
2. *Entretien IX*, 6.
3. *Ps.* XXII, 7.
4. *Isaï.*, LIII, 4.
5. *Act.*, II, 31.

ainsi dire, dans la Judée de bourgade en bourgade. Il n'est plus sujet à la lassitude et aux autres infirmités de sa vie laborieuse. Il gouverne toutes les nations, et les peut briser comme un pot de terre, dit l'Écriture. La souveraine puissance lui a été donnée dans le ciel et sur la terre. Peut-on dire que ce parallèle soit arbitraire? Assurément il est naturel.

THÉODORE. — Vous oubliez, Ariste, des rapports trop justes pour être négligés.

ARISTE. — Qui sont-ils?

THÉODORE. — Ces vers, avant leur transformation, croissent toujours. Mais les mouches, les papillons, et généralement tout ce qui vole après avoir été ver, tout ce qui a été transformé, demeure toujours dans le même état.

ARISTE. — C'est que sur la terre on peut mériter sans cesse, et que dans le ciel on demeure tel qu'on est.

THÉODORE. — J'ai remarqué que les insectes n'engendrent point qu'ils ne soient ressuscités, et, pour ainsi dire, glorifiés.

ARISTE. — Vous avez raison. C'est que Jésus-Christ n'a envoyé le Saint-Esprit à son Église, il ne l'a rendue féconde qu'après sa Résurrection et qu'il est entré en possession de sa gloire. « Nondum erat Spiritus datus, dit saint Jean [1], quia Jesus nondum erat glorificatus »; et Jésus-Christ lui-même : « Expedit vobis ut ego vadam. Si enim non abiero, Paracletus non veniet ad vos. Si autem abiero, mittam eum ad vos [2]. » Je ne m'étonne plus que Dieu ait fait un si grand nombre d'insectes.

THÉODORE. — Si Dieu se plaît, Théotime, dans son ouvrage, c'est qu'il y voit partout son Fils bien-aimé; car nous-mêmes nous ne sommes agréables à Dieu qu'autant que nous sommes des expressions de Jésus-Christ. La matière, par les modalités dont elle est capable, ne peut pas exprimer exactement les dispositions intérieures de l'âme sainte de Jésus, sa charité, son humilité, sa patience. Mais elle peut fort bien imiter les divers états où son corps adorable s'est trouvé. Et je pense que l'arrangement de la matière, qui figure Jésus-Christ et son Église, honore davantage l'amour

1. *Joan.*, VII, 39.
2. *Joan.*, XVI, 7.

du Père pour le Fils, que tout autre arrangement n'honore sa sagesse et ses autres attributs.

ARISTE. — Peut-être même que c'est dans les dispositions de la matière propres à figurer Jésus-Christ qu'il y a le plus d'art et d'intelligence; car qu'un animal vivant se fasse un tombeau et s'y renferme pour en ressusciter glorieux, peut-on concevoir une mécanique plus admirable que celle par laquelle ces mouvements-là s'exécutent?

THÉOTIME. — J'entre tout à fait dans vos sentiments. Et je crois, de plus, Théodore, que Dieu a figuré, même par les dispositions des corps, celles de l'âme sainte de Jésus, et principalement l'excès de son amour pour son Église; car saint Paul [1] nous apprend que cette passion violente de l'amour, qui fait qu'on quitte avec joie son père et sa mère pour sa femme, est une figure de l'excès de l'amour de Jésus-Christ pour son épouse. Or, quoique les animaux, à parler en rigueur, soient incapables d'amour, ils expriment par leurs mouvements cette grande passion et conservent leur espèce à peu près comme les hommes. Ils figurent donc naturellement cet amour violent de Jésus-Christ, qui l'a porté à répandre son sang pour son Église. En effet, pour exprimer fortement et vivement la folie de la Croix, l'anéantissement du Fils de Dieu, l'excès de sa charité pour les hommes, il fallait, pour ainsi dire, une passion aveugle et folle, une passion qui ne garde nulle mesure.

ARISTE. — Admirons donc la sagesse incompréhensible du Créateur dans les rapports merveilleux qu'il a mis entre ses ouvrages, et ne regardons point comme des créatures inutiles celles qui peut-être ne nous font ni bien ni mal; elles rendent l'ouvrage de Dieu plus parfait; elles expriment les perfections divines; elles figurent Jésus-Christ. Voilà ce qui fait leur excellence et leur beauté.

THÉODORE. — Admirons, Ariste. Mais puisque Dieu n'aime ses créatures qu'à proportion du rapport qu'elles ont avec ses perfections, qu'autant qu'elles sont des expressions de son Fils, soyons parfaits comme notre Père céleste est parfait, et formons-nous sur le modèle qu'il nous a donné en son Fils. Ce n'est pas assez à des Chrétiens de figurer

1. *Eph.*, V.

Jésus-Christ comme les animaux et les êtres matériels, ni
même comme Salomon par les dehors d'une gloire éclatante.
Il faut imiter ses vertus, celles qu'il a pratiquées dans sa
vie humiliante et pénible, celles qui nous conviennent tant
que nous rampons sur la terre, sachant bien qu'une nouvelle
vie nous est réservée dans le Ciel, d'où nous attendons
notre transformation glorieuse : « Nostra conversatio in
cœlis est, dit saint Paul[1], unde etiam Salvatorem expec-
tamus Dominum nostrum Jesum Christum, *qui reformabit
corpus humilitatis* nostræ *configuratum corpori claritatis
suæ.* »

1. *Philip.*, III, 20, 21.

DOUZIÈME ENTRETIEN

De la Providence divine dans les lois de l'union de l'âme et du corps, et que Dieu nous unit par elles à tous ses ouvrages. Des lois de l'union de l'esprit avec la Raison. C'est par ces deux sortes de lois que se forment les sociétés. Comment Dieu, par les Anges, distribue aux hommes les biens temporels, et, par Jésus-Christ, la Grâce intérieure et toutes sortes de biens. De la généralité de la Providence.

ARISTE. — Ah! Théodore, que Dieu est admirable dans ses œuvres! que de profondeur dans ses desseins! que de rapports, que de combinaisons de rapports il a fallu comparer, pour donner à la matière cette première impression qui a formé l'univers avec toutes ses parties, non pour un moment, mais pour tous les siècles! Que de sagesse dans la subordination des causes, dans l'enchaînement des effets, dans l'union de tous les corps dont le monde est composé, dans les combinaisons infinies, non seulement du physique avec le physique, mais du physique avec le moral, et de l'un et de l'autre avec le surnaturel!

THÉODORE. — Si le seul arrangement de la matière, si les effets nécessaires de certaines lois du mouvement très simples et très générales, nous paraissent quelque chose de si merveilleux, que devons-nous penser des diverses sociétés qui s'établissent et se conservent en conséquence des lois de l'union de l'âme et du corps? Que jugerons-nous du peuple juif et de sa religion, et enfin de l'Église de Jésus-Christ? Que penserions-nous, mon cher Ariste, de la céleste Jérusalem, si nous avions une idée claire de la nature des matériaux dont sera construite cette sainte Cité, et que nous pussions juger de l'ordre et du concert de toutes les parties qui la composeront? Car enfin, si avec la plus vile des créatures, avec la matière, Dieu a fait un monde si magnifique, quel ouvrage sera-ce que le Temple du vrai Salomon, qui ne sera construit qu'avec des intelligences?

C'est le choc des corps qui détermine l'efficace des lois naturelles; et cette cause occasionnelle, tout aveugle et simple qu'elle est, elle produit, par la sagesse de la Providence du Créateur, une infinité d'ouvrages admirables. Quelle sera donc, Ariste, la beauté de la maison de Dieu, puisque c'est une nature intelligente, éclairée de la sagesse éternelle, et subsistant dans cette même sagesse; puisque c'est Jésus-Christ, comme je vous dirai bientôt, qui détermine l'efficace des lois surnaturelles par lesquelles Dieu exécute ce grand ouvrage! Que ce temple du vrai Salomon sera magnifique! Ne serait-il point d'autant plus parfait que cet univers, que les esprits sont plus nobles que les corps, et que la cause occasionnelle de l'ordre de la grâce est plus excellente que celle qui détermine l'efficace des lois naturelles? Assurément, Dieu est toujours semblable à lui-même. Sa sagesse n'est point épuisée par les merveilles qu'il a faites. Il tirera, sans doute, de la nature spirituelle, des beautés qui surpasseront infiniment tout ce qu'il a fait de la matière. Qu'en pensez-vous, mon cher Ariste?

ARISTE. — Je pense, Théodore, que vous vous plaisez à me précipiter d'abîmes en abîmes.

THÉODORE. — Oui, d'abîmes profonds, en d'autres encore plus profonds. Est-ce que vous ne voulez considérer que les beautés de ce monde visible, que la Providence générale du Créateur dans la division de la matière, dans la formation et l'arrangement des corps? Cette terre que nous habitons n'est faite que pour les sociétés qui s'y forment. Si les hommes sont capables de faire des sociétés ensemble, c'est pour servir Dieu dans une même religion. Tout se rapporte naturellement à l'Église de Jésus-Christ, au temple spirituel que Dieu doit habiter éternellement. Ainsi, il ne faut pas nous arrêter dans ce premier abîme de la Providence de Dieu, sur la division de la matière et l'arrangement des corps; il en faut sortir pour entrer dans un second, et de là dans un troisième, jusqu'à ce que [1] nous soyons arrivés où tout se termine et où Dieu rapporte toutes choses. Car il ne suffit pas de croire et de dire que la Providence de Dieu est incompréhensible; il faut le savoir, il faut le com-

1. 1re édition : « jusques à ce que ».

prendre. Et, pour bien s'assurer qu'elle est incompréhensible en toutes manières, il faut tâcher de la prendre en tout sens et de la suivre partout.

ARISTE. — Mais nous ne finirons jamais la matière de la Providence, si nous la suivons jusque dans le ciel.

THÉODORE. — Oui, si nous la suivions jusque-là; mais nous la perdrons bientôt de vue. Nous serons bien obligés, Ariste, de passer fort légèrement sur ce qui devrait nous arrêter le plus, soit pour la magnificence de l'ouvrage, soit pour la sagesse de la conduite; car la Providence de Dieu sur son Église est un abîme où l'esprit éclairé même par la foi ne découvre presque rien. Mais entrons en matière.

I. Vous savez, Ariste, que l'homme est un composé de deux substances, esprit et corps, dont les modalités sont réciproques, en conséquence des lois générales qui sont causes de l'union de ces deux natures; et vous n'ignorez pas que ces lois ne sont que les volontés constantes et toujours efficaces du Créateur. Jetons un peu la vue sur la sagesse de ces lois.

Dans l'instant qu'on allume un flambeau, ou que le soleil se lève, il répand la lumière de tous côtés, ou plutôt, il presse de tous côtés la matière qui l'environne. Les surfaces des corps étant diversement disposées, elles réfléchissent diversement la lumière, ou plutôt, elles modifient diversement la pression que cause le soleil. (Imaginez cela comme il vous plaira, il n'importe maintenant. Il est vraisemblable que[1] ces modifications de pression ne consistent que dans des vibrations ou des secousses que reçoit la matière subtile par celle qui la frise en glissant incessamment sur la surface des corps entre elle et ces mêmes corps.) Toutes ces vibrations ou modifications de pression, alternativement plus ou moins promptes[2], s'étendent ou se communiquent en rond de tous côtés et en un instant, à cause que tout est plein. Ainsi, dès qu'on a les yeux ouverts, tous les rayons de lumière réfléchis de la surface des corps, et qui entrent par la prunelle, se rompent dans les humeurs de l'œil pour se réunir sur le nerf optique. (C'est une chose admirable que la

---

1. Au lieu de « Il est vraisemblable que », la première édition donne : « Je crois, pour moi, que ».

2. 1re édition : « alternativement plus ou moins fortes ».

mécanique de l'œil considérée par rapport à l'action de la lumière ; mais ce n'est pas à cela que nous devons nous arrêter. Si vous voulez étudier cette matière vous pouvez [1] consulter la *Dioptrique* de M. Descartes.) Le nerf optique se trouve donc ébranlé en plusieurs différentes manières, par les diverses vibrations de pression de la matière qui passe librement jusques à lui ; et l'ébranlement de ce nerf se communique jusques à cette partie du cerveau à laquelle l'âme est étroitement unie. D'où il arrive, en conséquence des lois de l'union de l'âme et du corps :

II. 1. Que nous sommes avertis de la présence des objets. Car, encore que les corps soient invisibles par eux-mêmes, le sentiment de couleur que nous avons en nous, et même malgré nous à leur occasion, nous persuade que nous les voyons eux-mêmes, à cause que l'opération de Dieu en nous n'a rien de sensible. Et comme les couleurs nous touchent légèrement, au lieu de les regarder comme des sentiments qui nous appartiennent, nous les attribuons aux objets. Ainsi nous jugeons que les objets existent et qu'ils sont blancs et noirs, rouges et bleus, tels en un mot que nous les voyons.

2. Quoique les différences de la lumière réfléchie des objets ne consistent que dans des vibrations de pression plus ou moins promptes, cependant les sentiments de couleur qui répondent à ces vibrations ou modifications de la lumière ont des différences essentielles, afin que, par ce moyen, nous discernions plus facilement les objets les uns des autres.

3. Ainsi, par les différences sensibles des couleurs, qui terminent exactement les parties intelligibles que nous trouvons dans l'idée de l'espace ou de l'étendue, nous découvrons d'un coup d'œil une infinité d'objets différents, leur grandeur, leur figure, leur situation, leur mouvement ou leur repos, tout cela fort exactement, par rapport à la conservation de la vie, mais d'ailleurs fort confusément et fort imparfaitement ; car il faut toujours se souvenir que les sens ne nous sont pas donnés pour nous découvrir la vérité, ou les rapports exacts que les objets ont entre eux, mais pour conserver notre corps et tout ce qui peut lui être utile.

1. 1re édition : « Ceux qui veulent étudier cette matière peuvent... »

Comme tout ce que nous voyons, par exemple, n'est pas toujours ou bon ou mauvais pour la santé, et que souvent deux objets différents peuvent réfléchir la lumière de la même façon (car combien y a-t-il de corps également blancs ou noirs!) les sentiments de couleur ne nous touchent ou ne nous ébranlent guère. Ils nous servent plutôt à distinguer les objets, qu'à nous y unir ou à nous en séparer. C'est à ces objets qu'on les rapporte, ces sentiments, et non aux yeux qui reçoivent l'impression de la lumière. Car on rapporte toujours par une espèce de jugement naturel et qui n'est point libre[1], les sentiments à ce qu'il est plus à propos pour le bien du corps de les rapporter. On rapporte la douleur de la piqûre, non à l'épine, mais au doigt piqué. On rapporte la chaleur, l'odeur, la saveur, et aux organes, et aux objets. Pour la couleur, on ne la rapporte qu'aux objets. Il est clair que tout cela doit être ainsi pour le bien du corps, et il n'est pas nécessaire que je vous l'explique.

III. Voilà, Ariste, ce qui paraît de plus simple et de plus général dans les sensations des couleurs. Voyons un peu comment tout cela s'exécute; car il me semble qu'il faut une sagesse infinie pour régler ce détail des couleurs, de telle manière que les objets proches ou éloignés soient vus à peu près selon leur grandeur. Quand je dis éloignés, je ne prétends pas qu'ils le soient excessivement; car lorsque des corps sont si petits ou si éloignés qu'ils ne peuvent plus nous faire ni bien ni mal, ils nous échappent.

ARISTE. — Assurément, Théodore, il faut une sagesse infinie pour faire à chaque clin d'œil cette distribution de couleurs sur l'idée que j'ai de l'espace, de manière qu'il s'en forme, pour ainsi dire, dans mon âme un monde nouveau, et un monde qui se rapporte assez juste à celui dans lequel nous sommes. Mais je doute que Dieu soit si exact dans les sentiments qu'il nous donne; car je sais bien que le soleil ne diminue pas à proportion qu'il s'éloigne de l'horizon, et cependant il me paraît plus petit.

THÉODORE. — Mais, du moins, vous êtes bien certain que Dieu est toujours exact à vous faire voir le soleil d'autant

---

1. Les mots : « par une espèce... moins libre », manquent dans la première édition.

pius petit, qu'il s'éloigne davantage de l'horizon. Cette exactitude, Ariste, signifie quelque chose.

ARISTE. — Je le crois; mais d'où vient cela?

THÉODORE. — C'est que Dieu, en conséquence de ces lois, nous donne tout d'un coup les sentiments de couleur que nous nous donnerions à nous-mêmes, si nous savions divinement l'optique et que nous connussions exactement tous les rapports qu'ont entre elles les figures des corps qui se projettent au fond de nos yeux; car Dieu ne se détermine à agir dans notre âme de telle ou telle manière, que par les changements qui arrivent dans notre corps; il agit en elle comme s'il ne savait rien de ce qui se fait au dehors que par la connaissance qu'il a de ce qui se passe dans nos organes. Voilà le principe; suivons-le.

Plus un corps est éloigné, plus l'image qui s'en trace au fond de l'œil est petite. Or, quand le soleil se lève ou se couche, il paraît plus éloigné de nous qu'à midi, non seulement parce qu'on remarque bien des terres entre nous et l'horizon où il est alors, mais encore parce que le ciel paraît comme un sphéroïde aplati [1]. Donc l'image du soleil qui se lève devrait être plus petite au fond de nos yeux que celle du soleil levé. Or elle est égale ou presque égale; donc il faut que le soleil paraisse plus grand lorsqu'il est proche de l'horizon que lorsqu'il est fort élevé.

THÉOTIME. — J'ai fait une expérience qui démontre ce que vous dites, que la raison pour laquelle le soleil paraît changer de grandeur vient de ce qu'il paraît changer notablement de distance; j'ai pris un morceau de verre, que j'ai couvert de fumée [2], de telle manière que, regardant au travers, je ne voyais plus que le soleil; et j'ai remarqué que cette grandeur apparente disparaissait toutes les fois que je le regardais au travers de ce verre, parce que la fumée faisant éclipser tous les autres objets qui sont entre nous et l'horizon, je ne voyais plus sensiblement de distance au delà de laquelle je pusse placer le soleil.

ARISTE. — Ne serait-ce point que ce verre, obscurci par la fumée, ne laisse entrer dans l'œil que peu de rayons?

1. Voy. ma *Réponse à M. Régis.* [Cette note manque dans la première édition.]

2. Cela se fait en passant le verre sur la flamme d'une chandelle.

THÉOTIME. — Non, Ariste; car j'ai toujours vu le soleil d'une égale grandeur, lorsqu'il est fort élevé sur l'horizon, soit que je l'aie regardé avec ce verre, ou sans ce verre.

ARISTE. — Cela est démonstratif.

IV. THÉODORE. — Prenez donc garde, Ariste, que, quoique vous soyez persuadé que le soleil n'est pas plus petit à midi que le soir, vous le voyez néanmoins beaucoup plus petit, et jugez par là que le sentiment de cercle lumineux qui vous représente cet astre n'est déterminé justement à telle grandeur que par rapport aux couleurs de tous les objets que nous voyons entre nous et lui, puisque c'est la vue sensible de ces objets qui le fait croire éloigné. Jugez encore de là que toutes les grandeurs apparentes non seulement du soleil, mais généralement de tout ce que nous voyons, doivent toutes être réglées par des raisonnements semblables à celui que je viens de vous faire pour vous rendre raison des diverses apparences de grandeur du soleil; et comprenez, si vous le pouvez, la sagesse du Créateur, qui, sans hésiter, dès que vos yeux sont ouverts, vous donne, d'une infinité d'objets, une infinité de divers sentiments de couleur, qui vous marquent leur différence et leur grandeur, non proportionnées à la différence et à la grandeur des images qui s'en tracent au fond de l'œil, mais, ce qui est à remarquer, déterminées par des raisonnements d'optique les plus exacts qu'il est possible.

ARISTE. — Je n'admire pas tant en cela la sagesse, l'exactitude, l'uniformité du Créateur, que la stupidité de ces philosophes qui s'imaginent que c'est l'âme elle-même qui se forme des idées de tous les objets qui nous environnent. J'avoue, néanmoins, qu'il faut une sagesse infinie pour faire dans notre âme, dès que nos yeux sont ouverts, cette distribution de couleurs qui nous révèle en partie comment le monde est fait. Mais je voudrais bien que nos sens ne nous trompassent jamais, du moins dans des choses de conséquence, ni d'une manière trop grossière. L'autre jour, que je descendais fort promptement la rivière, il me semblait que les arbres du rivage se remuaient, et j'ai un de mes amis qui souvent voit tout tourner devant lui, de manière qu'il ne peut se tenir debout. Voilà des illusions fort grossières et fort incommodes.

V. Théodore. — Dieu ne pouvait, Ariste, rien faire de mieux, voulant agir en nous en conséquence de quelques lois générales; car reprenez le principe que je viens de vous dire. Les causes occasionnelles de ce qui doit arriver à l'âme ne peuvent se trouver que dans ce qui arrive au corps, puisque c'est l'âme et le corps que Dieu a voulu unir ensemble. Ainsi Dieu ne doit être déterminé à agir dans notre âme de telle ou telle manière que par les divers changements qui arrivent dans notre corps. Il ne doit pas agir en elle comme sachant ce qui se passe au dehors, mais comme ne sachant rien de ce qui nous environne, que par la connaissance qu'il a de ce qui se passe dans nos organes. Encore un coup, Ariste, c'est le principe. Imaginez-vous que votre âme sait exactement tout ce qui arrive de nouveau dans son corps, et qu'elle se donne à elle-même tous les sentiments le plus à propos qui se puisse par rapport à la conservation de la vie : ce sera justement ce que Dieu fait en elle.

Vous vous promenez donc, et votre âme a sentiment intérieur des mouvements qui se passent actuellement dans votre corps. Donc, quoique les traces des objets changent de place dans vos yeux, votre âme doit voir ces objets comme immobiles. Mais vous êtes dans un bateau; vous n'avez aucun sentiment que vous êtes transporté, puisque le mouvement du bateau ne change rien dans votre corps qui puisse vous en avertir. Vous devez donc voir tout le rivage en mouvement, puisque les images des objets changent dans vos yeux continuellement de place.

De même, vous penchez la tête, vous tournez les yeux, vous regardez, si vous voulez, un clocher par-dessous vos jambes; vous ne devez point le voir renversé la pointe en bas; car, encore que l'image de ce clocher fût renversée dans vos yeux, ou plutôt dans votre cerveau, — car les objets se peignent toujours à l'envers dans le fond de l'œil, — votre âme sachant la disposition de votre corps par le changement que cette disposition fait dans votre cerveau, elle devrait juger que le clocher serait droit. Or, encore un coup, Dieu, en conséquence des lois de l'union de l'âme et du corps, nous donne tous les sentiments des objets, de la même manière que notre âme se les donnerait, si elle raisonnait fort exactement sur la connaissance qu'elle aurait de tout ce qui se passe dans le corps ou dans la principale partie du cerveau. Mais remarquez que la connaissance que nous avons de la nature de la grandeur, ou de la situation des objets, ne nous sert de rien pour rectifier nos sentiments, si cette connaissance n'est sensible et produite actuellement par quelque changement qui arrive actuellement dans le cerveau; car, quoique je sache que le soleil n'est pas plus grand le soir et le matin qu'à midi, je ne laisse pas de le voir plus grand; quoique je sache que le rivage est immobile, il me paraît néanmoins se remuer; quoique je sache que telle médecine m'est fort bonne, je trouve néanmoins qu'elle est méchante; et ainsi des autres sentiments, parce que Dieu ne règle les sentiments qu'il nous donne que sur l'action de la cause occasionnelle qu'il a établie pour cela, c'est-à-dire sur les changements de la principale partie de notre corps, à laquelle notre âme est immédiatement unie. Or il arrive quelquefois que le cours des esprits est, ou si impétueux, ou si irrégulier, qu'il empêche que le changement actuel de la disposition des nerfs et des muscles se communique jusques à cette principale partie du cerveau; et alors tout tourne, on voit deux objets pour un, on ne peut plus garder l'équilibre pour demeurer debout, et c'est peut-être ce qui arrive à votre ami. Mais que voulez-vous? les lois de l'union de l'âme et du corps sont infiniment sages et toujours exactement suivies; mais la cause occasionnelle qui détermine l'efficace de ces lois manque souvent au besoin, à cause que les lois des communications des mouvements ne sont pas soumises à nos volontés.

ARISTE. — Qu'il y a d'ordre et de sagesse dans les lois de l'union de l'âme et du corps! Dès que nos yeux sont ouverts, nous voyons [1] une infinité d'objets différents et leurs différents rapports, sans aucune application de notre part. Assurément rien n'est plus merveilleux, quoique personne n'y fasse réflexion.

VI. THÉODORE. — Dieu ne nous découvre pas seulement ses ouvrages par ce moyen, mais il nous y unit en mille et mille manières. Si je vois, par exemple, un enfant prêt à tomber, cette vue seule, le seul ébranlement du nerf optique

1. 1re édition : « Dès que les yeux sont ouverts, on voit... »

débandera dans mon cerveau certains ressorts qui me feront
avancer pour le secourir et crier afin que d'autres le secou-
rent ; et mon âme, en même temps, sera touchée et émue,
comme elle le doit être pour le bien du genre humain. Si
je regarde un homme au visage, je comprends qu'il est triste
ou joyeux, qu'il m'estime ou qu'il me méprise, qu'il me veut
du bien ou du mal ; tout cela par certains mouvements des
yeux et des lèvres qui n'ont nul rapport avec ce qu'ils
signifient ; car, quand un chien me montre les dents, je juge
qu'il est en colère ; mais, quoiqu'un homme me les montre,
je ne crois pas qu'il me veuille mordre. Le ris de l'homme
m'inspire de la confiance, et celui du chien me fait peur.
Les peintres qui veulent exprimer les passions se trouvent
bien embarrassés ; ils prennent souvent un air ou une gri-
mace pour une autre. Mais, lorsqu'un homme est animé de
quelque passion, tous ceux qui le regardent le remarquent
bien, quoiqu'ils ne remarquent peut-être point si ses lèvres
se haussent ou se baissent, si son nez s'allonge ou se retire,
si ses yeux s'ouvrent ou se ferment. C'est que Dieu nous unit
ensemble par les lois de l'union de l'âme et du corps ; et non
seulement les hommes avec les hommes, mais chaque créature avec toutes celles qui lui sont utiles, chacune à leur
manière ; car si je vois, par exemple, mon chien qui me
flatte, c'est-à-dire qui remue la queue, qui fléchit les reins,
qui baisse la tête, cette vue me lie à lui, et produit non
seulement dans mon âme une espèce d'amitié, mais encore
certains mouvements dans mon corps qui l'attachent aussi
à moi par contre-coup. Voilà ce qui fait la passion d'un
homme pour son chien, et la fidélité du chien pour son
maître : c'est un peu de lumière qui débande certains ressorts dans deux machines composées par la sagesse
du Créateur, de telle manière qu'elles puissent se conserver mutuellement. Cela est commun à l'une et à
l'autre ; mais l'homme, outre la machine de son corps,
a une âme et par conséquent des sentiments et des
mouvements qui répondent aux changements qui arrivent dans son corps ; et le chien n'est que [1] pure
machine, dont les mouvements réglés à leur fin doivent

1. 1re édition : « qu'une ».

faire admirer l'intelligence infinie de celui qui l'a construite.

ARISTE. — Je comprends, Théodore, que les lois de l'union de l'âme et du corps ne servent pas seulement à unir notre esprit à une certaine portion de matière, mais encore à tout le reste de l'Univers; à certaines parties, néanmoins, beaucoup plus qu'à d'autres, selon qu'elles nous sont plus nécessaires. Mon âme se répand, pour ainsi dire, dans mon corps par le plaisir et la douleur. Elle en sort par les autres sentiments moins vifs. Mais par la lumière et les couleurs, elle se répand partout jusque dans les cieux. Elle prend même intérêt dans ce qui s'y passe. Elle en examine les mouvements. Elle s'afflige ou se réjouit des phénomènes qu'elle y remarque, et les rapporte tous à soi, comme ayant droit à toutes les créatures. Que cet enchaînement est merveilleux!

VII. THÉODORE. — Considérez plutôt les suites de ces lois dans l'établissement des sociétés, dans l'éducation des enfants, dans l'augmentation des sciences, dans la formation de l'Église. Comment est-ce que vous me connaissez? Vous ne voyez que mon visage, qu'un certain arrangement de matière qui n'est visible que par la couleur. Je remue l'air par mes paroles. Cet air vous frappe l'oreille et vous savez ce que je pense. On ne dresse pas seulement les enfants, comme les chevaux et les chiens, on leur inspire même des sentiments d'honneur et de probité. Vous avez dans vos livres les opinions des philosophes et l'histoire de tous les siècles; mais sans les lois de l'union de l'âme et du corps, toute votre bibliothèque ne serait, au plus, que du papier blanc et noir. Suivez ces lois dans la Religion. Comment êtes-vous Chrétien? C'est que vous n'êtes pas sourd. C'est par les oreilles, que la foi s'est répandue dans nos cœurs. C'est par les miracles que l'on a vus, que nous sommes certains de ce que nous ne voyons point. C'est par la puissance que nous donnent ces lois, que le Ministre de Jésus-Christ peut remuer la langue pour annoncer l'Évangile et pour nous absoudre de nos péchés. Il est évident que ces lois servent à tout dans la Religion, dans la morale, dans les sciences, dans les sociétés, pour le bien public et pour le bien particulier. De sorte que c'est un des plus grands moyens dont Dieu se serve dans le cours ordinaire de sa Providence pour la conservation de l'Univers et l'exécution de ses desseins.

VIII. Or, je vous prie, combien a-t-il fallu découvrir de rapports et de combinaisons de rapports pour établir ces admirables lois, et pour les appliquer de telle manière à leurs effets, que toutes les suites de ces lois fussent les meilleures, les plus dignes de Dieu qui soient possibles? Ne considérez pas seulement ces lois par rapport à la conservation du genre humain : cela nous passe déjà infiniment. Mais courage; comparez-les avec toutes les choses auxquelles elles ont rapport, quelque méprisables qu'elles vous paraissent. Pourquoi, par exemple, le blé et l'orge n'ont-ils point, comme les chardons et les lacerons, de petites ailes, afin que le vent les transporte et les répande dans les champs? N'est-ce point que Dieu a prévu que les hommes, qui échardonnent leurs terres, auraient assez de soin d'y semer du blé? D'où vient que le chien a l'odorat si fin pour les odeurs que les animaux transpirent, et qu'il ne sent point les fleurs? N'est-ce point que Dieu a prévu que l'homme et cet animal iraient ensemble à la chasse? Si Dieu, en créant les plantes et les animaux, a eu égard à l'usage que les hommes feraient de la puissance qu'ils ont en conséquence des lois de l'union de l'âme et du corps, assurément il n'aura rien négligé pour faire que ces lois aient des suites avantageuses dans la société et dans la Religion. Jugez donc de la sagesse incompréhensible de la Providence de Dieu dans l'établissement de ces lois, comme vous en avez jugé dans la première impression de mouvement qu'il a communiquée à la matière lorsqu'il en a formé l'Univers.

ARISTE. — L'esprit se perd dans ces sortes de réflexions.

THÉOTIME. — Il est vrai; mais il ne laisse pas de comprendre que la sagesse de Dieu dans sa Providence générale est incompréhensible en toutes manières.

IX. THÉODORE. — Continuons donc. L'esprit de l'homme est uni à son corps de telle manière, que par son corps il tient à tout ce qui l'environne, non seulement aux objets sensibles, mais à des substances invisibles, puisque les hommes sont attachés et liés ensemble par l'esprit aussi bien que par le corps, tout cela en conséquence des lois générales dont Dieu se sert pour gouverner le monde; et c'est le merveilleux de la Providence. L'esprit de l'homme est aussi uni à Dieu, à la Sagesse éternelle, à la Raison universelle qui éclaire toutes les intelligences. Et il y est encore uni par des lois générales dont notre attention est la cause occasionnelle qui en détermine l'efficace. Les ébranlements qui s'excitent dans mon cerveau sont la cause occasionnelle ou naturelle de mes sentiments. Mais la cause occasionnelle de la présence des idées à mon esprit, c'est mon attention. Je pense à ce que je veux. Il dépend de moi d'examiner le sujet dont nous parlons, ou tout autre; mais il ne dépend pas de moi de sentir du plaisir, d'entendre la musique, de voir seulement telle et [1] telle couleur. C'est que nous ne sommes pas faits pour connaître les rapports qu'ont entre eux et avec notre corps les objets sensibles; car il ne serait pas juste que l'âme, pour conserver la vie, fût obligée de s'appliquer à tout ce qui peut nous la faire perdre. Il fallait qu'elle le discernât par la preuve courte et sûre de l'instinct ou du sentiment, afin qu'elle pût s'occuper tout entière à rendre à Dieu ses devoirs, et à rechercher les vrais biens, les biens de l'esprit. Il est vrai que maintenant nos sentiments jettent le trouble et la confusion dans nos idées, et qu'ainsi nous ne pensons pas toujours à ce que nous voulons. Mais c'est une suite du péché, et si Dieu l'a permis, ce péché, c'est qu'il savait bien que cela donnerait occasion au sacrifice de Jésus-Christ, dont il tire plus de gloire que de la persévérance du premier homme, outre qu'Adam ayant tous les secours nécessaires pour persévérer, Dieu ne devait pas lui donner de ces grâces prévenantes qui ne conviennent bien qu'à une nature faible et languissante. Mais ce n'est pas le temps d'examiner les raisons de la permission du péché.

X. C'est donc notre attention qui est la cause occasionnelle et naturelle de la présence des idées à notre esprit, en conséquence des lois générales de son union avec la Raison universelle. Et Dieu l'a dû établir ainsi, dans le dessein qu'il avait de nous faire parfaitement libres, et capables de mériter le Ciel; car il est clair que si le premier homme n'eût point été comme le maître de ses idées par son attention, sa distraction n'aurait point été volontaire, distraction qui a été la première cause de sa désobéissance.

1. 1re édition : « ou ».

Comme nous ne pouvons aimer que par l'amour du bien,
nous nous déterminons toujours à ce qui nous paraît de
meilleur, dans l'instant que nous nous déterminons. De sorte
que, si nous n'étions nullement les maîtres de notre attention,
ou si notre attention n'était point la cause naturelle de nos
idées, nous ne serions point libres, ni en état de mériter; car
nous ne pourrions pas même suspendre notre consentement,
puisque nous n'aurions pas le pouvoir de considérer les raisons qui peuvent nous porter à le suspendre. Or Dieu a
voulu que nous fussions libres, non seulement parce que cette
qualité nous est nécessaire pour mériter le Ciel, pour lequel
nous sommes faits, mais encore parce qu'il voulait faire
éclater la sagesse de sa Providence, et sa qualité de scrutateur des cœurs, en se servant aussi heureusement des causes
libres, que des causes nécessaires pour l'exécution de ses
desseins.

Car vous devez savoir que Dieu forme toutes les sociétés,
qu'il gouverne toutes les nations, le peuple juif, l'Église présente, l'Église future, par les lois générales de l'union des
esprits avec la Sagesse éternelle. C'est par le secours de cette
sagesse, que les souverains règnent heureusement et qu'ils
établissent des lois excellentes : « Per me reges regnant, et
legum conditores justa decernunt [1]. » C'est même en la
consultant que les méchants réussissent dans leurs pernicieux desseins; car on peut faire servir à l'injustice les
lumières de la Raison, en conséquence des lois générales. Si
un bon évêque veille sur son troupeau, s'il le sanctifie, si
Dieu se sert de lui pour mettre tels et tels au nombre des
prédestinés, c'est, en partie, que ce ministre de Jésus-Christ
consulte la Raison par son attention à l'ordre de ses devoirs.
Et si, au contraire, un misérable corrompt l'esprit et le cœur
de ceux qui sont soumis à sa conduite; si Dieu permet qu'il
soit la cause de leur perte, c'est en partie que ce ministre
du Démon abuse des lumières qu'il reçoit de Dieu en conséquence des lois naturelles. Les anges, tous les esprits bienheureux, et même l'humanité sainte de Jésus-Christ, mais
d'une manière bien différente, sont tous unis à la Sagesse éternelle. Leur attention est la cause occasionnelle ou naturelle

1. *Prov.*, VIII, 15.

de leurs connaissances. Or Jésus-Christ gouverne les âmes, et les anges ont pouvoir sur les corps. Dieu se sert de Jésus-Christ pour sanctifier son Église, comme il s'est servi des anges pour conduire le peuple juif. Donc, puisque tous les esprits bienheureux, à plus forte raison que nous, consultent toujours la Sagesse éternelle pour ne rien faire qui ne soit conforme à l'Ordre, il est clair que Dieu se sert des lois générales de l'union des esprits avec la Raison, pour exécuter tous les desseins qu'il a commis à des natures intelligentes. Il se sert même de la malice des Démons, et de l'usage qu'il prévoit certainement qu'ils feront des lumières naturelles qui leur restent. Non que Dieu à tous moments agisse par des volontés particulières, mais parce qu'il n'a établi telles lois dans telles circonstances, que par la connaissance des effets merveilleux qui en devaient suivre; car sa prescience n'a point de bornes, et sa prescience est la règle de sa Providence.

XI. ARISTE. — Il me semble, Théodore, que vous ne considérez la sagesse de la Providence que dans l'établissement des lois générales, et dans l'enchaînement des causes avec leurs effets, laissant agir toutes les créatures selon leur propre nature, les libres librement, et les nécessaires selon la puissance qu'elles ont en conséquence des lois générales. Vous voulez que j'admire et que j'adore la profondeur impénétrable de la prescience de Dieu dans les combinaisons infiniment infinies qu'il a fallu faire pour choisir, entre une infinité de voies pour produire l'univers, celle qu'il devait suivre pour agir le plus divinement qui se puisse. Assurément, Théodore, c'est là le plus bel endroit de la Providence, mais ce n'est pas le plus agréable. Cette prescience infinie est le fondement de cette généralité et de cette uniformité de conduite qui porte le caractère de la sagesse et de l'immutabilité de Dieu; mais cela ne porte point, ce me semble, le caractère de sa bonté pour les hommes, ni de la sévérité de sa justice contre les méchants. Il n'est pas possible que, par une Providence générale, Dieu nous venge de ceux qui nous font quelque injustice, ni qu'il pourvoie à tous nos besoins. Et le moyen d'être content, quand quelque chose nous manque? Ainsi, Théodore, j'admire votre Providence, mais je n'en suis pas bien satisfait. Elle est

exceiienie pour Dieu, mais pas trop bonne pour nous; car
je veux que Dieu pourvoie à toutes ses créatures.

THÉODORE. — Il y pourvoit, Ariste, fort abondamment.
Voulez-vous que je vous étale les bienfaits du Créateur?

ARISTE. — Je sais que Dieu nous fait tous les jours mille
biens. Il semble que tout l'univers ne soit que pour nous.

THÉODORE. — Que voulez-vous davantage?

ARISTE. — Que rien ne nous manque. Dieu a fait pour
nous toutes les créatures; mais tel et tel n'a pas de pain.
Une Providence qui fournirait également à toutes les natures
égales, ou qui distribuerait le bien et le mal exactement
selon les mérites, voilà une véritable Providence. A quoi
bon ce nombre infini d'étoiles? Que nous importe que les
mouvements des cieux soient si bien réglés? Que Dieu laisse
tout cela, et qu'il pense un peu plus à nous. La terre est
désolée par l'injustice et la malignité de ses habitants. Que
Dieu ne se fait-il craindre? Il semble qu'il ne se mêle point
du détail de nos affaires. La simplicité et la généralité de
ses voies me fait venir cette pensée dans l'esprit.

THÉODORE. — Je vous entends, Ariste; vous faites le
personnage de ceux qui ne veulent point de Providence, et
qui s'imaginent qu'ici-bas c'est le hasard qui fait et qui
règle tout. Et je comprends que, par là, vous voulez combattre
la généralité et l'uniformité de la conduite de Dieu dans le
gouvernement du monde, parce que cette conduite ne s'accommode pas à nos besoins ou à nos inclinations. Mais prenez
garde, je vous prie, que je raisonne sur des faits constants
et sur l'idée de l'Être infiniment parfait; car enfin, le soleil
se lève indifféremment sur les bons et sur les méchants. Il
brûle souvent les terres des gens de bien, lorsqu'il rend
fécondes celles des impies. Les hommes, en un mot, ne sont
point misérables à proportion qu'ils sont criminels. Voilà
ce qu'il faut accorder avec une Providence digne de l'Être
infiniment parfait.

La grêle, Ariste, ravage les moissons d'un homme de bien.
Ou cet effet fâcheux est une suite naturelle des lois générales,
ou Dieu le produit par une providence particulière. Si Dieu
produit cet effet par une providence particulière, bien loin
de pourvoir à tout, il veut positivement, et il fait même, que
le plus honnête homme du pays manque de pain. Il vaut

donc mieux soutenir que ce funeste effet est une suite naturelle des lois générales. Et c'est aussi ce que l'on entend
communément, lorsqu'on dit que Dieu a permis tel ou tel
malheur. Mais de plus, vous demeurez d'accord que de gouverner le monde par des lois générales, c'est une conduite
belle et grande, digne des attributs divins. Vous prétendez
seulement qu'elle ne porte point assez le caractère de la
bonté paternelle de Dieu envers les bons, et de la sévérité
de sa justice envers les méchants. C'est que vous ne prenez
point garde à la misère des gens de bien et à la prospérité
des impies ; car les choses étant comme nous voyons qu'elles
sont, je vous soutiens qu'une providence particulière de Dieu
ne porterait nullement le caractère de sa bonté et de sa
justice, puisque très souvent les justes sont accablés de maux
et que les méchants sont comblés de biens. Mais supposé que
la conduite de Dieu doive porter le caractère de sa sagesse
aussi bien que de sa bonté et de sa justice, quoique maintenant les biens et les maux ne soient point proportionnés
aux mérites des hommes, je ne trouve aucune dureté dans
sa Providence générale. Car, premièrement, je vous soutiens
que, d'une infinité de combinaisons possibles des causes avec
leurs effets, Dieu a choisi celle qui accordait plus heureusement le physique avec le moral ; et que telle grêle, prévue
devoir tomber sur la terre de tel homme de bien, n'a point
été à l'égard de Dieu un des motifs de faire son choix, mais
plutôt telle grêle qu'il a prévu devoir tomber sur la terre
d'un méchant homme. Je dis un des *motifs*. Prenez garde à
la signification de ce terme ; car si Dieu afflige les justes,
c'est qu'il veut les éprouver et leur faire mériter la récompense. C'est là véritablement son motif. Je vous réponds,
en second lieu, que, tous les hommes étant pécheurs, aucun
ne mérite que Dieu quitte la simplicité et la généralité de
ses voies, pour proportionner actuellement les biens et les
maux à leurs mérites et à leurs démérites ; que, tôt ou tard,
Dieu rendra à chacun selon ses œuvres, du moins au jour
qu'il viendra juger les vivants et les morts, et qu'il établira,
pour les punir, des lois générales qui dureront éternellement.

XII. Cependant, Ariste, ne vous imaginez pas que je
prétende que Dieu n'agisse jamais par des volontés particulières, et qu'il ne fasse maintenant que suivre les lois natu-

relles qu'il a établies d'abord. Je prétends seulement que
Dieu ne quitte jamais sans de grandes raisons la simplicité
de ses voies ou l'uniformité de sa conduite. Car plus la Providence est générale, plus elle porte le caractère des attributs divins.

ARISTE. — Mais quand les a-t-il, ces grandes raisons?
Peut-être ne les a-t-il jamais...

THÉODORE. — Dieu a ces grandes raisons, lorsque la gloire
qu'il peut tirer de la perfection de son ouvrage contrebalance celle qu'il doit recevoir de l'uniformité de sa conduite. Il a ces grandes raisons, lorsque ce qu'il doit à son
immutabilité est égal ou de moindre considération que ce
qu'il doit à tel autre de ses attributs. En un mot, il a ces
raisons, lorsqu'il agit autant ou plus selon ce qu'il est en
quittant, qu'en suivant les lois générales qu'il s'est prescrites ; car Dieu agit toujours selon ce qu'il est. Il suit inviolablement l'Ordre immuable de ses propres perfections,
parce que c'est dans sa propre substance qu'il trouve sa
loi, et qu'il ne peut s'empêcher de se rendre justice, ou
d'agir pour sa gloire, dans le sens que je vous ai expliqué
ces jours-ci [1]. Que si vous me demandez quand il arrive
que Dieu agit autant ou plus selon ce qu'il est en quittant,
qu'en suivant les lois générales, je vous réponds que je n'en
sais rien. Mais je sais bien que cela arrive quelquefois. Je le
sais, dis-je, parce que la Foi me l'apprend ; car la Raison,
qui me fait connaître que cela est possible, ne m'assure point
que cela se fasse.

ARISTE. — Je comprends, Théodore, votre pensée, et je
ne vois rien de plus conforme à la Raison et même à l'expérience ; car effectivement nous voyons bien, par tous les
effets qui nous sont connus, qu'ils ont leurs causes naturelles,
et qu'ainsi Dieu gouverne le monde selon les lois générales
qu'il a établies pour ce dessein.

XIII. THÉOTIME. — Il est vrai ; mais cependant, l'Écriture
est remplie de miracles que Dieu a faits en faveur du peuple
juif ; et je ne pense pas qu'il néglige si fort son Église, qu'il
ne quitte, en sa faveur, la généralité de sa conduite.

THÉODORE. — Assurément, Théotime, Dieu fait infini-

---

1. *Entretien IX.*

ment plus de miracles pour son Église que pour la syna-
gogue. Le peuple juif était accoutumé à voir ce qu'on appelle
des miracles. Il fallait qu'il s'en fît une prodigieuse quantité,
puisque l'abondance de leurs terres et la prospérité de leurs
armes étaient attachées à leur exactitude à observer les
commandements de la Loi; car il n'est pas vraisemblable
que le physique et le moral se pussent accorder si exactement, que la Judée ait toujours été fertile à proportion que
ses habitants étaient gens de bien. Voilà donc parmi les
Juifs une infinité de miracles [1]. Mais je crois qu'il s'en fait
encore beaucoup plus parmi nous, non pour proportionner
les biens et les maux temporels à nos œuvres, mais pour
nous distribuer gratuitement les vrais biens, ou les secours
nécessaires pour les acquérir; tout cela néanmoins, sans que
Dieu quitte à tous moments la généralité de sa conduite.
C'est ce qu'il faut que je vous explique, car c'est assurément ce qu'il y a de plus admirable dans la Providence.

XIV. L'homme étant un composé d'esprit et de corps,
il a besoin de deux sortes de biens, de ceux de l'esprit et
de ceux du corps. Dieu l'avait aussi pourvu abondamment
de ces biens, par l'établissement des lois générales dont je
vous ai parlé jusqu'ici; car non seulement le premier homme
fut placé d'abord dans le Paradis terrestre, où il trouvait
des fruits en abondance, et un entre autres capable de le
rendre immortel, mais son corps était encore si bien formé
et si soumis à son esprit, qu'en conséquence des lois générales il pouvait jouir de tous ces biens sans se détourner
du véritable. D'un autre côté, il était uni à la Raison souveraine; et son attention, dont il était absolument le maître,
était la cause occasionnelle ou naturelle de ses connaissances. Jamais ses sentiments ne troublaient malgré lui ses
idées; car il était exempt de cette concupiscence qui sollicite sans cesse l'esprit de renoncer à la Raison pour suivre
les passions. Il était donc bien pourvu pour l'esprit et pour
le corps; car il connaissait clairement le vrai bien, et pouvait ne le point perdre. Il sentait les biens du corps, et il
pouvait en jouir; tout cela, en conséquence des lois générales

---

1. Par *miracle*, j'entends les effets qui dépendent des lois générales qui ne
nous sont point naturellement connues. — Voy. la *Seconde Lettre* de ma
Réponse au vol. I des *Réflexions philosophiques et théologiques de M. Arnauld.*

de l'union de l'esprit, d'un côté, avec le corps, et de l'autre, avec la Raison universelle, sans que ces deux unions se nuisissent l'une à l'autre, parce que le corps était soumis à l'esprit.

Mais l'homme ayant péché, il se trouve tout d'un coup fort mal pourvu de ces deux sortes de biens; car l'Ordre, qui est la loi que Dieu suit inviolablement, ne permettant pas qu'en faveur d'un rebelle il y ait à tous moments des exceptions dans les lois générales des communications des mouvements, c'est une nécessité que l'action des objets se communique jusqu'à la partie principale du cerveau, et que l'esprit même en soit frappé, en conséquence des lois de l'union de l'âme et du corps. Or l'esprit inquiété malgré lui de la faim, de la soif, de la lassitude, de la douleur, de mille passions différentes, ne peut ni aimer, ni rechercher comme il faut les vrais biens; et au lieu de jouir paisiblement de ceux du corps, la moindre indigence le rend malheureux. De sorte que l'homme rebelle à Dieu, ayant perdu l'autorité qu'il avait sur son corps, il se trouve, uniquement par la perte de ce pouvoir, dépourvu des biens dont la Providence l'avait pourvu. Voyons un peu comment Dieu le va tirer de ce malheureux état, sans rien faire contre l'Ordre de la justice, et sans changer les lois générales qu'il a établies.

XV. L'homme, avant le péché, n'était soumis et ne devait être soumis qu'à Dieu; car naturellement, les Anges n'ont point d'autorité sur les esprits, qui leur sont égaux; ils n'ont pouvoir que sur les corps, substances inférieures. Or, comme Adam était le maître de ce qui se passait dans la partie principale de son cerveau, quand même les Démons eussent pu troubler l'économie de son corps par l'action des objets ou autrement, ils n'auraient pu l'inquiéter ni le rendre malheureux. Mais l'homme ayant perdu presque tout le pouvoir qu'il avait sur son corps, — car il lui en reste encore autant que cela est nécessaire pour conserver le genre humain, que Dieu n'a pas voulu détruire à cause du Réparateur, — il se trouve nécessairement assujetti à la nature angélique, qui peut maintenant l'inquiéter et le tenter, en produisant dans son corps des traces propres à exciter dans son esprit des pensées fâcheuses. Dieu voyant donc l'homme pécheur à la discrétion, pour ainsi dire, du

Démon, et environné d'une infinité de créatures qui pouvaient lui donner la mort, dépourvu comme il était de tout secours, il le soumet à la conduite des Anges, non seulement lui, mais encore toute sa postérité et principalement la nation dont le Messie devait naître. Ainsi, vous voyez que Dieu distribue aux hommes, quoique pécheurs, les biens temporels, non par une providence aveugle, mais par l'action d'une nature intelligente. Pour les biens de l'esprit, ou cette Grâce intérieure qui contrebalance les efforts de la concupiscence, et qui nous délivre de la captivité du péché, vous savez que Dieu nous les donne par le souverain prêtre des vrais biens, notre Seigneur Jésus-Christ.

Assurément, Ariste, cette conduite de Dieu est admirable. L'homme, par son péché, devient l'esclave du Démon, la plus méchante des créatures, et dépend du corps, la plus vile des substances. Dieu le soumet aux Anges, et par justice, et par bonté. Il nous protège par ce moyen contre les Démons, et il proportionne les biens et les maux temporels à nos œuvres, bonnes ou mauvaises. Mais prenez garde, il ne change rien dans les lois générales des mouvements, ni même dans celles de l'union de l'esprit avec le corps et avec la Raison universelle; car enfin, dans la puissance souveraine que Dieu a donnée à Jésus-Christ comme homme, généralement sur toutes choses, et dans celle qu'ont les Anges sur ce qui regarde les biens et les maux temporels, Dieu ne quitte que le moins qu'il est possible la simplicité de ses voies et la généralité de sa Providence, parce qu'il ne communique sa puissance aux créatures, que par l'établissement de quelques lois générales. Suivez-moi, je vous prie.

XVI. Le pouvoir qu'ont les Anges n'est que sur les corps; car s'ils agissent sur nos esprits, c'est à cause de l'union de l'âme et du corps. Or rien ne se fait dans les corps que par le mouvement; et il y a contradiction que les Anges puissent le produire comme causes véritables [1]. Donc la puissance des Anges sur les corps, et sur nous par conséquent, ne vient que d'une loi générale que Dieu s'est faite à lui-même, de remuer les corps à la volonté des Anges. Donc Dieu ne quitte

1. *Entretien VII*, 6, etc.

point la généralité de sa Providence lorsqu'il se sert du ministère des Anges pour gouverner les nations, puisque les Anges
n'agissent que par l'efficace et en conséquence d'une loi
générale.

Il faut dire la même chose de Jésus-Christ comme homme,
comme chef de l'Église, comme souverain Prêtre des vrais
biens. Sa puissance est infiniment plus grande que celle
des Anges. Elle s'étend à tout, jusque sur les esprits et sur
les cœurs. Mais c'est par son intercession que notre médiateur exerce son pouvoir : « Semper vivens ad interpellandum
pro nobis [1] »; c'est par des désirs toujours efficaces, parce
qu'ils sont toujours exaucés : « Ego autem sciebam quia
semper me audis [2]. » Ce n'est point, à la vérité, par une
intercession morale semblable à celle d'un homme qui intercède pour un autre, mais par une intercession puissante et
toujours immanquable, en vertu de la loi générale que Dieu
s'est faite de ne rien refuser à son Fils; par une intercession semblable à celle des désirs pratiques que nous formons
de remuer le bras, de marcher, de parler. Car tous les désirs
des créatures sont impuissants en eux-mêmes; ils ne sont
efficaces que par la puissance divine; ils n'agissent point
indépendamment; ce ne sont, au fond, que des prières.
Mais comme Dieu est immuable dans sa conduite, et qu'il
suit exactement les lois qu'il a établies, nous avons la puissance de remuer le bras, et le chef de l'Église celle de la
sanctifier, parce que Dieu a établi, en notre faveur, les lois
de l'union de l'âme et du corps, et qu'il a promis à son Fils
d'exaucer tous ses désirs, selon ces paroles de Jésus-Christ
lui-même : « Ego autem sciebam quia semper me audis [3] »;
« Rogabo Patrem et alium Paracletum dabit vobis [4] »,
« Data est mihi omnis potestas in cœlo et in terra [5] »; et
selon [6] celle que lui dit son père après sa Résurrection expliquée
par saint Pierre et par saint Paul : « Dominus dixit ad me :

1. *Hebr.*, VII, 25.
2. *Joan.*, XI, 42.
3. Les mots : « Ego autem... me audis », manquent dans la première édition.
4. *Joan.*, XIV, 16. — Les mots : « Rogabo Patrem ...vobis », ainsi que, plus loin, les mots : « expliquée par saint Pierre... genui te », manquent dans la première édition.
5. *Matth.*, XXVIII, 18.
6. « Selon » manque dans la première édition.

Filius meus tu es; ego hodie genui te; postula a me, et dabo tibi gentes hæreditatem tuam [1]. »

XVII. ARISTE. — Je suis persuadé, Théodore, que les créatures n'ont point d'efficace propre, et que Dieu ne leur communique sa puissance que par l'établissement de quelques lois générales. J'ai la puissance de remuer le bras; mais c'est en conséquence des lois générales de l'union de l'âme et du corps, et que, Dieu étant immuable, il est constant dans ses décrets. Dieu a donné à l'Ange conducteur du peuple juif la puissance de le punir et de le récompenser, parce qu'il a voulu que les volontés de cet Ange fussent suivies de leurs effets. J'en demeure d'accord; mais c'est Dieu lui-même qui ordonnait à ce Ministre tout ce qu'il doit faire. Dieu a donné à Jésus-Christ une souveraine puissance; mais il lui prescrit tout ce qu'il doit faire. Ce n'est pas Dieu qui obéit aux Anges; ce sont les Anges qui obéissent à Dieu. Et Jésus-Christ nous apprend qu'il ne nous a rien dit de lui-même, et que son Père lui a marqué tout ce qu'il avait à nous dire. Jésus-Christ intercède, mais c'est pour ceux que son Père a prédestinés. Il dispose de tout dans la maison de son Père, mais il ne dispose de rien de son chef. Ainsi Dieu quitte la généralité de sa Providence; car, quoiqu'il exécute les volontés de Jésus-Christ et des Anges en conséquence des lois générales, il forme en eux toutes leurs volontés par des inspirations particulières. Il n'y a point pour cela de loi générale.

THÉODORE. — En êtes-vous bien certain, Ariste? Assurément, si Dieu ordonne, en particulier, à l'âme sainte du Sauveur et aux Anges de former tous les désirs qu'ils ont par rapport à nous, Dieu quitte en cela la généralité de sa Providence [2]. Mais, je vous prie, pensez-vous que l'Ange conducteur du peuple juif avait besoin de beaucoup de lumière pour le gouverner, et que le vrai Salomon ait dû être uni d'une manière particulière à la sagesse éternelle, pour réussir dans la construction de son grand ouvrage?

ARISTE. — Oui, certainement.

---

1. *Ps.,* II, 7.
2. Tout cela est expliqué fort au long dans mes *Réponses à M. Arnauld*, principalement dans la *Réponse* à sa *Dissertation* et dans ma *Première Lettre* ouchant son troisième volume des *Réflexions*.

THÉODORE. — Pourquoi cela? L'esprit le plus stupide et
le moins éclairé peut réussir aussi bien que le plus sage des
hommes, lorsqu'on lui marque tout ce qu'il doit faire, et
la manière dont il le doit faire, principalement si tout ce
qu'il y a à faire ne consiste qu'à former certains désirs
dans telles et telles circonstances. Or, selon vous, ni l'Ange
conducteur du peuple, ni Jésus-Christ même, n'a rien désiré
que son Père ne le lui ait ordonné en détail. Je ne vois
donc pas qu'il ait eu besoin, pour son ouvrage, d'une sagesse
extraordinaire. Mais de plus, dites-moi, je vous prie, en quoi
consiste cette souveraine puissance que Jésus-Christ a reçue.

ARISTE. — C'est que tous ses désirs sont exaucés.

THÉODORE. — Mais, Ariste, si Jésus-Christ ne peut rien
désirer que par un ordre exprès de son Père, si ses désirs
ne sont point en son pouvoir, comment sera-t-il capable
de recevoir quelque véritable pouvoir? Vous avez le pouvoir de remuer votre bras; mais c'est qu'il dépend de vous
de le remuer ou de ne pas le remuer. Cessez d'être le maître
de vos volontés, par cela seul vous perdrez tous vos pouvoirs. Est-ce que cela n'est pas évident? Prenez donc garde,
je vous prie, de ne point offenser la sagesse du Sauveur et
de ne le point priver de sa puissance. Ne lui ôtez pas la
gloire qu'il doit retirer de la part qu'il a dans la construction du temple éternel. S'il n'y a point d'autre part que
de former des désirs impuissants commandés par des ordres
particuliers, son ouvrage ne doit pas, ce me semble, lui
faire beaucoup d'honneur.

XVIII. ARISTE. — Non, Théodore; mais aussi Dieu en
retire davantage.

THÉODORE. — Si cela est, vous avez raison; car Dieu
doit retirer bien plus de gloire de la magnificence du temple
éternel, que le sage Salomon qui le construit. Mais voyons
un peu. Comparons ensemble les deux principales manières
de la Providence divine, pour reconnaître celle qui est la
plus digne des attributs divins. Selon la première, Dieu
forme d'abord un tel dessein, indépendamment des voies de
l'exécuter. Il en choisit l'architecte. Il le remplit de sagesse
et d'intelligence. Outre cela, il lui marque en détail tous
les désirs qu'il doit former et toutes les circonstances de
ces désirs. Et enfin il exécute lui-même fort exactement

tous les désirs qu'il a ordonné que l'on formât. Voilà l'idée
que vous avez de la conduite de Dieu, puisque vous voulez
qu'il forme, par des volontés particulières, tous les désirs de
l'âme sainte de Jésus-Christ. Et voici l'idée que j'en ai [1].
Je crois que Dieu, par sa prescience infinie, ayant prévu
toutes les suites de toutes les lois possibles qu'il pouvait
établir, a uni son Verbe à telle nature humaine et dans
telles circonstances, que l'ouvrage qui suivra de cette union
lui doit faire plus d'honneur que tout autre ouvrage qui
serait produit par toute autre voie. Dieu, encore un coup,
ayant prévu qu'agissant dans l'humanité sainte de notre
Médiateur par des voies très simples et très générales, — je
veux dire par les plus dignes des attributs divins, — elle devait
faire un tel usage de sa puissance, ou former avec une liberté
parfaite une telle suite de désirs, — car Dieu laisse agir
librement les causes libres [2], — que ces désirs étant exaucés,
et méritant de l'être à cause de son sacrifice, l'Église future
qui en devait être formée serait plus ample et plus parfaite
que si Dieu avait choisi toute autre nature dans toute autre
circonstance.

Comparez donc, je vous prie, l'idée que vous avez de
la Providence avec la mienne. Laquelle des deux marque
plus de sagesse et de prescience? La mienne porte le caractère de la qualité la plus impénétrable de la Divinité, qui
est de prévoir les actes libres de la créature dans toutes
sortes de circonstances. Selon la mienne, Dieu se sert aussi
heureusement des causes libres, que des causes nécessaires,
pour l'exécution de ses desseins. Selon la mienne, Dieu ne
forme point aveuglément ses sages desseins. Avant que de
les former, — je parle humainement, — il compare tous les
ouvrages possibles avec tous les moyens possibles de les
exécuter. Selon la mienne, Dieu doit retirer une gloire infinie
de la sagesse de sa conduite; mais sa gloire n'ôte rien à celle
des causes libres, auxquelles il communique sa puissance,
sans les priver de leur liberté. Dieu leur donne part à la
gloire de son ouvrage et du leur, en les laissant agir librement selon leur nature, et, par ce moyen, il augmente la

1. Voy. *Entretien IX*, 10, 11, 12. [Cette note manque dans la première édition.]
2. Les mots : « car Dieu... les causes libres », manquent dans la première
édition.

sienne. Car il est infiniment plus difficile d'exécuter sûrement ses desseins par des causes libres que par des causes nécessaires, ou nécessitées, ou invinciblement déterminées par des ordres exprès et des impressions invincibles.

ARISTE. — Je conviens, Théodore, qu'il y a plus de sagesse, et que Dieu tire plus de gloire, et même l'humanité sainte de notre Médiateur, selon cette idée de la Providence, que selon aucune autre.

THÉODORE. — Vous pourriez ajouter que, selon cette idée, on comprend fort bien comment Jésus-Christ n'a point reçu inutilement une puissance souveraine sur toutes les nations, et pourquoi il fallait unir son humanité sainte avec la sagesse éternelle, afin qu'il exécutât heureusement son ouvrage. Mais il suffit que vous conveniez qu'une de ces deux providences est plus sage que l'autre; car il faudrait être bien impie pour attribuer à Dieu celle qui paraît la moins digne de ses attributs.

XIX. ARISTE. — Je me rends, Théodore. Mais expliquez-moi, je vous prie, d'où vient que Jésus-Christ dit lui-même qu'il exécute fidèlement les volontés de son Père : « Quæ placita sunt ei facio semper, » dit-il [1]; et dans un autre endroit : « Ego ex me ipso non sum locutus; sed qui misit me Pater, ipse mihi mandatum dedit quid dicam et quid loquar. Et scio quia mandatum ejus vita æterna est. Quæ ergo ego loquor, sicut dixit mihi Pater, sic loquor [2]. » Comment accorder ces passages, et quantité d'autres semblables, avec ce sentiment, que Dieu ne forme point par des volontés particulières tous les désirs de la volonté humaine de Jésus-Christ? Cela m'embarrasse un peu.

THÉODORE. — Je vous avoue, Ariste, que je ne comprends pas seulement comment ces passages peuvent vous embarrasser. Quoi donc! est-ce que vous ne savez pas que le Verbe divin, dans lequel subsiste l'humanité sainte du Sauveur, est la loi vivante du Père éternel; et qu'il y a même contradiction que la volonté humaine de Jésus-Christ s'écarte jamais de cette loi? Dites-moi, je vous prie, lorsque vous donnez l'aumône, n'êtes-vous pas certain que vous faites

1. *Joan.*, VIII, 29.
2. *Joan.*, XII, 49, 50.

la volonté de Dieu? et si vous étiez bien assuré que vous n'avez jamais fait que de bonnes œuvres, ne pourriez-vous pas dire sans crainte : « Quæ placita sunt ei facio semper! »

ARISTE. — Il est vrai. Mais il y aurait toujours bien de la différence.

THÉODORE. — Fort grande assurément; car comment savons-nous que nous faisons la volonté de Dieu en donnant l'aumône? C'est peut-être que nous avons lu dans la Loi écrite que Dieu nous ordonne de secourir les misérables; ou que, rentrant en nous-mêmes pour consulter la Loi divine, nous avons trouvé dans ce code éternel, ainsi que l'appelle saint Augustin, que telle est la volonté de l'Être infiniment parfait. Sachez donc, Ariste, que le Verbe divin est la loi de Dieu même et la règle inviolable de ses volontés, que c'est là que se trouvent les commandements divins. « In Verbo unigenito Patris est omne mandatum [1] », dit saint Augustin. Sachez que tous les esprits, les uns plus, les autres moins, ont la liberté de consulter cette Loi; sachez que leur attention est la cause occasionnelle qui leur en explique tous les commandements, en conséquence des lois générales de leur union avec la Raison; sachez qu'on ne peut rien faire qui ne soit agréable à Dieu, lorsqu'on observe exactement ce que l'on y trouve écrit; sachez surtout que l'humanité sainte du Sauveur est unie plus étroitement à cette Loi que la plus éclairée des intelligences, et que c'est par elle que Dieu a voulu nous en expliquer les obscurités. Mais prenez garde qu'il ne l'a pas privée de sa liberté, ou du pouvoir de disposer de cette attention qui est la cause occasionnelle de nos connaissances. Car, assurément, l'âme sainte de Jésus-Christ, quoique sous la direction du Verbe, a le pouvoir de penser à ce qui lui plaît pour exécuter l'ouvrage pour lequel Dieu l'a choisie, puisque Dieu, par sa qualité de scrutateur des cœurs, se sert aussi heureusement des causes libres que des causes nécessaires, pour l'exécution de ses desseins [2].

1. *Confessions*, l. XIII, ch. xv. « Mandatum Patris ipse est Filius. Quomodo enim non est mandatum Patris, quod est Verbum Patris? » (AUG., Serm. 140, *De Verbis Evang.*, n. 6.)

2. Voy. la *Première Lettre* touchant le 2° et le 3° vol. des *Réflexions de M. Arnauld*, et la *Réponse* à sa *Dissertation*, et la *Première Lettre* que j'ai

XX. Ne pensez pas néanmoins, Ariste, que Dieu ne quitte
jamais la généralité de sa conduite à l'égard de l'humanité
de Jésus-Christ, et qu'il ne forme les désirs de cette âme
sainte qu'en conséquence des lois générales de l'union qu'elle
a avec le Verbe. Lorsque Dieu prévoit que notre Médiateur,
entre une infinité de bonnes œuvres qu'il découvre dans le
Verbe en conséquence de son attention, doit faire le choix
dont les suites sont les meilleures qui puissent être, alors
Dieu, qui ne quitte jamais sans raison la simplicité de ses
voies, ne le détermine point par des volontés particulières
à faire ce qu'il prévoit qu'il fera suffisamment par l'usage
de sa liberté en conséquence des lois générales. Mais lorsque
l'âme sainte du Sauveur, à cause des comparaisons infinies
et infiniment infinies des combinaisons de tous les effets,
qui sont ou qui seront des suites de ses désirs, pourrait
bien choisir entre plusieurs bonnes œuvres, — car il n'en
peut faire que de bonnes, — celles qui paraissent les meilleures et dont les suites néanmoins ne seraient pas si avantageuses à son ouvrage; alors si Dieu retire plus de gloire
de la beauté de l'ouvrage que de la simplicité des voies,
il la quitte, cette simplicité, et il agit d'une manière particulière et extraordinaire dans l'humanité du Sauveur, afin
qu'elle veuille précisément ce qui l'honorera le plus. Mais
quoiqu'il agisse en elle de cette manière, je crois qu'il ne
la détermine jamais par des impressions invincibles de sentiment, quoique toujours infaillibles, afin qu'elle ait aussi
le plus de part qu'il est possible à la gloire de son ouvrage;
car cette conduite, qui fait honneur à la liberté et à la puissance de Jésus-Christ, est encore plus glorieuse à Dieu que
toute autre, puisqu'elle exprime sa qualité de scrutateur
des cœurs, et témoigne hautement qu'il sait se servir aussi
heureusement des causes libres, que des causes nécessaires
pour l'exécution de ses desseins.

ARISTE. — Je comprends, Théodore, parfaitement votre
pensée. Vous voulez que Dieu ne quitte jamais sans de
grandes raisons la simplicité et la généralité de ses voies,
afin que sa Providence ne ressemble point à celle des intel-

écrite touchant les siennes. [Les mots : « touchant le 2ᵉ et 3ᵉ vol. des *Réflexions
de* », manquent dans la première édition.]

ligences bornées; vous voulez que sa prescience soit le fondement de la prédestination même de Jésus-Christ, et que, s'il a uni son Verbe à telle nature et dans telles circonstances, c'est qu'il a prévu que l'ouvrage qui devait suivre de cette prédestination, laquelle est la cause et le fondement de celle de tous les élus en conséquence des lois générales qui font l'Ordre de la Grâce, que cet ouvrage, dis-je, serait le plus beau qui se puisse produire par les voies les plus divines. Vous voulez que l'ouvrage et les voies jointes ensemble, tout cela soit plus digne de Dieu que tout autre ouvrage produit par toute autre voie.

XXI. THÉODORE. — Oui, Ariste, je le veux, par ce principe que Dieu ne peut agir que pour lui, que par l'amour qu'il se porte à lui-même, que par sa volonté, qui n'est point comme en nous une impression qui lui vienne d'ailleurs et qui le porte ailleurs; en un mot, que pour sa gloire, que pour exprimer les perfections divines qu'il aime invinciblement, qu'il se glorifie de posséder, et dans lesquelles il se complaît par la nécessité de son être. Il veut que son ouvrage porte, par sa beauté et par sa magnificence, le caractère de son excellence et de sa grandeur, et que ses voies ne démentent point sa sagesse infinie et son immutabilité. S'il y a des défauts dans son ouvrage, des monstres parmi les corps, et une infinité de pécheurs et de damnés, c'est qu'il ne peut y avoir de défauts dans sa conduite, c'est qu'il ne doit pas former ses desseins indépendamment des voies. Il a fait pour la beauté de l'univers et pour le salut des hommes tout ce qu'il peut faire, non absolument, mais agissant comme il doit agir, agissant pour sa gloire selon tout ce qu'il est; il aime toutes choses à proportion qu'elles sont aimables; il veut la beauté de son ouvrage et que tous les hommes soient sauvés; il veut la conversion de tous les pécheurs; mais il aime davantage sa sagesse, il l'aime invinciblement, il la suit inviolablement. L'ordre immuable de ses divines perfections, voilà sa loi et la règle de sa conduite, loi qui ne lui défend pas de nous aimer, et de vouloir que toutes ses créatures soient justes, saintes, heureuses et parfaites; mais loi qui ne lui permet pas de quitter à tous moments pour des pécheurs la généralité de ses voies. Sa Providence porte assez de marques de sa bonté pour les

hommes. Souffrons, réjouissons-nous qu'elle exprime aussi
tous ses autres attributs.

THÉOTIME. — Hé bien, Ariste, que pensez-vous de la
Providence divine?

ARISTE. — Je l'adore et je m'y soumets.

THÉODORE. — Il faudrait, Ariste, des discours infinis[1] pour
vous faire considérer toutes les beautés de cette Providence
adorable, et pour en faire remarquer les principaux traits
dans ce que nous voyons arriver tous les jours. Mais je
vous ai, ce me semble, suffisamment expliqué le principe;
suivez-le de près, et vous comprendrez assurément que
toutes ces contradictions, qui font pitoyablement triompher
les ennemis de la Providence, sont autant de preuves qui
démontrent ce que je viens de vous dire.

---

1. Au lieu de « des discours infinis », la première édition donne : « bien
du discours ».

TREIZIÈME ENTRETIEN

Qu'il ne faut point critiquer la manière ordinaire de parler de la Providence. Quelles sont les principales lois générales par lesquelles Dieu gouverne le monde. De la Providence de Dieu dans l'infaillibilité qu'il conserve à son Église.

I. ARISTE. — Ah! Théodore, que l'idée que vous m'avez donnée de la Providence me paraît belle et noble, mais de plus qu'elle est féconde et lumineuse, qu'elle est propre à faire taire les libertins et les impies! Jamais principe n'eut plus de suites avantageuses à la religion et à la morale. Qu'il répand de lumières, qu'il dissipe de difficultés, cet admirable principe! Tous ces effets qui se contredisent dans l'ordre de la Nature et dans celui de la Grâce ne marquent nulle contradiction dans la cause qui les produit: ce sont, au contraire, autant de preuves évidentes de l'uniformité de sa conduite. Tous ces maux qui nous affligent, tous ces désordres qui nous choquent, tout cela s'accorde aisément avec la sagesse, la bonté, la justice de celui qui règle tout. Je voulais qu'on arrachât les méchants qui vivent parmi les bons; mais j'attends en patience la consommation des siècles, le jour de la moisson, ce grand jour destiné à rendre à chacun selon ses œuvres. Il faut que l'ouvrage de Dieu s'exécute par des voies qui portent le caractère de ses attributs. J'admire présentement le cours majestueux de la Providence générale.

THÉODORE. — Je vois bien, Ariste, que vous avez suivi de près et avec plaisir le principe que je vous ai exposé ces jours-ci, car vous en paraissez encore tout ému. Mais l'avez-vous bien saisi? vous en êtes-vous bien rendu le maître? C'est de quoi je doute encore, car il est bien difficile que, depuis si peu de temps, vous l'ayez assez médité pour vous en mettre en pleine possession. Faites-nous part, je vous prie, de quelques-unes de vos réflexions, afin de me délivrer de mon doute et que je sois en repos; car plus les principes sont utiles, plus ils sont féconds, plus est-il dangereux de ne les prendre pas tout à fait bien.

II. ARISTE. — Je le crois ainsi, Théodore; mais ce que vous nous avez dit est si clair, votre manière d'expliquer la Providence s'accorde si parfaitement avec l'idée de l'Être infiniment parfait et avec tout ce que nous voyons arriver, que je sais bien qu'elle est véritable. Que je sens de joie de me voir délivré du préjugé dans lequel je vois que donne le commun du monde et même bien des philosophes! Dès qu'il arrive quelque malheur à un méchant homme, ou connu pour tel, chacun juge aussitôt des desseins de Dieu, et décide hardiment que Dieu l'a voulu punir. Mais s'il arrive, ce qui n'arrive que trop, qu'un fourbe, qu'un scélérat réussisse dans ses entreprises, ou qu'un homme de bien succombe à la calomnie de ses ennemis, est-ce que Dieu veut punir celui-ci et récompenser celui-là? Nullement. C'est, disent les uns, que Dieu veut éprouver la vertu de cet homme de bien; et les autres, que c'est un malheur qu'il a seulement permis et qu'il n'a pas eu dessein de causer. Je trouve que ces peuples qui font gloire de haïr et de mépriser les pauvres, sur ce principe que Dieu lui-même hait et méprise les misérables puisqu'il les laisse dans leurs misères, raisonnent plus conséquemment. De quoi s'avise-t-on de juger des desseins de Dieu? Ne devrait-on pas comprendre qu'on n'y connaît rien, puisqu'on se contredit à tous moments?

THÉODORE. — Est-ce là, Ariste, comment vous prenez mes principes? Est-ce là [1] l'usage que vous en faites? Je trouve que ceux que vous condamnez ont plus de raison que vous.

ARISTE. — Comment, Théodore! Je pense que vous raillez, ou que vous voulez vous divertir à me contredire.

THÉODORE. — Nullement.

ARISTE. — Quoi donc! est-ce que vous approuvez l'impertinence de ces historiens passionnés qui, après avoir

1. Au lieu de « Est-ce là », la première édition donne : « et ».

raconté la mort d'un prince, jugent des desseins de Dieu sur lui selon leur passion et les intérêts de leur nation? Il faut bien que les écrivains espagnols ou les français aient tort, ou peut-être les uns et les autres, lorsqu'ils décrivent la mort de Philippe II. Ne faut-il pas que les rois meurent aussi bien que nous?

THÉODORE. — Ces historiens ont tort, mais vous n'avez pas raison. Il ne faut pas juger que Dieu a dessein de faire du mal à un prince ennemi que nous haïssons; cela est vrai; mais on peut et on doit croire qu'il a dessein de punir les méchants et de récompenser les bons. Ceux qui jugent de Dieu sur l'idée qu'ils ont de la justice exacte de l'Être infiniment parfait en jugent bien; et ceux qui lui attribuent des desseins qui favorisent leurs inclinations déréglées en jugent très mal.

III. ARISTE. — Il est vrai; mais c'est une des suites des lois naturelles, que tel soit accablé sous les ruines de sa maison, et le plus homme de bien n'en aurait pas échappé.

THÉODORE. — Qui en doute? Mais avez-vous déjà oublié que c'est Dieu qui a établi ces lois naturelles? La fausse idée d'une nature imaginaire vous occupe encore quelque peu l'esprit, et vous empêche de bien prendre le principe que je vous ai expliqué. Prenez donc garde: puisque c'est Dieu qui a établi les lois naturelles, il a dû combiner le physique avec le moral, de manière que les suites de ces lois soient les meilleures qui puissent être, je veux dire les plus dignes de sa justice et de sa bonté, aussi bien que de ses autres attributs. Ainsi on a raison de dire que la mort terrible d'un brutal et d'un impie est un effet de la vengeance divine; car, quoique cette mort ne soit peut-être qu'une suite des lois naturelles que Dieu a établies, il ne les a établies que pour de semblables effets; mais s'il arrive quelque malheur à un homme de bien dans le temps qu'il va faire une bonne œuvre, on ne doit pas dire que Dieu l'a voulu punir, parce que Dieu n'a pas établi les lois générales en vue de semblables effets. On doit dire ou que Dieu l'a permis, ce malheur, à cause que c'est une suite naturelle de ces lois qu'il a établies pour de meilleurs effets; ou qu'il a eu dessein par là d'éprouver cet homme de bien et de lui faire mériter sa récompense; car entre les motifs

que Dieu a eus de combiner de telle et telle manière le
physique avec le moral, il faut assurément mettre en compte
les grands biens que Dieu a prévu que par le secours de la
grâce [1] nous tirerions de nos misères présentes.

Ainsi les hommes ont raison d'attribuer à la justice de
Dieu les maux qui arrivent aux méchants; mais je crois
qu'ils se trompent en deux manières : la première, c'est
qu'ils ne font de ces jugements que dans les punitions extraor-
dinaires et qui leur frappent l'esprit; car si un scélérat
meurt de la fièvre, ils ne jugent pas ordinairement que c'est
une punition de Dieu; il faut pour cela qu'il meure d'un
coup de foudre, ou par la main du bourreau; la seconde,
c'est que qu'ils s'imaginent que les punitions remarquables
sont des effets d'une volonté particulière de Dieu. Autre
faux jugement qui, ôtant à la Providence divine sa simplicité et sa généralité, en efface le caractère de la prescience
infinie et de l'immutabilité; car assurément, il faut infiniment plus de sagesse pour combiner le physique avec le
moral de manière que tel se trouve justement puni de ses
violences en conséquence de l'enchaînement des causes,
que de le punir par une Providence particulière et miraculeuse.

ARISTE. — C'est ainsi, Théodore, que je le comprends.
Mais ce que vous dites là ne justifie pas la témérité de ceux
qui jugent hardiment des desseins de Dieu dans tout ce
qu'ils voient arriver.

IV. THÉODORE. — Je ne prétends pas aussi qu'ils aient
toujours raison. Je dis seulement qu'ils ont raison quand
leurs jugements sont exempts de passion et d'intérêt, et
qu'ils sont appuyés sur l'idée que nous avons tous de l'Être
infiniment parfait. Encore ne prétends-je pas qu'ils fassent
bien de dire trop affirmativement que Dieu a eu tel ou tel
dessein. Par exemple, il me paraît certain qu'un des motifs
de l'établissement des lois générales a été telle affliction
de tel homme de bien, si Dieu a prévu que ce lui serait un
grand sujet de mérite. Ainsi, Dieu a voulu cette affliction,
qui nous paraît, à nous autres qui n'en prévoyons pas les
suites, ne pas s'accorder avec sa bonté. Ceux donc qui

---

1. Les mots : « par le secours de la grâce », manquent dans la première
édition.

décident que Dieu a seulement permis que tel malheur
arrivât à tel, font un faux jugement. Mais que voulez-vous,
Ariste? Il vaut mieux laisser aux hommes, prévenus comme
ils sont de leur nature imaginaire, la liberté de juger trop
affirmativement des desseins de Dieu, que de les critiquer
sur la contradiction de leurs jugements touchant des effets
qui paraissent contredire les attributs divins. Qu'importe
que les esprits se contredisent et s'embarrassent selon leurs
fausses idées, pourvu qu'au fond on ne se trompe point dans
les choses essentielles? Pourvu que les hommes ne donnent
point à Dieu des desseins contraires à ses attributs, et qu'ils
ne le fassent point agir pour favoriser leurs passions, je
crois qu'il faut les écouter paisiblement. Au lieu de les
embarrasser par des contradictions qui, selon leurs principes, sont inexplicables, la charité veut qu'on reçoive ce
qu'ils disent pour les affermir dans l'idée qu'ils ont de la
Providence, puisqu'ils ne sont point en état d'en avoir
une meilleure; car il vaut encore mieux attribuer à Dieu
une providence humaine, que de croire que tout se fait au
hasard. Mais, de plus, ils ont raison dans le fond. Tel impie
est mort : on peut dire hardiment que Dieu a eu dessein de
le punir. On aurait encore plus de raison de dire que Dieu
a voulu empêcher qu'il ne corrompît les autres, parce qu'effectivement Dieu veut toujours par les lois générales qu'il a
établies, faire tout le bien qui se peut. Tel homme de bien
est mort avant l'âge, lorsqu'il allait secourir un misérable :
on ne doit point craindre de juger, quand même il aurait
été frappé de la foudre, que Dieu l'a voulu récompenser. On
peut dire de lui ce que l'Écriture dit d'Hénoch : « Raptus
est ne malitia mutaret intellectum ejus, aut ne fictio deci-
peret animam illius ». La mort l'a enlevé, de peur que le
siècle ne lui corrompît l'esprit et le cœur. C'est que tous ces
jugements sont conformes à l'idée que nous avons de la
justice et de la bonté de Dieu, et qu'ils s'accordent assez
bien avec les desseins qu'il a eus, lorsqu'il a établi les lois
générales qui règlent le cours ordinaire de sa Providence.
Ce n'est pas qu'on ne se trompe souvent dans ces jugements;
car, apparemment, tel ou tel homme de bien qui est mort
jeune aurait encore acquis de plus grands mérites et con-
verti bien des pécheurs, s'il eût vécu plus longtemps dans

les circonstances où il se serait trouvé, en conséquence des
lois générales de la nature et de la Grâce. Mais ces sortes
de jugements, quoiqu'un peu téméraires ou hardis, n'ont
point de mauvais effets; et ceux qui les font ne prétendent
point tant qu'on les croie véritables, qu'on adore la sagesse
et la bonté de Dieu dans le gouvernement du monde.

ARISTE. — Je vous entends, Théodore. Il vaut mieux
que les hommes parlent mal de la Providence, que de n'en
parler jamais.

THÉODORE. — Non, Ariste. Mais il vaut mieux que les
hommes parlent souvent de la Providence selon leurs faibles
idées, que de n'en parler jamais. Il vaut mieux que les
hommes parlent de Dieu humainement, que de n'en dire
jamais rien. Il ne faut jamais mal parler ni de Dieu ni de
sa Providence. Cela est vrai; mais il nous est permis de
bégayer sur ces matières si relevées, pourvu que ce soit
selon l'analogie de la foi. Car Dieu se plaît dans les efforts
que nous faisons pour raconter ses merveilles. Croyez-moi,
Ariste, on ne peut guère plus mal parler de la Providence
que de n'en dire jamais rien.

THÉOTIME. — Voudriez-vous, Ariste, qu'il n'y eût que
les philosophes qui parlassent de la Providence, et entre
les philosophes que ceux qui ont l'idée que vous en avez
maintenant?

V. ARISTE. — Je voudrais, Théotime, que les hommes ne
parlassent jamais de la Providence d'une manière propre
à faire croire aux simples que les méchants ne réussissent
jamais dans leurs entreprises; car la prospérité des impies
est un fait si constant, que cela peut jeter et que cela jette
souvent de la défiance dans les esprits. Si les biens et les
maux temporels étaient à peu près réglés suivant les mérites
et la confiance en Dieu, la manière dont on parle ordinairement de la Providence n'aurait point de mauvaises suites.
Mais prenez-y garde : la plupart des hommes, et ceux-là
principalement qui ont le plus de piété, tombent dans de
très grands malheurs, parce qu'au lieu de se servir dans
leurs besoins des moyens sûrs que leur fournit la Providence
générale, ils tentent Dieu dans l'espérance trompeuse d'une
providence particulière. S'ils ont un procès, par exemple,
ils négligent de faire les écritures nécessaires pour instruire

les juges de la justice de leur cause. S'ils ont des ennemis ou des envieux qui leur dressent des embûches, au lieu de veiller sur eux pour découvrir leurs desseins, ils s'attendent que Dieu ne manquera pas de les protéger. Les femmes qui ont un mari fâcheux, au lieu de le gagner par la patience et l'humilité, vont en faire leurs plaintes à tous les gens de bien qu'elles connaissent et le recommander à leurs prières. On n'obtient pas toujours par ce moyen ce qu'on désire et ce qu'on espère; et alors on ne manque guère de murmurer contre la Providence et d'entrer dans des sentiments qui offensent les perfections divines. Vous savez, Théotime, les funestes effets que produit dans l'esprit des simples une Providence mal entendue, et que c'est principalement de là que la superstition tire son origine, superstition qui cause dans le monde une infinité de maux.

THÉOTIME. — Je vous avoue, Ariste, qu'il serait à souhaiter que tous les hommes eussent une juste idée de la Providence divine. Mais je vous soutiens, avec Théodore, que cela n'étant pas possible, il vaut mieux qu'ils en parlent comme ils font, que de n'en rien dire du tout. L'idée qu'ils en ont, toute fausse qu'elle est, et même cette pente naturelle qui fait que les esprits se portent à la superstition, leur est fort avantageuse dans l'état où ils sont, car cela les empêche de tomber dans mille désordres. Quand vous y aurez bien pensé, je crois que vous en demeurerez d'accord. Tel perd son procès pour avoir négligé les voies naturelles [1] de le gagner. Qu'importe, Ariste? La perte de son bien sera peut-être la cause de son salut. Assurément, si ce n'est point la paresse et la négligence qui l'ont porté à laisser tout là, mais un saint mouvement de confiance en Dieu, et la crainte d'entrer dans un esprit de chicane et de perdre son temps assez inutilement, si cela est, il a gagné son procès devant Dieu, quoiqu'il l'ait peut-être perdu devant les hommes; car il lui reviendra plus de profit d'un procès perdu de cette manière, que d'un autre gagné avec dépens, dommages et intérêts.

VI. Nous sommes chrétiens, Ariste; nous avons droit aux

---

1. Au lieu de « voies naturelles », la première édition donne : « moyens naturels ».

vrais biens ; le ciel est maintenant ouvert, et Jésus-Christ, notre
précurseur et notre chef, y est déjà entré pour nous. Ainsi
Dieu ne récompense plus, comme autrefois, notre confiance en
lui, par l'abondance des biens temporels ; il en a de meilleurs
pour ses enfants adoptés en Jésus-Christ. Ce temps est passé
avec la Loi. L'alliance ancienne et figurative de la nouvelle
est maintenant abrogée. Si nous étions Juifs, j'entends des
Juifs charnels, nous aurions ici-bas une récompense proportionnée à nos mérites ; encore un coup, je dis des Juifs charnels, car les Juifs chrétiens ont eu part à la croix de Jésus-
Christ avant que d'avoir part à sa gloire. Mais nous avons
de meilleures espérances qu'eux, *meliorem et manentem
substantiam* [1], fondée sur une meilleure alliance et de meilleures victimes : *Melioris testamenti sponsor factus est Jesus....
Melioribus hostiis quam istis* [2]. La prospérité des méchants
ne doit plus étonner que les chrétiens juifs, que les mahométans, que ceux qui ne savent pas la différence qu'il y a
entre les deux alliances, entre la Grâce de l'Ancien Testament
et celle du Nouveau, entre les biens temporels que Dieu
distribuait aux Juifs par le ministère des Anges, et les
vrais biens que Dieu donne à ses enfants par notre chef et
notre médiateur Jésus-Christ. On croit que les hommes
doivent être misérables à proportion qu'ils sont criminels.
Il est vrai ; mais, dans le fond, on a raison de le croire, car
cela arrivera tôt ou tard. Il n'y a point de chrétien qui ne
sache que le jour viendra auquel Dieu rendra à chacun selon
ses œuvres. La prospérité des méchants ne peut donc
ébranler que ceux qui manquent de foi, et qui ne reconnaissent point d'autres biens que ceux de la vie présente.
Ainsi, Ariste, l'idée confuse et imparfaite de la Providence
qu'ont la plupart des hommes, ne produit point tant de
mauvais effets que vous le pensez dans les vrais chrétiens,
quoiqu'elle trouble l'esprit et qu'elle inquiète extrêmement
le commun des hommes, qui remarquent souvent qu'elle
ne s'accorde pas avec l'expérience. Mais il vaut mieux qu'ils
en aient cette idée que de n'en avoir point du tout, ce qui
arriverait peu à peu s'ils la laissaient effacer de leur esprit
par un silence pernicieux.

1. *Hebr.*, X, 34.
2. *Ibid.*, VII, 22 ; IX, 23.

ARISTE. — Je vous avoue, Théotime, que la foi empêche souvent qu'on ne tire des conséquences impies de la prospérité des méchants et des afflictions des gens de bien. Mais, comme la foi n'est pas si sensible que l'expérience continuelle de ces événements fâcheux, elle n'empêche pas toujours que l'esprit ne s'ébranle et ne se défie de la Providence. De plus, les Chrétiens ne suivent presque jamais les principes de leur religion; ils parlent des biens et des maux comme les Juifs charnels. Quand un père exhorte son fils à la vertu, il ne craint point de lui dire que, s'il est homme de bien, toutes ses entreprises réussiront. Croyez-vous que son fils pense aux vrais biens? Hélas! peut-être que le père n'y pensa jamais lui-même. Cependant les libertins, qui remarquent avec soin les contradictions de tous ces discours qu'on fait sans réflexion sur la Providence, ne manquent pas d'en tirer des preuves de leur impiété; et elles sont si sensibles, ces preuves, et si palpables, qu'il suffit qu'ils les proposent pour ébranler les gens de bien et pour renverser ceux que la foi ne soutient point. « Pensez-vous, dit Jésus-Christ, que ces dix-huit personnes qui furent écrasées sous les ruines de la tour de Siloé fussent plus criminelles ou plus redevables à la justice de Dieu que les autres habitants de Jérusalem? Non, dit-il, mais vous périrez tous si vous ne faites pénitence [1]. » Voilà comme il faut parler aux hommes pour leur apprendre qu'en cette vie les plus misérables ne sont pas pour cela les plus criminels, et que ceux qui vivent dans l'abondance au milieu des plaisirs et des honneurs, ne sont pas pour cela plus chéris de Dieu, ni protégés d'une Providence plus particulière.

VII. THÉOTIME. — Oui, Ariste. Mais tout le monde n'est pas toujours en état de goûter cette vérité. *Durus est hic sermo.* Les charnels, ceux qui ont encore l'esprit juif, n'y comprennent rien. Il faut parler aux hommes selon leur portée, et s'accommoder à leur faiblesse pour les gagner peu à peu. Il faut conserver soigneusement dans leur esprit l'idée de la Providence telle qu'ils sont capables de l'avoir. Il faut leur promettre le centuple; qu'ils l'entendent comme ils pourront, selon les dispositions de leur cœur. Les charnels

1. *Luc*, XIII, 4, 5.

l'entendront mal, il est vrai; mais il vaut encore mieux
qu'ils croient que la vertu sera mal récompensée que de ne
l'être point du tout. Elle le sera même parfaitement bien,
selon leurs fausses idées. Quelque libertin leur fera remarquer
qu'on leur fait de vaines promesses. Je le veux. Mais peut-
être cela servira-t-il à leur faire comprendre qu'ils se trompent
eux-mêmes, et que les biens qu'ils estiment si fort sont bien
peu de chose, puisque Dieu les distribue si mal à leur gré,
et selon leurs préjugés. Assurément, Ariste, on ne peut guère
trop parler de la Providence, quand même on n'y connaîtrait
rien; car cela réveille toujours dans l'esprit cette pensée,
qui est le fondement de toutes les religions, qu'il y a un
Dieu qui récompense et qui punit. L'idée confuse de la
Providence est aussi utile que celle que vous en avez, pour
porter à la vertu le commun des hommes. Elle ne peut
éclaircir les difficultés des impies; on ne peut la défendre
sans tomber dans un nombre infini de contradictions. Cela
est vrai. Mais c'est de quoi les simples ne s'embarrassent
guère. La Foi les soutient; et leur simplicité, leur humilité
les met [1] à couvert contre les attaques des libertins. Ainsi,
je crois que, dans les discours faits pour tout le monde, il
faut parler de la Providence selon l'idée la plus commune;
et ce que Théodore nous a appris, il faut le garder pour
faire taire les prétendus esprits forts, et pour rassurer ceux
qui se trouveraient ébranlés par la considération des effets
qui paraissent contredire les perfections divines; encore
doit-on supposer qu'ils soient capables de l'attention nécessaire pour suivre nos principes; car autrement, ce serait
bien le plus court, s'ils étaient chrétiens, de les arrêter
uniquement par l'autorité de l'Écriture.

ARISTE. — Je me rends, Théotime. Il faut parler aux
hommes selon leurs idées, lorsqu'ils ne sont point en état
d'approfondir les matières. Si on critiquait le sentiment
confus qu'ils ont de la Providence, on leur serait peut-être
un sujet de chute. Il serait facile de les embarrasser par
les contradictions où ils tombent. Mais il serait fort difficile
de les délivrer de leur embarras; car il faut trop d'application pour reconnaître et pour suivre les vrais principes

---

1. 1ʳᵉ édition : « les met assez à couvert... »

de la Providence. Je le comprends, Théotime, et je pense que c'est principalement pour cela que Jésus-Christ et les Apôtres ne nous ont point enseigné formellement les principes de raison dont les théologiens se servent pour appuyer les vérités de la Foi. Ils ont supposé que les personnes éclairées sauraient ces principes, et que les simples, qui se rendent uniquement à l'autorité, n'en auraient pas besoin, et qu'ils pourraient même en être choqués et les prendre mal, faute d'application et d'intelligence. Je suis donc bien résolu de laisser aux hommes la liberté de parler à leur manière de la Providence, pourvu qu'ils ne disent rien qui blesse ouvertement les attributs divins, pourvu qu'ils ne donnent pas à Dieu des desseins injustes et bizarres, et qu'ils ne le fassent point agir pour satisfaire leurs inclinations déréglées. Mais pour les philosophes, et surtout certains prétendus esprits forts, assurément je ne souffrirai pas leurs impertinentes railleries. J'espère que j'aurai mon tour, et que je les embarrasserai fort. Ils m'ont quelquefois réduit au silence, mais je les obligerai bien à se taire, car j'ai maintenant de quoi répondre à tout ce qu'ils m'ont objecté de plus spécieux et de plus fort.

VIII. Théodore. — Prenez garde, Ariste, que la vanité et l'amour-propre n'animent un peu votre zèle. Ne cherchez point d'adversaires pour avoir la gloire et le plaisir de les vaincre. C'est la vérité qu'il faut faire triompher de ceux qui l'ont combattue. Si vous prétendez les confondre, vous ne les gagnerez pas, et peut-être qu'ils vous confondront encore; car, je le veux, vous avez de quoi les obliger au silence; mais c'est supposé qu'ils veulent entendre raison, ce qu'assurément ils ne feront pas, quand ils sentiront que vous voulez l'emporter. S'ils vous raillent, ils auront les rieurs de leur côté; s'ils s'effraient, ils répandront la frayeur dans les esprits. Vous serez seul avec vos principes, auxquels personne ne comprendra rien. Je vous conseille donc, Ariste, de prendre en particulier ces personnes que vous avez en vue, et de leur proposer votre sentiment, comme pour apprendre d'eux ce que vous devez en croire. Il faudra, pour vous répondre, qu'ils s'appliquent à l'examiner, et peut-être que l'évidence les convaincra. Prenez garde surtout qu'ils ne s'imaginent pas que vous les jouez. Parlez en disciple de bonne foi, afin qu'ils ne reconnaissent point votre charitable dissimulation. Mais lorsque vous aurez reconnu que la vérité les pénètre, alors combattez-la sans crainte qu'ils l'abandonnent. Ils la regarderont comme un bien qui leur appartient, et qu'ils auront acquis par leur application et par leur travail; ils prendront intérêt dans sa défense, non peut-être qu'ils l'aiment véritablement, mais parce que leur amour-propre y trouvera son compte. Ainsi vous les engagerez dans le parti de la vérité, et vous formerez entre elle et eux des liaisons d'intérêt qu'ils ne rompront pas facilement. La plupart des hommes regardent la vérité comme un meuble fort inutile, ou plutôt comme un meuble fort embarrassant et fort incommode. Mais lorsqu'elle est de leur invention, et qu'ils la regardent comme un bien qu'on veut leur enlever, ils s'y attachent si fort et la considèrent si attentivement, qu'ils ne peuvent plus l'oublier.

ARISTE. — Vous avez raison, Théodore; pour gagner sûrement les gens, il faut trouver le moyen de dédommager leur amour-propre; c'est là le secret. Je tâcherai de suivre exactement votre conseil charitable. Mais pensez-vous que je possède assez bien vos principes pour en convaincre les autres, et pour répondre à toutes leurs difficultés?

THÉODORE. — Si vous êtes bien résolu de prendre avec vos gens l'air et les manières de disciple, il n'est pas nécessaire que vous les sachiez plus exactement, ces principes. Ils vous les apprendront aussi bien que moi.

ARISTE. — Comment, Théodore, aussi bien que vous?

THÉODORE. — Mieux que moi, Ariste; vous le verrez par expérience. Souvenez-vous seulement des principales vérités que je vous ai expliquées et auxquelles vous devez rapporter toutes les interrogations que vous leur ferez.

Souvenez-vous que Dieu ne peut agir que selon ce qu'il est, que d'une manière qui porte le caractère de ses attributs; qu'ainsi il ne forme point ses desseins indépendamment des voies de les exécuter, mais qu'il choisit et l'ouvrage et les voies qui tout ensemble expriment davantage les perfections qu'il se glorifie de posséder, que tout autre ouvrage par toute autre voie. Voilà, Ariste, le principe le plus général et le plus fécond.

Souvenez-vous que plus il y a de simplicité, d'uniformité,

de généralité dans la Providence, y ayant égalité dans le reste, plus elle porte le caractère de la Divinité; qu'ainsi Dieu gouverne le monde par des lois générales, pour faire éclater sa sagesse dans l'enchaînement des causes.

Mais souvenez-vous que les créatures n'agissent point les unes sur les autres par leur efficace propre, et que Dieu ne leur a communiqué sa puissance, que parce qu'il a établi leurs modalités causes occasionnelles, qui déterminent l'efficace des lois générales qu'il s'est prescrites. Tout dépend de ce principe.

IX. Voici, Ariste, les lois générales selon lesquelles Dieu règle le cours ordinaire de sa Providence :

1. Les lois générales des communications des mouvements, desquelles lois le choc des corps est la cause occasionnelle ou naturelle. C'est par l'établissement de ces lois que Dieu a communiqué au soleil la puissance d'éclairer, au feu celle de brûler, et ainsi des autres vertus qu'ont les corps pour agir les uns sur les autres ; et c'est en obéissant à ses propres lois que Dieu fait tout ce que font les causes secondes.

2. Les lois de l'union de l'âme et du corps, dont les modalités sont réciproquement causes occasionnelles de leurs changements. C'est par ces lois, que j'ai la puissance de parler, de marcher, de sentir, d'imaginer, et le reste, et que les objets ont, par mes organes, le pouvoir de me toucher et de m'ébranler. C'est par ces lois, que Dieu m'unit à tous ses ouvrages.

3. Les lois de l'union de l'âme avec Dieu, avec la substance intelligible de la Raison universelle, desquelles lois notre attention est la cause occasionnelle. C'est par l'établissement de ces lois, que l'esprit a le pouvoir de penser à ce qu'il veut et de découvrir la vérité. Il n'y a que ces trois lois générales que la Raison et l'expérience nous apprennent. Mais l'autorité de l'Écriture nous en fait connaître encore deux autres, savoir :

4. Les lois générales qui donnent aux Anges bons et mauvais, pouvoir sur les corps, substances inférieures à leur nature [1]. C'est par l'efficace de ces lois que les anges ont

---

1. Voy. le dernier *Éclaircissement* du *Traité de la Nature et de la Grâce,* et la *Réponse à la Dissertation de M. Arnauld* contre cet *Éclaircissement.*

gouverné le peuple juif, qu'ils l'ont puni et récompensé par
des biens et des maux temporels, selon l'ordre qu'ils en
avaient reçu de Dieu; c'est par l'efficace de ces lois, que les
Démons ont encore le pouvoir de nous tenter, et que nos
Anges tutélaires ont celui de nous défendre. Les causes
occasionnelles de ces lois sont leurs désirs pratiques; car
il y a contradiction qu'un autre que le créateur des corps
en puisse être le moteur.

5. Les lois enfin par lesquelles Jésus-Christ a reçu la souveraine puissance dans le Ciel et sur la terre, non seulement
sur les corps, mais sur les esprits; non seulement pour distribuer les biens temporels, comme les Anges à la syna-
gogue, mais pour répandre dans les cœurs la grâce intérieure qui nous rend enfants de Dieu et qui nous donne
droit aux biens éternels[1]. Les causes occasionnelles de ces
lois sont les divers mouvements de l'âme sainte de Jésus;
car notre Médiateur et souverain Prêtre intercède sans cesse,
et son intercession est toujours et très promptement exaucée.

Voilà, Ariste, les lois les plus générales de la nature et
de la Grâce que Dieu suit dans le cours ordinaire de sa Providence. C'est par ces lois, qu'il exécute ses desseins d'une
manière qui porte admirablement le caractère de sa prescience infinie, de sa qualité de scrutateur des cœurs, de son
immutabilité et de ses autres attributs. C'est par ces lois,
qu'il communique sa puissance aux créatures, et qu'il leur
donne part à la gloire de l'ouvrage qu'il exécute par leur
ministère. C'est même par cette communication de sa puissance et de sa gloire, qu'il rend le plus d'honneur à ses
attributs; car il faut une sagesse infinie pour se servir aussi
heureusement des causes libres que des causes nécessaires,
dans l'exécution de ses desseins.

Mais quoique Dieu se soit prescrit ces lois générales, et
encore quelques autres dont il n'est pas nécessaire de parler,
comme sont celles par lesquelles le feu de l'enfer a le pouvoir de tourmenter les Démons, les eaux du baptême celui
de nous purifier, et autrefois les eaux très amères de la
jalousie celui de punir l'infidélité des femmes [2], et ainsi des

1. Voy. le deuxième discours du *Traité de la Nature et de la Grâce.*
2. *Nomb.*, V, 14.

autres; quoique Dieu se soit, dis-je, prescrit ces lois, et qu'il ne quitte point sans de grandes raisons la généralité de sa conduite, souvenez-vous bien que, lorsqu'il reçoit plus de gloire en la quittant qu'en la suivant, alors il ne manque jamais de l'abandonner; car pour accorder les contradictions qui paraissent dans les effets de la Providence, il suffit que vous souteniez que Dieu agit et doit agir ordinairement par des lois générales. Retenez donc bien ces principes, et réglez vos interrogations de manière qu'elles ne tendent qu'à les faire envisager aux personnes que vous prétendez convertir.

ARISTE. — Je le ferai, Théodore, et j'espère que je réussirai dans mon dessein; car tous ces principes me paraissent si évidents, si bien liés les uns aux autres, et tellement d'accord avec ce que nous voyons arriver, que, pourvu que les préjugés et les passions ne mettent point trop d'obstacle à l'impression qu'ils doivent faire sur leur esprit, il sera bien difficile qu'ils y résistent. Je vous remercie de l'avis que vous m'avez donné de dédommager leur amour-propre; car je vois bien que je gâterais tout, si je m'y prenais comme j'en aurais bonne envie. Mais, Théodore, supposez que je réussisse dans mon dessein, et que je les aie bien convaincus de la vérité de nos principes, comment pourrais-je les obliger à reconnaître l'autorité de l'Église? car ils sont nés dans l'hérésie, et je voudrais bien les en retirer.

THÉODORE. — Vraiment, Ariste, voilà bien une autre affaire. Vous pensez peut-être qu'il suffit de donner de bonnes preuves de l'infaillibilité de l'Église pour convertir les hérétiques. Il faut, Ariste, que le ciel s'en mêle; car l'esprit de parti forme tous les jours tant de liaisons secrètes dans le cœur de ceux qui y sont malheureusement engagés, que cela les aveugle et les ferme à la vérité. Si quelqu'un vous exhortait à vous faire huguenot, assurément vous ne l'écouteriez pas volontiers. Sachez donc qu'ils sont peut-être plus ardents que nous, parce que, dans l'état où ils se trouvent, ils se sont, plus souvent que nous, exhortés les uns les autres à donner des marques de leur fermeté. Ayant donc une infinité d'engagements, de liaisons, de préjugés, de raisons d'amour-propre qui les arrête dans leur secte, quelle adresse ne faut-il point pour les obliger à considérer sans prévention les preuves qu'on peut leur donner qu'ils sont dans l'erreur!

ARISTE. — Je sais, Théodore, que leur délicatesse est extrême sur le fait de la religion, et que, pour peu qu'on les frappe[1] par cet endroit-là, toutes leurs passions se révoltent. Mais ne craignez point; car, outre que ceux dont je parle ne sont pas si sensibles que beaucoup d'autres, je prendrai si bien les manières d'un disciple bien soumis, que je les obligerai, pour me répondre, à examiner les doutes que je leur proposerai. Donnez-moi seulement quelques preuves de l'infaillibilité de l'Église, conformes à l'idée que vous m'avez donnée de la Providence.

X. THÉODORE. — Il est certain par l'Écriture, que les hérétiques n'osent rejeter, que « Dieu veut que tous les hommes soient sauvés, et qu'ils viennent à la connaissance de la vérité[2]. » Il faut donc trouver dans l'ordre de la Providence de bons moyens pour faire venir tous les hommes à la connaissance de la vérité.

ARISTE. — Je nie cette conséquence. Dieu veut que tous les hommes soient sauvés; mais il ne veut pas faire ce qu'il faudrait pour les sauver tous; s'il le voulait, tous seraient sauvés; les Chinois et tant d'autres peuples ne seraient pas privés de la connaissance du vrai Dieu et de son fils Jésus-Christ, en quoi consiste la vie éternelle.

THÉODORE. — Je ne vous dis pas, Ariste, que Dieu veuille faire tout ce qu'il faudrait pour sauver tous les hommes; il ne veut pas faire à tous moments des miracles; il ne veut pas répandre dans tous les cœurs des grâces victorieuses; sa conduite doit porter le caractère de ses attributs, et il ne doit point quitter, sans de grandes raisons, la généralité de sa Providence; sa sagesse ne lui permet pas de proportionner toujours son secours au besoin actuel des méchants et à la négligence prévue des justes. Tous les hommes seraient sauvés s'il en usait de la sorte envers nous. Je prétends seulement qu'il faut trouver dans la Providence des moyens généraux qui répondent à la volonté que Dieu a que tous les hommes viennent à la connaissance de la

---

1. Au lieu de « frappe », la première édition donne : « touche rudement ».
2. *Tim.*, II, 4.

vérité. Or, on ne peut y arriver, à cette connaissance, que par deux voies, par celle de l'examen ou par celle de l'autorité.

ARISTE. — Je vous entends, Théodore; la voie de l'examen répond peut-être à la volonté que Dieu a de sauver les savants; mais Dieu veut sauver les pauvres, les simples, les ignorants, ceux qui ne savent pas lire, aussi bien que MM. les critiques. Encore ne vois-je pas que les Grotius, les Coccejus, les Saumaise, les Buxtorf soient arrivés à cette connaissance de la vérité où Dieu veut que nous arrivions tous. Peut-être que Grotius en était proche quand la mort l'a surpris. Mais quoi! la Providence ne pourvoit-elle qu'au salut de ceux qui ont assez de vie, aussi bien que d'esprit et de science, pour discerner la vérité de l'erreur? Assurément, cela n'est pas vraisemblable. La voie de l'examen est tout à fait insuffisante. Maintenant que la raison de l'homme est affaiblie, il faut le conduire par la voie de l'autorité. Cette voie est sensible, elle est sûre, elle est générale, elle répond parfaitement à la volonté que Dieu a que tous les hommes viennent à la connaissance de la vérité. Mais où trouverons-nous cette autorité infaillible, cette voie sûre que nous puissions suivre sans craindre l'erreur? Les hérétiques prétendent qu'elle ne se trouve que dans les livres sacrés.

XI. THÉODORE. — Elle se trouve dans les Livres sacrés, mais c'est par l'autorité de l'Église que nous le savons. Saint Augustin a eu raison de dire que, sans l'Église, il ne croirait pas à l'Évangile. Comment est-ce que les simples peuvent être certains que les quatre Évangiles que nous avons ont une autorité infaillible? Les ignorants n'ont aucune preuve qu'ils sont des auteurs qui portent leur nom et qu'ils n'ont point été corrompus dans les choses essentielles; et je ne sais si les savants en ont des preuves bien sûres. Mais, quand nous serions certains que l'Évangile de saint Matthieu, par exemple, est de cet apôtre, et qu'il est tel aujourd'hui qu'il l'a composé, assurément, si nous n'avons point d'autorité infaillible qui nous apprenne que cet évangéliste a été divinement inspiré, nous ne pouvons point appuyer notre foi sur ses paroles, comme sur celles de Dieu même. Il y en a qui prétendent que la divinité des Livres

sacrés est si sensible, qu'on ne peut les lire sans s'en apercevoir. Mais sur quoi cette prétention est-elle appuyée? Il
faut autre chose que des soupçons et des préjugés, pour
leur attribuer l'infaillibilité. Il faut, ou que le Saint-Esprit
le révèle à chaque particulier, ou qu'il le révèle à
l'Église pour tous les particuliers. Or, l'un est bien plus
simple, plus général, plus digne de la Providence que
l'autre.

Mais je veux que tous ceux qui lisent l'Écriture sachent,
par une révélation particulière, que l'Évangile est un livre
divin et qui n'a point été corrompu par la malice et la négligence des copistes; qui nous en donnera l'intelligence? Car
la raison ne suffit pas pour en prendre toujours le vrai
sens. Les sociniens sont raisonnables aussi bien que les
autres hommes, et ils y trouvent que le Fils n'est point
consubstantiel au Père. Les calvinistes sont hommes comme
les luthériens, et ils prétendent que ces paroles : *Prenez,
mangez, ceci est mon corps*, signifient, dans le lieu où elles
sont, que, ce que Jésus-Christ donne à ses Apôtres n'est
guère que la figure de son corps. Qui détrompera les uns ou
les autres? qui les conduira à la connaissance de la vérité
où Dieu veut que nous arrivions tous? Il faudra à tous
moments à chaque particulier une assistance du Saint-
Esprit, que les hérétiques refusent à toute l'Église lorsqu'elle
est assemblée pour former ses décisions. Quelle extravagance, quel aveuglement, que d'orgueil! On s'imagine qu'on
entend mieux l'Écriture que l'Église universelle, qui conserve le sacré dépôt de la tradition, et qui mérite un peu
plus que chaque particulier, que Jésus-Christ, qui en est le
chef, s'applique à la défendre contre les puissances de
l'enfer.

XII. La plupart des hommes sont persuadés que Dieu
les conduit par une providence particulière, ou plutôt, qu'il
conduit ainsi ceux pour lesquels ils sont prévenus d'une
grande estime; ils sont disposés à croire que tel est chéri de
Dieu de manière qu'il ne permettra pas qu'il tombe dans
l'erreur, ni qu'ils l'y engagent; ils lui attribuent une espèce
d'infaillibilité, et ils s'appuient volontiers sur cette autorité
chimérique qu'ils se sont faite par quantité de réflexions
sur les grandes et excellentes qualités du personnage, pour

se délivrer [1] du travail incommode de l'examen. Ce sont des aveugles qui en suivent d'autres, et qui tomberont avec eux dans le précipice. C'est que tout homme est sujet à l'erreur : *Omnis homo mendax*. Il est vrai que nous avons besoin d'une autorité visible, maintenant que nous ne pouvons pas facilement rentrer en nous-mêmes pour consulter la Raison, et qu'il y a des vérités nécessaires au salut, que nous ne pouvons apprendre que par la Révélation. Mais cette autorité sur laquelle nous devons nous appuyer, doit être générale et l'effet d'une providence générale. Dieu n'agit point ordinairement par des volontés particulières dans les esprits pour empêcher qu'ils ne se trompent. Cela ne s'accommode pas avec l'idée que nous devons avoir de la Providence, qui doit porter le caractère des attributs divins. Dieu a commis à notre Médiateur le soin de notre salut; mais Jésus-Christ lui-même imite, autant que cela se peut, la conduite de son Père en faisant servir la nature à la Grâce, et en choisissant des moyens généraux pour l'exécution de son ouvrage; il a envoyé ses Apôtres par tout le monde pour annoncer aux peuples les vérités de l'Évangile; il a donné à son Église des évêques, des prêtres, des docteurs, un chef visible pour la gouverner; il a établi des sacrements pour répandre sa Grâce dans les cœurs, marque certaine qu'il construit son ouvrage par des voies générales et que les lois de la nature lui fournissent. Jésus-Christ peut, sans doute, éclairer intérieurement les esprits sans le secours de la prédication; mais, apparemment, il ne le fera pas. Il peut, sans le baptême, nous régénérer, mais il ne veut pas rendre inutiles ses sacrements; il n'agira jamais en tel et tel d'une manière particulière sans quelque raison particulière, sans quelque espèce de nécessité. Mais où est la nécessité qu'il éclaire particulièrement tel et tel critique, afin qu'il prenne bien le sens d'un passage de l'Écriture? L'autorité de l'Église suffit pour empêcher qu'on ne s'égare; pourquoi ne veut-on pas s'y soumettre? Il suffit que Jésus-Christ conserve à l'Église son infaillibilité, pour conserver en même temps la Foi dans tous les enfants humbles et obéissant à leur mère. Malheur aux téméraires et aux présomptueux qui s'atten-

---

1. 1ʳᵉ édition : « pour se délivrer par là ».

dent que Jésus-Christ les éclaire particulièrement contre la Raison, contre l'ordre de sa conduite qu'il a réglé sur l'Ordre immuable! Jésus-Christ ne manque jamais d'assister les justes dans leurs besoins; il ne leur refuse jamais la Grâce nécessaire pour vaincre les tentations; il leur ouvre l'esprit dans la lecture des Livres saints; il récompense souvent leur Foi par le don de l'intelligence; c'est que cela est conforme à l'Ordre et nécessaire pour leur instruction et l'édification des peuples. Mais, pour conserver notre Foi, dans les matières décidées, nous avons l'autorité de l'Église; cela suffit. Il veut que nous y soyons soumis. Il n'y a que lui de qui nous puissions recevoir les secours nécessaires pour vaincre les tentations. Voilà pourquoi il intercède sans cesse pour conserver en nous notre charité; mais il n'intercède point sans cesse afin que les présomptueux ne tombent point dans l'erreur en lisant les Écritures, nous ayant donné une autorité infaillible sur laquelle nous devons nous appuyer, celle de l'Église du Dieu vivant, qui est la colonne et le ferme appui de la vérité : *columna et firmamentum veritatis* [1].

ARISTE. — Ce que vous me dites là, Théodore, s'accorde parfaitement avec l'idée que vous m'avez donnée de la Providence. Dieu a ses lois générales, et notre Médiateur et notre Chef ses règles, qu'il suit inviolablement, comme Dieu ses lois, si l'Ordre immuable, qui est la loi primitive de toutes les intelligences, ne demande des exceptions. Il est infiniment plus simple et plus conforme à la Raison, que Jésus-Christ assiste son Église pour l'empêcher de tomber dans l'erreur, que chaque particulier, et principalement que celui qui a la témérité de révoquer en doute des matières décidées, et qui par là accuse le Sauveur ou d'avoir abandonné son Épouse ou de n'avoir pu la défendre; car un hérétique ne peut refuser de croire les décisions de l'Église, que sur ce principe qu'elle enseigne l'erreur, et qu'ainsi Jésus-Christ ne peut ou ne veut pas la conduire; il croit donc que Jésus-Christ, contre sa promesse, abandonne sa chère Épouse, et par conséquent tous les catholiques plutôt que lui [2]. Nous avons besoin maintenant d'une

---

1. *Tim.*, III, 15.
2. Toute la phrase : « Car un hérétique ne peut refuser... les catholiques plutôt que lui », manque dans la première édition.

autorité infaillible. La Providence y a pourvu; et cela d'une manière qui me paraît digne des attributs divins et des qualités de notre Sauveur Jésus-Christ, d'une manière qui répond parfaitement à cette volonté de Dieu, que tous les hommes soient sauvés et qu'ils viennent à la connaissance de la vérité.

THÉODORE. — Il est vrai, Ariste; car l'Église apostolique et romaine est visible et reconnaissable. Elle est perpétuelle pour tous les temps et universelle pour tous les lieux; du moins est-ce la société la plus exposée aux yeux de toute la terre et la plus vénérable pour son antiquité. Toutes les sectes particulières n'ont aucun caractère de vérité, aucune marque de divinité. Celles qui paraissent maintenant avoir quelque éclat ont commencé longtemps après elle. C'est ce que tout le monde sait, et ceux-là même qui se laissent éblouir de ce petit éclat qui ne passe guère les bornes de leur pays. Ainsi Dieu a pourvu tous les hommes, autant que ses lois générales le lui ont permis, d'un moyen facile et sûr pour arriver à la connaissance de la vérité.

THÉOTIME. — Je ne comprends pas, Ariste, sur quel fondement on peut douter de l'infaillibilité de l'Église de Jésus-Christ. Est-ce que les hérétiques ne croient pas qu'elle a été divinement établie, qu'elle est divinement gouvernée, pour douter qu'elle soit divinement inspirée? Il faut n'avoir nulle idée de l'Église de Jésus-Christ, il faut la regarder comme les autres sociétés, pour la croire sujette à l'erreur dans les décisions qu'elle fait pour l'instruction de ses enfants. Oui, Ariste, il n'y a personne, s'il n'est étrangement prévenu, qui ne voie d'abord que, puisque Jésus-Christ est le chef de l'Église, qu'il en est l'époux, qu'il en est le protecteur, il est impossible que les portes de l'enfer prévalent contre elle, et qu'elle enseigne l'erreur. Pourvu qu'on ait de Jésus-Christ l'idée qu'il en faut avoir, on ne peut pas concevoir que son Église devienne la maîtresse de l'erreur [1]. Il ne faut point pour cela entrer dans un grand examen : c'est une vérité qui saute aux yeux des plus simples et des plus grossiers. Dans toutes les sociétés il faut une autorité.

---

1. Les mots : « on ne peut concevoir... maîtresse de l'erreur », manquent dans la première édition.

Tout le monde en est convaincu. Les hérétiques même
veulent que ceux de leur secte se soumettent aux décisions
de leurs synodes. En effet, une société sans autorité c'est
un monstre à plusieurs têtes. Or l'Église est une société
établie divinement pour conduire les hommes à la connaissance de la vérité. Donc, il est évident que son autorité
doit être infaillible, afin qu'on puisse parvenir où Dieu veut
que nous arrivions tous, sans être obligés de suivre la voie
périlleuse et insuffisante de l'examen.

THÉODORE. — Supposons même, Ariste, que Jésus-Christ
ne soit ni le chef, ni l'époux de l'Église, qu'il ne veille point
sur elle, qu'il ne soit point au milieu d'elle jusqu'à la consommation des siècles, pour la défendre contre les puissances de l'enfer; elle n'aurait plus cette infaillibilité divine
qui est le fondement inébranlable de notre Foi. Néanmoins,
il me paraît évident qu'il faut avoir perdu l'esprit, ou être
prévenu d'un entêtement prodigieux, pour préférer les opinions des hérétiques aux décisions de ses conciles. Prenons
un exemple. Nous sommes en peine de savoir si c'est le
corps de Jésus-Christ, ou la figure de son corps, qui est dans
l'Eucharistie. Nous convenons tous que les Apôtres savaient
bien ce qui en était. Nous convenons qu'ils ont enseigné
ce qu'il en fallait croire dans toutes les églises qu'ils ont
fondées. Que fait-on pour éclaircir ce dont on conteste?
On convoque des assemblées les plus générales que l'on
peut. On fait venir dans un même lieu les meilleurs témoins
que l'on puisse avoir de ce que l'on croit dans divers pays.
Les évêques savent bien que, dans l'Église où ils président,
on croit, ou non, que le corps de Jésus-Christ soit dans
l'Eucharistie. On leur demande donc, à eux, ce qu'ils en
pensent. Ils déclarent que c'est un article de leur foi, que
le pain est changé au corps de Jésus-Christ. Ils prononcent
anathème contre ceux qui soutiennent le contraire. Les
évêques des autres églises, qui n'ont pu se trouver à l'assemblée, approuvent positivement la décision; ou, s'ils n'ont
point de commerce avec ceux du concile, ils se taisent et
témoignent assez, par leur silence, qu'ils sont dans le même
sentiment; autrement ils ne manqueraient pas de le condamner, car les Grecs n'épargnent pas trop les Latins. Cela
étant, je soutiens que, même dans la supposition que Jésus-

Christ ait abandonné son Église, il faut avoir renoncé au sens commun, pour préférer l'opinion de Calvin ou de Zwingle [1] à celle de tous ces témoins, qui attestent un fait qu'il n'est pas possible qu'ils ignorent.

ARISTE. — Cela est dans la dernière évidence. Mais on vous dira que ces évêques, qui ne peuvent ignorer ce que l'on croit actuellement dans leurs églises sur le fait de l'Eucharistie, peuvent ne pas savoir ce que l'on en croyait il y a mille ans; et qu'il se peut faire que toutes les églises particulières soient insensiblement tombées dans l'erreur.

THÉODORE. — En supposant que Jésus-Christ ne gouverne point son Église, je conviens qu'il se peut faire que toutes les églises généralement tombent dans l'erreur; mais qu'elles tombent toutes dans la même erreur, cela est moralement impossible; qu'elles y tombent, sans que l'histoire ait laissé des marques éclatantes de leurs contestations, autre impossibilité morale; qu'elles tombent toutes enfin dans une erreur semblable à celle que les calvinistes nous attribuent, impossibilité absolue. Car qu'est-ce que l'Église a décidé? Que le corps d'un homme se trouve en même temps en une infinité de lieux; que le corps d'un homme se trouve dans un aussi petit espace qu'est l'Eucharistie; qu'après que le prêtre a prononcé quelques paroles, le pain se change au corps de Jésus-Christ, et le vin en son sang. Quoi! cette folie (je parle en hérétique), cette extravagance sera montée dans la tête des chrétiens de toutes les églises? Il faut, ce me semble, être insensé pour le soutenir. Jamais une même erreur n'est généralement approuvée, si elle n'est généralement conforme aux dispositions de l'esprit. Tous les peuples ont pu adorer le soleil. Pourquoi? C'est que cet astre éblouit généralement tous les hommes. Mais si un peuple insensé a adoré les souris, un autre aura adoré les chats. Si Jésus-Christ abandonnait son Église, tous les chrétiens pourraient bien donner peu à peu dans l'hérésie de Calvin sur l'Eucharistie, parce qu'effectivement cette erreur ne choque ni la Raison ni les sens. Mais que toutes les églises chrétiennes soient entrées dans une opinion qui révolte l'imagination, qui choque les sens, qui étonne la Raison, et cela si insen-

---

1. Les mots : « ou de Zwingle », manquent dans la première édition.

siblement qu'on ne s'en soit point aperçu [1], encore un coup,
il faut avoir renoncé au sens commun, il faut n'avoir nulle
connaissance de l'homme, et n'avoir jamais fait de réflexion
sur ses dispositions intérieures, pour le soutenir.

Mais je le veux, Ariste, que Dieu ayant abandonné son
Église, il soit possible que tous les chrétiens tombent dans
une même erreur, erreur choquante et tout à fait contraire
aux dispositions de l'esprit humain, et cela sans même qu'on
s'en aperçoive; je prétends encore, nonobstant cette supposition, qu'on ne peut refuser de se soumettre aux décisions
de l'Église sans une prévention ridicule. Selon la supposition, il est possible que l'Église se trompe. Il est vrai; mais
sans rien supposer, il peut arriver bien plus naturellement
qu'un particulier tombe dans l'erreur. Il ne s'agit pas d'une
vérité qui dépende de quelques principes de métaphysique,
mais d'un fait, de ce que, par exemple, Jésus-Christ a voulu
dire par ces paroles : *Ceci est mon corps*, ce qu'on ne peut
mieux savoir que par le témoignage de ceux qui ont succédé
aux Apôtres. Ce que le concile a décidé est contraire à ce
qu'on a cru autrefois. Fort bien. C'est donc que tous les
évêques ensemble ne savaient pas la tradition aussi bien
que Calvin. Mais où sont les auteurs anciens qui disent aux
peuples, comme ils y étaient obligés : Prenez garde! ces
paroles, *Ceci est mon corps*, ne veulent pas dire que c'est le
corps de Jésus-Christ, mais seulement la figure de son corps?
Pourquoi les confirment-ils dans la pensée que ces paroles
si claires font naître naturellement dans l'esprit, et si naturellement que, quoique rien ne paraisse plus incroyable que
le sens qu'elles renferment, toutes les églises se sont crues
obligées de le recevoir? Comme une même chose peut être
à divers égards et figure et réalité, j'avoue qu'il y a des
Pères qui ont parlé de l'Eucharistie comme d'une figure. Car,
effectivement, le sacrifice de la messe figure ou représente
celui de la croix. Mais ils ne devaient pas se contenter
d'appuyer sur la figure; ils devaient rejeter avec soin la
réalité. Cependant, on remarque tout le contraire. Ils ont
peur que notre foi ne chancelle sur la difficulté qu'il y a à

---

1. Var. de la première édition : « tout cela insensiblement, sans qu'on s'en
soit aperçu... »

croire la réalité, et ils nous rassurent souvent par l'autorité
de Jésus-Christ et par la connaissance que nous avons de
la puissance divine.

Que si on se retranche à dire que la décision du concile est
contraire à la raison et au bon sens, je soutiens encore que,
plus elle paraît choquer la raison et le bon sens, plus il est
certain qu'elle est conforme à la vérité. Car enfin, est-ce
que les hommes des siècles passés n'étaient pas faits comme
ceux d'aujourd'hui? Notre imagination se révolte lorsqu'on
nous dit que le corps de Jésus-Christ est en même temps
dans le Ciel et sur nos autels. Mais, sérieusement, pense-t-on
qu'il y ait eu un siècle où les hommes ne fussent point
frappés d'une pensée si effrayante? Cependant on a cru
dans toutes les églises chrétiennes ce terrible mystère. Le
fait est constant par le témoignage de ceux qui le peuvent
le mieux savoir, je veux dire par les suffrages des évêques.
C'est donc que les hommes ont été instruits par une autorité supérieure, par une autorité qu'ils ont crue infaillible
et que l'on voit d'abord sans aucun examen être infaillible,
lorsqu'on a de Jésus-Christ et de son Église l'idée qu'il en
faut avoir. Ainsi, qu'on suppose tout ce qu'on voudra, il
n'y a pas à balancer sur ce qu'on doit croire, lorsqu'on voit
d'un côté, la décision d'un concile, et de l'autre, les dogmes
d'un particulier ou d'une assemblée particulière que l'Église
n'approuve pas.

ARISTE. — Je comprends, Théodore, par les raisons que
vous me dites là, que ceux qui ôtent à l'Église de Jésus-
Christ l'infaillibilité qui lui est essentielle, ne se délivrent
pas pour cela de l'obligation de se soumettre à ses décisions.
Pour en être francs et quittes, de cette obligation, il faut
qu'ils renoncent au sens commun. Néanmoins on remarque
si souvent que les opinions les plus communes ne sont pas
les plus véritables, qu'on est assez porté à croire que ce
qu'avance un savant homme est bien plus sûr que ce qu'on
entend dire à tout le monde.

THÉODORE. — Vous touchez, Ariste, une des principales
causes de la prévention et de l'opiniâtreté des hérétiques.
Ils ne distinguent point assez entre les dogmes de la foi, et
les vérités que l'on ne peut découvrir que par le travail de
l'attention. Tout ce qui dépend d'un principe abstrait

n'étant [1] point à la portée de tout le monde, le bon sens veut
qu'on se défie de ce qu'en pense la multitude. Il est infiniment plus vraisemblable qu'un seul homme, qui s'applique
sérieusement à la recherche de la vérité, l'ait rencontrée,
qu'un million d'autres qui n'y pensent seulement pas. Il
est donc vrai, et on le remarque souvent, que les sentiments
les plus communs ne sont pas les plus véritables. Mais en
matière de foi, c'est tout le contraire. Plus il y a de témoins
qui attestent un fait, plus ce fait a de certitude. Les dogmes
de la religion ne s'apprennent point par la spéculation ;
c'est par l'autorité, par le témoignage de ceux qui conservent le dépôt sacré de la tradition. Ce que tout le monde
croit, ce que l'on a toujours cru, c'est ce qu'il faudra croire
éternellement ; car, en matière de foi, de vérités révélées,
de dogmes décidés, les sentiments communs sont les véritables. Mais le désir de se distinguer fait qu'on révoque en
doute ce que tout le monde croit, et qu'on assure pour indu-
bitable ce qui passe ordinairement pour fort incertain.
L'amour-propre n'est pas satisfait quand on n'excelle point
au-dessus des autres, et qu'on ne sait que ce que personne
n'ignore. Au lieu de bâtir solidement sur les fondements de
la Foi, et de s'élever par l'humilité à l'intelligence des vérités
sublimes où elle conduit ; au lieu de mériter par là, et devant
Dieu et devant les personnes équitables, une véritable et
solide gloire, on se fait un plaisir malin et un sujet de vanité
d'ébranler ces fondements sacrés, et on se va froisser imprudemment sur cette pierre terrible qui écrasera tous ceux
qui auront l'insolence de la heurter.

ARISTE. — En voilà, Théodore, plus qu'il ne m'en faut
pour interroger mes gens, et pour les conduire où je le souhaite depuis longtemps. Si l'Église est divinement gouvernée, il faut bien qu'elle soit divinement inspirée. Si
Jésus-Christ en est le chef, elle ne peut pas devenir la maîtresse de l'erreur. Dieu, voulant que tous les hommes
viennent à la connaissance de la vérité, n'a pas dû laisser
à la discussion de l'esprit humain la voie qui y conduit. Il
faut que sa Providence ait trouvé un moyen sûr et facile

1. Var. de la première édition : « Tout ce qui dépend de principes abstraits
n'étant... »

pour les simples, aussi bien que pour les savants. Les révélations particulières faites à tous ceux qui lisent l'Écriture, ne s'accommodent nullement avec l'idée que nous devons avoir de la Providence divine. L'expérience nous apprend que chacun l'explique selon ses préjugés. Enfin, dans la supposition même que Jésus-Christ ne gouverne point son Église, on ne peut, sans une prévention contraire au bon sens, préférer, à la décision d'un concile, les opinions particulières à quelque secte que ce soit. Tout cela, Théodore, me paraît évident. Je ne crains plus que l'entêtement dans mes amis, et je ne cherche plus que de bons moyens pour dédommager leur amour-propre; car j'appréhende fort de n'avoir pas les manières propres à les dégager des engagements de toutes sortes où je les trouverai peut-être.

Théodore. — Vous avez, Ariste, tout ce qu'il vous faut pour cela. Courage! Vous ne savez que trop comment l'homme se manie, ce qui le cabre et ce qui le fait courir. Il faut espérer que la grâce rompra ce qui pourrait les arrêter, j'entends ces liens secrets que vous ne pouvez défaire. Dans le temps que vous parlerez à leurs oreilles, peut-être que Dieu, par sa bonté, leur ouvrira l'esprit et leur touchera [1] le cœur.

---

1. Au lieu de « leur ouvrira l'esprit et leur touchera le cœur », la première édition donne : « les blessera dans le cœur ».

QUATORZIÈME ENTRETIEN

Continuation du même sujet. L'incompréhensibilité de nos mystères est une preuve certaine [1] de leur vérité. — Manière d'éclaircir les dogmes de la Foi. De l'incarnation de Jésus-Christ. Preuve de sa divinité contre les sociniens. Nulle créature, les Anges mêmes, ne peuvent adorer Dieu que par lui. Comment la Foi en Jésus-Christ nous rend agréables à Dieu.

I. ARISTE. — Ah! Théodore, comment pourrai-je vous ouvrir mon cœur? Comment vous exprimer ma joie? Comment vous faire sentir l'état heureux où vous m'avez mis? Je ressemble maintenant à un homme échappé du naufrage, ou qui trouve tout calme après la tempête. Je me suis senti souvent agité par des mouvements dangereux à la vue de nos incompréhensibles mystères. Leur profondeur m'effrayait, leur obscurité me troublait [2]; et quoique mon cœur se rendît à la force de l'autorité, ce n'était pas sans peine de la part de l'esprit; car, comme vous savez, l'esprit appréhende naturellement dans les ténèbres. Mais maintenant je trouve qu'en moi tout est d'accord; l'esprit suit le cœur. Que dis-je! l'esprit conduit, l'esprit transporte le cœur; car plus nos mystères sont obscurs, — quel paradoxe! — ils me paraissent aujourd'hui d'autant plus croyables. Oui, Théodore, je trouve dans l'obscurité même de nos mystères, reçus comme ils sont aujourd'hui de tant de nations différentes, une preuve invincible de leur vérité.

Comment, par exemple, accorder l'unité avec la trinité, une société de trois personnes différentes, dans la simplicité parfaite de la nature divine? Cela est incompréhensible, assurément, mais cela n'est pas incroyable. Cela nous passe, il est vrai; mais un peu de bon sens, et nous le croirons, du moins si nous voulons être de la religion des Apôtres; car

1. 1re édition : « démonstrative ».
2. 1re édition : « saisissait ».

enfin, supposé qu'ils n'aient point connu cet ineffable mystère, ou qu'ils ne l'aient point enseigné à leurs successeurs, je soutiens qu'il n'est pas possible qu'un sentiment si extraordinaire ait pu trouver dans les esprits cette créance universelle qu'on lui donne dans toute l'Église et parmi tant de diverses nations. Plus cet adorable mystère paraît monstrueux, — souffrez cette expression des ennemis de la Foi, — plus il choque la raison humaine, plus il soulève l'imagination, plus il est obscur, incompréhensible, impénétrable, moins est-il croyable qu'il se soit insinué naturellement dans l'esprit et dans le cœur de tous les catholiques de tant de pays si éloignés. Je le comprends, Théodore : jamais les mêmes erreurs ne se répandent universellement partout, principalement ces sortes d'erreurs qui révoltent étrangement l'imagination, qui n'ont rien de sensible, et qui semblent contredire les notions les plus simples et les plus communes.

Si Jésus-Christ ne veillait point sur son Église, le nombre des Unitaires surpasserait bientôt celui des vrais catholiques. Je comprends cela; car il n'y a rien dans les sentiments de ces hérétiques, qui n'entre naturellement dans l'esprit. Je conçois bien que des opinions proportionnées à notre intelligence peuvent s'établir avec le temps. Je conçois même que les sentiments les plus bizarres peuvent dominer parmi certains peuples d'un tour d'imagination tout singulier. Mais qu'une vérité aussi sublime, aussi éloignée des sens, aussi opposée à la raison humaine, aussi contraire, en un mot, à toute la nature qu'est ce grand mystère de notre Foi; qu'une vérité, dis-je, de ce caractère se puisse répandre universellement et triompher dans toutes les nations où les Apôtres ont prêché l'Évangile, surtout dans la supposition que ces premiers prédicateurs de notre Foi n'eussent rien su et rien dit de ce mystère, c'est assurément ce qui ne se peut concevoir, pour peu de connaissance qu'on ait de l'esprit humain.

Qu'il y ait eu des hérétiques qui se soient opposés à un dogme si relevé, je n'en suis nullement surpris. Je le serais étrangement, si jamais personne ne l'eût combattu. Peu s'en est fallu que cette vérité n'ait été opprimée. Cela peut être. On se fera toujours un mérite d'attaquer ce qui semble blesser la Raison. Mais qu'enfin le mystère de la Trinité ait prévalu, qu'il se soit établi partout où la religion de Jésus-

Christ est reçue, sans qu'il ait été connu et enseigné par les
Apôtres, sans une autorité et une force divine, il ne faut,
ce me semble, qu'un peu de bon sens pour reconnaître que
rien n'est moins vraisemblable; car il n'est pas même vraisemblable qu'un dogme si divin, si au-dessus de la Raison,
si éloigné de tout ce qui peut frapper l'imagination et les
sens, puisse venir naturellement dans l'esprit de qui que
ce soit.

II. THÉODORE. — Assurément, Ariste, vous devez avoir
l'esprit fort en repos, puisque vous savez maintenant tirer
la lumière des ténèbres mêmes, et tourner en preuve évidente
de nos mystères l'obscurité impénétrable qui les environne.
Que les sociniens blasphèment contre notre sainte Religion,
qu'ils la tournent en ridicule, leurs blasphèmes et ce ridicule
dont ils prétendent la couvrir vous en inspirent du respect.
Ce qui ébranle les autres ne peut que vous affermir. Comment ne jouiriez-vous pas d'une paix profonde? Car enfin
ce qui peut faire naître en nous quelque frayeur et quelque
trouble, ce ne sont pas ces vérités plausibles que tout le
monde croit sans peine; c'est la profondeur et l'impénétrabilité de nos mystères. Je comprends donc que vous voilà
dans un grand calme. Jouissez-en, mon cher Ariste. Mais,
je vous prie, ne jugeons pas de l'Église de Jésus-Christ
comme des sociétés purement humaines : elle a un Chef qui
ne permettra jamais qu'elle devienne la maîtresse de l'erreur;
son infaillibilité est appuyée sur la divinité de celui qui la
conduit. Il ne faut pas juger uniquement par les règles du
bon sens, que tels et tels de nos mystères ne peuvent être
des inventions de l'esprit humain; nous avons une autorité
décisive, une voie encore et plus courte et plus sûre que
cette espèce d'examen. Suivons humblement cette voie,
pour honorer par notre confiance et notre soumission la
puissance, la vigilance, la bonté et les autres qualités du
souverain Pasteur de nos âmes; car c'est en quelque manière
blasphémer contre la divinité de Jésus-Christ, ou du moins
contre sa charité pour son Épouse, que de vouloir absolument d'autres preuves des vérités nécessaires à notre salut,
que celles qui se tirent de l'autorité de l'Église.

Si vous croyez, Ariste, tel article de notre Foi parce que
vous reconnaissez clairement par l'examen que vous en faites

qu'il est de tradition apostolique, vous honorez par votre Foi la mission et l'apostolat de Jésus-Christ ; car votre Foi exprime ce jugement que vous faites, que Dieu a envoyé Jésus-Christ au monde pour l'instruire de la vérité. Mais si vous ne croyez que par cette raison, sans égard à l'autorité infaillible de l'Église, vous n'honorez pas la sagesse et la généralité de la Providence, qui fournit aux simples et aux ignorants un moyen fort sûr et fort naturel de s'instruire des vérités nécessaires au salut. Vous n'honorez pas la puissance, ou du moins la vigilance, de Jésus-Christ sur son Église ; il semble que vous le soupçonniez de vouloir l'abandonner à l'esprit d'erreur ; de sorte que la Foi de ceux qui se soumettent humblement à l'autorité de l'Église rend beaucoup plus d'honneur à Dieu et à Jésus-Christ que la vôtre, puisqu'elle exprime plus exactement les attributs divins et les qualités de notre Médiateur. Ajoutez à cela qu'elle se rapporte parfaitement avec le jugement que nous devons former de la faiblesse et de la limitation de notre esprit ; et que si, d'un côté, elle exprime notre confiance en Dieu et en la charité de Jésus-Christ, elle marque clairement, de l'autre, que nous avons de nous-mêmes une juste et salutaire défiance. Ainsi vous voyez bien que la Foi de celui qui se soumet à l'autorité de l'Église est fort agréable à Dieu, puisque, de quelque côté qu'on la considère, elle exprime les jugements que Dieu veut que nous portions de ses propres attributs, des qualités de Jésus-Christ et de la limitation de l'esprit humain.

III. Souvenez-vous néanmoins, Ariste, que la Foi humble et soumise de ceux qui se rendent à l'autorité, n'est ni aveugle ni indiscrète ; elle est fondée en raison. Assurément l'infaillibilité est renfermée dans l'idée d'une religion divine, d'une société qui a pour chef une nature subsistante dans la sagesse éternelle, d'une société établie pour le salut des simples et des ignorants. Le bon sens veut qu'on croie l'Église infaillible [1]. Il faut donc se rendre aveuglément à son autorité. Mais c'est que la Raison fait voir qu'il n'y a nul danger de s'y soumettre, et que le chrétien qui refuse de le faire dément, par son refus, le jugement qu'il doit porter des qualités de Jésus-Christ.

Notre Foi est parfaitement raisonnable dans son principe ;

1. 1ʳᵉ édition : « ...infaillible : cela me paraît ainsi. Il faut donc... »

elle ne doit point son établissement aux préjugés, mais à
la droite raison; car Jésus-Christ a prouvé d'une manière
invincible sa mission et ses qualités; sa résurrection glorieuse
est tellement attestée, qu'il faut renoncer au sens commun
pour la révoquer en doute. Maintenant la vérité ne se fait
presque plus respecter par l'éclat et la majesté des miracles;
c'est qu'elle est soutenue de l'autorité de Jésus-Christ, qu'on
reconnaît pour infaillible, et qui a promis son assistance
toute-puissante et sa vigilance pleine de tendresse à la
divine société dont il est le chef. Que la Foi de l'Église soit
combattue par les diverses hérésies des sectes particulières,
il faut que cela arrive pour manifester la fidélité des gens
de bien. Le vaisseau où repose Jésus-Christ peut être battu
de la tempête, mais il ne court aucun danger. C'est manquer
de foi que d'appréhender l'orage; il faut que les vents grondent
et que la mer enfle ses flots avant que de rendre le calme.
On ne peut sans cela faire sentir le pouvoir qu'on a de leur
commander. Mais si le Seigneur permet que les puissances
de l'enfer...

THÉOTIME. — Souffrez, Théodore, que je vous interrompe.
Vous savez que nous n'avons plus à passer avec vous que
le reste de la journée. N'en voilà que trop sur l'infaillibilité
de l'Église. Ariste en est convaincu. Donnez-nous, je vous
prie, quelques principes qui puissent nous conduire à l'intelligence des vérités que nous croyons, qui puissent augmenter
en nous le profond respect que nous devons avoir pour la
religion et pour la morale chrétienne, ou bien donnez-nous
quelque idée de la méthode dont vous vous servez dans une
matière si sublime.

IV. THÉODORE. — Je n'ai point pour cela de méthode
particulière. Je ne juge des choses que sur les idées qui les
représentent dépendamment des faits qui me sont connus.
Voilà toute ma méthode. Les principes de mes connaissances
se trouvent tous dans mes idées, et les règles de ma conduite
par rapport à la religion, dans les vérités de la Foi. Toute
ma méthode se réduit à une attention sérieuse à ce qui
m'éclaire et à ce qui me conduit.

ARISTE. — Je ne sais si Théotime conçoit ce que vous
nous dites; mais pour moi, je n'y comprends rien. Cela est
trop général.

THÉODORE. — Je crois que Théotime m'entend bien. Mais il faut s'expliquer davantage. Je distingue toujours avec soin les dogmes de la Foi, des preuves et des explications qu'on en peut donner. Pour les dogmes, je les cherche dans la tradition et dans le consentement de l'Église universelle, et je les trouve mieux marqués dans les définitions des Conciles que partout ailleurs. Je pense que vous en demeurez d'accord; puisque l'Église est infaillible, il faut s'en tenir à ce qu'elle a décidé.

ARISTE. — Mais ne les cherchez-vous pas aussi dans les saintes Écritures?

THÉODORE. — Je crois, Ariste, que le plus sûr et le plus court est de les chercher dans les saintes Écritures, mais expliquées par la tradition, — je veux dire par les Conciles généraux, — ou reçues généralement partout, expliquées par le même esprit qui les a dictées. Je sais bien que l'Écriture est un livre divin et la règle de notre Foi; mais je ne la sépare pas de la tradition, parce que je ne doute pas que les Conciles ne l'interprètent mieux que moi. Prenez équitablement ce que je vous dis. Les Conciles ne rejettent pas l'Écriture; ils la reçoivent avec respect, et par cela même ils l'autorisent par rapport aux Fidèles, qui pourraient bien la confondre avec des livres apocryphes. Mais, outre cela, ils nous apprennent plusieurs vérités que les Apôtres ont confiées à l'Église et que l'on a combattues, lesquelles vérités ne se trouvent pas facilement dans les Écritures canoniques; car combien d'hérétiques y trouvent tout le contraire! En un mot, Ariste, je tâche de bien m'assurer des dogmes sur lesquels je veux méditer pour en avoir quelque intelligence; et alors je fais de mon esprit le même usage que font ceux qui étudient la physique. Je consulte, avec toute l'attention dont je suis capable, l'idée que j'ai de mon sujet, telle que la Foi me la propose. Je remonte toujours à ce qui me paraît de plus simple et de plus général, afin de trouver quelque lumière; lorsque j'en trouve, je la contemple; mais je ne la suis qu'autant qu'elle m'attire invinciblement par la force de son évidence. La moindre obscurité fait que je me rabats sur le dogme, qui, dans la crainte que j'ai de l'erreur, est et sera toujours inévitablement ma règle dans les questions qui regardent la Foi.

Ceux qui étudient la physique ne raisonnent jamais contre l'expérience; mais aussi ne concluent-ils jamais par l'expérience contre la Raison; ils hésitent, ne voyant pas le moyen de passer de l'une à l'autre; ils hésitent, dis-je, non sur la certitude de l'expérience, ni sur l'évidence de la Raison, mais sur le moyen d'accorder l'une avec l'autre. Les faits de la Religion ou les dogmes décidés sont mes expériences en matière de théologie. Jamais je ne les révoque en doute; c'est ce qui me règle et qui me conduit à l'intelligence. Mais lorsqu'en croyant les suivre je me sens heurter contre la Raison, je m'arrête tout court, sachant bien que les dogmes de la Foi et les principes de la Raison doivent être d'accord dans la vérité, quelque opposition qu'ils aient dans mon esprit. Je demeure donc soumis à l'autorité, plein de respect pour la Raison, convaincu seulement de la faiblesse de mon esprit et dans une perpétuelle défiance de moi-même. Enfin, si l'ardeur pour la vérité se rallume, je recommence de nouveau mes recherches; et, par une attention alternative aux idées qui m'éclairent et aux dogmes qui me soutiennent et qui me conduisent, je découvre, sans autre méthode particulière, le moyen de passer de la Foi à l'intelligence. Mais pour l'ordinaire, fatigué de mes efforts, je laisse aux personnes plus éclairées ou plus laborieuses que moi une recherche dont je ne me crois pas capable; et toute la récompense que je tire de mon travail, c'est que je sens toujours de mieux en mieux la petitesse de mon esprit, la profondeur de nos mystères, et le besoin extrême que nous avons tous d'une autorité qui nous conduise. Hé bien, Ariste, êtes-vous content?

ARISTE. — Pas trop. Tout ce que vous dites là est encore si général, qu'il me semble que vous ne m'apprenez rien. Des exemples, s'il vous plaît; découvrez-moi quelque vérité, que je voie un peu comment vous vous y prenez.

THÉODORE. — Quelle vérité?

ARISTE. — La vérité fondamentale de notre religion.

THÉODORE. — Mais cette vérité vous est déjà connue, et je crois vous l'avoir bien démontrée.

ARISTE. — Il n'importe. Voyons. On ne peut trop la prouver. C'est par là qu'il faut commencer.

THÉOTIME. — Il est vrai; mais ce sera par là que nous finirons; car bientôt il faudra nous séparer.

ARISTE. — J'espère aussi que nous ne serons pas longtemps sans nous rejoindre.

V. THÉODORE. — C'est ce que je ne sais point; car je le souhaite si fort, que je crains bien que cela n'arrive pas. Mais ne raisonnons point sur l'avenir; profitons du présent; soyez attentifs à ce que je vais vous dire.

Pour découvrir par la Raison entre toutes les religions celle que Dieu a établie, il faut consulter attentivement la notion que nous avons de Dieu ou de l'Être infiniment parfait; car il est évident que tout ce que font les causes doit nécessairement avoir avec elles quelque rapport. Consultons-la donc, Ariste, cette notion de l'Être infiniment parfait, et repassons dans notre esprit tout ce que nous savons des attributs divins, puisque c'est de là que nous devons tirer la lumière dont nous avons besoin pour découvrir ce que nous cherchons.

ARISTE. — Hé bien! cela supposé?

THÉODORE. — Doucement, doucement, je vous prie. Dieu connaît parfaitement ces attributs que je suppose que vous avez présents à l'esprit. Il se glorifie de les posséder. Il en a une complaisance infinie. Il ne peut donc agir que selon ce qu'il est, que d'une manière qui porte le caractère de ces mêmes attributs. Prenez bien garde à cela; car c'est le grand principe que nous devons suivre lorsque nous prétendons connaître ce que Dieu fait ou ne fait pas. Les hommes n'agissent pas toujours selon ce qu'ils sont, mais c'est qu'ils ont honte d'eux-mêmes. Je connais un avaricieux que vous prendriez pour l'homme du monde le plus libéral. Ainsi, ne vous y trompez pas : les hommes ne prononcent pas toujours par leurs actions, et encore moins par leurs paroles, le jugement qu'ils portent d'eux-mêmes, parce qu'ils ne sont point ce qu'ils devraient être. Mais il n'en est pas de même de Dieu. L'Être infiniment parfait ne peut qu'il n'agisse selon ce qu'il est. Lorsqu'il agit, il prononce nécessairement au dehors le jugement éternel et immuable qu'il porte de ses attributs, parce qu'il se complaît en eux et qu'il se glorifie de les posséder.

ARISTE. — Cela est évident; mais je ne vois pas où tendent toutes ces généralités.

VI. THÉODORE. — A cela, Ariste, que Dieu ne prononce parfaitement le jugement qu'il porte de lui-même, que par l'incarnation de son Fils, que par la consécration de son Pontife, que par l'établissement de la religion que nous professons, dans laquelle seule il peut trouver le culte et l'adoration qui exprime ses divines perfections, et qui s'accorde avec le jugement qu'il en porte. Quand Dieu tira du néant le chaos, il prononça : Je suis le Tout-Puissant. Quand il forma l'univers, il se complut dans sa sagesse. Quand il créa l'homme libre et capable du bien et du mal, il exprima le jugement qu'il porte de sa justice et de sa bonté. Mais quand il unit son Verbe à son ouvrage, il prononce qu'il est infini dans tous ses attributs, que ce grand univers n'est rien par rapport à lui, que tout est profane par rapport à sa sainteté, à son excellence, à sa souveraine majesté. En un mot, il parle en Dieu, il agit selon ce qu'il est, et selon tout ce qu'il est. Comparez, Ariste, notre religion avec celle des Juifs, des Mahométans, et toutes les autres que vous connaissez, et jugez quelle est celle qui prononce plus distinctement le jugement que Dieu porte et que nous devons porter de ses attributs.

ARISTE. — Ah! Théodore, je vous entends.

VII. THÉODORE. — Je le suppose. Mais prenez garde à ceci: Dieu est esprit, et veut être adoré en esprit et en vérité. Le vrai culte ne consiste pas dans l'extérieur, dans telle ou telle situation de nos corps, mais dans telle et telle situation de nos esprits en présence de la majesté divine, c'est-à-dire dans les jugements et les mouvements de l'âme. Or, celui qui offre le Fils au Père, qui adore Dieu par Jésus-Christ, prononce, par son action, un jugement pareil à celui que Dieu porte de lui-même. Il prononce, dis-je, de tous les jugements celui qui exprime plus exactement les perfections divines, et surtout cette excellence ou sainteté infinie qui sépare la Divinité de tout le reste, ou qui la relève infiniment au-dessus de toutes les créatures. Donc la foi en Jésus-Christ est la véritable religion, l'accès auprès de Dieu par Jésus-Christ le seul vrai culte, la seule voie de mettre nos esprits dans une situation qui adore Dieu, la seule voie, par conséquent, qui puisse nous attirer les regards de complaisance et de bienveillance de l'auteur de la félicité que nous espérons.

Celui qui fait part aux pauvres de son bien, ou qui expose sa vie pour le salut de sa patrie, celui-là même qui la perd généreusement pour ne pas commettre une injustice, sachant bien que Dieu est assez puissant pour le récompenser du sacrifice qu'il en fait, celui-là prononce, à la vérité, par cette action, un jugement qui honore la justice divine, et qui la lui rend favorable; mais cette action, toute méritoire qu'elle est, n'adore point Dieu parfaitement, si celui que je suppose ici capable de la faire refuse de croire en Jésus-Christ et prétend avoir accès auprès de Dieu sans son entremise. Le jugement que cet homme, par son refus, porte de lui-même de valoir quelque chose par rapport à Dieu, étant directement opposé à celui que Dieu prononce par la mission et la consécration de son Pontife, ce jugement présomptueux rend inutile à son salut éternel une action d'ailleurs si méritoire. C'est que, pour mériter à juste titre la possession d'un bien infini, il ne suffit pas d'exprimer par quelques bonnes œuvres d'une bonté morale la justice de Dieu; il faut prononcer divinement par la Foi en Jésus-Christ un jugement qui honore Dieu selon tout ce qu'il est; car ce n'est que par le mérite de cette Foi, que nos bonnes œuvres reçoivent cette excellence surnaturelle qui nous donne droit à l'héritage des enfants de Dieu. Ce n'est même que par le mérite de cette Foi que nous pouvons obtenir la force de vaincre notre passion dominante, et de sacrifier notre vie par un pur amour pour la justice. Nos actions tirent bien leur moralité du rapport qu'elles ont avec l'Ordre immuable, et leur mérite des jugements que nous prononçons par elles de la puissance et de la justice divine. Mais elles ne tirent leur dignité surnaturelle, et, pour ainsi dire, leur infinité et leur divinité, que par Jésus-Christ, dont l'incarnation, le sacrifice, le sacerdoce prononçant clairement qu'il n'y a point de rapport entre le Créateur et la créature, y met par cela même un si grand rapport, que Dieu se complaît et se glorifie parfaitement dans son ouvrage. Comprenez-vous, Ariste, bien distinctement ce que je ne puis exprimer que fort imparfaitement?

VIII. ARISTE. — Je le comprends, ce me semble. Il n'y a point de rapport entre le fini et l'infini[1]. Cela peut passer pour une notion commune. L'univers comparé à Dieu n'est rien, et doit être compté pour rien; mais il n'y a que les Chrétiens, que ceux qui croient la divinité de Jésus-Christ, qui comptent véritablement pour rien leur être propre, et ce vaste univers que nous admirons. Peut-être que les philosophes portent ce jugement-là. Mais ils ne le prononcent point. Ils démentent, au contraire, ce jugement spéculatif par leurs actions. Ils osent s'approcher de Dieu, comme s'ils ne savaient plus que la distance de lui à nous est infinie. Ils s'imaginent que Dieu se complaît dans le culte profane qu'ils lui rendent. Ils ont l'insolence, ou si vous voulez, la présomption de l'adorer. Qu'ils se taisent. Leur silence respectueux prononcera mieux que leurs paroles le jugement spéculatif qu'ils forment de ce qu'ils sont par rapport à Dieu. Il n'y a que les Chrétiens à qui il soit permis d'ouvrir la bouche et de louer divinement le Seigneur. Il n'y a qu'eux qui aient accès auprès de sa souveraine majesté. C'est qu'ils se comptent véritablement pour rien, eux et tout le reste de l'univers, par rapport à Dieu, lorsqu'ils protestent que ce n'est que par Jésus-Christ qu'ils prétendent avoir avec lui quelque rapport. Cet anéantissement où leur Foi les réduit leur donne devant Dieu une véritable réalité. Ce jugement qu'ils prononcent d'accord avec Dieu même, donne à tout leur culte un prix infini. Tout est profane par rapport à Dieu et doit être consacré par la divinité du Fils pour être digne de la sainteté du Père, pour mériter sa complaisance et sa bienveillance. Voilà le fondement inébranlable de notre sainte Religion.

IX. THÉODORE. — Assurément, Ariste, vous comprenez bien ma pensée. Du fini à l'infini, et, qui plus est, du néant profond où le péché nous a réduits, à la sainteté divine, à la droite du Très-Haut, la distance est infinie. Nous ne sommes par la nature que des enfants de colère : « Naturâ filii iræ[2]. » Nous étions en ce monde comme les *athées*, sans Dieu, sans bienfaiteur : « Sine Deo in hoc mundo[3]. » Mais par

---

1. 1re édition : « entre l'infini et le fini ».
2. *Eph.*, II, 3.
3. *Ibid.*, 12.

Jésus-Christ nous voilà déjà ressuscités, nous voilà élevés et assis dans le plus haut des cieux : « Convivificavit nos in Christo, et conressuscitavit, et consedere fecit in cœlestibus in Christo Jesu [1]. » Maintenant nous ne sentons point notre adoption en Jésus-Christ, notre dignité, notre divinité : « Divinæ consortes naturæ [2]. » Mais c'est que notre vie est cachée en Dieu avec Jésus-Christ. Lorsque Jésus-Christ viendra à paraître, alors nous paraîtrons aussi avec lui dans la gloire : « Scimus quoniam cum apparuerit, similes ei erimus [3]. » — « Vita vestra, dit saint Paul, est abscondita cum Christo in Deo. Cum Christus apparuerit, vita vestra, tunc et vos apparebitis cum ipso in gloria [4]. » Il n'y a plus entre nous et la Divinité cette distance infinie qui nous séparait : « Nunc autem in Christo Jesu vos, qui aliquando eratis longe, facti estis prope in sanguine Christi : ipse enim est pax nostra [5]. » C'est que par Jésus-Christ nous avons tous accès auprès du Père. « Quoniam per ipsum habemus accessum ambo in uno Spiritu ad Patrem [6]. » « Ergo (écoutez encore cette conclusion de l'Apôtre) jam non estis hospites et advenæ, sed estis cives sanctorum et domestici Dei, superædificati super fundamentum Apostolorum et Prophetarum, ipso summo angulari lapide Christo Jesu, in quo omnis ædificatio constructa crescit in templum sanctum Domino : in quo et vos coædificamini in habitaculum Dei in Spiritu [7]. » Pesez, Ariste, toutes ces paroles, et principalement celles-ci : « In quo omnis ædificatio constructa crescit in templum sanctum Domino. »

ARISTE. — Il n'y a, Théodore, que l'Homme-Dieu qui puisse joindre la créature au Créateur, sanctifier des profanes, construire un temple où Dieu habite avec honneur. Je comprends maintenant le sens de ces paroles : « Deus erat in Christo mundum reconcilians sibi [8]. » C'est une notion commune, qu'entre le fini et l'infini il n'y a point

---

1. *Ephes.*, II, 5 et 6.
2. 2 *Petr.*, I, 4.
3. 1 *Joan.*, III, 2.
4. *Col.*, III, 3-4.
5. *Eph.*, II, 13.
6. *Ibid.*, 18.
7. *Ibid.*, 19-22.
8. *Cor.*, V, 19.

de rapport. Tout dépend de ce principe incontestable.
Tout culte qui dément ce principe choque la Raison et
déshonore la Divinité. La Sagesse éternelle n'en peut être
l'auteur. Il n'y a que l'orgueil, que l'ignorance, ou du
moins que la stupidité de l'esprit humain qui puisse
maintenant l'approuver ; car il n'y a que la Religion
de Jésus-Christ, qui prononce le jugement que Dieu
porte, et que nous devons former nous-mêmes de la
limitation de la créature et de la souveraine majesté du
Créateur.

THÉODORE. — Que dites-vous donc, Ariste, des sociniens
et des ariens, de tous ces faux Chrétiens qui nient la divinité de Jésus-Christ, et qui néanmoins prétendent, par lui,
avoir accès auprès de Dieu?

ARISTE. — Ce sont des gens qui trouvent entre l'infini
et le fini quelque rapport, et qui, comparés à Dieu, se comptent pour quelque chose.

THÉOTIME. — Nullement, Ariste, puisqu'ils reconnaissent
que ce n'est que par Jésus-Christ qu'ils ont accès auprès
de Dieu.

ARISTE. — Oui, mais leur Jésus n'est qu'une pure créature. Ils trouvent donc quelque rapport entre le fini et
l'infini, et ils prononcent ce faux jugement, ce jugement
injurieux à la Divinité, lorsqu'ils adorent Dieu par Jésus-
Christ. Comment le Jésus de ces hérétiques leur donnera-
t-il accès auprès de la divine majesté, lui qui en est infiniment éloigné? Comment établira-t-il un culte qui nous fasse
prononcer le jugement que Dieu porte de lui-même, qui
exprime la sainteté, la divinité, l'infinité de son essence?
Tout culte fondé sur un tel Jésus suppose, Théotime, entre
l'infini et le fini quelque rapport, et rabaisse infiniment la
divine majesté. C'est un culte faux, injurieux à Dieu, incapable de le réconcilier avec les hommes. Il ne peut y avoir
de religion véritable que celle qui est fondée sur le Fils
unique du Père, sur cet Homme-Dieu qui joint le Ciel
avec la terre, le fini avec l'infini, par l'accord incompréhensible des deux natures, qui le rendent en même temps
égal à son Père et semblable à nous. Cela me paraît évident.

X. THÉOTIME. — Cela est clair, je vous l'avoue. Mais que

dirons-nous des Anges? Ont-ils attendu à glorifier Dieu que
Jésus-Christ fût à leur tête?

ARISTE. — N'abandonnons point, Théotime, ce qui nous
paraît évident, quelque difficulté que nous ayons à l'accorder avec certaines choses que nous ne connaissons guère.
Répondez pour moi, Théodore, je vous en prie.

THÉODORE. — Les anges n'ont point attendu après Jésus-
Christ, car Jésus-Christ est avant eux. C'est le premier-né
de toutes les créatures. « Primogenitus omnis creaturæ [1]. »
Il n'y a pas deux mille ans qu'il est né à Bethléem, mais il
y en a six mille qu'il a été immolé : « Agnus occisus est ab
origine mundi [2]. » Comment cela? C'est que le premier des
desseins de Dieu, c'est l'incarnation de son Fils ; parce que
ce n'est qu'en lui que Dieu reçoit l'adoration des anges,
qu'il a souffert les sacrifices des Juifs, et qu'il reçoit et
recevra éternellement nos louanges. « Jesus Christus heri,
et hodie, ipse et in sæcula [3]. » Tout exprime et figure Jésus-
Christ. Tout a rapport à lui, à sa manière, depuis la plus
noble des intelligences, jusqu'aux insectes les plus méprisés.
Quand Jésus-Christ naît en Bethléem, alors les Anges glorifient le Seigneur. Ils chantent tous d'un commun accord.
« Gloria in altissimis Deo [4]. » Ils déclarent tous que c'est
par Jésus-Christ que le Ciel est plein de gloire. Mais c'est
à nous qu'ils le déclarent, à nous à qui le futur n'est point
présent. Ils ont toujours protesté devant celui qui est
immuable dans ses desseins, et qui voit ses ouvrages avant
qu'ils soient exécutés, qu'il leur fallait un pontife pour l'adorer divinement. Ils ont reconnu pour leur chef le Sauveur des
hommes, avant même sa naissance temporelle. Ils se sont
toujours comptés pour rien par rapport à Dieu, si ce n'est
peut-être ces anges superbes qui ont été précipités dans
les enfers à cause de leur orgueil.

ARISTE. — Vous me faites souvenir, Théodore, de ce que
chante l'Église, lorsqu'on est prêt d'offrir à Dieu le sacrifice : « Per quem majestatem tuam laudant Angeli, adorant
Dominationes, tremunt Potestates », et le reste. Le prêtre

1. *Col.*, I, 15.
2. *Apoc.*, XIII, 8.
3. *Hebr.*, XIII, 8.
4. *Luc.*, II, 14.

hausse sa voix pour élever nos esprits vers le ciel : « Sursum corda », pour nous apprendre que c'est par Jésus-Christ que les Anges mêmes adorent la divine majesté, et pour nous porter à nous joindre à eux sous ce divin chef, afin de ne faire qu'un même chœur de louanges, et de pouvoir dire à Dieu : « Sanctus, Sanctus, Sanctus, Dominus Deus Sabaoth! Pleni sunt cœli et terra gloriâ tuâ. » Le ciel et la terre sont pleins de la gloire de Dieu, mais c'est par Jésus-Christ, le pontife du Très-Haut. Ce n'est que par lui que les créatures, quelque excellentes qu'elles soient, peuvent adorer Dieu, le prier, lui rendre des actions de grâces de ses bienfaits.

THÉOTIME. — Assurément, c'est en Jésus-Christ que tout subsiste, puisque sans lui le ciel même n'est pas digne de la majesté du Créateur. Les Anges, par eux-mêmes ne peuvent, avoir de rapport, d'accès, de société avec l'Être infini. Il faut que Jésus-Christ s'en mêle, qu'il pacifie le Ciel aussi bien que la terre; en un mot, qu'il réconcilie avec Dieu généralement toutes choses. Il est vrai qu'il n'est pas le sauveur des Anges, dans le même sens qu'il l'est des hommes. Il ne les a pas délivrés de leurs péchés comme nous, mais il les a délivrés de l'incapacité naturelle à la créature d'avoir avec Dieu quelque rapport, de pouvoir l'honorer divinement. Ainsi, il est leur chef aussi bien que le nôtre, leur médiateur, leur sauveur, puisque ce n'est que par lui qu'ils subsistent, et qu'ils s'approchent de la majesté infinie de Dieu, qu'ils peuvent prononcer d'accord avec Dieu même le jugement qu'ils portent de sa sainteté. Il me semble que saint Paul avait en vue cette vérité, lorsqu'il écrivait aux Colossiens ces paroles toutes divines : « Eripuit nos de potestate tenebrarum, et transtulit in regnum Filii dilectionis suæ, in quo habemus redemptionem per sanguinem ejus, remissionem peccatorum; qui est imago Dei invisibilis, primogenitus omnis creaturæ, quoniam in ipso condita sunt universa in cœlis et in terra, visibilia et invisibilia, sive Throni, sive Dominationes, sive Principatus, sive Potestates; omnia per ipsum et in ipso creata sunt; et ipse est ante omnes, et omnia in ipso constant, et ipse est caput corporis Ecclesiæ, qui est principium, primogenitus ex mortuis, ut sit in omnibus ipse primatum tenens, quia in ipso complacuit omnem plenitudinem inhabitare, et per eum reconciliare omnia in

insum, pacificans per sanguinem crucis ejus sive quæ in
terris, sive quæ in cœlis sunt [1]. » Que ces paroles sont excellentes, et qu'elles expriment noblement la grande idée que
nous devons avoir de notre sainte Religion !

XI. ARISTE. — Il est vrai, Théotime, que cet endroit de
saint Paul, et peut-être quelques autres, s'accorde parfai-
ment bien avec ce que nous venons de dire ; mais il faut
avouer de bonne foi que le grand motif que l'Écriture
donne à Dieu de l'incarnation de son Fils, c'est sa bonté
pour les hommes. « Sic Deus dilexit mundum », dit saint
Jean, « ut Filium suum unigenitum daret. » Il y a quantité
d'autres passages que vous savez mieux que moi, qui nous
apprennent cette vérité.

THÉOTIME. — Qui doute que le Fils de Dieu se soit fait
homme par bonté pour les hommes, pour les délivrer de leurs
péchés? Mais qui peut aussi douter qu'il nous délivre de nos
péchés, pour nous consacrer un temple vivant à la gloire de
son Père, afin que nous, et les Anges mêmes, honorions par
lui divinement la souveraine majesté? Ces deux motifs ne
sont pas contraires ; ils sont subordonnés l'un à l'autre. Et
puisque Dieu aime toutes choses à proportion qu'elles sont
aimables, puisqu'il s'aime infiniment plus que nous, il est
clair que le plus grand de ces deux motifs, celui à qui tous
les autres se rapportent, c'est que ses attributs soient divinement glorifiés par toutes ses créatures en Jésus-Christ
notre Seigneur.

Comme l'Écriture n'est pas faite pour les Anges, il n'était
pas nécessaire qu'elle nous rebattît souvent que Jésus-Christ
était venu pour être leur chef aussi bien que le nôtre, et que
nous ne ferons avec eux qu'une seule Église et qu'un seul
concert de louanges. L'Écriture, faite pour des hommes, et
pour des hommes pécheurs, devait parler comme elle a fait,
et nous proposer sans cesse le motif le plus capable d'exciter
en nous une ardente charité pour notre libérateur. Elle
devait nous représenter notre indignité, et la nécessité absolue d'un médiateur pour avoir accès auprès de Dieu, nécessité encore bien mieux fondée sur le néant et l'abomination du
péché, que sur l'incapacité naturelle à tous les êtres créés.

1. *Col.*, I, 13-20.

Toutes les pures créatures ne peuvent, par elles-mêmes,
honorer Dieu divinement; mais aussi ne le déshonorent-elles
pas comme le pécheur. Dieu ne met point en elles sa complaisance; mais aussi ne les a-t-il pas en horreur comme le péché
et celui qui le commet. Il fallait donc que l'Écriture parlât
comme elle a fait de l'incarnation de Jésus-Christ, pour faire
sentir aux hommes leurs misères et la miséricorde de Dieu,
afin que le sentiment de nos misères nous retînt dans l'humilité, et que la miséricorde de Dieu nous remplît de confiance
et de charité.

THÉODORE. — Vous avez raison, Théotime. L'Écriture
Sainte nous parle selon les desseins de Dieu, qui sont d'humilier la créature, de la lier à Jésus-Christ, et par Jésus-Christ
à lui. Si Dieu a laissé envelopper tous les hommes dans le
péché pour leur faire miséricorde en Jésus-Christ, c'est
afin d'abattre leur orgueil, et de relever la puissance et la
dignité de son Pontife. Il a voulu que nous dussions à notre
divin chef tout ce que nous sommes, pour nous lier avec lui
plus étroitement. Il a permis la corruption de son ouvrage,
afin que le Père du monde futur, l'auteur de la céleste Jérusalem travaillât sur le néant, non de l'être, mais de la sainteté
et de la justice, et que, par une grâce qui ne peut être méritée [1], nous devinssions en lui et par lui une nouvelle créature; afin que, remplis de la Divinité, dont la plénitude
habite en lui substantiellement, nous pussions, uniquement
par Jésus-Christ, rendre à Dieu des honneurs divins. Lisez
avec réflexion les Épîtres de saint Paul, et vous y trouverez
ce que je vous dis [2]. Que ne devons-nous point à celui qui
nous élève à la dignité d'enfants de Dieu, après nous avoir
tirés d'un état pire que le néant même, et qui, pour nous en
tirer, s'anéantit jusqu'à se rendre semblable à nous, afin
d'être la victime de nos péchés? Pourquoi donc l'Écriture,
qui n'est pas faite pour les Anges, qui n'est pas tant faite
pour les philosophes que pour les simples, qui n'est faite que
pour nous faire aimer Dieu, et nous lier avec Jésus-Christ,
et par Jésus-Christ à lui, pourquoi, dis-je, l'Écriture nous
expliquerait-elle les desseins de l'incarnation par rapport

1. Les mots : « par une grâce... méritée », manquent dans la première édition.
2. Les mots : « Lisez avec réflexion... ce que je vous dis », manquent dans
la première édition.

aux Anges? pourquoi appuierait-elle sur l'indignité naturelle à toutes les créatures, l'indignité du péché étant infiniment plus sensible, et la vue de cette indignité beaucoup plus capable de nous humilier et de nous anéantir devant Dieu?

Les Anges qui sont dans le ciel n'ont jamais offensé Dieu. Cependant saint Paul nous apprend que Jésus-Christ pacifie ce qui est dans le Ciel, aussi bien que ce qui est sur la terre : « Pacificans per sanguinem crucis ejus, sive quæ in terris sunt, sive quæ in cœlis [1] »; que Dieu rétablit, qu'il soutient, ou selon le grec, qu'il réunit toutes choses sous un même chef, ce qui est dans le Ciel et ce qui est sur la terre : « Instaurare omnia in Christo, quæ in cœlis, et quæ in terra sunt, in ipso [2] »; que Jésus-Christ, en un mot, est chef de toute l'Église : « Et ipsum dedit caput supra omnem Ecclesiam [3]. » Cela ne suffit-il pas pour nous faire comprendre que ce n'est que par Jésus-Christ que les Anges mêmes adorent Dieu divinement, et qu'ils n'ont de société, d'accès, de rapport avec lui que par ce Fils bien-aimé, en qui le Père se plaît uniquement, par qui il se complaît parfaitement en lui-même? « Dilectus meus in quo bene complacuit animæ meæ [4]. »

ARISTE. — Cela me paraît évident. Il n'y a point deux Églises différentes, deux saintes Sion. « Accessistis, dit saint Paul, ad Sion montem et civitatem Dei viventis, Jerusalem cœlestem, et multorum Angelorum frequentiam [5]. » Et puisque Dieu a établi Jésus-Christ sur toute l'Église, je crois que ce n'est que par lui que les Anges mêmes rendent à Dieu leurs devoirs, et qu'ils en sont et ont toujours été reçus favorablement. Mais j'ai une difficulté à vous proposer contre le principe que vous avez établi d'abord.

XII. Vous nous avez dit, Théodore, que Dieu veut être adoré en esprit et en vérité, c'est-à-dire par des jugements et des mouvements de l'âme; et que notre culte et même nos bonnes œuvres tirent leur bonté morale des jugements qu'elles prononcent, lesquels jugements sont conformes aux attributs divins ou à l'Ordre immuable des perfections

---

1. *Col.*, I, 20.
2. *Eph.*, I, 10.
3. *Ibid.*, 22.
4. *Matth.*, XII, 18.
5. *Hebr.*, XII, 22.

divines. Vous m'entendez bien. Mais, je vous prie, pensez-vous que les simples y entendent tant de finesse? Pensez-vous qu'ils forment de ces jugements qui adorent Dieu en esprit et en vérité? Cependant, si le commun des hommes ne porte point des attributs ou des perfections divines le jugement qu'ils en doivent porter, ils ne prononceront point ces jugements par leurs actions. Ainsi, ils ne feront point de bonnes œuvres. Ils n'adoreront point aussi en esprit et en vérité par leur foi en Jésus-Christ, s'ils ne savent bien qu'offrir le Fils au Père; c'est déclarer que la créature et que les pécheurs ne peuvent avoir directement de rapport à Dieu. Et c'est à quoi il me semble que beaucoup de Chrétiens ne pensent point. Bons Chrétiens toutefois, et que je ne crois pas que vous osiez condamner.

THÉODORE. — Prenez bien garde, Ariste. Il n'est pas absolument nécessaire, pour faire une bonne action, de savoir distinctement qu'on prononce par elle un jugement qui honore les attributs divins, ou qui soit conforme à l'Ordre immuable des perfections que renferme l'essence divine. Mais, afin que nos actions soient bonnes, il faut nécessairement qu'elles prononcent par elles-mêmes de tels jugements, et que celui qui agit ait du moins confusément l'idée de l'Ordre, et qu'il l'aime, quoiqu'il ne sache pas trop ce que c'est. Je m'explique. Quand un homme fait l'aumône, il se peut faire qu'il ne pense point alors que Dieu est juste. Bien loin de porter ce jugement, qu'il rend honneur par son aumône à la justice divine et qu'il se la rend favorable, il se peut faire qu'il ne pense point à la récompense. Il se peut faire aussi qu'il ne sache point que Dieu renferme en lui-même cet Ordre immuable dont la beauté le frappe actuellement, ni que c'est la conformité qu'a son action avec cet Ordre qui la rend essentiellement bonne et agréable à celui dont la loi inviolable n'est que ce même Ordre. Cependant, il est vrai de dire que celui qui fait quelque aumône prononce, par sa libéralité, ce jugement, que Dieu est juste; et qu'il le prononce d'autant plus distinctement, que le bien dont il se prive par sa charité, lui serait plus nécessaire pour satisfaire ses passions; et que, plus enfin il le prononce distinctement, il rend d'autant plus d'honneur à la justice divine, il l'engage d'autant plus à le récompenser, il acquiert devant Dieu de plus grands mérites. De même, quoiqu'il ne sache point précisément ce que c'est que l'Ordre immuable, et que la bonté de son action consiste dans la conformité qu'elle a avec ce même Ordre, il est vrai néanmoins qu'elle n'est et qu'elle ne peut être juste que par cette conformité.

Depuis le péché, nos idées sont si confuses et la loi naturelle est tellement éteinte, que nous avons besoin d'une loi écrite pour nous apprendre sensiblement ce que nous devons faire ou ne faire pas. Comme la plupart des hommes ne rentrent point en eux-mêmes, ils n'entendent point cette voix intérieure qui leur crie : *Non concupisces.* Il a fallu que cette voix se prononçât au dehors, et qu'elle entrât dans leur esprit par leurs sens. Néanmoins, ils n'ont jamais pu effacer entièrement l'idée de l'ordre, cette idée générale qui répond à ces mots : *Il faut, on doit, il est juste de.* Car le moindre signe réveille cette idée ineffaçable dans les enfants mêmes qui sont encore pendus à la mamelle. Sans cela, les hommes seraient tout à fait incorrigibles, ou plutôt, absolument incapables de bien et de mal. Or, pourvu que l'on agisse par dépendance de cette idée confuse et générale de l'Ordre, et que ce que l'on fait y soit d'ailleurs parfaitement conforme, il est certain que le mouvement du cœur est réglé, quoique l'esprit ne soit point fort éclairé. Il est vrai que c'est l'obéissance à l'autorité divine, qui fait les Fidèles et les gens de bien. Mais, comme Dieu ne peut commander que selon sa loi inviolable, l'Ordre immuable, que selon le jugement éternel et invariable qu'il porte de lui-même et des perfections qu'il renferme dans son essence, il est clair que toutes nos œuvres ne sont essentiellement bonnes que parcequ'elles expriment et qu'elles prononcent, pour ainsi dire, ce jugement. Venons maintenant à l'objection de ces bons Chrétiens qui adorent Dieu dans la simplicité de leur Foi.

XIII. Il est évident que l'incarnation de Jésus-Christ prononce, pour ainsi dire, au dehors, ce jugement que Dieu porte de lui-même, que rien de fini ne peut avoir de rapport à lui. Celui qui reconnaît la nécessité d'un médiateur prononce sur sa propre [1] indignité; et s'il croit en même temps que ce médiateur ne peut être une pure créature, quelque

---

1. 1ʳᵉ édition : au lieu de « sa propre », « son ».

excellente qu'on veuille la supposer, il relève infiniment
la divine majesté. Sa foi en elle-même est donc conforme
au jugement que Dieu porte de nous et de ses divines perfections. Ainsi, elle adore Dieu parfaitement, puisque par ces
jugements véritables et conformes à ceux que Dieu porte
de lui-même, elle met l'esprit dans la situation la plus respectueuse où il puisse être en présence de son infinie majesté.
Mais, dites-vous, la plupart des Chrétiens n'y entendent
point tant de finesse. Ils vont à Dieu tout simplement. Ils
ne s'aperçoivent seulement pas qu'ils sont dans cette situation si respectueuse. Je vous l'avoue, ils ne le savent pas tous
de la manière dont vous le savez. Mais ils ne laissent pas d'y
être. Et Dieu voit fort bien qu'ils y sont, du moins dans la
disposition de leur cœur. Ils abandonnent à Jésus-Christ,
qui est à leur tête et qui, pour ainsi dire [1], porte la parole,
de les présenter à Dieu dans l'état qui leur convient. Et
Jésus-Christ, qui les regarde comme son peuple, comme
les membres de son propre corps, comme unis à lui par leur
charité et par leur foi, ne manque pas de parler pour eux,
et de prononcer hautement ce qu'ils ne sauraient exprimer.
Ainsi tous les Chrétiens, dans la simplicité de leur Foi et
la préparation de leur cœur, adorent incessamment par
Jésus-Christ, d'une adoration très parfaite et très agréable
à Dieu, tous ses attributs divins. Il n'est pas nécessaire,
Ariste, que nous sachions exactement les raisons de notre
Foi, j'entends les raisons que la métaphysique peut nous
fournir. Mais il est absolument nécessaire que nous la profes-
sions ; de même qu'il n'est pas nécessaire que nous concevions
distinctement ce qui fait la moralité de nos œuvres, quoiqu'il
soit absolument nécessaire que nous en fassions de bonnes.
Je ne crois pas cependant, que ceux qui se mêlent de philosopher puissent employer leur temps plus utilement, que de
tâcher d'obtenir quelque intelligence des vérités que la Foi
nous enseigne.

ARISTE. — Assurément, Théodore, il n'y a point de
plaisir plus sensible, ou du moins de joie plus solide, que celle
que produit en nous l'intelligence des vérités de la Foi.

THÉOTIME. — Oui, dans ceux qui ont beaucoup d'amour

---

1. 1re édition : « pour ainsi dire » manque.

pour la Religion et dont le cœur n'est point corrompu; car il y a des gens à qui la lumière fait de la peine. Ils se fâchent de voir ce qu'ils voudraient peut-être qui ne fût point.

THÉODORE. — Il y a peu de ces gens là, Théotime; mais il y en a beaucoup qui appréhendent, et avec raison, qu'on ne tombe dans quelque erreur et qu'on n'y entraîne les autres. Ils seraient bien aises qu'on éclaircît les matières et qu'on défendît la Religion. Mais comme on se défie naturellement de ceux qu'on ne connaît point, on craint, on s'effraie, on s'anime, et on prononce ensuite des jugements de passion, toujours injustes et contraires à la charité. Cela fait taire bien des gens qui devraient peut-être parler, et de qui j'aurais appris de meilleurs principes que ceux que je vous ai proposés. Mais souvent cela n'oblige point au silence ces auteurs étourdis et téméraires, qui publient hardiment tout ce qui leur vient dans l'esprit. Pour moi, quand un homme a pour principe de ne se rendre qu'à l'évidence et à l'autorité, quand je m'aperçois qu'il ne travaille qu'à chercher de bonnes preuves des dogmes reçus, je ne crains point qu'il puisse s'égarer dangereusement. Peut-être tombera-t-il dans quelque erreur. Mais que voulez-vous? Cela est attaché à notre misérable condition. C'est bannir la Raison de ce monde, s'il faut être infaillible pour avoir droit de raisonner.

ARISTE. — Il faut, Théodore, que je vous avoue de bonne foi ma prévention. Avant notre entrevue, j'étais dans ce sentiment, qu'il fallait absolument bannir la Raison de la Religion, comme n'étant capable que de la troubler. Mais je reconnais présentement que, si nous l'abandonnions aux ennemis de la Foi, nous serions bientôt poussés à bout et décriés comme des brutes. Celui qui a la Raison de son côté a des armes bien puissantes pour se rendre maître des esprits; car enfin, nous sommes tous raisonnables, et essentiellement raisonnables. Et de prétendre se dépouiller de sa Raison comme on se décharge d'un habit de cérémonie, c'est se rendre ridicule et tenter inutilement l'impossible. Aussi, dans le temps que je décidais qu'il ne fallait jamais raisonner en théologie, je sentais bien que j'exigeais des théologiens ce qu'ils ne m'accorderaient jamais. Je comprends maintenant, Théodore, que je donnais dans un excès bien dangereux, et qui ne faisait pas beaucoup d'honneur à notre sainte Religion, fondée par la souveraine Raison, qui s'est accommodée à nous afin de nous rendre plus raisonnables. Il vaut mieux s'en tenir au tempérament que vous avez pris, d'appuyer les dogmes sur l'autorité de l'Église, et de chercher des preuves de ces dogmes dans les principes les plus simples et les plus clairs que la Raison nous fournisse. Il faut ainsi faire servir la métaphysique à la Religion (car de toutes les parties de la philosophie, il n'y a guère que celle-là qui puisse lui être utile), et répandre sur les vérités de la Foi cette lumière qui sert à rassurer l'esprit et à le mettre bien d'accord avec le cœur. Nous conserverons par ce moyen la qualité de raisonnables, nonobstant notre obéissance et notre soumission à l'autorité de l'Église.

THÉODORE. — Demeurez ferme, Ariste, dans cette pensée : toujours soumis à l'autorité de l'Église, toujours prêt de vous rendre à la Raison. Mais ne prenez pas les opinions de quelques docteurs, de quelques communautés, et même d'une nation entière, pour des vérités certaines. Ne les condamnez pas non plus trop légèrement. A l'égard des sentiments des philosophes, ne vous y rendez jamais entièrement que lorsque l'évidence vous y oblige et vous y force. Je vous donne cet avis, afin de guérir le mal que je pourrais avoir fait ; et que, si j'ai eu le malheur de vous proposer comme véritables des sentiments peu certains, vous puissiez en reconnaître la fausseté en suivant ce bon avis, cet avis si nécessaire et que je crains fort d'avoir souvent négligé.

EXTRAITS DES

ENTRETIENS SUR LA MORT

(ÉDITION DE 1711.)

EXTRAIT DU PREMIER ENTRETIEN

. . . .

THÉODORE. — Quand on juge des bêtes par ce qu'on sent en soi-même, on a raison de croire que leurs âmes sont plus nobles que leurs corps. Quand on suppose qu'un chien connaît et aime son maître, qu'il est capable de plaisir et de douleur et de tous ces mouvements de l'âme qui accompagnent nos passions, assurément on en peut conclure que son âme est plus noble que son corps. Mais, Ariste, c'est l'humaniser; c'est faire de votre chien un petit homme à grandes oreilles et à quatre pattes, et qui ne diffère de nous que par la figure extérieure et par la conformation de ses membres. Il ne parle pas, mais il n'en pense pas moins peut-être; ou plutôt il parle avec tant d'esprit que, sans le secours de la voix, il exprime toutes ses pensées aux animaux de son espèce. Il en est comme des muets, qui s'entendent bien entre eux, quoique les autres ne comprennent rien dans leur langage.

ARISTE. — Eh bien, Théodore, soit; que les animaux ne diffèrent de nous que par la figure extérieure et que, quant à l'âme, ils nous soient égaux. J'y consens. Or leur âme s'anéantit. Donc....

THÉODORE. — Je dis plus, Ariste, s'ils sont tels que vous le pensez, leur âme est plus noble que la nôtre.

ARISTE. — Pour cela, c'est trop! C'est bien assez qu'ils nous soient égaux. Ne voyez-vous pas qu'ils nous sont soumis?

THÉODORE. — Il est vrai; mais c'est peut-être par raison

et par prudence. C'est parce qu'ils le veulent bien. C'est, au contraire, malgré nous que nous dépendons de notre corps. Les animaux qui se peuvent passer de nous, comme presque tous les oiseaux, ou qui sont plus forts que nous, comme les lions et les ours, ne sont pas trop obéissants. Mais je veux qu'ils nous soient assujettis malgré eux; certainement cet esclavage n'est pas si honteux que le nôtre, que celui de dépendre d'un corps qui nous maltraite et qui nous inquiète sans cesse.

ARISTE. — Mais l'âme des bêtes est encore plus que la nôtre esclave de leur corps. Ne voyez-vous pas qu'elles suivent sans honte et sans pudeur tous les mouvements de la concupiscence?

THÉODORE. — Je vois bien qu'elles n'ont point de honte, et j'en conclus qu'il n'y a point en elles de concupiscence, point de révolte de la part du corps, point de mouvements involontaires. L'homme se couvre, parce qu'il a de la honte de la rébellion d'un corps qui ne devrait se mouvoir que dépendamment de ses volontés. Il n'a point de honte, par exemple, de remuer le bras ou de courir lorsque ces mouvements sont volontaires. Mais si la peur l'a fait fuir devant l'ennemi, il en paraît tout confus. La honte de l'homme est une marque certaine qu'il n'est point tel qu'il devrait être, et la liberté avec laquelle les animaux s'accouplent, est une marque bien sûre qu'en eux le plus noble n'obéit point au moins noble, ou que l'âme que vous leur donnez n'est point comme la nôtre dépouillée de sa dignité et de ses droits. L'usage du mariage est légitime; on ne doit point avoir de honte d'une action que la Raison ne condamne point. Cependant, quel est le mari qui voulût, devant le monde, faire ce que moi-même j'aurais honte de vous dire? C'est que, dans ces rencontres, la révolte du corps est si sensible qu'on en devient tout honteux. Les philosophes Cyniques, qui se glorifiaient de leur impudence, n'étaient pas seulement en horreur aux personnes sages; ils étaient encore un sujet de raillerie aux plus débauchés, parce que la honte naturelle que ces extravagants philosophes regardaient comme une faiblesse et qu'ils voulaient vaincre, plus forte que la plus forte des passions, les rendait alors impuissants. On ne voit rien dans les bêtes de pareil.

ARISTE. Je comprends, Théodore, ce que vous voulez
me dire. Voilà, ce me semble, une bonne preuve du péché
originel, et que l'âme des bêtes n'est point une substance
distinguée du corps et plus noble que lui.

THÉODORE. — Oui, Ariste, la honte de l'homme est une
preuve naturelle de la noblesse de sa nature et de sa dégra-
dation. Dieu, par ce sentiment qu'il excita dans les premiers
hommes d'abord après leur péché, et qu'il produit encore
en nous malgré nous, marque aux esprits attentifs à sa conduite la vérité fondamentale de notre religion, la nécessité
d'un réparateur. Non seulement la Circoncision et les sacrifices de la Loi se rapportent là, mais la nature même. Tout
y est monstrueux, tout y est rempli de contradictions sans
ce dénouement. Mais revenons à notre sujet.

Si vous donnez aux bêtes une âme plus noble que leur
corps, donnez-leur aussi une fin plus noble que celle de jouir
des corps. Si vous les supposez capables de connaître et
d'aimer, qu'elles soient donc capables de connaître la vérité
et d'aimer l'ordre. Si vous voulez qu'elles soient sensibles
au plaisir et à la douleur ou qu'elles puissent être heureuses
et malheureuses, soutenez aussi qu'elles sont capables de
mérite et de démérite. Mais si vous croyez qu'à la mort tout
meurt en elles, croyez aussi que leur vie ne consiste que
dans le jeu de leurs organes et dans le mouvement des esprits
et du sang. Raisonnez conséquemment, je vous prie, et raisonnez sur des idées claires, et ne jugez point des bêtes par
le sentiment que vous avez de ce qui se passe en vous.

ARISTE. — Mais le moyen de s'en empêcher? Si je pique
ce chien à la patte, il la retire aussitôt et n'y manque jamais.

THÉOTIME. — Eh bien, qu'en concluez-vous?

ARISTE. — J'en conclus qu'il a une âme et qu'il sent de
la douleur.

THÉOTIME. — Et moi j'en conclus qu'il n'a point d'âme
et, par conséquent, qu'il ne sent point de douleur. Car, je
vous prie, d'où vient que quand on vous saigne vous ne
retirez pas le bras?

ARISTE. — C'est que je veux tenir ferme, et que je crois
que la saignée me sera utile.

THÉOTIME. — Fort bien; mais si l'on vous piquait sans
vous en avertir, vous retireriez promptement le bras. C'est

donc machinalement, pour ainsi dire, que le bras piqué se retire, et par ordre de la volonté qu'il demeure ferme. Ainsi, de ce que votre chien ne manque jamais de retirer sa patte lorsqu'on le pique, il en faudrait conclure que cela se fait par la construction admirable de ses organes, et sans le secours d'une âme qui ne sait pas même ce qu'il faut faire pour retirer le bras. Qu'il y ait une âme ou non dans le corps du chien, c'est une nécessité que sa patte se retire, si celui qui a fait ce corps y a mis les ressorts nécessaires à sa conservation. Et une âme sans ces ressorts, ou lorsque ces ressorts sont gâtés, ne peut retirer son bras, quand même on le couperait.

ARISTE. — Mais ce chien sent de la douleur.

THÉOTIME. — Non sans doute, s'il n'a point d'âme. Car la douleur ne peut être une modification de la matière.

ARISTE. — Il crie, pourtant, il se plaint, preuve certaine qu'il souffre.

THÉOTIME. — Preuve certaine qu'il a des poumons et que l'air en sort avec violence par le mouvement du diaphragme. Voyons un peu ce que c'est que ce cri et ce qui le cause.

THÉODORE. — Cela irait loin ; ne quittons point notre sujet.

ARISTE. — Non, Théotime, vous ne me persuaderez jamais ce paradoxe que les bêtes n'ont point d'âme, et qu'elles ne sentent point de douleur lorsqu'on les maltraite.

THÉOTIME. — Je vous persuaderai donc que la chasse vous est défendue, car le gibier est une nation paisible et innocente qu'il ne vous est pas permis de guerroyer et de massacrer.

ARISTE. — Raisons métaphysiques!...

THÉOTIME. — Il est vrai, mais démonstratives pour ceux qui les examinent avec une attention sérieuse.

THÉODORE. — Il y a, Théotime, de certains préjugés contre lesquels la Raison, d'abord, ne fait que blanchir. Tel est celui de l'âme des bêtes. Mais, Ariste, la métaphysique a plus de coup et de solidité que vous ne pensez; et si elle ne renverse pas nos préjugés c'est que, faute d'attention, nous ne sommes pas frappés de ses raisons.

ARISTE. — Je ne crois pas, Théodore, que les animaux aient, comme nous, une âme raisonnable. Mais j'ai toujours

cru qu'ils avaient une âme sensitive, propre à conserver leur
corps, et faite pour lui, et qui, par conséquent, s'anéantissait à la mort, étant inutile qu'elle subsistât plus longtemps.

THÉODORE. — Mais cette âme sensitive est une substance
distinguée du corps; car tout sentiment, plaisir, douleur et
le reste, ne peut être une modification de la matière. Or
naturellement les substances ne peuvent s'anéantir. Donc....

ARISTE. — Oui; mais Dieu les anéantit à la mort, comme
n'étant plus bonnes à rien; s'il n'anéantit pas la substance
matérielle, par exemple, d'un cheval mort, c'est qu'elle peut
être bonne à quelque chose, comme peut-être à rendre la
vie à un arbre languissant, ou du moins à nourrir les chiens
et les loups, et tant d'autres animaux.

THÉODORE. — Mais l'âme sensitive d'un cheval ne pour-
rait-elle pas encore être bonne à animer un poulain ou peut-
être quelque ânon?

ARISTE. — Je n'en sais rien; mais qu'en pensez-vous?

THÉODORE. — Je ne crois pas, non plus que Théotime,
qu'il y ait d'âme sensitive dans les animaux. Je pense qu'ils
ne sentent ni plaisir, ni douleur; car, sous un Dieu juste,
ce qui est absolument incapable de mérite et de démérite
le doit être également de bonheur et de malheur. Je ne juge
pas des bêtes par le sentiment de ce qui se passe en moi,
mais par des idées plus claires. Je crois donc que leur âme
n'est point une substance distinguée de leur corps et plus
noble que lui, mais qu'elle ne consiste que dans le mouvement des esprits et du sang, et dans la disposition de leurs
organes. Leur âme n'est que leur vie; ainsi leur âme périt
à leur mort. Voilà mon sentiment et celui de Théotime; et
si je croyais que l'âme des bêtes fût une substance distinguée
du corps et plus noble que lui, je n'aurais garde de tomber
d'accord qu'elle s'anéantît à leur mort; car l'anéantissement
des substances est naturellement impossible. Mais quoi qu'il
en soit de notre sentiment, ne jugez pas, je vous prie, de
l'anéantissement de votre âme par celui de l'âme des bêtes.
Car si, le cheval mort, Dieu anéantit son âme comme n'étant
plus bonne à rien, il conservera la vôtre, assurément, comme
bonne à bien des choses. Notre âme, Ariste, est en épreuve
dans notre corps. Comme Dieu est juste essentiellement et
par sa nature, et qu'ici-bas les plus gens de bien sont les

plus misérables, si on les prive de l'avant-goût des biens
futurs que leur donne la fermeté de leur espérance, il faut
qu'il y ait une autre vie où Dieu satisfasse à ce que sa justice demande de lui. Ce n'est pas seulement la Foi, qui nous
révèle cette vérité; la métaphysique nous le démontre. Car,
encore un coup, la conduite de Dieu porte nécessairement
le caractère de ses attributs, et sa Loi inviolable est l'Ordre
immuable qui est entre eux. Consultez-les donc, ces divins
attributs, pour juger par eux, autant que cela se peut, de
la Providence divine. Voyez si l'anéantissement des plus
nobles de ses créatures s'accorde avec l'idée que vous avez
de sa sagesse et de son immutabilité, aussi bien que de sa
justice et de sa bonté. Pensez-y sérieusement. Et si vous
vous élevez au-dessus de vous-même pour comparer les
démarches de l'Être infiniment parfait avec les perfections
qu'il renferme, vous comprendrez peut-être qu'il soutient
parfaitement le caractère de la divinité, dans tout ce que la
Religion nous apprend de sa conduite. Ce n'est que par
cette voie qu'on peut acquérir l'intelligence des vérités
de la Foi.

. . . .

EXTRAIT DU DEUXIÈME ENTRETIEN

. . . .

THÉODORE. —.... Il est certain, Ariste, que Dieu a fait les esprits pour le connaître et pour l'aimer, car il n'agit que pour lui. Les esprits, maintenant, ne s'occupent que des corps; mais c'est que l'homme n'est plus tel que Dieu l'a fait. Il est devenu esclave du corps, parce qu'il n'a pas été soumis à Dieu; et s'il se soumet à Dieu, la mort, qui le délivrera de sa servitude, le réunira à son principe et à sa fin. Mais puisque Dieu, pour entretenir l'union de l'âme avec le corps, nous donne un si grand nombre de sentiments agréables, que l'homme qui ne connaît pas sa dignité et son excellence regarde cette union comme un grand bien, quel sera notre bonheur lorsque nous serons réunis à notre principe, lorsque Dieu agira en nous pour nous unir étroitement avec lui? Jugeons-en, Ariste, par la différence qu'il y a entre le Créateur et les créatures. Car enfin, il est raisonnable de penser que Dieu proportionne les plaisirs aux biens dont il nous fait jouir. Il n'y a nul rapport entre les créatures et le Créateur. Il n'y a donc nul rapport entre les plaisirs de la vie présente, qui sont une suite de l'union de l'âme et du corps, et ceux de la vie future, de la société que nous aurons avec Dieu, par Jésus-Christ : « L'œil n'a point vu, l'oreille n'a point entendu, l'esprit même n'a jamais conçu ce que Dieu a préparé à ceux qu'il aime. » (*Cor.*, II, 9). Ne craignez donc point la séparation de l'âme et du corps, puisqu'elle est nécessaire présentement pour vous réunir à Dieu; mais craignez souverainement le péché qui vous en séparerait éternellement.

ARISTE. — Mais lorsque l'âme sera séparée du corps, il n'y aura plus de cause occasionnelle de l'action de Dieu en nous. Après la mort, la substance de notre corps reçoit diverses modifications; mais la cause naturelle de tous ces changements est visible. Un cadavre est environné et pénétré d'autres corps qui, par leur choc, le corrompent, en conséquence des lois naturelles des communications des mouvements. Mais puisque les traces du cerveau sont les causes occasionnelles de nos sentiments, ce cerveau détruit, l'âme se sentira plus rien.

THÉODORE. — L'âme ne sentira plus rien par rapport à la conservation de son corps. Mais elle aura, sans doute, des sentiments bien plus vifs par rapport à Dieu, qui sera le souverain bien des bons, et qui, alors, deviendra le souverain mal des méchants. Car Dieu rendra à chacun selon ses œuvres. On peut dire que nos œuvres seront, à l'égard de la justice divine, la cause occasionnelle des récompenses et des peines futures, en conséquence des lois éternelles, lois nécessaires et immuables, bien différentes des lois arbitraires de l'union de l'âme et du corps, ou de celles des communications des mouvements.

Vous imaginez-vous, Ariste, qu'il ne peut y avoir d'autre cause occasionnelle de nos sentiments, que les traces du cerveau? Faites attention sur ce qui se passe en vous-même, et vous en trouverez d'autres. Lorsqu'un homme a fait quelque action de justice et qu'au lieu de suivre les mouvements agréables de ses passions il y a résisté généreusement, ne se sent-il pas ému d'une joie intérieure? Les méchants, au contraire, ne sont-ils pas intérieurement désolés à la vue de leurs désordres? Or quelle peut être la cause occasionnelle de ces sentiments, si ce n'est la connaissance actuelle que l'âme a de son état, connaissance qui sera bien plus vive après la mort qu'elle n'est maintenant, puisque la mort nous sépare d'un corps qui nous répand sans cesse au dehors. Les traces du cerveau ne parlent à l'âme que pour le bien du corps. Elles ne peuvent donc pas occasionner dans l'âme des sentiments agréables lorsqu'on résiste à ses passions, ou qu'on fait le contraire de ce que le corps demande, ni des sentiments fâcheux lorsqu'on lui accorde tout ce qu'il désire. Ces traces ne sont donc point les seules causes occasionnelles de nos sentiments. L'âme, après la mort, ne sera donc pas privée de sa sensibilité, par le défaut d'une cause occasionnelle. Car enfin, l'âme est inséparable d'elle-même; elle est soumise à la puissance des idées, et la conscience de ce qu'on est, suffit afin que Dieu, par l'idée de l'ordre immuable, comble de joie ceux qui auront obéi à cette loi inviolable, et remplisse de tristesse ceux qui l'auront méprisée. Car c'est immédiatement par les idées, que Dieu agit dans les intelligences. Et si Dieu, par l'idée du corps, répand dans l'âme la douleur de la goutte lorsque le corps en est attaqué, que ne fera-t-il point par l'idée de l'ordre, lorsque l'âme sera déréglée!...

ARISTE. — Je croirais bien que l'âme séparée du corps est capable des sentiments de joie et de tristesse; mais je ne puis m'imaginer qu'elle ait encore des sentiments prévenants, tels que sont le plaisir et la douleur. Les Démons et les impies seront condamnés au feu éternel; on n'en peut pas douter après cette parole terrible de Jésus-Christ : « Retirez-vous de moi, maudits! allez au feu éternel préparé pour le Diable et pour ses ministres. » (*Matth.*, XXV, 41.) Mais qu'est-ce que cela signifie? Est-ce que les damnés, les Démons, qui n'ont point de corps, peuvent souffrir le sentiment de la brûlure? Je croirais volontiers que ce feu qui les tourmentera n'est pas différent de ce ver qui les rongera, c'est-à-dire du reproche éternel de leur conscience, qui les accablera d'une tristesse effroyable.

THÉODORE. — Cependant Jésus-Christ, qui savait bien ce qui en est, distingue « ce ver qui ne meurt point » de ce « feu qui ne s'éteint point ». « Il vaut mieux, dit-il, entrer dans la vie éternelle avec une main, que d'en avoir deux et aller en Enfer dans ce feu qu'on ne peut éteindre, où le ver qui les ronge ne meurt point, et où le feu ne s'éteint jamais. » (*Marc*, IV, 43-44.) Paroles qu'il répète trois fois dans un même discours. Je veux bien que ce ver marque la rage, le désespoir, la tristesse éternelle que cause dans les damnés le reproche intérieur. Cette explication paraît assez naturelle; mais je n'ai nulle peine à croire qu'outre ce ver, il y aura un feu qui tourmentera les damnés. Il est vrai que le feu ne tourmente que les corps, si, par brûler, on entend séparer et dissiper les parties dont les corps sont composés; et en ce sens le feu de l'Enfer ne brûlera pas même les corps des damnés. Mais, sans doute, ce feu peut brûler et tourmenter les esprits comme cause occasionnelle, ou produire en eux des sentiments très vifs et très cuisants, semblables à ceux que fait

en nous la brûlure. Car, prenez-y garde, on ne sent de
la douleur lorsqu'on se brûle, que parce que les fibres du
cerveau sont terriblement ébranlées. Or il n'est pas plus
difficile de comprendre que les Démons souffrent des douleurs très vives par le mouvement du feu, que notre âme
par tel ou tel ébranlement du cerveau. Dieu peut donc établir le mouvement du feu de l'Enfer, cause occasionnelle
du tourment éternel des esprits superbes.

ARISTE. — Mais notre âme est unie à notre cerveau. Nous
avons un corps, et les Démons n'en ont point. Est-ce qu'ils
seront unis au feu comme nous à notre corps ou à notre
cerveau?

THÉODORE. — Non, ils n'y seront point *unis*; ils y seront
assujettis, ils y seront condamnés. Dieu, pour punir leur
orgueil, les assujettira à la plus vile des substances, à l'action
d'un feu matériel. Leur repos, ou la cessation de leurs douleurs dépendra du repos d'un corps toujours en mouvement.
Ainsi leurs maux ne finiront point. Est-ce que tout cela
n'est pas possible et conforme à l'idée que nous avons de la
justice divine? Quand Dieu a uni l'âme du premier homme à
son corps, l'âme en était la maîtresse. C'est qu'alors l'ordre
immuable de la justice le voulait ainsi. Après le péché,
l'*union* s'est changée en *dépendance*. Mais cette dépendance
n'est pas entière; on peut dire que notre âme est en partie
unie, et en partie assujettie à notre corps. Tous les mouvements qui se passent dans notre cerveau et dans nos membres
ne sont pas indépendants de nos volontés. C'est que notre
âme n'est qu'en épreuve dans notre corps; il y a espérance
de retour vers Dieu par Jésus-Christ. Cela devait être ainsi,
afin que Dieu pût exécuter ses desseins. Mais, du moins, après
le Jugement dernier, l'ouvrage de Dieu étant alors consommé, les Démons dépouillés de leur pouvoir seront assujettis à l'action du feu, dont ils ne recevront que des sentiments fâcheux, parce que ce n'est que pour les punir, que
Dieu établira le feu pour être l'instrument de leur supplice.

ARISTE. — Quand je fais attention que nos sentiments
ne sont que des modifications de l'âme et que Dieu seul en
est la cause véritable, je comprends bien que l'âme après la
mort n'est point absolument incapable de sentiment, supposé que Dieu agisse en elle. Mais comment voulez-vous

que Dieu agisse dans les Démons, dans de purs esprits, à l'occasion du feu, qui n'est point organisé? Car ce n'est que par les organes de nos sens, que Dieu affecte notre âme de divers sentiments.

THÉODORE. — Il est inutile de conjecturer sur la manière dont le feu, comme cause occasionnelle, agit sur les Démons; Dieu peut établir ces sortes de causes comme il lui plaît; ses desseins sur cela nous sont inconnus. Mais il est certain que le cerveau n'est pas plus capable par lui-même d'agir dans l'âme, que le feu sur de purs esprits. Nous nous entretenons maintenant, nous nous communiquons mutuellement nos pensées. Mais que faisons-nous pour cela? Nous ébranlons l'air par nos paroles, et rien davantage. Cet air ébranlé ébranle notre cerveau, et cette matière étant ébranlée, deux esprits se trouvent frappés des mêmes idées. Quel rapport entre des choses si différentes? De purs esprits qui n'auraient point l'expérience de ce fait n'auraient-ils pas les mêmes raisons de le révoquer en doute, que celles que vous avez sur le feu qui tourmente les damnés? Pourquoi donc n'avouerions-nous pas que les Démons peuvent être tourmentés par un feu matériel, d'une manière merveilleuse, à la vérité, mais très réelle, dit saint Augustin [1], puisque l'expérience même nous apprend que notre âme est tellement dépendante de notre corps, que tout ce qui ébranle le cerveau l'ébranle elle-même? Au reste, vous vous trompez de croire que les organes des sens soient la cause de nos sentiments; ils ne servent, ces organes, qu'à transmettre l'action des objets jusqu'au cerveau, dont l'ébranlement est seul la cause occasionnelle des sentiments de l'âme. L'œil, par exemple, ne sert qu'à réunir sur le nerf optique les rayons qui viennent de chaque point des objets, et qu'à ébranler ce nerf; et l'âme n'a le sentiment de couleur, que parce que le mouvement de ce nerf se communique jusqu'au cerveau. Ainsi, puisque l'ébranlement du cerveau est seul la cause occasionnelle de nos sentiments, l'ébranlement des parties

---

1. Cur enim non dicamus, quamvis miris, veris tamen modis, etiam spiritus incorporeos posse pœna corporalis ignis affligi, si spiritus hominum, etiam ipsi profecto incorporei, et nunc potuerunt includi corporalibus membris, et tunc poterunt corporum suorum vinculis insolubiliter alligari? Adhærebunt ergo, si nulla eis sunt corpora, spiritus dæmonum, imò spiritus dæmones, licet incorporei, corporibus ignei cruciandi. *De Civitate Dei*, l. XXI, ch. x.

du feu peut aussi être la cause de la douleur des Démons.
Jésus-Christ le décide, ce me semble, assez clairement par
ces paroles : « Allez, maudits, au feu éternel préparé pour
le Diable! » Car il ne faut point donner de sens métaphysique à des paroles capables d'un sens naturel, si l'on n'y
est obligé par des raisons fort pressantes.

ARISTE. — Je me rends, Théodore, et je vois bien que je
ne suis pas encore délivré de mes préjugés. J'avoue que les
Démons seront un jour précipités dans l'Enfer, où le feu
les tourmentera. Mais présentement qu'ils sont dans l'air, —
car saint Paul les appelle les puissances de l'air, — souffrent-
ils cette douleur sensible que produit le feu? On dit qu'ils
portent avec eux leur enfer; et cela se conçoit bien, s'il n'y
a que la tristesse et le désespoir qui les afflige. Mais comment
le feu de l'Enfer les brûle-t-il, maintenant qu'ils n'y sont
point? J'aurais, sur cela, bien des difficultés à vous faire.

THÉODORE. — Vous perdriez le temps assurément; car
il ne faut demander aux gens que ce qu'ils peuvent nous
donner, et je n'aime point à deviser sur des matières obscures.
Je conçois clairement que le feu est dans quelque lieu, ou
qu'il a certains rapports avec les corps qui l'environnent.
Mais je ne conçois pas, de même, que les esprits y puissent
être, ni qu'il soit nécessaire qu'ils y soient, pour en être
tourmentés de la manière dont ils le sont; car ce n'est pas
le feu qui est la cause immédiate et efficace de leurs douleurs.

Pensez-vous, Ariste, que votre âme soit dans le soleil
où elle voit la lumière, dans les nues où elle voit la blancheur,
dans tous ces corps qui vous environnent et où vous voyez
une si grande diversité de couleurs? S'il n'est pas nécessaire
que l'âme soit sur la surface des corps où elle voit de la
couleur, il n'est pas nécessaire non plus qu'elle soit dans
celui où elle souffre de la douleur. Car la couleur et la douleur
sont également des modalités ou des perceptions de l'âme.

Si l'idée de l'étendue, qui vous représente cette fleur par
le sentiment de couleur, vous frappait d'un sentiment de
douleur, seriez-vous réellement dans cette fleur? Je ne pense
pas que cela fût nécessaire. Cependant, prenez-y garde :
il est nécessaire que l'âme soit réellement où ses modifications se trouvent, car les substances sont inséparables de
leurs modalités. L'âme est nécessairement où est la couleur,

où est la douleur. Mais c'est que ni vous ni moi ne voyons point directement cette fleur que tient Théotime; nous pourrions la voir comme nous la voyons, quoiqu'elle fût détruite; et vous en verriez dix pour une, si vous aviez devant les yeux une lunette à dix facettes. L'âme n'est donc pas réellement dans les corps qui environnent le nôtre, mais dans les idées qui agissent dans nos esprits. Elle est certainement où est la couleur, où se trouve la douleur, puisqu'elle est inséparable de ses modalités ou de ses perceptions. Elle est dans la fleur qu'elle voit, elle est dans le feu qu'elle sent; mais c'est, encore un coup, dans la fleur qu'elle voit directement, c'est dans le feu qui la tourmente immédiatement, c'est dans l'idée qui la touche ou qui la frappe, c'est dans l'idée qui la pénètre, qu'elle est véritablement, et non pas dans l'objet qui répond à cette idée. Le vrai lieu des intelligences c'est le monde intelligible, comme le vrai lieu des corps, c'est le monde matériel.

ARISTE. — Je vous avoue, Théodore, que j'ai de la peine à comprendre ce que vous me dites : « Le vrai lieu des intelligences, c'est le monde intelligible, comme le vrai lieu des corps, c'est le monde matériel! »

THÉODORE. — J'ai tort. Le vrai lieu des corps n'est point le monde matériel. Je parlais selon les idées vulgaires.

ARISTE. — Ce n'est point cela. Je comprends bien que le monde matériel est le vrai lieu des corps.

THÉODORE. — Vous le comprenez bien?

ARISTE. — Oui, ce me semble. Mais ce que je ne comprends pas trop bien, c'est que le vrai lieu des esprits soit le monde intelligible. Est-ce que les Démons ne sont pas véritablement les uns, dans l'Enfer, les autres, dans l'air, où saint Paul semble les placer?

THÉODORE. — Les préjugés reviennent toujours; ou bien, c'est que vous voulez me faire parler. Supposons, je vous prie, que Dieu n'ait point fait de corps, ou, ce que l'on croit communément, que les Anges aient été créés avant le monde, avant la matière. Dans cette supposition, où étaient-ils? et où serions-nous nous-mêmes, si Dieu avait anéanti tous les corps?

ARISTE. — Nulle part.

THÉODORE. — Quoi! nulle part en tous sens, quand même nous aurions toutes les pensées, tous les sentiments que nous avons?

ARISTE. — Nous serions en nous-mêmes.

THÉODORE. — Nous trouverions donc en nous-mêmes ce ciel et cette terre que nous voyons immédiatement, cette étendue immense que nous concevons, cette variété infinie d'idées que nous ne saurions épuiser? Nous trouverions l'idée de la perfection et de l'ordre dans un esprit déréglé, des vérités nécessaires dans un esprit dépendant, des lois éternelles dans un esprit de quelques jours, en un mot, l'infini, l'éternel, le nécessaire, le général ou commun à tous les esprits, l'immuable, enfin, tout cela dans un esprit fini, créé, dépendant, particulier et sujet au changement? Mais quoi! notre âme est assurément en nous-mêmes, et cependant nous ne la voyons pas, nous ne la connaissons pas; nous ne saurions découvrir les modalités dont notre substance est capable, parce que nous n'avons point cette idée lumin use, dans laquelle et par laquelle seule, nous pouvons voir clairement ce que nous sommes, et toutes les modalités dont notre âme est capable.

ARISTE. — Je crois bien que c'est en Dieu que nous voyons toutes choses.

THÉODORE. — C'est donc en lui que nous sommes véritablement : « In ipso enim vivimus et movemur et sumus », dit saint Paul (*Acta*, XVII, 28). Car nous sommes assurément où sont nos perceptions, nos propres modalités qui, quoique distinguées de nos idées, n'en sont point séparées, du moins dans le temps que ces idées nous affectent. Quoi! pouvez-vous douter que la couleur, votre propre modalité, ne soit jointe avec votre idée, étant convaincu d'ailleurs que la couleur n'est que la perception sensible de l'idée qui vous touche? Si vous voyez ce mur immédiatement et en lui-même, pourriez-vous douter que cette blancheur que vous voyez répandue sur sa surface n'y fût pas actuellement? La couleur est, sans doute, sur l'objet vu immédiatement; elle est avec l'idée dont elle est la perception. Mais les couleurs ne sont que des modifications de l'âme, et les substances sont inséparables de leurs modifications. Donc l'âme même est sur les idées qui la touchent, dans les idées qui la pénètrent, dans le monde intelligible comme dans le lieu propre des intelligences.

THÉOTIME. — On peut même dire que Dieu est plus intime à l'âme que l'âme ne l'est à elle-même : « Intimior intimo meo », dit saint Augustin. Car enfin, l'âme ne se connaît point; elle n'est à elle-même que ténèbres et qu'obscurité.

ARISTE. — Je veux bien que les esprits bienheureux soient en Dieu. Les Anges se promènent, pour ainsi dire, dans l'immensité divine, « intra Deum currunt » (saint Grégoire). Mais les Démons seraient-ils dans la substance lumineuse de la Divinité? Ils sont dans l'Enfer, chassés du Ciel et précipités dans les ténèbres.

THÉODORE. — Il est vrai. Ils sont dans l'Enfer, comme les esprits peuvent être dans les corps. Mais Dieu est partout, et ils sont en Dieu bien plus réellement que dans le feu préparé pour les punir. Ils sont dans la substance lumineuse de la divinité; mais cette substance n'est point lumineuse à leur égard; elle n'est que brûlante et qu'affligeante pour eux. Ou, si elle est encore lumineuse à leur égard, les vérités qu'ils découvrent malgré eux dans cette lumière les blessent et leur font horreur. Ils portent avec eux leur Enfer, parce que toutes les créatures sont inséparables du Créateur, et que le souverain bien des Justes devient à leur égard le souverain mal et le sera éternellement. Ils sont plongés dans le feu en ce sens, qu'à l'occasion de cet élément, ils sont brûlés ou terriblement tourmentés par l'efficace des idées divines. Car enfin, les esprits ne sont unis ou assujettis aux corps qu'indirectement, que par l'entremise des idées de ces mêmes corps, en conséquence des volontés du Tout-Puissant, duquel seul ils dépendent immédiatement. Je vous prie de vous souvenir du principe dont je crois vous avoir autrefois [1] bien convaincu.

ARISTE. — Je fais tous mes efforts pour me fixer dans l'esprit les idées abstraites de votre métaphysique, mais elles m'échappent toujours. Vous m'avez dit autrefois [2] ce que vous me dites aujourd'hui; mais je n'ai de bonne

1. *Entretien VII.*
2. *Entretiens I, II.*

mémoire que pour les méchantes choses. Cependant, je ferai si bien.... Oui, le monde intelligible est le vrai lieu des intelligences; mais le monde matériel est, assurément, le vrai lieu des corps.

THÉODORE. — Cela se peut dire en ce sens que tel corps est une partie du monde, ou bien en ce sens que tel corps est environné de tous les autres qui composent l'univers.

ARISTE. — Quoi, ce bureau n'est-il pas dans cette chambre?

THÉODORE. — Ce bureau est dans cette chambre; non qu'il soit dans la substance qui compose cette chambre mais parce qu'il en est environné. Ne voyez-vous pas que les corps ne peuvent pas être les uns dans les autres?

ARISTE. — Je sais bien qu'ils sont impénétrables.

THÉODORE. — Comment voulez-vous donc que le monde matériel soit le vrai lieu des corps? Ce monde n'est que l'assemblage de tous les corps, dont aucun n'est dans aucun autre.

ARISTE. — Je l'avoue; mais quel est donc le vrai lieu de ce bureau?

THÉODORE. — C'est le lieu où il est véritablement. C'est la substance qui le pénètre et dans laquelle il est actuellement. Ce bureau fait partie de l'univers. Voyons donc où est l'univers, et nous saurons le vrai lieu de ce bureau.

ARISTE. — L'univers est en lui-même.

THÉODORE. — Il est vrai; car l'univers n'est pas séparé de lui-même. Est-ce ainsi que vous l'entendez?

THÉOTIME. — Ne savez-vous pas, Ariste, que Dieu est partout et qu'ainsi c'est en Dieu qu'est l'univers?

ARISTE. — Oui; mais Dieu n'est pas étendu comme les corps.

THÉODORE. — Non sans doute. S'il était étendu comme es corps, l'univers ne serait point en lui, car les étendues sont impénétrables. Il est impossible que deux pieds cubes d'étendue n'en fassent qu'un. Mais Dieu est tellement étendu dans l'univers, qu'il est tout entier partout. Car il a tout ce qu'il y a de réalité et de perfection dans les créatures, sans aucune imperfection, sans aucune limitation. Ma main n'est pas mon bras; elle est réelle, mais elle renferme, pour ainsi dire, le néant de mon bras et de tout le reste de l'univers. Mais en Dieu, il n'y a point de néant;

toutes les réalités s'y trouvent, mais éminemment, infiniment, divinement, sans exclusion, sans limitation. Il est tout entier partout. Cela ne se conçoit pas; mais vous étonnez-vous que les attributs de l'infini soient incompréhensibles à un esprit fini? Concevez-vous bien qu'en Dieu il n'y ait ni passé, ni futur, et que tous les temps qui se succèdent les uns aux autres soient présents dans son éternité? Concevez-vous bien comment l'étendue intelligible qui, certainement, n'occupe aucun espace [1], comme il est aisé de le prouver, en découvre à l'esprit une infinité? En un mot, concevez-vous qu'un être parfaitement simple renferme en lui-même une infinité de perfections? Ce n'est point proprement dans l'immensité divine que sont les bienheureuses intelligences, c'est dans la Raison divine. L'immensité divine est le lieu des corps, comme l'éternité celui qui correspond aux temps, ou qui les renferme tous. Mais la lumière intelligible, le monde archétype, les idées divines, voilà, si je ne me trompe, le vrai lieu de nos esprits. Car Dieu ne touche et ne pénètre l'esprit, du moins présentement, que par ses idées divines. Ce que je viens de dire peut, ce me semble, vous persuader de ce paradoxe. Vous y penserez à loisir. Mais rapprochons-nous un peu de notre principal sujet. Appréhendez-vous encore que l'âme perde avec le corps sa sensibilité, et que la mort anéantisse, à notre égard, toute la nature? La regardez-vous encore comme un grand malheur pour vous?

ARISTE. — Je ne puis pas m'empêcher de regarder la séparation de l'âme et du corps comme un mal; mais je suis persuadé que ce ne sera pas un si grand mal.

THÉOTIME. — Je vois bien, Ariste, que la peur que vous avez de la mort est fondée sur ce que vous croyez qu'elle vous séparera de votre corps. Mais vous vous trompez peut-être. Théodore vous a passé cela, mais je ne crois pas vous le devoir accorder, et je vois bien par les choses qu'il vient de vous dire, et auxquelles vous ne faites pas assez de réflexion, qu'il est tout à fait de mon sentiment.

ARISTE. — Quoi, mon âme, à la mort, ne sera pas séparée de mon corps!

1. Voy. la *Première Lettre* contre la *Défense de M. Arnauld*, art. 13, 14, 15.

THÉOTIME. — Non, apparemment, ni à la mort, ni jamais.

ARISTE. — Je ne crains donc plus la mort; mais j'appréhende fort que Théotime ne raisonne mal. Que voulez-vous dire?

THÉOTIME. — Ce bras que je tiens et que je serre entre mes mains, à qui est-ce?

ARISTE. — C'est à moi, assurément.

THÉOTIME. — Quoi, c'est là effectivement votre bras? Je n'en crois rien.

ARISTE. — Vous en croirez ce qu'il vous plaira. Mais laissez-moi, je vous prie; vous me faites mal.

THÉOTIME. — Je lâcherai prise quand je saurai que ce bras vous appartient.

ARISTE. — Il m'appartient si bien, qu'actuellement il me fait mal.

THÉODORE. — Lâchez prise, Théotime.

THÉOTIME. — Je vous fais, Ariste, présent d'un bras, à condition que vous serez plus attentif à ce que nous vous disons, et que, par la connaissance de ce qui se passe en vous-même, vous tâcherez de vous élever à ce qui est au-dessus de vous.

ARISTE. — Je vous rends grâce du présent que vous me faites.

THÉOTIME. — Je ne vous ai donné qu'un méchant bras; méchant, puisque vous dites qu'il vous fait mal. Je veux encore vous faire présent de deux autres bien plus réels que celui-là, et qui seront, en un sens, bien plus à vous. Un jour, ce bras-ci ne sera plus, mais les deux autres sont incorruptibles.

ARISTE. — Les philosophes ont d'étranges manières!... Eh bien?

THÉOTIME. — Supposons, Ariste, qu'on vous eût coupé ce bras-ci et cet autre-là (cette supposition ne vous fera point de mal), et que ces deux bras fussent pourris ou brûlés; il est certain, par l'expérience de ceux à qui cet accident est arrivé, que vous sentirez de la douleur dans deux bras, et une douleur bien plus vive que celle dont vous venez de vous plaindre. Or ce ne seraient pas les deux bras ou pourris, ou brûlés, qui vous feraient encore mal; cela n'a pas besoin de preuve. Votre âme est donc unie à deux autres bras; et ces deux bras sont véritablement à vous, s'il est permis de conclure qu'un bras est à nous, de ce que nous sentons qu'il nous fait mal.

ARISTE. — Assurément, Théotime, un homme à qui on a coupé deux bras n'en a plus.

THÉOTIME. — Assurément, Ariste, un homme à qui on a coupé deux bras, en possède encore deux autres. Et ces deux bras que vous avez, et que voici, ne seraient point vos deux bras, ou ne vous feraient ni bien ni mal, si vous n'aviez les deux autres dont je parle, ces deux bras auxquels vous ne pensez point, et qui, cependant, sont les seuls qui peuvent vous faire mal. Or nous ne perdrons, à la mort, que ces deux bras-ci, car les deux autres sont incorruptibles. La mort ne corrompra que ce corps qui ne peut jamais nous faire ni bien ni mal. Vous avez donc tort de craindre la mort par cette méchante raison qu'elle vous séparera de votre corps, s'il est vrai que votre corps c'est celui qui vous fait mal.

ARISTE. — Je ne comprends pas trop bien ce que vous me voulez dire.

THÉOTIME. — Convenez-vous qu'un homme à qui on a coupé un bras ne laisse pas, même longtemps après, de sentir de la douleur dans son bras?

ARISTE. — J'en conviens; j'ai vu trop de gens m'assurer de ce fait, pour en douter.

THÉOTIME. — Quel est donc le bras qui fait mal à un manchot? car ne n'est pas le bras qui n'est plus.

ARISTE. — Il sent de la douleur, parce qu'il se fait dans son cerveau le même ébranlement que s'il avait son bras. Car si le nerf qui répond au pouce....

THÉOTIME. — Ce n'est pas là ce que je vous demande. Répondez : quel est le bras qui lui fait mal?

ARISTE. — Mais ce n'est point le bras, qui lui fait mal, c'est Dieu, en conséquence des lois de l'union de l'âme et du corps : le cerveau du manchot étant ébranlé comme si son doigt était blessé, il est nécessaire qu'il sente de la douleur dans le doigt.

THÉOTIME. — Tout cela est vrai; mais dans quel doigt la sent-il, cette douleur, ou quel est le doigt qui la lui fait sentir?

ARISTE. — La douleur n'est point dans le doigt; elle n'est que dans l'âme. Comment voulez-vous donc que nous la sentions dans le doigt? Ce n'est point aussi notre doigt, qui nous la fait sentir; c'est l'efficace des volontés divines, qui agit en nous en conséquence de ses lois. Voilà, Théotime, tout ce que j'ai à vous dire.

THÉOTIME. — Vous ne répondez pas, Ariste; c'est peut-être que je vous interroge mal. La douleur qu'un manchot souffre dans son doigt est certainement une perception. Je vous demande de quoi est cette perception; n'est-ce pas d'un doigt?

ARISTE. — Oui, sans doute.

THÉOTIME. — Eh bien, dites-moi donc ce que c'est que ce doigt aperçu. Prenez garde : ce doigt n'est pas rien; car le manchot aurait une perception de rien, et par conséquent, il ne sentirait ou n'apercevrait point. Cependant, il sent ou aperçoit un doigt qu'il distingue de toute autre chose; et ce doigt n'est pas le doigt coupé, car il n'est plus; il est pourri il y a longtemps. On ne peut pas dire non plus que ce doigt aperçu soit l'efficace du décret ou de la volonté de Dieu; car ce manchot n'aperçoit point cette efficace, il n'aperçoit qu'un doigt. Je vous demande donc, encore un coup, ce que c'est que ce doigt aperçu, ce doigt qui afflige le manchot et qui le rend malheureux, ce doigt, en un mot, qui est l'objet immédiat et efficace de sa perception désagréable.

ARISTE. — Je sens présentement la difficulté; obligez-moi de la résoudre.

THÉOTIME. — Je le veux bien, mais à condition que vous vous rendrez extrêmement attentif à tout ce que je vais vous dire.

Je pense que vous êtes aujourd'hui bien convaincu que l'idée de l'étendue, ou l'étendue intelligible, n'est point une modification de l'âme, et qu'elle ne se trouve qu'en Dieu, parce que cette étendue est infinie, et que notre esprit est fini, qu'elle est immuable, nécessaire, éternelle, commune à toutes les intelligences, — qualités, assurément, qui ne peuvent convenir aux modifications d'une créature. Or cette étendue est efficace; elle peut agir dans l'esprit; elle peut l'éclairer, le toucher, le modifier en mille manières. Car cette étendue, qui est l'archétype de la matière, n'est que la substance de Dieu en tant que représentative des corps, et il n'y a en Dieu rien d'impuissant. La substance divine renferme dans sa simplicité, d'une manière qui nous passe, toutes les perfections des créatures, mais sans limitation et sans impuissance. Telle est la propriété de l'Être infini, incompréhensible à tout esprit fini. Et ces perfections, en tant que relatives aux créatures, sont les archétypes des mêmes créatures; et elles sont les idées des esprits, lorsqu'elles agissent en eux et lorsqu'elles les éclairent. En un mot, je crois que vous demeurez d'accord de ce que Théodore vous a prouvé si souvent, que l'étendue intelligible n'est qu'en Dieu, et que cette étendue agit sans cesse dans les esprits. Cela supposé, voici mon sentiment en peu de paroles.

Lorsqu'on pense à l'étendue les yeux fermés et le cerveau sans images, alors cette étendue intelligible affecte l'âme d'une pure perception. Elle paraît telle qu'elle est, immense, nécessaire, éternelle. On ne remarque point de différence dans ses parties intelligibles, parce qu'elle touche partout également l'esprit. Et comme cette étendue le touche légèrement, on la regarde ordinairement comme n'ayant point de réalité; car naturellement on juge de la réalité des choses par l'impression qu'elles font en nous. Il naît de là deux erreurs tout opposées : l'une, que l'idée d'étendue n'est rien, et l'autre, que la matière est éternelle et infinie, parce que telle est son idée. Cela soit dit en passant, car il ne faut pas présentement nous arrêter à combattre ces erreurs.

Mais lorsqu'on ouvre les yeux au milieu d'une campagne, alors cette même étendue intelligible devient sensible en conséquence des lois de l'union de l'âme et du corps. Je veux dire que l'idée de l'étendue touche l'âme plus vivement qu'elle ne faisait; et de plus, elle la touche différemment selon ses diverses parties intelligibles, ici, d'une couleur, et là, d'une autre. Car les différentes couleurs ne sont que diverses perceptions de l'âme imprimées en elle par l'idée de l'étendue. Et comme ces perceptions sensibles sont plus fortes que les perceptions pures, l'âme regarde l'étendue qui les cause comme un être réel et dont les parties sont de différente nature, parce que les parties intelligibles font en nous des impressions de couleur toutes différentes. C'est là ce qu'on appelle « voir les corps »; car on ne voit point les corps en eux-mêmes; ils ne sont visibles que par les couleurs différentes dont l'étendue intelligible affecte notre âme en conséquence des lois naturelles.

Enfin, lorsqu'on nous touche la main, par exemple, qu'on nous brûle, qu'on nous pique, qu'on nous chatouille, alors cette même étendue intelligible devient, pour ainsi dire, ou douloureuse, ou agréable. Elle frappe encore l'âme bien plus vivement que par les couleurs, qui ne sont que des perceptions assez indifférentes, et qui nous sont plutôt données pour nous faire discerner les objets, que pour nous y unir étroitement.Et c'est en partie pour cela, qu'on regarde la main comme étant à soi. Car, effectivement, si l'idée que vous avez de ce mur vous frappait d'un sentiment de douleur, au lieu qu'elle ne vous touche que du sentiment de blancheur, vous regarderiez ce mur comme faisant partie de vous-même, parce que vous ne pouvez pas douter que la douleur ne vous appartienne, comme vous le pouvez maintenant de la blancheur. Car n'ayant point maintenant d'idée claire ni de votre âme, ni de ses modifications, vous n'en jugez que par sentiment. Or vous sentez bien que la douleur vous appartient, parce qu'elle vous rend malheureux; et vous ne sentez nullement que la couleur vous appartienne, parce qu'elle ne vous fait ni bien, ni mal. En effet, ce n'est que par l'idée claire qu'on a du corps, que les philosophes ont enfin découvert que les couleurs n'appartiennent point aux objets, et que ce ne sont que des modifications de l'âme.

Il est donc clair que l'âme n'est unie immédiatement ni à son corps, ni à ce monde matériel, mais à l'idée de son corps et au monde intelligible, en un mot, à Dieu, à la substance intelligible de la Raison universelle, qui seule peut éclairer les intelligences, et agir en nos esprits en mille manières différentes. C'est un bras intelligible ou idéal qui fait mal, non seulement à un manchot, mais qui vous faisait mal à vous-même lorsque je vous serrais incivilement le bras. La matière n'est pas visible par elle-même; elle ne peut agir dans les esprits, se représenter à eux, les toucher de différentes perceptions, les rendre heureux ou malheureux. Dieu seul, en conséquence des lois naturelles, agit dans notre âme par l'idée de l'étendue qu'il renferme, et par là

il nous unit non seulement à notre corps, mais encore,
par notre corps, à tous ceux qui nous environnent. C'est
par cette idée, qu'il nous découvre les beautés intelligibles
de son ouvrage, et celles qui frappent nos sens; et c'est par
elle qu'il nous fait jouir de ce que vous appelez les douceurs
de la vie; car c'est dans cette idée que se trouvent et ces
beautés et ces douceurs, comme dans leur cause; et c'est
uniquement dans l'âme qu'elles sont contenues, comme
dans leur sujet. Ce qui fait, par exemple, la beauté de la
campagne, c'est la diversité des couleurs qu'on voit diversement distribuées sur les plantes et sur les fleurs; et ces
couleurs, comme vous savez, ne sont que dans l'âme. Les
douceurs de la vie ne sont aussi que des sentiments semblables,
produits en nous par l'efficace des idées divines. Mais Dieu
ne nous découvre pas seulement, par l'idée de l'étendue, le
monde qu'il a créé; il nous représente encore une infinité
de mondes qu'il n'a pas faits. Car l'étendue intelligible est
l'archétype d'une infinité de mondes possibles. Enfin, cette
idée est le fonds inépuisable des vérités géométriques; car
c'est dans cette idée qu'elles se trouvent; c'est par l'impression que cette idée fait sur l'esprit des géomètres en conséquence de leur attention, qu'ils acquièrent sans cesse de
nouvelles connaissances. Or il est certain que la mort ne
séparera pas l'âme d'elle-même; d'ailleurs, l'idée de l'étendue
ou l'étendue intelligible est immuable, nécessaire, toujours
efficace ou capable d'agir dans les esprits. Donc, la mort
qui sépare l'âme du corps, de ce corps insensible, de ce
monde par lui-même invisible, n'est nullement à craindre.
C'est la mort des impies, qui est terrible, cette mort qui les
sépare de Dieu, cette mort qui sépare l'esprit, autant qu'il
le peut être, de ses idées, qui le prive de sa vraie lumière,
et le plonge pour l'éternité dans ces « ténèbres extérieures [1] »
dont Jésus-Christ parle si souvent dans l'Évangile.

. . . .

1. *Matth.*, VIII, 12; XXII, 13; XXV, 30.

EXTRAIT DU TROISIÈME ENTRETIEN

. . . .

THÉODORE. — L'homme est fait, dites-vous, pour vivre en société. Oui, sans doute; mais ce n'est pas pour celle où nous vivons maintenant; c'est pour la société future que nous aurons tous avec le Père et le Fils dans l'unité du même esprit [1], que nous aurons tous dans la Cité du Dieu vivant, où habitent la vérité et la justice, et dont les fondements sont inébranlables. Voilà le dessein de Dieu et la fin de l'homme. Il ne peut y avoir, mon cher Ariste, de parfaite société que dans le royaume où règne absolument la Raison; et la Raison elle-même a déclaré que son royaume n'est point de ce monde. Les peuples seraient heureux, dit un Ancien, si les rois étaient philosophes. Combien plus heureux le peuple qui a pour roi, non quelque disciple de la vérité et de la sagesse, mais la Sagesse elle-même! Heureux les peuples du sage Salomon [2], toujours en paix durant son règne; mille fois plus heureux le peuple de Dieu sous le règne éternel du vrai Salomon, la Sagesse incarnée! Heureux les peuples chéris de leur souverain, traités comme ses enfants; bienheureux, donc, ce peuple conquis qui a pour prince son Sauveur; mais Sauveur si plein d'amour pour son peuple, qu'il s'est livré volontairement à la mort pour le délivrer de la servitude. Heureuse la société dont le Roi est le Fils unique du Tout-Puissant, et qui traite ses sujets comme ses frères; où Dieu veut que nous l'appelions son Père, que nous ayons société avec lui, part à son héritage, à sa gloire, à ses plaisirs, comme ses enfants adoptés en son Fils. Encore un coup, c'est pour vivre en cette société-là que nous sommes faits.

1. *Épître de saint Jean*, I, 3.
2. *Reg.*, X, 8.

ARISTE. — Je le crois ainsi, Théodore. Ce dessein me paraît plus digne de Dieu, plus conforme à ses attributs, que toutes ces sociétés particulières que différents peuples font entre eux. Mais c'est une belle chose, qu'une parfaite société.

THÉOTIME. — Oui; mais c'est ce qu'on ne trouvera jamais ici-bas. J'appelle, Ariste, société, l'accord des esprits et des cœurs. L'accord des esprits dépend certainement de la vue claire de l'immuable vérité, et l'accord des cœurs, de la jouissance de l'inépuisable félicité. Car rien n'est plus évident que la diversité des sentiments aliène les esprits, et que les biens qui se divisent et qui s'épuisent, excitent des jalousies et partagent les cœurs. Il ne peut donc y avoir ici-bas de parfaite et paisible société. Il est vrai que l'Église de J sus-Christ est une société véritable; les esprits y sont réunis par la soumission aux mêmes dogmes, et les cœurs, par l'amour du vrai bien. La foi accorde les esprits, et la charité unit les cœurs. Aussi peut-on dire que l'homme est fait pour vivre dans cette sainte société; mais c'est pour y être persécuté, éprouvé, purifié, rendu digne de la société éternelle. Excepté, donc, cette société qui est gouvernée par le même chef, et animée par le même esprit que la céleste Jérusalem et qui ne fait avec elle qu'un même corps, je prétends qu'il n'y a point, sur terre, de société véritable.

THÉODORE. — Saint Augustin, dans son livre *De la Cité de Dieu* [1], soutient que Rome, cette fameuse République, ne fut jamais république, c'est-à-dire, selon la définition de Cicéron, véritable société. Il prouve ce paradoxe par ce principe reçu, non seulement de Cicéron [2], mais de tout ce qu'il y a de gens raisonnables, qu'une république ne peut subsister sans une exacte justice. Car, quoique Cicéron fasse soutenir le contraire à Furius Pilus, un de ses interlocuteurs, il ne manque pas de le disculper, en lui faisant déclarer qu'il ne parle pas selon ce qu'il pense, et qu'il aurait honte de combattre pour l'injustice. Selon ce principe, Cicéron conclut donc que, de son temps, la République ne subsistait plus : « Nostris vitiis, non casu aliquo, dit-il, Rempublicam verbo retinemus, reipsa vero jampri-

---

1. Livre II, ch. xxi; l. XIX, ch. xxi.
2. *De Republ.*, l. III.

dem amisimus. » Mais saint Augustin en tire cette conclusion plus étendue, que Rome ne fut jamais république, car Rome ne fut jamais sans vices et sans injustices. Quelle plus grande injustice, dit-il, que d'ôter à Dieu le culte qui lui est dû, pour l'offrir aux Démons? La vraie justice ne se trouve que dans la République dont Jésus-Christ est le fondateur et le souverain : « Vera justitia non est, nisi in ea Republica cujus conditor rectorque Christus est. » Et, par conséquent, il n'y a point dans le monde de véritable société que l'Église de Jésus-Christ. Mais cette Église soupire sans cesse vers le Ciel, vers sa patrie, sans attachement au monde et à ses plaisirs.

Théotime. — Il est évident qu'il ne peut y avoir ici-bas de véritable société où l'on rende à chacun une exacte justice. Car supposons que nos lois soient justes, son voisins en doutent peut-être. Supposons que le juge de cette ville soit l'homme du monde le plus intègre; on lui amène un innocent, qui s'est trouvé malheureusement dans le lieu où venait de se commettre un meurtre, et dont on le croit coupable. Le juge le condamne, selon les lois, à la question; ce pauvre homme, pour se délivrer des tourments, avoue le crime et persuade qu'il en est l'auteur. On le condamne à la mort. Ainsi, les lois sont justes, le juge est intègre, et l'innocent expie, par la torture et par le dernier supplice, l'ignorance du juge, qui ne pouvait faire autrement selon les lois. Comment un souverain pourrait-il exercer la justice, et régler exactement les récompenses et les peines sur les mérites et les démérites des hommes, lui qui ne les connaît seulement pas, ces mérites, et qui est ordinairement environné d'ambitieux, de flatteurs, de séducteurs. Certainement, il n'y a que le juge qui pénètre les cœurs, qui puisse rendre à chacun selon ses œuvres. Mais si l'on joint à l'ignorance invincible du Souverain, les autres faiblesses de la nature humaine, dont ces dieux de la terre ne sont pas exempts, si le Prince est colère, cruel, avare, voluptueux, injuste, impie, insensé, en un mot, sans religion et sans raison, quelle justice, quelle société dans l'État qu'il gouverne! Enfin, si on fait attention à la qualité des biens qui sont au pouvoir des Princes, — biens extérieurs et passagers, biens apparents et trompeurs, — on verra encore plus clairement qu'il ne peut y avoir ici-bas de société fondée sur la justice qui rend à chacun ce qui lui est dû. Car je veux qu'un Prince puisse connaître et payer tous les services qu'on rend à l'État, et que tous les gens de bien soient contents de lui; certainement, il ne peut rendre à chacun ce qui lui est dû, s'il ne peut faire que tel soit heureux, qui mérite de l'être. Or celui qui a la goutte, la pierre, ou quelque autre maladie fort douloureuse, est actuellement malheureux, fût-il comblé d'honneurs et de biens par son Prince. Il ne peut donc y avoir de société, que dans l'État heureux dont le Souverain est la Raison même, et dont les trésors sont inépuisables, qu'avec celui qui veut et qui peut rendre à chacun ce qui lui est dû.

. . . .

TABLE DES MATIÈRES

nité contre les sociniens. Nulle créature, les Anges mêmes, ne peuvent adorer Dieu que par lui. Comment la Foi en Jésus-Christ nous rend agréables à Dieu 330

Coulommiers. — Imp. PAUL BRODARD. — 6-4-22.

ImTheStory.com

Personalized Classic Books in many genre's

Unique gift for kids, partners, friends, colleagues

Customize:

- Character Names
- Upload your own front/back cover images (optional)
- Inscribe a personal message/dedication on the
  inside page (optional)

Customize many titles Including
- Alice in Wonderland
- Romeo and Juliet
- The Wizard of Oz
- A Christmas Carol
- Dracula
- Dr. Jekyll & Mr. Hyde
- And more...